ÉTUDES D'HISTOIRE ET DE PHILOSOPHIE RELIGIEUSES
sous la direction de Matthieu Arnold
89

L'Église réformée de France (1938-2013)

Ouvrage publié avec le soutien de l'université Paul-Valéry – Montpellier III

Anne Dollfus
et Pierre-Yves Kirschleger

L'Église réformée de France (1938-2013)

Une présence au monde

PARIS
CLASSIQUES GARNIER
2021

Anne Dollfus a poursuivi une carrière bancaire nationale et internationale, avant de se consacrer à la théologie et à la recherche sur l'Église réformée ; elle est diplômée de l'Institut catholique de Paris, de l'Institut protestant de théologie et de l'École pratique des hautes études.

Pierre-Yves Kirschleger, agrégé et docteur en histoire, est maître de conférences en histoire contemporaine à l'université Paul-Valéry – Montpellier III, spécialiste d'histoire religieuse et plus particulièrement du protestantisme.

ISBN 978-2-406-10778-1 (livre broché)
ISBN 978-2-406-10779-8 (livre relié)
ISSN 0992-6488

INTRODUCTION

« Du neuf chez les protestants », titre laconiquement le journal *L'Est républicain* en 2013, à l'occasion de l'union des Églises réformée et luthérienne de France au sein de la nouvelle « Église protestante unie de France » (É.P.U.d.F.)... Si l'événement n'a pas forcément retenu l'attention du grand public, il est pourtant loin d'être passé inaperçu. Le journal *Le Monde* le présente comme un fait « historique » ; l'hebdomadaire catholique *Le Pèlerin* y voit « une vraie révolution ecclésiale » (19 septembre 2013). Chaque Église locale ayant été invitée à modifier son nom et ses statuts, la naissance de l'É.P.U.d.F. s'est de fait étirée sur plusieurs mois, ce qui a permis à la presse régionale de se faire l'écho des très nombreuses assemblées générales ou cérémonies locales d'inauguration : « L'Église réformée de France change de raison sociale », annonce *Sud-Ouest* le 20 février 2013 ; « L'Église protestante ouvre une nouvelle page », note *La Nouvelle République* le 19 juin 2013.

Une nouvelle page s'ouvre : ce n'est donc pas un livre qui se referme, puisque les deux Églises réformée et luthérienne continuent leur histoire ensemble. Mais cette transformation n'est pas pour autant anodine, car c'est bien un chapitre qui se termine, celui de « l'Église réformée de France ». Pourquoi s'unir maintenant avec l'Église luthérienne, alors que les deux Églises coexistent depuis des siècles ? Est-ce le symptôme d'une crise, ou bien le signe d'un renouveau ? Car le pari est osé pour une Église de changer de nom, au risque d'être moins bien identifiée. Comprendre les enjeux de cette révolution nécessite de la remettre en perspective dans l'histoire à la fois longue et courte de l'Église réformée de France (É.R.F.).

Une histoire longue puisque l'É.R.F. plonge ses plus lointaines racines jusqu'au XVIe siècle. Dans le sillage de la Réforme initiée par le moine allemand Martin Luther en 1517, une « nouvelle Église » se met en place en France. Du 25 au 29 mai 1559 se tient à Paris ce que l'on considère en général comme le « premier Synode national » réformé français, qui réunit entre douze et soixante-douze Églises réformées selon les sources (le chiffre exact étant sous doute faible[1]). Les Églises représentées adoptent des règles communes d'organisation, une confession de foi et une « discipline ».

C'est ainsi que la date de 1559 a parfois été retenue comme la sortie de la clandestinité des chrétiens réformés et le « vrai début » de la Réforme française, faute de pouvoir assigner un commencement datable à ce qui est un processus progressif aux origines multiples… Aussi, lorsqu'au XIXe siècle les protestants français souhaitent commémorer la naissance de leur Église, retiennent-ils cette date en célébrant le 29 mai 1859 le « Troisième jubilé séculaire de la Réformation en France ». Le succès est au rendez-vous, 78 paroisses y participant. La commémoration la plus importante a lieu à Nîmes, avec en point d'orgue une assemblée géante en plein air, sur le lieu des anciennes assemblées du Désert[2].

Resté minoritaire dans le pays, souvent en butte aux persécutions du pouvoir royal, le protestantisme traverse une période de « désert » après la révocation de l'Édit de Nantes en 1685, qui l'a profondément marqué et transformé. Un siècle de proscription fait disparaître toutes les structures ecclésiales et matérielles du protestantisme. Lorsque la liberté revient avec la Révolution française, les Églises réformées sont à reconstruire, sans organisation centralisée ni fédérale, souvent en proie à des divisions de nature politique ou sociale.

Napoléon Bonaparte, le grand organisateur, après avoir conclu un concordat avec le pape, décide de donner aux protestants un statut similaire. Jean-Étienne Portalis, son principal conseiller, consulte quelques notables éclairés protestants qu'il a lui-même choisis – au moins trois –, écoute leurs avis mais n'en tient aucun compte puisque Bonaparte n'a pas permis de négociation. Et le 18 germinal an X (8 avril 1802) sont édictés les Articles organiques des cultes protestants qui fixent les règles de leur réorganisation, fort éloignées de leur tradition ecclésiale mais acceptées avec joie, voire avec enthousiasme : réintégrés dans la communauté nationale après un siècle terrible, les protestants ne perçoivent pas encore toutes les conséquences de leur nouveau statut légal…

Les revendications pour un rétablissement du fonctionnement traditionnel de leur Église n'apparaissent qu'au cours du XIXe siècle, lorsque

---

1 Yves Krumenacker, *Calvin : au-delà des légendes*, Montrouge, 2009, p. 398.

2 Marianne Carbonnier-Burkard, « Les jubilés de la Réforme. Des constructions protestantes (XVIIe-XXe siècles) », dans Petra Bosse-Huber (éd.), *Célébrer Luther ou la Réforme ? 1517-2017*, Genève, 2014, p. 217-231.

les protestants commencent à ressentir les inconvénients d'une loi qui n'autorise pas, par exemple, la tenue d'un synode national : aucune autorité ecclésiale ne peut donc se réunir pour trancher les débats doctrinaux de plus en plus vifs entre « libéraux » et « évangéliques ». Une certaine anarchie doctrinale s'installe et, quand enfin un Synode national est autorisé en 1872, il est trop tard pour réconcilier les deux camps : le Synode national adopte une déclaration de foi, mais aucune mesure n'est prise par les autorités publiques pour la faire appliquer dans cette Église concordataire. La scission de l'Église réformée est donc consommée en fait, sinon en droit.

La loi de décembre 1905 sur la séparation des Églises et de l'État rebat les cartes en laissant les réformés libres de s'organiser. Un mouvement de rapprochement s'amorce, qui aboutit en 1938 à la création d'une nouvelle « Église réformée de France » réunifiée. Mais l'Église réformée de France du XXe siècle n'a bien sûr plus grand-chose à voir avec ce qu'étaient les Églises réformées du XVIe. L'ambition de ce livre est précisément de faire l'histoire de cette nouvelle Église réformée de France, restaurée en 1938 à partir d'Églises locales et d'unions d'Églises de sensibilités diverses (orthodoxe, évangélique, chrétienne sociale, libérale), et dont l'appellation change soixante-quinze ans après pour devenir l'Église protestante unie de France.

Son histoire est riche et mérite d'être dévoilée, car dans une France majoritairement catholique et qui s'est fortement sécularisée au cours du XXe siècle, l'Église réformée reste très largement méconnue, y compris paradoxalement de ses propres fidèles. Un certain nombre d'études ont mis en lumière des moments-clefs de cette histoire : un colloque en 1977 examine les débats autour de la naissance de l'É.R.F. réunifiée, alors que l'É.R.F. hésite à célébrer son quarantième anniversaire l'année suivante. Jacques Terme[3] a brossé un tableau général des années 1960 et 70 pour mieux faire comprendre l'échec du mensuel réformé *Horizons protestants*. Jean Baubérot[4] a retracé l'histoire des contestations qui s'expriment autour de mai 1968. Jean-Paul Willaime[5] a enquêté sur les pasteurs de l'É.R.F. Roger Mehl[6] a décrit les affrontements à l'intérieur du protestantisme et les

3 Jacques Terme, *Mutations et crises dans l'Église réformée de France : le journal Horizons protestants 1971-1975*, Lyon, 2007.

4 Jean Baubérot, *Le Pouvoir de contester*, Genève, 1983.

5 Jean-Paul Willaime, *Profession : pasteur*, Genève, 1986.

6 Roger Mehl, *Le Protestantisme français dans la société actuelle*, Genève, 1982.

tentatives de renouveau entre 1945 et 1980. Le numéro spécial publié en 2002 à l'occasion du cent-cinquantenaire de la Société de l'histoire du protestantisme français évoque dans plusieurs contributions l'histoire de l'É.R.F. Mais il reste encore bien des aspects à explorer.

Alors que l'histoire du catholicisme a donné lieu à de grandes monographies diocésaines, les historiens du protestantisme ont privilégié des découpages chronologiques (de 1800 à 1830 par exemple pour Daniel Robert[7] ; de 1848 à 1870 pour la thèse d'André Encrevé[8]), ou les découpages thématiques pour comprendre la spécificité de leur objet au regard de la société française. La plupart des études portent sur « le protestantisme » et « les protestants » en général, mais peu de travaux, hormis ceux de Patrick Harismendy sur les synodes réformés au XIXe siècle (2005[9]), se sont intéressés à l'histoire de l'institution religieuse.

Pourquoi ce silence, alors même que « le protestantisme français est aussi et avant tout une Église[10] » ?

Probablement est-ce d'abord dû à la compréhension même qu'ont les protestants de l'Église. « L'Église, ce n'est pas du bois et de la pierre, mais c'est l'assemblée des croyants », disait Martin Luther. En définissant l'Église comme rassemblement autour de la Parole et des sacrements, de la foi et de la communion, les Réformateurs l'ont caractérisée principalement par une dimension personnelle et spirituelle. Les protestants insistent davantage sur l'Église-événement plutôt que sur l'Église-institution : il y a Église quand il y a annonce de l'Évangile, baptême et sainte cène. « L'être de l'Église est l'événement dans lequel *l'Écriture sainte* [...] prouve sa propre autorité en donnant à ces hommes la liberté de confesser qu'ils sont éclairés [...] par Celui auquel l'Écriture rend témoignage », écrit ainsi le théologien Karl Barth[11]. Les réformés se sont donc contentés d'une « ecclésiologie en creux qui ne se définit qu'en se démarquant des autres, généralement de manière critique[12] ».

---

7 Daniel Robert, *Les Églises réformées en France 1800-1830*, Paris, 1961.

8 André Encrevé, *Protestants français au milieu du XIXe siècle : les réformés de 1848 à 1870*, Genève, 1986.

9 Patrick Harismendy, *Le Parlement des Huguenots : organisations et synodes réformés français au XIXe siècle*, Rennes, 2005.

10 Patrick Cabanel, *Histoire des protestants en France XVIe-XXIe siècle*, Paris, 2012, p. 434.

11 Karl Barth, *L'Église*, Genève, 1964, p. 80.

12 Pasteur Michel Bertrand, « Message du président du Conseil national », dans *Actes du Synode national de l'É.R.F.* (Soissons), 2001, p. 102.

Ensuite l'Église-institution n'existe qu'au pluriel : le protestantisme s'est organisé sur un modèle nouveau, d'assemblées locales autonomes, réunies en synodes régionaux et synodes nationaux itinérants, et non sur le modèle de l'Église romaine centralisée et universelle. Certains courants protestants ont même été particulièrement critiques vis-à-vis de toute forme structurée. Les Réformateurs ont établi une distinction entre l'Église visible et l'Église invisible, la première étant œuvre humaine alors que la seconde est œuvre de Dieu. L'Église visible n'est pas à l'abri d'erreurs, et c'est pour cette raison que l'Église, y compris réformée, est toujours à réformer : *Ecclesia reformata semper reformanda*, selon la formule latine consacrée.

En donnant à tout baptisé la qualité de « prêtre » (selon le principe du sacerdoce universel des croyants), le protestantisme désacralise ses clercs : leur statut ne relève pas d'une « essence » différente, il est d'ordre fonctionnel. À la différence des Églises anglicanes et luthériennes qui ont conservé un ministère épiscopal, les Église réformées ont supprimé toute direction épiscopale et préféré une structure synodale, constituée de représentants élus par les communautés locales. Les historiens comme les théologiens ne se sont donc finalement que peu intéressés à ce champ d'investigation. L'historien Émile-G. Léonard pointait l'antisacerdotalisme qui « ne cessa d'inspirer, plus ou moins consciemment, les masses protestantes » : les croyants « se sont formé une conception personnelle de l'Église, précise dans les masses et floue dans le détail. Les notions protestantes sont des Rembrandt avec tous les dégradés des ombres et de la lumière[13] ».

De plus, la transformation au cours du XXe siècle de « l'histoire de l'Église » (confessionnelle) en « histoire du christianisme » (scientifique) a eu pour moteur l'émancipation de l'histoire vis-à-vis de la théologie. L'histoire religieuse n'a pas pour objectif de justifier ou de défendre les Églises, ni même de dévoiler la trame d'un plan divin en action : « Le christianisme, note ainsi Hubert Bost, divers quant à ses doctrines et à ses pratiques, devient l'objet d'étude de l'historien. La définition des frontières de l'Église y passe désormais au second plan, quand elle n'est pas purement et simplement évacuée[14]. » Émile-G. Léonard a, dans les

13 Émile-G. Léonard, *Le Protestant français*, Paris, 1953, p. 145, 148.

14 Hubert Bost, « L'impact de l'œcuménisme sur l'histoire du christianisme », *Bulletin de la Société de l'histoire du protestantisme français* [désormais *B.S.H.P.F.*], 150, 2002/4, p. 810.

années 1950, posé les bases de cette étude scientifique du protestantisme. Celui-ci est appréhendé selon des méthodes socio-historiques, pour mettre en lumière les phénomènes sociaux et les mentalités collectives des protestants, souvent dans la perspective de la « longue durée », du XVIe au XXe siècle. Les recherches ont ainsi fait peu de place au versant ecclésiastique de cette histoire, et le XXe siècle « n'a été abordé qu'en tant qu'ultime prolongement d'une histoire de longue durée, de la Réforme à nos jours[15] ».

Certains ont pourtant tenté de restaurer le sens de l'Église au sein du protestantisme réformé. En 1931, le pasteur Marc Boegner choisit précisément le thème de l'Église pour ses prédications de Carême, intitulées *Qu'est-ce que l'Église ?*. « Devant le vide total qui, à cette époque, tenait lieu d'ecclésiologie réformée, expliquera-t-il plus tard, je désirais souligner l'importance majeure de la question posée et le devoir des théologiens de fonder, sur l'enseignement néotestamentaire et en communion avec la pensée de Calvin, une doctrine réformée de l'Église et de son unité[16]. » L'insistance sur l'Église tient également au souci de se démarquer des sectes, « groupes religieux, pseudo-chrétiens, chrétiens et bibliques », de structure nettement congrégationaliste, indépendants des Églises dites officielles et non affiliées à une Fédération. L'opinion publique française, en général mal renseignée, ne comprend pas l'émiettement ecclésiastique du protestantisme : les dictionnaires et encyclopédies ont fait pendant longtemps usage de l'expression « sectes protestantes », jusqu'à l'essor du mouvement œcuménique. Aujourd'hui encore, de nombreux catholiques associent le mot « Réforme » à la division de l'Église. Face aux sectes comme vis-à-vis de l'Église catholique, qui considère les Églises issues de la Réforme comme des « communautés ecclésiales » et non comme des Églises au sens propre, il s'agit ainsi pour les protestants réformés de réaffirmer l'identité de leur Église.

Le pari de ce livre est d'esquisser une première synthèse de l'histoire de l'Église réformée de France, entre 1938 et 2013. Quelle est donc cette Église réformée, qui se déclare ouverte à tous, est présente sur l'ensemble du territoire national, occupe une place prédominante au

15 Arnaud Baubérot, « Quelle histoire pour le XXe siècle protestant ? », *B.S.H.P.F.*, 150, 2002/4, p. 1123.

16 Marc Boegner, *L'Exigence œcuménique*, Paris, 1968, p. 65.

sein du protestantisme français ? Comment s'est-elle définie au fil de ses soixante-quinze années d'existence ?

Au fur et à mesure de l'approfondissement des recherches, trois problématiques majeures se sont fait jour. La première concerne la vie de cette Église et le rapport des protestants au concept d'Église. L'É.R.F. s'est trouvée aux prises avec des oppositions théologiques et ecclésiales internes face à son projet d'unité, en butte à des résistances quant à la mise en œuvre de cette unité dans ses pratiques cultuelles. La difficulté d'allier unité et diversité au sein d'une même Église est source de tensions, de rapports de force, voire de conflits larvés, oscillant entre coexistence molle et exclusivisme intransigeant. L'É.R.F. a-t-elle réussi à maintenir cette unité entre les différents courants qui la composent, et à quel prix ? Derrière l'apparente permanence des institutions, l'É.R.F. connaît une évolution de ses structures comme de la sociologie de ses membres, une ouverture à des théologies déployées dans des contextes différents, qui ont souvent été le marqueur d'identités générationnelles.

La seconde problématique est celle des rapports de l'É.R.F. aux autres Églises. L'É.R.F. n'échappe pas à la tension entre l'identité des réformés, héritée d'une longue et douloureuse histoire, et la prise de conscience d'une nécessaire ouverture aux autres Églises. Depuis 1927, hormis deux courtes interruptions (l'une luthérienne avec Jean Tartier, de 1997 à 1999, l'autre libriste avec Claude Baty de 2007 à 2013), l'É.R.F. exerce un quasi-monopole sur la présidence de la Fédération protestante de France[17]. Mais si l'É.R.F. était en 1938 la principale Église protestante en France, l'essor du protestantisme évangélique depuis une quarantaine d'années a profondément bouleversé le paysage ecclésial ; le protestantisme français est beaucoup plus diversifié, mais aussi morcelé et clivé. L'É.R.F. (et l'Église protestante unie de France qui a pris sa suite) est fortement concurrencée dans la « nouvelle France protestante » : tandis qu'elle ferme des temples faute de moyens humains et financiers, les Églises évangéliques de leur côté ouvrent un lieu de culte tous les dix jours. Face à la Fédération protestante de France s'est même constitué depuis 2010 un Conseil national des

17 Créée en 1905, la Fédération protestante de France regroupe la plus grande partie des Églises protestantes, dans le but de manifester l'union fraternelle qui existe entre elles, mais aussi de les représenter auprès des pouvoirs publics.

évangéliques de France (C.N.E.F.), regroupant environ 70 % du courant évangélique. Alors que protestant était synonyme de réformé, le monde évangélique, plus démonstratif, a aujourd'hui acquis une plus grande visibilité…

Mais le XXe siècle a aussi considérablement transformé les relations entre l'É.R.F. et l'Église catholique. L'œcuménisme a bien sûr appris aux Églises à se connaître, mais il a également fait naître une utopie de rassemblement de la chrétienté. L'É.R.F. a ainsi pu dépasser un complexe d'infériorité dû à sa faible importance numérique, en devenant le partenaire recherché du « géant » catholique. Alors que certains parlent d'une « protestantisation » du catholicisme, d'autres, à l'inverse, se demandent si l'œcuménisme ne signifie pas la fin de la « parenthèse » protestante, selon l'expression controversée du pasteur Marc Boegner[18]. L'É.R.F. ne perd-elle pas une bonne part de la spécificité de son témoignage après le concile de Vatican II ? Son identité ne reste-t-elle pas dans l'ombre de l'Église catholique, en dépit des efforts de rapprochement ? Comment l'É.R.F. réagit-elle face aux positions « contradictoires » de la papauté et aux impasses du chemin œcuménique ?

Le dialogue interreligieux, avec le judaïsme puis avec l'islam, ouvre de même des perspectives inédites, de reconnaissance mutuelle comme de témoignage commun sur des sujets de société, face à l'État laïque et à la société sécularisée ; mais il affaiblit en retour la « petite musique » huguenote dans le concert des spiritualités.

La troisième problématique est celle des rapports de l'É.R.F. avec le monde. Comment cette Église, majoritaire au sein du protestantisme français mais micro-minoritaire dans la société, a-t-elle réagi aux nombreux défis du temps ? De quel poids a-t-elle pesé dans les débats ? Cet investissement n'est d'ailleurs pas limité au seul cadre français : l'É.R.F. s'implique fortement dans diverses instances internationales, au sein du Conseil Œcuménique des Églises par exemple, et elle tisse des relations privilégiées avec certaines Églises-sœurs. Mais de ces multiples combats et engagements, elle ne tire apparemment guère de bénéfices. L'É.R.F. semble au contraire avoir connu des défections en son sein : bien des protestants ont pu être heurtés par les prises de position politiques ou éthiques de leur Église.

---

18 Marc Boegner, *L'Exigence œcuménique*, Paris, 1968, p. 314.

Pour retracer l'histoire de l'É.R.F., nous nous sommes d'abord appuyés sur les actes des Synodes nationaux, lieux de débats et de décisions, qui présentent l'avantage d'être le reflet de l'ensemble de la vie de l'Église, aussi bien celle des paroisses, des régions, des institutions, œuvres et mouvements, que celle des idées. Ce corpus a été enrichi de documents complémentaires, revues et journaux, ouvrages, archives, entretiens, pour restituer au mieux la diversité des points de vue et comprendre les enjeux.

Une présentation périodisée nous a semblé la plus adaptée à ce récit, pour suivre au plus près les évolutions de l'É.R.F. À partir de la restauration de son unité, l'É.R.F. construit peu à peu son identité qu'elle affirme pluraliste. Au cours des années 1960 et 1970, dans une société en mutation, l'É.R.F. prend sa part dans les évolutions sociétales. Mais après l'euphorie utopique vient le temps du bilan et des doutes : quel témoignage affirmer face à la « crise de l'avenir » ?

DES ÉGLISES POUR UNE ÉGLISE

Aux origines d'une Église réformée unifiée

D'« abécédaires (variété d'anabaptistes) » à « whitefildiens », « zinzendorfiens » et « zwingliens », le catholique Gaston de Flotte dresse en 1856 un intéressant et amusant réquisitoire contre *Les sectes protestantes, ou Histoire alphabétique des divisions survenues dans la Réforme depuis Luther jusqu'à nos jours.* « Le Catholicisme est un ; le Protestantisme est multiple », note-t-il en ouverture de son livre. Boileau, dans ses célèbres *Satires* (1666), se moquait déjà des divisions infinies des « sectes » protestantes : « Tout protestant fut pape, une bible à la main. De cette erreur dans peu naquirent plus de sectes / Qu'en automne on ne voit de bourdonnants insectes »... Plusieurs traits du protestantisme ont il est vrai favorisé cette image.

D'une part, les réformés eux-mêmes depuis le XVIe siècle ne parlent de leur Église qu'au pluriel. Cette expression d'Églises réformées correspond à une ecclésiologie fondamentalement non hiérarchique. D'autre part, toute l'histoire du protestantisme est jalonnée de scissions, qui se sont effectuées au nom d'une lecture jugée plus fidèle – ou plus vraie – des textes bibliques. Le sociologue Jean-Paul Willaime a analysé ces logiques de scissiparité, c'est-à-dire de multiplication par division, à l'œuvre au sein du protestantisme[1] : la Réforme ayant désacralisé l'Église, celle-ci n'est plus considérée comme porteuse de la vérité. Ainsi relativisée, l'institution ecclésiale peut être transformée, recréée, scindée... puisque l'enjeu premier s'est déplacé vers l'interprétation de la Bible. Enfin, contemporain de la formation des États modernes au XVIe siècle, le protestantisme s'est moulé dans les cadres politiques qui lui étaient offerts, s'appuyant notamment sur les langues et les cultures nationales. Le protestantisme se trouve si bien dans ces cadres nationaux qu'il lui a

1 Jean-Paul Willaime, *La Précarité protestante : sociologie du protestantisme contemporain*, Genève, 1992, p. 15-29.

été plus facile d'unir des Églises différentes à l'intérieur d'un même pays, que d'enjamber les frontières pour rassembler une même dénomination. Un particularisme national a parfois teinté, plus ou moins fortement, l'esprit du protestantisme : « Le protestantisme français, constate par exemple le sociologue Roger Mehl, n'est pas à l'image du protestantisme mondial, en ce sens qu'il a introduit des raffinements supplémentaires dans la division et l'éparpillement, malgré les appels à l'unité qui, en particulier depuis 1848, ont scandé son histoire[2]. »

Pour comprendre la situation du protestantisme français au début du XXe siècle, il est donc nécessaire de remonter dans l'histoire, puisque celle-ci lui a donné son visage et ses dynamiques.

DE LA PLURALITÉ AUX DIVISIONS

La Réforme protestante s'est implantée en France par l'établissement d'Églises ou de communautés qui « se sont multipliées à travers le royaume comme des crocus dans un dégel de février », selon la belle expression de Philip Benedict et Nicolas Fornerod[3]. Unis par une communauté de foi, des intérêts communs et le souci de faire reconnaître leur existence par les autorités royales, les protestants français tiennent en mai 1559 à Paris le premier « Synode national des Églises réformées de France » et se dotent d'institutions. La *Discipline des Églises réformées*, proche des *Ordonnances ecclésiastiques* (1541) par lesquelles Calvin a défini l'organisation de l'Église de Genève, précise le fonctionnement des nouvelles communautés ecclésiales.

L'Église, telle que l'entendent les Réformateurs, est d'abord et avant tout caractérisée par sa dimension spirituelle et personnelle. Elle est la communauté des croyants, rassemblée autour de la Parole et des sacrements : « Partout où nous voyons la Parole de Dieu être purement prêchée et écoutée, les sacrements administrés selon l'institution du Christ, là il ne faut douter nullement qu'il y ait Église », écrit Jean Calvin dans

2 Roger Mehl, *Le Protestantisme français dans la société actuelle*, Genève, 1982, p. 35.
3 Nicolas Fornerod et Philip Benedict, « Les 2 150 "églises" réformées de France de 1561-1562 », *Revue historique*, 651, 2009/3, p. 548.

l'*Institution de la religion chrétienne* (IV, I, 9). Le modèle institutionnel élaboré à partir de cette définition est original à plusieurs titres. Il est « congrégationaliste », puisque chaque Église a son autonomie propre : les Églises locales sont « les cellules vivantes de la chrétienté réformée[4] ». Il n'existe pas de hiérarchie entre les Églises : « Nulle Église ne pourra prétendre principauté ou domination sur l'autre », affirme l'article premier de la *Discipline*. L'*Histoire ecclésiastique des Églises réformées au royaume de France*, élaborée par Théodore de Bèze et publiée à Genève en 1580, prend d'ailleurs soin de préciser que le choix de Paris pour la tenue du premier Synode général n'a en aucun cas été fait « pour attribuer quelque prééminence ou dignité à cette Église-là, mais pour être la ville la plus commode pour recevoir secrètement beaucoup de ministres et d'anciens ». L'Église locale s'organise selon un système presbytéral : elle est dirigée par un « consistoire », qui comprend un (ou des) pasteur(s), des « anciens » (du grec *presbyteroi*) et des diacres. Ce consistoire est responsable de la vie spirituelle, morale et matérielle de la communauté ; il nomme et révoque le pasteur.

Pour contrebalancer la pluralité des paroisses locales, la Réforme calvinienne organise une structure unitaire, garante notamment de l'unité des doctrines et des pratiques religieuses. Les Églises locales sont unies les unes aux autres par des liens d'association, au sein d'un « colloque » : l'assemblée de colloque est une instance de proximité, qui règle les questions des Églises proches. Aux niveaux provincial et national, les Églises s'unissent de manière fédérative, par un processus de délégation représentative au sein des « synodes ». Les délégués envoyés aux synodes provinciaux et nationaux sont des pasteurs et des anciens : une large place est ainsi accordée aux laïcs. Les synodes provinciaux se réunissent deux fois par an, tandis que le synode général est réuni selon la nécessité.

Contre le modèle catholique, hiérarchique et clérical, le protestantisme instaure un régime presbytéro-synodal, non clérical et non centralisé. Il n'existe plus de hiérarchie épiscopale, les pasteurs étant tous sur un pied d'égalité : les ministres ne pourront prétendre à aucune primauté les uns sur les autres. L'autorité réside non pas dans des fonctions (la charge de président du synode prend fin avec chaque synode, précise la *Discipline*

4 Raoul Stephan, *Histoire du protestantisme français*, Paris, 1961, p. 105.

dès son article 2), mais dans des corps ecclésiastiques hiérarchisés, dans une structure pyramidale.

Le pluriel des « Églises réformées » est donc le reflet d'une organisation conçue pour maintenir l'unité dans la diversité.

La révocation de l'Édit de Nantes (1685) par Louis XIV constitue une rupture profonde dans la vie des Églises réformées. Les temples sont démolis, l'exercice de la « religion prétendue réformée » interdit, et les pasteurs qui ne voudraient pas se convertir sont bannis dans les quinze jours, sous peine de galère. Les écoles protestantes sont elles aussi interdites, et les réformés ont l'obligation de faire baptiser et instruire leurs enfants dans la religion catholique. Proscrit dans le royaume de France, le protestantisme survit dans la clandestinité, que l'on nomme « Désert », jusqu'en 1787. Sans organisation d'ensemble ni concertation, et malgré la répression de l'État, les protestants continuent à se réunir en assemblées secrètes, plus ou moins fréquentes selon les régions et avec des auditoires plus ou moins nombreux. En 1715 débute la reconstitution des Églises réformées, sous la houlette des prédicants Antoine Court et Pierre Corteiz : le premier « Synode du Désert », tenu dans le Gard, ne concerne que le Midi cévenol et ne réunit que neuf personnes ; mais il amorce une restauration ecclésiastique, en rétablissant les Églises locales et le rôle des « anciens » selon la Discipline des Églises réformées d'avant 1685.

Le régime synodal, un temps brisé par la persécution, se réorganise ainsi en secret : le premier Synode « national » se tient en 1726, puis sept autres jusqu'en 1763. À partir de 1715 et jusqu'à la fin du siècle, ce sont 121 colloques régionaux et 362 synodes provinciaux qui se tiennent partout en France. La Révolution française, en mettant fin à l'interdiction du protestantisme, ouvre une période nouvelle de liberté. Après avoir obtenu un état-civil dès 1787, les protestants constatent avec satisfaction l'inscription de la liberté religieuse dans la « Déclaration des droits de l'homme et du citoyen » et l'admission des non-catholiques à tous les emplois civils et militaires (décret du 24 décembre 1789). Les cultes publics protestants reprennent aussitôt. À Paris, le dimanche de Pâques 1791, le pasteur Marron préside la « première assemblée publique du culte protestant » dans l'église Saint-Louis du Louvre (désormais appelée par les protestants l'Oratoire du Louvre).

Pour autant, le protestantisme ne retrouve pas entièrement son ancienne organisation. Depuis 1763, en dépit des progrès de la tolérance, il n'est plus parvenu à réunir un Synode national. Les Églises réformées sortent du XVIIIe siècle plus « congrégationalistes » que synodales, et ce pour plusieurs raisons : le protestantisme a été sauvé grâce à la résistance locale des fidèles, qui s'inquiètent d'un système les privant des habitudes acquises d'autonomie ; des divergences de vues, doublées de clivages sociaux, apparaissent également à l'intérieur du protestantisme, entre Églises des villes et Églises des champs ; la prédominance laïque, et notamment des notables, ne tient pas à être remise en cause par un renforcement du rôle des pasteurs ; enfin la déchristianisation de 1793-1794 a entamé l'autorité des pasteurs, dont beaucoup ont « abdiqué » leurs fonctions et accepté le culte de l'Être suprême. Ainsi, note l'historien Patrick Harismendy, comprend-on mieux pourquoi « des praticiens de la résistance comme les Huguenots » ont si facilement abdiqué « leurs traditions ecclésiastiques[5] » : les évolutions internes causées par les persécutions expliquent la faible opposition des protestants à l'État sur la question synodale lorsqu'est mis en place le système concordataire.

LES ARTICLES ORGANIQUES DE 1802[6]

La période révolutionnaire offre aux Églises protestantes la reconnaissance officielle de l'État dans le cadre du régime concordataire instauré à partir de 1802. Après avoir signé un concordat avec le pape (1801), Bonaparte décide d'accorder aux protestants un statut similaire. La loi du 18 germinal an X (8 avril 1802) promulgue les « Articles organiques des cultes protestants ».

Ces « Articles organiques » définissent l'organisation interne des « Églises réformées de France » et des « Églises de la Confession d'Augsbourg » (luthériennes). Le pluriel utilisé dans la loi pour désigner les Églises reprend la compréhension que celles-ci ont d'elles-mêmes : le refus de toute centralisation et la dimension congrégationaliste de la Réforme. Mais en envisageant les problèmes ecclésiastiques sous le seul angle politique, le gouvernement de Bonaparte bouleverse l'exercice de l'autorité au sein de l'Église. En vertu du numéro XVI des Articles organiques sont reconnues, non pas les Églises locales, mais des Églises

5 Patrick Harismendy, *Le Parlement des huguenots*, Rennes, 2005, p. 25.

6 Voir Daniel Robert, *Les Églises réformées en France 1800-1830*, Paris, 1961 ; Jean-Pierre Chantin, *Le Régime concordataire français. La collaboration des Églises et de l'État (1802-1905)*, Paris, 2010.

« consistoriales », créées sur une base numérique de six mille âmes de la même confession et en respectant le découpage des départements. Ce chiffre de 6000 est mal adapté à la réalité des communautés protestantes, qui sont soit plus nombreuses (dans quelques grandes villes comme Nîmes, Strasbourg ou Paris) soit dispersées et beaucoup moins nombreuses en général. L'Église locale n'a plus d'existence légale et perd donc le droit de choisir son pasteur.

Le système synodal est reconnu mais fermement contenu : les Synodes nationaux ne sont pas prévus par la loi, mais seulement des Synodes régionaux (pour cinq Églises consistoriales), qui pourront se réunir sur autorisation du gouvernement. Or les autorisations sont aussitôt refusées, comme les Églises de la Drôme en font l'expérience dès 1803 : les réformés sont donc privés de leurs synodes. Faute d'assemblées synodales, le pouvoir revient de fait aux « consistoires » de circonscription, au nombre de quatre-vingt environ, composés de 6 à 12 laïcs et des pasteurs des diverses Églises locales. Sur ce point également, les Articles organiques modifient la tradition réformée : les membres laïques du consistoire doivent être choisis « parmi les plus imposés » – ce qui revient à confier les consistoires aux mains de la bourgeoisie et à renforcer le poids des villes, puisque le chef-lieu du consistoire est en général la plus grande ville de la circonscription. La surveillance de l'État s'applique enfin dans le domaine doctrinal : aucune décision doctrinale, aucun formulaire ne peut être publié sans autorisation du gouvernement.

La réorganisation de 1802 se révèle donc fort éloignée de l'ancien système réformé mais, réintégrés dans la communauté nationale après un siècle terrible, les protestants acceptent sans opposition ce nouveau statut légal. Prenant cependant conscience des problèmes posés par l'application des Articles organiques, les réformés tentent d'user de leur influence auprès du gouvernement pour obtenir la convocation de synodes, ou à défaut des aménagements. Ils utilisent en parallèle des palliatifs pour pouvoir se réunir collectivement : les assemblées générales des Sociétés religieuses se tiennent toutes à Paris durant la même semaine d'avril à partir de 1822 ; et les « conférences pastorales », ouvertes également aux laïcs malgré leur nom, ont lieu à Paris et à Nîmes une à deux fois par an.

La Révolution de 1848, en instaurant la liberté de réunion, donne aux protestants l'occasion de se rassembler. Il ne s'agit pas officiellement d'un Synode, puisque rien de tel n'a été autorisé par le gouvernement, mais cela y ressemble très fortement, sous le nom d'« Assemblée générale » du protestantisme réformé français. Du 11 septembre au 7 octobre 1848 se réunissent à Paris 90 députés (52 pasteurs et 38 laïcs), représentant l'ensemble des consistoires, sauf trois qui n'ont pas souhaité participer. Cette Assemblée générale est révélatrice de la force du modèle synodal : alors qu'aucune autorité existante ne peut le convoquer ni fixer les règles de désignation des délégués, les protestants se mettent d'accord sans difficultés sur le principe d'un synode officieux et sur un mode de scrutin pour élire leurs représentants. L'Assemblée de 1848 élabore un projet complet de réorganisation des Églises réformées, avec le rétablissement d'un régime presbytérien-synodal intégral et la tenue d'un Synode national tous les trois ans. Avant de se séparer, les délégués fixent même la date du prochain Synode national, prévu à Nîmes en septembre 1851. Mais le projet, transmis au Ministre des cultes, reste lettre morte, en raison à la fois du faible empressement des autorités à agir, mais aussi des réactions mitigées des consistoires. Et le Synode espéré pour 1851 n'a finalement pas lieu…

Le changement arrive en mars 1852, lorsque le président de la République, Louis-Napoléon Bonaparte, soucieux de satisfaire les protestants après son coup d'État de décembre 1851, signe un décret-loi apportant plusieurs modifications significatives à l'organisation des Églises réformées. En-dessous du consistoire est désormais reconnue l'Église locale, dirigée par un conseil presbytéral. Le décret-loi précise que les membres laïques du conseil presbytéral et du consistoire sont élus au suffrage universel masculin : les Églises réformées renouent ainsi avec leurs coutumes électives. À la fin du XIXe siècle, on dénombre ainsi 553 paroisses réformées concordataires, qui forment, par regroupements régionaux, 101 consistoires. La réunion de Synodes provinciaux et nationaux est possible, mais elle reste soumise à l'autorisation du gouvernement. Les Églises réformées semblent donc, en apparence, avoir retrouvé leur organisation pyramidale traditionnelle. Toutefois, dans les faits, l'État refuse toujours la tenue de tout Synode, et surtout du Synode national. Pour remplacer ces derniers, Louis-Napoléon Bonaparte décide d'instaurer un « Conseil central des Églises réformées », dont les membres sont nommés par le gouvernement. Imité du Consistoire supérieur des Églises de la Confession d'Augsbourg ou du Consistoire central israélite, ce Conseil central suscite méfiance et hostilité car il est totalement étranger aux habitudes réformées. En l'absence de Synode national, dont la convocation n'est autorisée qu'une fois en un siècle (en 1872), le Conseil central devient, par la force des choses, la seule institution réformée fédératrice au niveau national ; il n'a cependant qu'un rôle administratif limité, essentiellement de conseil auprès du Ministre des cultes, et cesse de se réunir dès le début des années 1860.

L'Église réformée concordataire est ainsi une Église « sans tête », dépourvue d'une instance dotée de quelque autorité en matière doctrinale. Face aux débats théologiques qui se développent en son sein et opposent de plus en plus vivement évangéliques et libéraux, elle se retrouve, au cours du XIXe siècle, entièrement démunie… Dans ce contexte, l'autorisation par le gouvernement d'un Synode national en 1872 arrive trop tardivement.

LE RÉVEIL[7]

À la charnière des XVIIIe et XIXe siècles, un intense renouveau spirituel anime le protestantisme français, sous l'influence des protestants européens qui prennent à cœur ce champ d'évangélisation qui s'ouvre avec la fin des persécutions. De nombreuses missions évangéliques naissent et essaiment depuis la Grande-Bretagne : de la *French Bible Society*, fondée en 1792, jusqu'à la *Société continentale pour l'évangélisation de l'Europe*, créée en 1818, les initiatives s'enchaînent, appuyées notamment par la Suisse qui fournit les premiers agents en France de la Société continentale : Émile Guers, Ami Bost, Henri Pyt ou Félix Neff… Leur but est de « réveiller » les chrétiens français, endormis dans leur foi par des sermons rationalistes ressemblant souvent à des dissertations philosophiques sur des questions morales.

Le « Réveil » a une dimension transnationale : sa dynamique d'évangélisation est alimentée par le méthodisme anglo-saxon, le piétisme germanique et le revivalisme genevois. Elle amène à la création d'un certain nombre de nouvelles Églises, indépendantes, c'est-à-dire créées en dehors du cadre concordataire. Des Églises méthodistes se constituent dans la vallée du Rhône, les Cévennes, la Savoie, la Normandie, le Nord et Paris ; des Églises baptistes s'ancrent dans le Nord, en Picardie, en

---

7 Voir Alice Wemyss, *Histoire du Réveil : 1790-1849*, Paris, 1977 ; Gabriel Mützenberg, *À l'écoute du Réveil*, Saint-Légier (Suisse), 1989 ; André Encrevé, *L'Expérience et la foi*, Genève, 2001.

Alsace et à Paris. De petits groupes darbystes (qui se désignent eux-mêmes comme « frères ») apparaissent dans le Gard, la Drôme, l'Ardèche, en Béarn. Une assemblée de quakers est implantée à Congénies, dans le Gard. Des communautés moraves sont présentes à Bordeaux comme à Saint-Hippolyte du Fort (Gard). Les anabaptistes-mennonites maintiennent leur présence dans l'Est rural de la France…

Le Réveil français suscite à son tour des sociétés d'évangélisation : Société biblique protestante en 1818, Société des traités religieux, Société des missions évangéliques parmi les peuples non chrétiens en 1822, Société des livres religieux (de Toulouse) en 1831, Société évangélique de France en 1833, Société d'évangélisation pour les protestants français en 1837, Société centrale protestante d'évangélisation, constituée en 1847 par le regroupement de diverses sociétés régionales… Travaillant aussi bien en milieu protestant qu'en milieu catholique, ces sociétés sont à l'origine de la naissance d'Églises indépendantes ou d'Églises séparatistes, non reconnues par l'État mais tolérées. Les premières se forment en général à la suite de missions de Réveil menées en dehors du cadre concordataire, dans des régions catholiques où le protestantisme n'est pas présent : de telles implantations se développent par exemple en Charente, en Sarthe, en Limousin. Les secondes proviennent le plus souvent d'un Réveil né à l'intérieur des Églises concordataires : insatisfaits de la prédication, souvent plus morale que religieuse, ou du pasteur salarié par l'État, un groupe de croyants organise des réunions particulières d'édification et de prière ; le passage d'un prédicateur revivaliste et, en réaction, l'hostilité du pasteur concordataire entraînent alors la séparation. À Paris est ouverte en 1830 la Chapelle de la rue Taitbout, créée par une partie de la haute société protestante ; Adolphe Monod (1802-1856) fonde la même année l'Église évangélique de Lyon ; en 1831 à Orthez et à Sainte-Foy-la-Grande, une communauté se sépare de l'Église nationale, comme à Bordeaux en 1844.

Ces nouvelles Églises soulèvent deux questions de principe : celle du rapport à l'État et celle de la définition même de l'Église. Une Église chrétienne est-elle une Église « de multitude », dont sont membres tous ceux qui s'en sentent proches, quelles que soient leurs convictions réelles, ou bien une Église « de professants », dont les membres font une profession individuelle de leur foi ? Les revivalistes défendent l'idée que la conversion personnelle est la condition d'entrée dans l'Église.

De plus, bien des voix s'élèvent en Europe, tant dans le catholicisme que dans le protestantisme, pour souhaiter la séparation des Églises et de l'État : « l'Église libre dans l'État libre », selon l'expression de l'époque. Dès 1843, l'Écosse voit se constituer une puissante « Église libre », issue de l'Église presbytérienne nationale ; en 1847, inspirée par le théologien Alexandre Vinet, s'organise l'Église libre du Canton de Vaud, en Suisse. De même, en octobre 1848, le pasteur concordataire Frédéric Monod (1794-1863) et le laïc Agénor de Gasparin (1810-1871) lancent une *Adresse aux membres de l'Église réformée de France* pour la constitution d'une Église libre en France : le mouvement aboutit à la création de l'Union des Églises Évangéliques de France séparées de l'État, donc dites « Libres[8] ».

Frédéric Monod envoie au consistoire de Paris sa lettre de démission, suivi par une poignée de pasteurs concordataires, mais le mouvement d'ampleur espéré ne se produit pas. Adolphe Monod[9] par exemple, le frère de Frédéric, pourtant de conviction revivaliste et lui-même pasteur pendant quelques années d'une Église indépendante à Lyon, fait en 1848 le choix inverse ; il l'explique dans une brochure *Pourquoi je demeure dans l'Église établie* et est nommé dans la chaire laissée vacante par son frère ! Les ralliements « libristes » sont finalement très minoritaires, en raison même des questions de principe posées. Le problème de la séparation d'avec l'État divise les protestants : certains la souhaitent sans délai, d'autres s'y opposent, beaucoup y sont favorables mais estiment que le moment n'en est pas encore venu. Les arguments utilitaires et matériels ne sont bien sûr pas étrangers au débat (une Église, un pasteur, peuvent-ils subvenir à leurs besoins sans l'aide de l'État ?), tout comme la crainte de voir le protestantisme affaibli face au catholicisme qui resterait concordataire. Du point de vue ecclésiologique, la constitution d'Églises de professants n'est pas non plus familière aux réformés français.

Quoi qu'il en soit, en 1849, l'Union des Églises Libres prend les devants sur une séparation qui sera finalement décidée par l'État en 1905.

---

8 L'Union des Églises Évangéliques de France prend officiellement le nom d'Union des Églises Évangéliques Libres en 1883.

9 Étienne Tissot, *Adolphe Monod (1802 1856) : un artisan paradoxal du Réveil protestant français*, Lyon, 2018.

LE SCHISME[10]

En démissionnant, les pasteurs « libristes » attirent l'attention sur un sujet qui prend de plus en plus d'importance au cours du XIXe siècle, la coexistence au sein de l'Église concordataire de courants théologiques opposés :

> Je sors de l'Église nationale réformée de France, écrit par exemple le pasteur Benjamin Pozzy (de Bergerac), parce que l'Église nationale réformée de France, dans le synode du mois de septembre [1848], a refusé de confesser son Sauveur. Le pour et le contre peuvent également être crus et professés dans son sein ; il en résulte que les principes les plus subversifs des vérités éternelles du salut ont le même droit de s'y produire que ces vérités elles-mêmes[11].

Après le temps du Désert et de l'Église clandestine où la recherche théologique n'était bien sûr pas une priorité, le retour de la liberté permet le renouveau de la théologie et de la pensée religieuse protestante française. Les protestants partagent la conviction de représenter la forme moderne de la religion (« Le protestantisme me paraît encore l'œuvre la plus grande, la plus féconde des temps modernes », écrit significativement le pasteur Samuel Vincent en 1829[12]), et de devoir s'adapter à un monde qui change, selon l'antique adage *Ecclesia reformata semper reformanda* (l'Église réformée doit toujours se réformer). Le protestantisme français va donc, au cours du XIXe siècle, essayer de retrouver les inspirations de la Réforme, mais deux voies bien différentes, deux courants progressivement structurés, se dessinent dans cette recherche : l'un dit libéral, l'autre appelé orthodoxe ou évangélique[13].

Libéralisme et orthodoxie se distinguent sur trois plans fondamentaux :

- au niveau théologique, les libéraux souhaitent poursuivre l'effort de renouvellement entrepris au XVIIIe siècle dans les pays protestants européens, quand les évangéliques défendent les affirmations traditionnelles ;

10 Voir Patrick Harismendy, *Le Parlement des huguenots*, Rennes, 2005 ; André Encrevé, *L'Expérience et la foi*, Genève, 2001.

11 Cité par Claude Baty, *Les Églises évangéliques libres*, Valence, 1999, p. 62.

12 Samuel Vincent, *Vues sur le protestantisme en France*, Nîmes, 1829, p. 4.

13 Les revivalistes se présentent comme « évangéliques », quand les libéraux les appellent « orthodoxes ». Comme nous le ferons pour tous les mouvements dans la suite de cet ouvrage, nous adoptons l'appellation choisie par ses représentants.

– au point de vue de la conception de la nature humaine, les libéraux sont des optimistes, peu intéressés par le péché et la rédemption, quand les évangéliques sont plutôt des pessimistes consolés, insistant sur le caractère fondamentalement mauvais de l'homme ;
– au point de vue de la méthode, les libéraux donnent le rôle premier à l'homme et à sa raison, alors que les évangéliques placent la Bible au centre de leur réflexion.

Si les libéraux sont très majoritaires dans les années 1820, leur influence diminue progressivement au fil du siècle. Puis une inversion se produit : alors qu'au début du siècle, le Réveil semblait une nouveauté, par ses thèmes (le péché et le salut par grâce) aussi bien que par son style (des textes pleins d'effusion romantique, une musique plus présente, de petites réunions le soir chez des particuliers), l'évangélisme apparaît peu à peu comme le gardien de la tradition contre les positions de plus en plus radicales adoptées par une partie des libéraux après 1850. À l'unisson d'une intelligentsia européenne en mutation et s'appuyant sur les travaux de l'exégèse allemande, certains libéraux s'engagent en effet résolument dans la rationalisation : pour « sauver la religion », ils repoussent tout supra-naturalisme, c'est-à-dire toute croyance à un ordre au-delà des lois de la nature. Il s'agit d'« intérioriser, spiritualiser, "trier" la religion, [...] pour la ramener à son essence, le *religieux*, [que l'on peut définir] comme l'âme éternelle de la religion, les Églises, les cultes, les confessions de foi, les rites, les traditions n'en étant que le corps périssable[14] ».

Le pasteur Edmond Scherer (1815-1889), par exemple, rejette l'inspiration plénière des Écritures en 1850, fait de la conscience religieuse de l'homme le seul critère de véracité et de validité des textes bibliques en 1851, nie le péché en 1853, conteste la divinité du Christ en 1855. Si Scherer est l'un des plus illustres représentants de l'ultra-libéralisme, la plupart des libéraux demeurent attachés à un libéralisme modéré : ils représentent encore la majorité des réformés au milieu du siècle, mais seulement le tiers trente ans plus tard.

Le débat, fortement polémique, devient une crise, aux causes exclusivement doctrinales, qui se cristallise en 1872 lors du seul Synode

14 Patrick Cabanel, « Du religieux au laïque : la conjoncture réformatrice dans le judaïsme et le protestantisme », dans Alain Dierkens (éd.), *L'Intelligentsia européenne en mutation (1850-1875)*, Bruxelles, 1998, p. 22.

national autorisé par le gouvernement. La question centrale est celle de la formulation des croyances. Les libéraux rejetant les vieux textes doctrinaux, l'un des débats les plus controversés du Synode est celui consacré au Symbole des Apôtres, et plus particulièrement aux expressions « descente aux enfers » et « résurrection de la chair », que les libéraux rejettent. Pour les libéraux, la foi est un sentiment personnel vivifié par une lecture individuelle de l'Évangile ; la Bible est la seule autorité en matière de foi, mais une confession de foi d'Église, obligeant tous les membres, ne peut être qu'un carcan liant les consciences :

> Les formules dogmatiques ne préservent pas les âmes du mensonge et de l'erreur. Elles les endorment. Elles étouffent la personnalité religieuse. Logiquement elles dérivent du catholicisme et y ramènent. Elles sont contraires à la véritable méthode protestante [celle du] libre examen appliqué à l'Évangile. [...] On ne trouve pas [dans la Bible] un code tout préparé, un *Credo* fait à l'avance. On y trouve des paraboles, des discours, des faits qui tour à tour vous étonnent, vous émeuvent, vous ravissent, vous troublent ou vous rassérènent. [...] De là une foi personnelle, intime, qui est nôtre, parce qu'elle est le fruit de notre travail, qui est vivante et vivifiante, parce qu'elle est libre. [...] Je ne veux pas d'intermédiaire factice, je veux me mettre en contact direct avec l'Évangile et par l'Évangile avec la personne du Christ[15].

Les évangéliques, de leur côté, souhaitent l'adoption d'une déclaration de foi, pour réactualiser la Confession de foi de La Rochelle de 1559.

Les débats sont houleux, mais les deux camps ne sont pas homogènes. Bien des libéraux modérés reconnaissent ne pas être très éloignés des évangéliques, même s'ils refusent par principe tout texte contraignant et ne souhaitent pas se désolidariser des ultra-libéraux. Ceci explique que les conditions religieuses de l'électorat paroissial sont adoptées largement au cours du Synode, par 77 voix contre 24 abstentions : seront électeurs « tous ceux qui déclarent rester attachés de cœur à l'Église protestante réformée de France et à la vérité révélée telle qu'elle est contenue dans les Livres sacrés de l'Ancien et du Nouveau Testament ». Le texte de la déclaration de foi auquel les nouveaux pasteurs devront adhérer n'est en revanche adopté qu'à une plus faible majorité, de 61 voix contre 45.

Lorsque le Synode national se sépare, beaucoup pensent qu'il a pacifié la situation. Mais juridiquement, le pouvoir du Synode national est nul

---

15 Discours de Jean-Jules Clamageran lors du Synode de 1872, cité par Eugène Bersier, *Histoire du Synode général*, Paris, 1872, p. 182-184.

puisqu'il n'est pas prévu par les Articles organiques de 1802 ; le Synode n'a qu'une autorité morale. Or les libéraux refusent d'appliquer les décisions de 1872 sans pour autant sortir de l'Église. 42 consistoires rejettent ainsi dès 1873 les actes du Synode général. Le conflit rebondit dès lors sur le terrain administratif : le Synode national n'étant pas mentionné dans la loi, il ne dispose légalement d'aucun pouvoir. Le gouvernement ne souhaitant pas intervenir dans la querelle, il renonce à convoquer un autre synode national qui pourrait trancher la question : le Synode de 1872 reste donc le seul synode national réuni au cours du XIXᵉ siècle. Le Ministère des cultes décide de faire appliquer la décision synodale sur les conditions religieuses de l'électorat paroissial puisqu'elle a été adoptée très largement : un recours est pourtant aussitôt déposé devant le Conseil d'État par les membres libéraux de deux paroisses (Sénégats, dans le Tarn, et Bédarieux, dans l'Hérault). Dans son arrêt du 23 juillet 1880, le Conseil d'État estime que les nouvelles conditions électorales constituent un changement de la Discipline qui doit résulter d'un décret, et non de simples instructions ministérielles : entachée d'un vice de forme, la décision du Ministère est annulée et les conditions électorales de 1852 rétablies.

Des négociations entre les deux tendances sont tentées pour ramener « La paix de l'Église », selon le titre d'un journal alors créé et destiné « aux hommes modérés à quelque parti qu'ils appartiennent », mais toutes échouent : une scission de fait traverse bientôt l'Église réformée. Chaque tendance s'organise alors parallèlement, réunissant ses synodes régionaux et ses synodes nationaux « officieux » à partir de 1879. Paradoxalement, ce schisme officieux permet aux Églises réformées de se réapproprier le système presbytérien-synodal dans son entier fonctionnement[16]. L'État est informé de la tenue de ces synodes, même si aucune autorisation ne lui est officiellement demandée ; mais il tolère d'autant mieux cette nouvelle organisation qu'elle assure une paix relative entre les deux courants. Un décret du 25 mars 1882 réorganise l'Église consistoriale de Paris et met fin à vingt ans de frictions : Paris est officiellement divisé en huit paroisses réformées, chacune ayant son propre conseil presbytéral et pouvant choisir ses pasteurs en fonction de sa sensibilité. Le schisme s'institutionnalise également dans une quinzaine de paroisses, lorsque la

16 Les libéraux adoptent pour leur part des structures plus informelles : ils réunissent des « assemblées générales » et non des synodes.

minorité est – ou se sent – exclue par la majorité appartenant à l'autre camp : elle crée alors une seconde Église réformée locale, évangélique (à Castres, Clairac, Lasalle, Mazamet, Monoblet, Montauban, Montpellier, Royan, Saint-Hippolyte-du-Fort, Sommières, Tonneins, Vauvert) ou plus rarement libérale (à Mâcon et Paris-boulevard Beaumarchais).

Administrativement, l'Église concordataire demeure une, mais il y a en réalité une Église à deux corps et deux têtes : une « Église siamoise[17] ».

LA SÉPARATION[18]

Paradoxalement, en dénouant les liens du système concordataire, la Séparation des Églises et de l'État en 1905 ne simplifie pas la situation : elle confirme les divisions du protestantisme, les institutionnalise et provoque même un nouveau fractionnement des Églises réformées.

La Séparation donne raison aux Églises libres qui avaient refusé ou étaient sorties du régime concordataire au cours du XIXe siècle. La présidence de la Fédération protestante de France, lors de sa création en 1905[19], est significativement confiée au président de la Commission synodale des Églises libres, Édouard Grüner (1849-1933). Mais la victoire symbolique de l'Union des Églises libres est d'autant plus modeste qu'elle n'a pas joué un rôle majeur dans cette évolution (mis à part l'engagement personnel de Raoul Allier, professeur à la Faculté de théologie de Paris et membre des Églises libres), et que ses forces restent numériquement très faibles par rapport aux Églises réformées. Paradoxalement, la fin du concordat pose même la question de la raison d'être des Églises libres. « Le principe de l'indépendance vis-à-vis de l'État a triomphé complètement, constate la Commission synodale libriste en 1911. Celui de la profession individuelle de la foi est admis théoriquement comme base des associations cultuelles. Quelle est donc la mission qui est maintenant confiée à nos Églises[20] ? » Le Synode libriste de 1905 s'exprime en faveur d'une unité avec les autres Églises et appelle à rechercher « les

17 Selon l'expression de Catherine Storne-Sengel, « L'Église réformée, de l'unité à l'éclatement (1902-1907) », dans Philippe Boutry (éd.), *Vers la liberté religieuse : la séparation des Églises et de l'État*, Bordeaux, 2006, p. 36.

18 Voir Lucie-Violette Méjan, *La Séparation des Églises et de l'État*, Paris, 1959.

19 Voir Yves Parrend, *Histoire de la Fédération protestante de France (1905-1991) à travers les Actes des Assemblées générales*, Thèse de doctorat, Université de Strasbourg (ED Théologie et sciences religieuses), 2019.

20 Cité par Claude Baty, *Les Églises évangéliques libres*, Valence, 1999, p. 164-186.

possibilités et les moyens qui s'offriraient de concentrer davantage dans l'avenir les forces des Églises [évangéliques] ». Certaines Églises locales n'attendent d'ailleurs pas le résultat des rencontres entre les instances dirigeantes nationales et choisissent de fusionner avec leur homologue réformée évangélique, comme à Pau dès 1906.

La Commission synodale libriste est favorable à une unité : lors du Synode de 1919, elle se demande explicitement « si [l'Union des Églises libres] ne dev[r]ait pas se fondre dans l'Union des Églises réformées évangéliques d'où elle est sortie, et éviter ainsi la disparition par émiettement ». Mais au fur et à mesure des discussions, deux courants apparaissent de plus en plus clairement : l'un « qui souhaite mettre le levain libriste dans la pâte protestante et l'autre qui tient à préserver les principes », selon l'analyse de Claude Baty[21]. Face aux Églises de multitude, certains libristes souhaitent défendre le principe de la profession individuelle de la foi, comprise non pas seulement comme l'adhésion à des statuts ou à une certaine expression de la foi, mais bien comme « l'expérience personnelle du salut » ; d'autres craignent de disparaître tout simplement en étant absorbés par les Églises réformées évangéliques. L'Union des Églises libres renonce donc pour l'instant à toute fusion, mais se retrouve affaiblie et divisée : le clivage resurgira dans les années 1930, lors du débat sur la constitution de l'Église réformée de France.

Du côté des réformés, les débats sur les changements institutionnels rendus inévitables par la Séparation n'en sont pas moins complexes. Faut-il maintenir le statu quo d'une Église à deux tendances ? Une seule Union d'Églises est-elle possible ? Ou bien faut-il au contraire constituer deux Unions différentes ?

En février 1905, les évangéliques lancent un « Appel à la fidélité », fondé sur quatre principes : l'adoption de la déclaration de foi du Synode de 1872, celle du régime presbytérien-synodal, l'exclusion de tout esprit de polémique, la création d'une fédération de défense des intérêts communs du protestantisme. Les libéraux rédigent une « Déclaration pour la paix protestante », autour de trois axes : le maintien de la continuité de l'Église réformée, l'esprit de paix et d'unité de Jésus, l'acceptation de concessions mutuelles pour résister au cléricalisme et à l'irréligion. Au Synode évangélique officieux de mai 1905, à Reims, le projet de convocation d'un Synode national commun avec les libéraux avant toute

---

21 Claude Baty, *Les Églises évangéliques libres*, Valence, 1999, p. 175.

réorganisation ecclésiastique est repoussé assez largement (65 voix contre, 34 pour) ; mais une résolution, adoptée à une voix de majorité (51 pour, 50 contre), demande qu'une assemblée réunissant évangéliques et libéraux soit convoquée afin d'étudier les possibilités d'un rapprochement. L'Assemblée générale des Églises réformées libérales, qui se tient en novembre 1905 à Montpellier, fait un pas en direction des évangéliques en adoptant une déclaration de principes qui reconnaît Jésus-Christ comme « Sauveur » et mentionne son « triomphe sur la mort ».

Mais les tensions se renforcent et les positions se durcissent : le Synode évangélique d'Orléans, en janvier 1906, repousse à une date ultérieure le projet de convocation d'une assemblée générale commune (57 voix pour, 38 contre). Les statuts de « l'Union nationale des Églises réformées évangéliques » (É.R.É.) sont déposés dès le 2 février suivant, et un premier Synode É.R.É. se tient à Montpellier les 6 et 7 juin ; la confession de foi de 1872 est obligatoirement insérée dans les statuts des associations cultuelles évangéliques. Les libéraux convoquent aux mêmes dates une assemblée constituant « l'Union nationale des Églises réformées unies », qui tient son premier Synode national l'année suivante. La création de ces deux Unions n'épuise cependant pas le débat car, depuis les années 1890, le monde réformé n'est plus bipolaire (évangéliques/libéraux), mais tripolaire. Un troisième courant, issu de la tendance évangélique, se veut conciliateur, insistant davantage sur l'action diaconale et missionnaire de l'Église que sur les querelles ecclésiastiques et théologiques. Il se structure autour de la « Commission d'action protestante évangélique sur le terrain moral et social », et de pasteurs « non alignés[22] » comme Élie Gounelle et Wilfred Monod. C'est ce courant de « centre-droit », selon la terminologie de l'époque[23], qui est à l'origine de la résolution votée en mai 1905 par le Synode É.R.É., favorable à une assemblée commune à tous les réformés. Alors que les évangéliques les plus orthodoxes constituent l'aile « droite » de l'Église et les libéraux l'aile « gauche », le « centre-droit » compte sur le « centre-gauche » (les modérés des libéraux) pour rétablir l'unité. Mais lorsque les espoirs d'union s'éloignent en janvier 1906, le centre-droit se désolidarise du Synode É.R.É. et fonde une troisième Union nationale.

22 L'expression est de Jean-François Zorn, « La division dans la Séparation », *Études théologiques et religieuses*, 82, 2007/1, p. 110.

23 L'appellation n'a pas de connotation politique.

Constituées en associations cultuelles selon les termes de la loi du 9 décembre 1905, les paroisses peuvent donc adhérer, non pas à l'une des deux, mais désormais à l'une des trois structures nationales mises en place : l'Union des Églises réformées évangéliques d'une part, l'Union des Églises réformées *unies* (libérales) d'autre part, le rassemblement des « hors-partis » enfin, l'Union des Églises réformées (dite de Jarnac). Sans compter la poignée d'Églises qui préfèrent l'indépendance pure et simple…

À la fin de l'année 1907, 410 associations cultuelles réformées se sont rattachées à l'Union évangélique, et 121 à l'Union libérale. L'Union de Jarnac, modérée et souhaitant travailler à l'unité du monde réformé, laisse aux Églises locales la possibilité d'appartenir également à l'une ou l'autre Union : elle regroupe 156 associations (dont 84 déjà membres de l'Union libérale et 72 uniquement « jarnacaises »). L'affiliation des Églises locales aux nouvelles Unions répond bien sûr à des choix théologiques, mais également à l'influence du pasteur, à la situation géographique et à des considérations matérielles : l'Union évangélique est par exemple la seule à s'être dotée d'une caisse centrale, qui vient au secours des Églises déficitaires.

L'émiettement du « petit » protestantisme français pourrait sembler absurde si l'on oubliait qu'il est comme constitutif de l'identité protestante, en raison d'une part de la désacralisation de l'institution ecclésiale, d'autre part de l'importance donnée aux débats religieux ou doctrinaux. La Fédération protestante de France, qui elle aussi se constitue officiellement à la fin de l'année 1905, ne compte-t-elle pas dès sa création huit familles d'Églises ?

L'analyse des situations locales est très révélatrice du fonctionnement de cette fragmentation. Plus d'une trentaine d'associations cultuelles réformées concurrentes se forment localement en 1906, mais une dizaine disparaissent presque aussitôt. Les querelles de clocher ou les rivalités de personnes sont insuffisantes pour donner force à des divisions épidermiques, qui se résorbent alors très vite. En revanche, lorsqu'elle est portée par le zèle et le dynamisme de la minorité militante, la scission s'inscrit dans la durée et permet ainsi de doubler le nombre de pasteurs. Enfin, la fragmentation est aussi une manière protestante de gérer la diversité. À Nîmes, trois associations cultuelles sont constituées : l'une est libérale, l'autre évangélique, chacune rattachée à l'Union de sa tendance, et la troisième association regroupe les deux premières ! La coexistence de ces trois structures permet de concilier la diversité et l'unité.

UNE REDISTRIBUTION DES CARTES APRÈS 1905

Si la vie ecclésiale est faite de polémiques, d'affrontements et donc de divisions, la vie religieuse des protestants est loin de se résumer aux seules structures d'Églises : elle repose également sur d'innombrables associations, œuvres ou sociétés religieuses, de mouvements de jeunesse, dans lesquels les protestants se retrouvent et se côtoient, quelle que soit leur appartenance ecclésiale. Comme le note en 1893 Frank Puaux dans son introduction au volumineux catalogue des *Œuvres du protestantisme français au* XIX*e siècle* : « Si pénibles que fussent les différends entre orthodoxes et libéraux, le protestantisme français n'en continuait pas moins sa marche en avant. [...] Les luttes ecclésiastiques ne devaient pas arrêter l'œuvre du protestantisme français dans notre pays[24]. »

Même si elles sont le plus souvent issues du mouvement du Réveil, ces œuvres s'organisent en dehors des institutions ecclésiales, selon le principe *undenominational* anglo-saxon : inter-dénominationnelles, elles mettent en pratique un œcuménisme protestant de fait, où luthériens, réformés et « dissidents » travaillent ensemble. Elles jouent donc un rôle unificateur au sein du protestantisme. Plus encore, « l'Alliance évangélique », fondée à Londres en 1846 et dont la branche française se constitue aussitôt, se donne pour but de rapprocher tous les croyants « réveillés » sur une base doctrinale commune : alliance entre individus (et non entre Églises), elle institue par exemple la Semaine universelle de prière dès 1847. Les organisations de jeunesse montrent l'exemple : en 1855 naît l'Alliance universelle des Unions chrétiennes de jeunes gens, et en 1895 la Fédération universelle des associations chrétiennes d'étudiants. À la fin du XIXe siècle, le renouveau de la mission intérieure (création de la Mission populaire évangélique en 1872, fondation du mouvement du christianisme social en 1878) comme de la mission extérieure (après la conférence coloniale de Berlin en 1885), suscite des dynamiques unificatrices.

Les projets de rapprochement ou d'union entre les Églises ne manquent pas et témoignent de la dialectique qui existe entre unité et diversité.

24 Frank Puaux, *Œuvres du protestantisme français au* XIX*e siècle*, Paris, 1893, p. XXVI-XXVII.

Dans les années 1870, le pasteur Théophile Roller lance un projet de confédération d'Églises. Dans les années 1890, un projet de « fédération des Églises protestantes de France » est proposé conjointement par trois pasteurs réformé (Auguste Decoppet), luthérien (Alfred Mettetal) et méthodiste (Onésime Prunier). En 1896 se réunit à Lyon une « Commission fraternelle mixte », composée de réformés libéraux et évangéliques, dont le but est d'assurer une défense coordonnée face au développement de l'anti-protestantisme. Et l'approche du vote de la loi de séparation des Églises et de l'État incite les consistoires à demander la convocation d'un Synode national de toutes les Églises réformées…

Si ce synode national n'a finalement pas lieu, la loi de 1905 ouvre une voie de réconciliation en permettant aux « centristes » de se constituer entre les deux « partis » :

> Je ne puis être dans l'Église de droite [évangélique], ni dans l'Église de gauche que constituent en ce moment nos frères libéraux, écrit le pasteur Louis Lafon en juin 1906. […] Là, on ferme toutes les portes, ici on les enlève. L'un et l'autre vont être des Églises de parti. Je ne suis et ne veux être d'aucun parti. Je ne veux être que chrétien et protestant[25].

Lorsqu'elle prend véritablement son envol, après quatre ans de maturation, la Fédération protestante de France se définit d'ailleurs comme un « groupement, par libre affiliation d'Églises françaises ». Et au cours des années 1920, sept « Fédérations protestantes régionales » se mettent en place pour « unir dans la fraternité et l'action chrétienne des groupements religieux qui ont chacun leur organisation et leurs méthodes ».

Parmi les réformés, un premier regroupement d'importance s'opère en 1912 : l'Union libérale fusionne avec l'Union de Jarnac, sous le nom d'Union nationale des Églises réformées. L'air du temps a changé : le protestantisme entre dans une époque de rassemblements.

LE RAPPROCHEMENT THÉOLOGIQUE

Si la vigueur des disputes doctrinales a été à l'origine des divisions, le contexte théologique se transforme progressivement dans le dernier quart du XIXe siècle. Après les grandes polémiques des années 1860, le débat ne progresse plus : « Dans les deux camps, on ressasse un peu les

25 Louis Lafon, « Correspondance », *La Vie nouvelle*, 30 juin 1906, p. 276.

mêmes arguments, pour ou contre les confessions de foi, pour ou contre la divinité de Jésus-Christ, pour ou contre le symbole des Apôtres, etc. », note l'historien André Encrevé[26].

De plus, la discussion s'affadit faute d'interlocuteurs. Les ultra-libéraux sont arrivés au bout de la logique de « la raison libre dans l'Église libre » : ils définissent leur christianisme comme « une église sans sacerdoce. Une religion sans catéchisme. Un culte sans mystères. Une morale sans dogmatique. Un Dieu sans système obligatoire[27] ». Mais est-ce encore un christianisme ? Tirant les conséquences ultimes de leur libre examen radical, les chefs de file de l'ultra-libéralisme abandonnent la théologie : Edmond Scherer dès 1860, Ferdinand Buisson et Timothée Colani en 1870, Auguste Dide en 1886 quittent l'Église pour s'investir dans l'action politique. Leur publication, la *Revue de théologie et de philosophie chrétienne* (dite aussi *Revue de Strasbourg*), cesse de paraître en 1869. En 1882, dans la leçon de rentrée qu'il prononce à la Faculté de théologie protestante de Paris, Maurice Vernes écarte comme « hypothèse » l'existence d'un Dieu créateur et transcendant ; il est contraint à la démission de son poste de professeur, mais ne trouve alors personne pour le défendre publiquement, et le journal libéral *La Renaissance* se félicite même de sa démission… Les libéraux modérés ne se sentent plus tenus à une solidarité inconditionnelle envers des compagnons de route qui ont, pour la plupart, abandonné le pastorat.

Parallèlement, deux autres professeurs de la Faculté de théologie protestante de Paris parviennent à renouveler le débat théologique : Eugène Ménégoz (1838-1921) et Auguste Sabatier (1839-1901), initiateurs du courant symbolo-fidéiste. Leurs approches se complètent : le luthérien Ménégoz insiste sur le « salut par la foi indépendamment des croyances » (*Réflexions sur l'Évangile du salut*, 1879), tandis que Sabatier le réformé présente la dogmatique comme la science de l'expérience religieuse, qu'il faut étudier à l'aune d'une théologie symbolique et de la critique historique (*Esquisse d'une philosophie de la religion d'après la psychologie et l'histoire*, 1897, et *Les Religions de l'autorité et la religion de l'esprit*, publication posthume en 1904). En repensant à nouveaux frais l'articulation entre doctrine et expérience religieuse, les deux théologiens

26 André Encrevé, *L'Expérience et la foi*, Genève, 2001, p. 82.

27 Manifeste du premier numéro (7 mars 1869) du journal *L'Émancipation. Organe du christianisme libéral pour la Suisse romande*, dirigé par Ferdinand Buisson.

dépassent le clivage entre évangéliques et libéraux : « [Le] défaut et [le] malheur [de l'orthodoxie] est d'être anti-historique, explique Sabatier. Le vice premier et le malheur du rationalisme, c'est d'être anti-religieux. » Le symbolo-fidéisme permet de sortir de l'antithèse et de l'impasse. Les libéraux ne peuvent que souscrire à l'idée selon laquelle toute formule dogmatique est fondamentalement inadéquate et doit être interprétée de façon symbolique ; les évangéliques ne peuvent qu'être satisfaits du maintien de la Bible comme norme et de la réelle valeur théologique reconnue aux formules dogmatiques traditionnelles.

Le mouvement du Christianisme social, dont le premier groupe est fondé par Tommy Fallot en 1882, trace quant à lui la voie d'un « socialisme » protestant et humaniste. Le congrès de Nîmes de 1888 est la première occasion de retrouvailles entre des évangéliques et des libéraux. Le pasteur Wilfred Monod (1867-1943) jette les bases d'une théologie du « Royaume » (1901), où se conjuguent et s'influencent mutuellement christianisme et socialisme : la lutte contre les injustices engendrées par la misère est l'une des facettes de la construction d'une « cité nouvelle ». Le mouvement se concrétise dans la réalisation de « Solidarités » (ou « Maisons du peuple chrétiennes sociales »), d'associations (Association protestante pour l'étude pratique des questions sociales) et de revues (*L'Émancipation*, la *Revue du christianisme social* ou *L'Avant-garde*).

Ces expériences communes de rénovation théologique et de réforme sociale sont à l'origine d'une « unité fraternelle », qui inspire sur le plan ecclésial la création de « l'Union de Jarnac » dont les pasteurs Élie Gounelle (1865-1950) et Wilfred Monod sont les principaux animateurs.

Cet esprit d'ouverture ne peut que séduire des libéraux dont la ferme assurance semble ébranlée depuis la fin du XIXe siècle. Les comptes-rendus de « l'Association fraternelle des pasteurs libéraux de France[28] » sont le reflet de ces doutes, partagés d'autant plus librement qu'ils le sont en toute confidentialité entre collègues : « D'où vient que, parfois, on constate dans les milieux orthodoxes plus d'entrain, plus d'empressement au culte ou aux œuvres, plus de libéralités que dans les milieux libéraux ? », se demande le pasteur Georges Fayot en 1922[29]. « La seule vraie cause

28 Voir Pierre-Yves Kirschleger, « L'Association fraternelle des pasteurs libéraux de France », *B.S.H.P.F.*, 154, 2008/3, p. 383-396.

29 Georges Fayot, *Correspondance de l'Association fraternelle des pasteurs libéraux de France*, n° 80, février 1923.

du triste état de notre Association, c'est le *défaut de feu sacré*, déplore le pasteur Camille Rabaud. La preuve en est que dans le Tarn, la Droite [évangélique] a son groupe pastoral, très vivant, qui régulièrement se réunit deux fois par an[30]. »

Cet entre-soi ne permettant pas de se maintenir à « la hauteur de la brillante génération précédente », le pasteur Émile Schulz, qui a fondé et dirige l'Association fraternelle depuis 1885, propose d'en élargir le recrutement aux pasteurs du « Centre-droit » qui ne veulent imposer aucune confession de foi. Or un obstacle empêche ces derniers d'adhérer : le mot « libéral », perçu comme un épouvantail, tout à la fois synonyme de rationalisme et de négation à outrance, cri de guerre évoquant le souvenir de luttes et de souffrances. Aussi, dès 1894, Schulz suggère-t-il purement et simplement d'abandonner le nom de « libéral » ! Rejetée, la proposition revient pourtant régulièrement à l'ordre du jour face à la langueur de l'association : « N'est-il pas contradictoire que nous ayons pour *shiboleth*[31] l'adjectif *libéral*, c'est-à-dire l'adjectif qui, à nos yeux, dans le sens qu'il devrait avoir, mais qu'il n'a malheureusement pas, est la négation de toute espèce de *shiboleth*[32] ? »

Cette évolution a permis en 1912 la fusion entre l'Union des Églises libérales et l'Union de Jarnac.

L'INFLUENCE DES CONFÉRENCES INTERNATIONALES

Mais le protestantisme français évolue également sous l'influence d'événements internationaux.

En 1910 se tient à Édimbourg la « Conférence missionnaire mondiale », réunissant quelque 1200 responsables missionnaires protestants. La délégation française compte dix personnes, dont le directeur de la Société des Missions évangéliques de Paris, Alfred Boegner, des missionnaires en poste et des représentants des comités auxiliaires. Édimbourg n'est pas la première du genre, puisque de grandes conférences missionnaires

30 Camille Rabaud, *Correspondance de l'Association fraternelle des pasteurs libéraux de France*, n° 73, août 1913.

31 Dans le livre des *Juges* (12,4-6), le mot sert de signe dénonciateur pour démasquer des adversaires qui n'arriveraient à le prononcer. Par extension, le mot révèle l'appartenance à un groupe.

32 Louis Trial, *Correspondance de l'Association fraternelle des pasteurs libéraux de France*, n° 74, décembre 1913.

internationales se sont déjà tenues à Liverpool en 1860, à Londres en 1878 et 1888, à New-York en 1900 ; mais celle-ci se révèle d'une importance majeure en donnant naissance au mouvement œcuménique. Les délégués ne sont en effet pas venus à titre individuel, mais en tant que représentants officiels de 170 sociétés et comités missionnaires des Églises. De plus, les sociétés de mission ont pris conscience de la stérilité de leur action apostolique face aux dommages causés par la prolifération des œuvres missionnaires et le gaspillage des rivalités confessionnelles et nationales, exacerbées par le contexte de colonisation. L'objectif de la Conférence est de promouvoir « une étude conjointe des problèmes habituels principaux rencontrés par l'entreprise missionnaire en vue d'aider [les sociétés missionnaires] à les résoudre et de parvenir ensemble à l'évangélisation du monde » : il s'agit donc d'étudier les possibilités de coopération internationale des Églises. Les délégués décident d'ailleurs, avant de se séparer, de créer un Comité de continuation, appelé à partir de 1921 *Conseil International des Missions* : les réformés français y sont partie prenante, puisque le pasteur Alfred Boegner (1851-1912) est nommé vice-président du comité de continuation, remplacé un peu plus tard par le pasteur Daniel Couve (1874-1954). En mettant ainsi sur pied un outil de débat administratif et politique, Édimbourg fournit le point de départ de l'œcuménisme contemporain.

Mais le champ missionnaire n'est pas le seul terrain favorable à un rapprochement des Églises. La montée des tensions diplomatiques au cours des années 1910 incite en effet un certain nombre d'Églises à s'engager en faveur de la paix et de la justice dans le monde. Les initiatives sont nombreuses : l'*Alliance universelle des Églises pour promouvoir l'amitié internationale* tient son congrès fondateur à Constance (Suisse) à la fin du mois de juillet 1914, aussitôt interrompu par les déclarations de guerre ; certains délégués parviennent à se retrouver à Londres, le 5 août, et forment un comité exécutif dont le réformé français Jacques Dumas (1868-1945), magistrat, devient l'un des cinq secrétaires. Les chefs de file du christianisme social, le Français Élie Gounelle et le Suisse Auguste de Morsier, ont prévu de réunir le congrès constitutif d'une « Fédération internationale des chrétiens sociaux » à Bâle en septembre 1914 : le déclenchement de la guerre réduit à néant le projet. L'archevêque luthérien d'Uppsala (Suède), Nathan Söderblom (1866-1931), lance en novembre 1914 un « Appel pour la paix et la communion chrétienne », traduit en sept langues. En décembre 1914 est fondé à Cambridge le « Mouvement international de la réconciliation »...

Pendant la guerre, l'expérience partagée des tranchées et la fraternité d'armes renforce dans chaque pays le sentiment d'appartenance à une grande famille d'Églises et relativise l'importance des séparations ecclésiales : dès février 1916, vingt-six aumôniers militaires français signent un appel « en faveur de l'union de toutes les Églises protestantes de France[33] ». Puisque personne ne songe, sur les champs de bataille ou dans les ambulances, à demander aux blessés et aux mourants à quelle « fraction d'Église » ils appartiennent, il conviendra après la guerre, écrivent-ils, de se rallier « autour de notre unique Sauveur » pour qu'il n'y ait « plus en France qu'une Église évangélique ».

Au niveau international, une fois la guerre terminée, Nathan Söderblom parvient à mettre sur pied la Conférence chrétienne universelle sur « *la Vie et l'Action* », qui se tient à Stockholm en août 1925. Plus de 600 délégués, représentant 31 dénominations ecclésiastiques (protestantes pour 90 %, et orthodoxes) et provenant de 37 pays, y abordent les grands problèmes sociaux et politiques pour la mise en œuvre d'un christianisme pratique. Deux ans plus tard se tient à Lausanne, sous l'impulsion de l'évêque épiscopalien américain Charles Brent (1862-1929), une seconde assemblée œcuménique, la Conférence universelle sur « *la Foi et la Constitution* » de l'Église. Regroupant elle aussi 600 délégués protestants et orthodoxes, elle a pour but d'examiner les divergences doctrinales et ecclésiologiques entre les confessions. La différence de méthode entre les deux mouvements est nette : le premier recherche une unité par l'action, quand le second invite à réfléchir sur la notion d'unité de l'Église par la doctrine. « Nous applaudissons au mouvement qui se dessine en faveur de l'union entre corps ecclésiastiques semblables de doctrine, de culte et de constitution, dit la Conférence de Lausanne, et nous formons des vœux pour qu'il se poursuive avec un succès croissant. » Dans les deux cas, le retentissement sur les Églises nationales est fort. Le pasteur français Marc Boegner par exemple voit alors dans ce mouvement de rapprochement d'Églises une nouvelle « Réformation ». C'est dire le souffle qui émane de ces rencontres d'hommes venus des quatre coins du monde. Point de départ pour une aventure imprévisible susceptible d'engendrer un renversement du processus de fragmentation

33 Cité par Xavier Boniface, *Histoire religieuse de la Grande Guerre*, Paris, 2014, p. 119-120.

à l'œuvre depuis la Réforme, elles présagent d'une véritable révolution dans les Églises, insérées dans la trame de l'histoire après la Première Guerre mondiale.

Les deux conférences de Stockholm et de Lausanne ont un impact important sur les Églises réformées françaises et contribuent à créer un climat nouveau.

D'abord par le rôle des délégués français participant à ces rencontres. Le nombre de délégués français (13 à Stockholm et 12 à Lausanne) est d'ailleurs disproportionné par rapport à la taille de la communauté protestante dans le pays. Stockholm est la conférence où le rôle des Français a été le plus important, notamment dans les réunions préparatoires des commissions. Le pasteur Wilfred Monod est membre de la Commission exécutive des Comités de continuation de Stockholm. Le pasteur Jules Jézéquel devient secrétaire de « Vie et Action ». Participent également les pasteurs Élie Gounelle (directeur de la revue du christianisme social), Henri Monnier (professeur à la Faculté de théologie de Paris), André-Numa Bertrand (libéral), François Méjan, Charles Merle d'Aubigné et Louis de Saint-André (évangéliques)... Autant d'hommes qui deviennent des acteurs à la fois des conférences internationales et du rapprochement entre les Églises françaises. Une déléguée évangélique, de retour de Lausanne, se demande « si le maintien de la division des Réformés n'était pas un péché[34] ». Plus d'un opposant à la réunification des Églises réformées révise son attitude après Lausanne.

Ensuite par l'intérêt suscité par les déclarations œcuméniques. Le synode régional des Églises réformées évangéliques (É.R.É.) de Loriol (Drôme), en 1928, désire « un Lausanne français ». « L'esprit de Lausanne » devient une expression que l'on retrouve régulièrement dans la presse protestante. Pendant trois ans, les Synodes nationaux des É.R.É. étudient en profondeur les documents de Lausanne. L'Assemblée générale tenue par la Fédération protestante de France à Marseille en octobre 1929 se fait largement l'écho des conférences internationales et de leurs implications : lors de la dernière séance, dite « journée spirituelle », le pasteur Marc Boegner défend la cause de la « catholicité » (universalité) réformée, et le pasteur André-Numa Bertrand intervient

34 Cité par Roger Mehl, dans Jean Baubérot (éd.), *Vers l'unité pour quel témoignage ?*, Paris, 1982, p. 101.

pour y insuffler le sens de l'unité. L'Assemblée de Marseille adopte un vœu en faveur d'une « plus intime concentration » des forces des Églises. L'unité, oui, mais laquelle ?

Les chrétiens sociaux comme Élie Gounelle se montrent assez réservés, car ils redoutent une inévitable lutte doctrinale au sein de la famille protestante, et même au sein de chaque Union d'Églises : « L'unité protestante ne peut être que fédérative, puisqu'il la faut à tout prix respectueuse des organisations confessionnelles, des dogmes, des pratiques, des rites, et, pour tout dire, de l'autonomie des Églises fédérées[35]. » Ils auraient aimé voir élaborer un programme d'action concret, en plusieurs articles : la révision géographique des postes pour éviter les doubles emplois et les rivalités ; la création d'un Synode national commun aux trois Unions ; le regroupement des sociétés d'évangélisation et des œuvres morales dans une puissante « Mission intérieure protestante » ; le regroupement de toutes les institutions culturelles du protestantisme (Facultés de théologies, revues). Or les côtés pratiques de l'unité ne sont pas abordés par les Églises françaises…

Les deux Unions d'Églises (Réformées et Réformées Évangéliques) examinent dans leurs Synodes les textes de Lausanne et les approuvent, avec ou sans réserves. C'est pour elles, par la même occasion, la possibilité de mesurer à partir d'un point de repère commun leurs convergences et leurs divergences. Si elles acceptent toutes deux les déclarations de Lausanne sur la nature de l'Église, le ministère et les sacrements, elles divergent sur la conception de l'Évangile et de son autorité, sur le rôle de la confession de foi et de la doctrine au sein de la foi.

Les conférences internationales marquent enfin une redécouverte de la notion d'Église, de sa puissance et de sa tâche : l'Église doit apporter au monde un « témoignage collectif ». C'est pourquoi, pour les conférences du Carême 1931, le pasteur Marc Boegner choisit précisément pour thème : « Qu'est-ce que l'Église[36] ? ». Radiodiffusées puis publiées en brochure, elles sont pour lui le moyen d'inciter les fidèles à se pencher sur le problème de l'Unité chrétienne :

35 Élie Gounelle, « Quo Vadis ? L'unité fédérative du Protestantisme français », *Le Christianisme social*, janvier 1930, n° 1, p. 17.

36 La question « Qu'est-ce que l'Église ? » préoccupe alors la plupart des théologiens au-delà du protestantisme, note Michel Fourcade (dans Jean-Robert Armogathe (éd.), *Histoire générale du christianisme du XVIe siècle à nos jours*, Paris, 2010, p. 933-936).

> En de trop nombreux endroits, Église se dresse contre Église, et chapelle contre chapelle. C'est peu à peu un pullulement de sectes [...]. La multiplicité des « dénominations », comme on dit en pays anglo-saxon, s'accroît à tel point que, pour justifier leur existence, bon nombre d'entre elles doivent accuser ce par quoi elles diffèrent des Églises doctrinalement les plus proches. Que deviennent, dans une pareille frénésie d'individualisme, la vérité chrétienne dans la vivante complexité de ses aspects complémentaires, et la tradition chrétienne dans la richesse de ses apports[37] ?

Après les conférences internationales, la Première Guerre mondiale est l'autre événement majeur qui contribue à faire évoluer le protestantisme français.

L'ÉCHO MEURTRIER DE LA GRANDE GUERRE

La Grande Guerre a laissé dans les Églises les mêmes cicatrices que dans la société française : une « grande saignée » démographique, puisque la France compte 1,4 millions de soldats tués, soit 34 morts pour mille habitants. La pyramide des âges montre deux entailles : à la base pour les deux sexes (déficit des naissances), et au centre du côté masculin (les classes de 20 à 40 ans). Le groupe le plus touché est celui des classes 1910-1914 (nées entre 1890 et 1894), parmi lesquelles un mobilisé sur trois est mort pendant le conflit. Plus largement, 70 % des morts sont des soldats nés entre 1885 et 1899 : ce sont les « générations sacrifiées ». Une partie notable de la jeunesse protestante militante a ainsi disparu dans le conflit.

Même si le protestantisme ne représente que 1,6 % de la population d'un pays de quarante millions d'habitants, il est frappé de plein fouet. Le premier soldat tombé pour la France, le 2 août 1914, est un jeune instituteur protestant de 21 ans, le caporal Jules-André Peugeot, tué dans un incident de frontière près de Belfort : ses obsèques ont lieu deux jours plus tard dans le temple luthérien d'Étupes (Doubs). Trente-cinq pasteurs et quarante-neuf étudiants en théologie ont été tués, soit le tiers des étudiants en théologie mobilisés. Quel que soit le nombre de disparus, rares sont les Églises à ne pas tenir un livre d'or de leurs fidèles morts pour la France. Les temples se couvrent de plaques commémoratives où sont gravés les noms des victimes de la guerre.

---

37 Marc Boegner, *Qu'est-ce que l'Église ?*, Paris, 1931, p. 174.

Ce déséquilibre démographique vient renforcer une diminution de la population amorcée dans certaines zones depuis le dernier tiers du XIXe siècle : « Notre population protestante est en continuelle diminution », s'alarme le synode de 1919 de l'arrondissement du Vigan (Gard). L'historien Émile-G. Léonard a expliqué cet exode et la « mentalité migratrice » des protestants. Les ruraux protestants « assuraient à leurs enfants une instruction qui leur permit d'*aller à la ville* et, un jour ou l'autre, c'était l'exode » :

> Ce pays de petits propriétaires protestants, écrit Léonard à propos de la région gardoise de Sommières et de la Vaunage, comptait dans chacun de ses villages un membre de l'Enseignement supérieur et quelques bons fonctionnaires – pour ne pas dire un académicien [comme Camille Jullian] ou un président de la République [Gaston Doumergue][38].

Une telle émigration vide les « réservoirs » de populations protestantes, les « hauts-fourneaux de l'évangélisation » qu'étaient les Cévennes gardoises et lozériennes, au profit de régions éloignées. Le résultat de cet épanchement est une dispersion considérable du protestantisme sur tout le territoire français. « Alors qu'en 1820 les protestants [de l'Hérault] vivaient groupés dans moins de 50 communes, relève l'historien Gérard Cholvy en 1965, on en rencontre aujourd'hui dans 125 communes, et il est bien probable que cette liste n'est pas exhaustive[39]. »

La seconde conséquence majeure de la Première Guerre mondiale est le désordre économique qu'elle entraîne : la chute du franc et l'inflation galopante coûtent très cher aux rentiers et aux propriétaires ; les salaires et traitements augmentent moins vite que les prix… Cette situation a des répercutions sur les Églises, qui ne vivent plus que des dons de leurs fidèles depuis la fin du système concordataire. La grande crise économique des années 1930 va aggraver les difficultés financières apparues dans la décennie précédente : les déficits s'accumulent. L'année 1935 est la plus mauvaise : pour la première fois les Églises réformées ne parviennent pas à annuler le déficit de l'année précédente, et les Églises réformées évangéliques connaissent un déficit de plus d'un million de francs. Les

38 Émile-G. Léonard, *Le Protestant français*, Paris, 1953, p. 87.

39 Gérard Cholvy, « Les protestants de l'Hérault : essai d'évaluation numérique », *Annales du Midi*, 1965, p. 328.

pasteurs sont soumis à une diminution de leurs traitements ou de leurs pensions de retraite.

La situation devient difficile tant sur le plan financier que sur le plan ecclésial : avec la fin de la dotation de l'État et le manque de pasteurs, le nombre de postes pastoraux a diminué d'environ 38 % dans le Sud de la France entre 1906 et 1936[40]. L'exode rural et l'urbanisation progressive entraînent également une inadéquation de la répartition des postes de pasteurs. Dans la banlieue parisienne, 50 000 protestants seraient privés de pasteurs, tandis que dans certaines localités du Sud de la France de quelques centaines d'habitants peuvent cohabiter trois pasteurs desservant trois Églises distinctes... La désunion entre évangéliques et libéraux est de plus en plus ressentie comme dérisoire et les esprits commencent à réfléchir à un rapprochement, que les problèmes financiers semblent d'autant plus justifier. Un « regroupement des forces » est d'ailleurs souhaité dans certaines régions (vœu de Livron, dans l'Ardèche, en 1929) pour supprimer les « doubles emplois », et réalisé parfois, comme dans la Drôme, dans un « souci d'économie d'échelle ». Tous ces éléments préparent ainsi la transformation radicale du paysage ecclésial que va connaître le protestantisme français dans les années 1930.

La troisième conséquence de la Grande Guerre est d'ordre politique : la France voit l'éclosion de nombreux mouvements pacifistes, et le protestantisme ne fait pas exception ; il a même servi de terreau fertile à un discours pacifiste militant dès la veille de la guerre. Ainsi, en 1907, la toute jeune Fédération protestante de France invite-t-elle ses Églises membres à consacrer chaque année un dimanche à la « cause de la paix ». Pour autant, le pacifisme protestant n'est pas univoque : trois tendances bien différentes s'y distinguent.

Le pacifisme juridique est incarné par le mouvement « La Paix par le droit », fondé en 1887 par sept lycéens nîmois, dont le futur pasteur Henry Babut. Dirigée depuis 1897 par le philosophe Théodore Ruyssen et reconnue d'utilité publique en 1929, l'association fait l'apologie d'une réglementation des relations entre les nations, sur la base de conventions qui constitueraient une sorte d'état de droit international. Elle milite pour un règlement négocié – donc pacifique – des conflits. Le Prix Nobel de la Paix est attribué à deux reprises à des proches du protestantisme

---

40 Chiffre établi par Maurice Longeiret, *Les Déchirements de l'unité*, Cléon d'Andran, 2004, p. 50.

et du mouvement : en 1909 à Paul d'Estournelles de Constant et en 1927 à Ferdinand Buisson. Plutôt proche du protestantisme libéral, le mouvement recrute de manière privilégiée ses adhérents parmi les enseignants. Loin d'être antimilitariste, il s'oppose à l'objection de conscience.

Le pacifisme révolutionnaire, en revanche, affirme explicitement un refus total de la guerre. Inspiré par l'extrême-gauche chrétienne, il entend défendre non la patrie, mais les intérêts de la classe ouvrière. Ce courant est illustré par quelques personnalités marquantes : Paul Passy (1859-1940), professeur à l'École Pratique des Hautes Études et membre de l'Église évangélique baptiste de Paris, a été révoqué temporairement en 1913 pour avoir appelé à « la désertion en masse » et à « la chouannerie des réfractaires » au service militaire de trois ans ; l'évangéliste Henri Tricot (1852-1938), ancien militant anarchiste converti au protestantisme, se fait le promoteur d'une synthèse entre l'anarchie et l'Évangile et fonde en 1927 l'Union communiste spiritualiste…

Le troisième courant, celui du pacifisme évangélique intégral, trouve ses fondements dans le texte du Sermon sur la montagne et le principe de non-résistance au méchant : « Vous avez appris qu'il a été dit : "Œil pour œil et dent pour dent." Mais moi, je vous dis de ne pas résister au méchant. Si quelqu'un te gifle sur la joue droite, tends-lui aussi l'autre » (Mt 5,37)[41], dit le Christ dans l'Évangile selon Matthieu. Ce pacifisme protestant radical et contestataire à l'égard de l'attitude patriotique des Églises ne touchait avant-guerre que les milieux protestants évangéliques, mennonites et quakers ; il connaît un plus grand retentissement avec la naissance du « Mouvement international de la réconciliation » et les procès de l'objection de conscience. Le roman *Roux le bandit* d'André Chamson en 1925 en devient l'étendard : il raconte l'histoire d'un paysan des Cévennes refusant de partir à la guerre pour rester fidèle au commandement divin qui interdit de tuer.

Alors que l'inquiétude et l'insécurité générales grandissent avec la constitution de l'URSS en 1922 et la montée du fascisme en Italie, l'*Alliance universelle pour l'amitié internationale par le moyen des Églises* se réunit à Prague en août 1928 : le thème de la rencontre est celui du désarmement et de l'abolition de la guerre du point de vue des Églises chrétiennes, puisque les États paraissent impuissants à résoudre ces

41 La traduction biblique utilisée dans cet ouvrage est celle de la version *Segond 21* (Société biblique de Genève, 2007).

problèmes. Les pasteurs réformés français Wilfred Monod et Jules Jézéquel, secrétaire général de l'*Alliance*, participent à la Conférence mondiale de Prague, qui conjure les Églises d'user de leur influence auprès de la Société des Nations (SDN). Car les débats sur le désarmement qui ont lieu dans l'enceinte de la SDN à Genève suscitent alors de vives polémiques dans l'opinion[42] entre partisans de la sécurité, qui dénoncent l'illusion pacifiste et internationaliste, et défenseurs du désarmement, groupés autour des partis politiques de gauche. Les Églises protestantes françaises se retrouvent elles-mêmes partagées lorsque l'*Alliance universelle* adopte en 1929 une résolution intitulée « Guerre et arbitrage » : l'*Alliance universelle* se prononce pour la révision du Traité de Versailles de 1919 et demande aux Églises de refuser tout soutien à leur gouvernement national si celui-ci déclare la guerre à un autre pays malgré les engagements pris lors du Pacte Briand-Kellog du 27 août 1928. Les méthodistes et les libristes français entérinent la résolution, mais les luthériens (concordataires et non-concordataires) et les réformés évangéliques la refusent, alors que les réformés libéraux en atténuent la portée...

À partir de 1933, une nouvelle question divise profondément les Églises françaises, celle de l'objection de conscience. Le jeune Henri Roser (1899-1981), fils de pasteur, fait ici figure de pionnier. Mobilisé en mars 1918, il participe à la fin de la Grande Guerre puis à l'occupation de la Rhénanie jusqu'en 1921 : il en revient avec de fortes convictions pacifistes et écrit en 1923 au Ministère de la Guerre qu'il ne portera plus jamais les armes. Il est aussitôt révoqué de son grade d'officier. Mais ses positions antimilitaristes le font également exclure de la Maison des Missions évangéliques de Paris où il est étudiant. H. Roser devient alors auxiliaire du pasteur Henri Nick à Lille, animateur d'un foyer d'évangélisation à Aubervilliers, puis secrétaire de la branche française du « Mouvement international de la réconciliation ».

Au début des années 1930, de jeunes protestants refusent à leur tour d'accomplir leurs obligations militaires : ils sont condamnés par la justice. Sur les douze objecteurs de conscience détenus en 1933 à la prison parisienne du Cherche-Midi, cinq sont protestants et sept catholiques. La presse traite abondamment du problème, qui commence à

42 Maurice Vaïsse, *Sécurité d'abord, la politique française en matière de désarmement, 1930-1934*, Paris, 1982.

troubler les Églises réformées. Parmi les objecteurs se trouvent en effet des étudiants ou d'anciens étudiants en théologie, ainsi que des responsables des mouvements de jeunesse. Camille Rombaut a été exclu de la Maison des Missions évangéliques de Paris, où il se préparait à devenir instituteur missionnaire. Jacques Martin (1906-2001) est secrétaire de la « Fédé » étudiante de Paris[43] lorsqu'il renvoie ses papiers militaires : en tant que chrétien, il pense ne pas pouvoir porter les armes. Condamné en octobre 1932 à un an de prison ferme, il obtient une libération conditionnelle six mois plus tard ; mais en 1935 il est pour la seconde fois condamné suite à un nouveau refus de se rendre sous les drapeaux ; libéré en janvier 1936, il est encore incarcéré, brièvement, en 1937, 1938 et 1939. Philippe Vernier (1909-1985) est étudiant en théologie lorsqu'il est condamné à un an de prison pour le même motif. L'avocat protestant et socialiste André Philip assure la défense des deux jeunes gens et fait citer comme témoins les pasteurs Henri Nick, André Trocmé, Marc Boegner et Charles Westphal, à côté d'intellectuels et de personnalités de la gauche catholique (Marc Sangnier) ou républicaine (Jean Guéhenno). Mais l'objection de conscience ne mobilise pas que des jeunes gens idéalistes : le pasteur Robert Chéradame, de la paroisse réformée évangélique de Walincourt (Nord), ancien combattant décoré de la Croix de guerre, lieutenant de réserve, donne sa démission d'officier en 1931 ; appelé pour une période d'instruction en 1934, il refuse de s'y rendre et est condamné à un an de prison pour insoumission aux lois militaires et écroué à la prison de Loos.

Les procès de 1932-1933 provoquent bien des remous dans le milieu protestant. Le cas du pasteur Chéradame notamment, très estimé de tous ceux qui le connaissent, prête à de nombreuses discussions : si certains le blâment vertement, d'autres espèrent qu'il pourra reprendre son ministère une fois sa peine purgée, d'autant qu'il n'a pas invoqué devant le tribunal militaire l'objection de conscience et qu'il s'est déclaré prêt à faire sa période d'exercice. Une caisse de secours en faveur des objecteurs est mise sur pied, mais l'initiative est loin de faire l'unanimité : les journaux *Le Christianisme au XXe siècle* et *Le Témoignage* refusent d'insérer dans leurs colonnes la circulaire annonçant sa création. Le pasteur Élie Gounelle accepte de la faire annoncer dans *Le Christianisme social*, mais

43 Patrick Cabanel, « Le pasteur Jacques Martin, de l'objection de conscience à la résistance spirituelle à l'antisémitisme », *Archives Juives*, 40, 2007/1, p. 78-99.

sans la recommander. Les chrétiens sociaux soutiennent les objecteurs – sans forcément les approuver.

De nombreuses pétitions circulent. Un manifeste signé de 111 pasteurs des diverses Unions, ainsi que par des évangélistes et des candidats au ministère pastoral, affirme que l'acceptation des obligations militaires est un « devoir chrétien ». Un autre « Appel à la conscience protestante », signé par 363 pasteurs et laïcs à l'automne 1933, souhaite que les Églises étudient sérieusement la question, d'autant que deux demandes d'objecteurs de conscience viennent d'être soumises à la Commission de consécration pastorale appelée à statuer sur leur intégration ou non à l'Église. Les « dames protestantes » sont loin d'être inactives : 860 d'entre elles demandent que l'éducation de leurs fils ne soit pas confiée à un pasteur qui leur semble se soustraire aux solidarités nationales et donne l'exemple de l'insoumission ou de la désertion, qui constitue en soi une forme de propagande ; selon elles, les objecteurs de conscience peuvent être assimilés aux perturbateurs qui rêvent de détruire la Patrie et la Société. Elles rappellent que beaucoup ont donné à la France leurs maris, leurs fils, leurs pères ou leurs frères pendant la Grande Guerre, et qu'elles-mêmes ont souvent été infirmières dans des postes sanitaires. Mais une pétition concurrente, signée par 886 dames protestantes, souhaitent au contraire que des hommes « d'une si haute conscience » ne soient pas exclus du ministère pastoral… La querelle mobilise l'opinion protestante de façon plus sensible que le problème de la réunification des Églises réformées.

Le Synode national des Églises réformées évangéliques (É.R.É.) de Paris-Auteuil, en juin 1933, se met d'accord sur l'incompatibilité de la propagande en faveur de l'objection de conscience, « qui conduit logiquement à l'insoumission », avec le ministère pastoral. Le Synode national É.R.É. de Castres de 1934 confirme la décision et refuse de soumettre la question aux synodes régionaux, pour ne pas troubler les Églises locales en ouvrant une large discussion. La Société Centrale Évangélique comme le Synode luthérien de 1934 adoptent la même attitude. Les Églises libres donnent en revanche toute liberté à leurs paroisses pour choisir leurs pasteurs. Les Églises méthodistes ne voient aucun obstacle à ce qu'un pasteur milite pour l'objection de conscience. Quant aux Églises réformées (libérales) réunies à Nîmes en 1934, elles estiment que les Synodes n'ont pas à légiférer abstraitement sur des principes, mais seulement, dans le concret de la vie quotidienne, sur des questions de discipline ecclésiastique – et décident de reporter toute décision.

Sous l'égide de la Fédération protestante de France, une Commission de douze théologiens de toutes tendances, sous la présidence de Marc Boegner, se réunit pour débattre de l'objection de conscience au plan doctrinal. En avril 1935, elle présente son rapport, en six points :

> 1° L'Église a le droit et le devoir d'émettre un avis sur la question de l'objection de conscience.
> 2° L'Église considère l'existence des patries comme conforme au dessein de Dieu.
> 3° C'est à l'Église et non à l'État de déterminer ce qui appartient à César et ce qui appartient à Dieu.
> 4° L'Église ne se prononce pas contre la guerre [...]. Elle y voit même un jugement de Dieu.
> 5° L'Église reconnaît que le service militaire [...] est une forme de soumission aux autorités prescrite au croyant par l'Écriture, donc une obligation chrétienne.
> 6° En conséquence, l'Église [...] doit recommander à ses enfants d'accepter les obligations du service militaire[44].

Pour autant, cette Commission estime qu'elle n'a ni à traiter des questions de personnes, ni à se substituer aux Églises particulières dans leur discipline. Le Synode É.R.É. de Saintes, en juin 1935, précise ce qu'il entend par « propagande pour l'objection de conscience » : non seulement la propagande publique (par la parole ou l'écrit), mais aussi la propagande par l'exemple d'insoumission, comme l'adhésion à un groupe de pacifistes intégraux. C'est la raison pour laquelle le pasteur André Trocmé, pacifiste sans être objecteur, connaît quelques difficultés à trouver une paroisse : lorsqu'en 1934 il souhaite changer de paroisse, sa candidature au poste de Montrouge-Malakoff-Clamart, puis au poste de Thonon-les-Bains, est refusée par les autorités centrales à cause de ses opinions pacifistes ouvertement affichées. Trocmé prend finalement le poste du Chambon-sur-Lignon pour un intérim, et n'en devient titulaire qu'en 1937 grâce à l'insistance du conseil presbytéral.

Certaines paroisses en effet ne partagent pas l'avis de la majorité : un synode régional se désolidarise même en 1934 de la décision prise l'année précédente par le Synode national É.R.É. d'Auteuil, qui est

44 Le texte intégral est publié dans la presse protestante (*Le Christianisme au* XXe *siècle*, 18 avril 1935).

pourtant l'autorité souveraine de l'Église... Du côté des Églises réformées (libérales), le Synode national d'Agen (1936) accepte de donner une délégation pastorale pour un an à Jacques Martin et à Henri Roser ; en revanche, le Synode de 1938 refuse leur demande de consécration. Jacques Martin décide alors de prendre la direction administrative d'une usine de bas de soie à Ganges (Hérault). Lors de l'entrée en guerre en 1939, Henri Roser a plus de quarante ans et quatre enfants et n'est donc pas mobilisable : malgré cela, il choisit de faire connaître aux autorités militaires son « refus d'obéissance » en solidarité avec les objecteurs de conscience ; il est condamné à quatre mois de prison. « Je crois que Roser est dans l'erreur doctrinale la plus complète, écrit le pasteur Marc Boegner dans ses carnets. Je n'en respecte pas moins son absolue sincérité et je souffre de le voir couvert de l'opprobre des hommes – et d'une grande partie de l'Église. » Boegner demande à Roser de préparer un projet de service civil visant à affecter les objecteurs de conscience en zone dangereuse (ramassage des blessés au front ou dans une zone bombardée), sous la tutelle du Ministre de l'Intérieur : ce projet ne voit pas le jour car l'armée veut éviter tout prosélytisme en la matière. Roser ne sera finalement consacré pasteur de l'Église réformée de France qu'en 1945. Quant à Philippe Vernier, il part en Belgique, à Quaregnon, où il est consacré pasteur en janvier 1939 : il ne reviendra en France qu'en 1954, dans la paroisse É.R.F. de Maubeuge.

DE NOUVEAUX COURANTS POUR DE NOUVEAUX CLIVAGES

Dans les années de l'entre-deux-guerres, deux phénomènes majeurs, en apparence opposés, s'affirment : sur le plan ecclésial, l'effacement des fractures vieilles de soixante ans entre évangéliques et libéraux, mais sur le plan des idées, la cristallisation de nouvelles lignes de rupture théologiques et/ou politiques, qui sont à l'origine de nouvelles divisions. Alors que les protestants français étaient au cours des décennies précédentes plutôt unanimes à soutenir la République, le capitaine Dreyfus et la séparation des Églises et de l'État, les clivages politiques partagent non seulement les fidèles, mais aussi le corps pastoral des Églises réformées.

Le christianisme social, dont l'apparition est contemporaine de l'essor du socialisme dans les années 1880 et 1890, s'est structuré autour de la « Fédération protestante du christianisme social » en 1922. Le pasteur

Wilfred Monod a théorisé conjointement « la conversion sociale du christianisme » et « la conversion spirituelle du socialisme ». Le pasteur Élie Gounelle dirige la *Revue du christianisme social* et devient le secrétaire général de la Fédération. Les pasteurs qui animent les « Solidarités » essaient de faire rayonner le christianisme au sein de la classe ouvrière. Le pasteur Théodore Gounelle (1878-1957), frère cadet d'Élie, fonde une revue située un peu plus à gauche, *L'Avant-garde*, qui appelle à voter pour la SFIO à partir de 1932. Parmi la nouvelle génération, André Philip (1902-1970), élu député socialiste en 1936, affiche ouvertement ses convictions religieuses[45]. Même s'il est faible au sein du protestantisme, l'attrait du communisme conduit à la création de l'Union des communistes spiritualistes en 1927. D'assez nombreux pasteurs ou étudiants en théologie militent ainsi dans la revue *Terre nouvelle*.

Concomitamment, une droite protestante se structure autour de l'amour de la patrie. Elle déplore la sécularisation de la société (« l'athéisme d'État », selon l'expression utilisée) et penche vers le conservatisme social. Trois pasteurs sont élus députés après la Première Guerre mondiale et siègent à droite : Émile-Charles Altorffer de 1919 à 1928, Édouard Soulier de 1919 à 1938, et Jean Autrand de 1928 à 1932. Vice-président de la Chambre des députés de 1936 à 1938, É. Soulier est également conseiller municipal à Paris, vice-président de la « Fédération républicaine » et président d'honneur des « Jeunesses patriotes » ; il tente de favoriser la création d'un grand parti de centre-droit « républicain et national ». La victoire législative du « Cartel des gauches » en 1924 précipite la structuration des courants de droite protestants. En 1925, le pasteur Louis Lafon, de Montauban, fonde le journal *La Vie nouvelle*, hebdomadaire de la droite protestante parlementaire. Une « Ligue des Huguenots », animée par les pasteurs Durrleman et Léon Peyrie, se constitue de même pour « rallier tous ceux qui se sentent à la fois protestants et Français ». Le pasteur Freddy Durrleman (1881-1942) crée en 1920 la fondation « La Cause », vaste mouvement d'évangélisation et d'action sociale ; au cours de la décennie suivante, certains groupes de la fondation se politisent, dénonçant principalement le communisme athée et les « Sans-Dieu militants ».

45 Rémi Fabre, « Les intellectuels protestants et le socialisme (1870-1940) », *B.S.H.P.F.*, 149, 2003/3, p. 511-526.

L'association Sully[46], fondée en 1925, se veut la branche protestante de l'Action française, tout en conservant son indépendance par rapport à ce mouvement. Elle défend un programme politique et religieux associant protestantisme et royalisme. Elle recrute ses membres parmi la bourgeoisie de la région parisienne, du Languedoc, de l'Alsace et de la Suisse romande, où le mouvement trouve un certain écho. Des sections étudiantes, peu nombreuses mais très actives, s'implantent à Paris, Mulhouse, Lyon, Épinal, Le Havre, Pau et Montpellier. Auguste Lecerf, professeur à la Faculté de théologie de Paris, justifie son adhésion au royalisme par un ancrage théologique. Le pasteur Noël Vesper, de Lourmarin, est le principal rédacteur du bulletin du mouvement.

Dans ce contexte, les tensions croissantes entre droite et gauche n'épargnent donc pas les Églises réformées. La gauche protestante reprend par exemple à son compte la dénonciation des « deux cents familles » protestantes les plus influentes, visant plus particulièrement le patronat protestant. Une brochure des chrétiens sociaux dénonce en 1935 les liens qui, selon eux, existent entre *La Finance protestante et les industries de guerre*... Et les engagements de certaines personnalités suscitent des incidents. En raison des vigoureuses positions de Freddy Durrleman contre l'objection de conscience, contre le communisme athée et persécuteur en Russie, aussi bien d'ailleurs que contre le fascisme et le nazisme, une violente campagne de presse est organisée contre « La Cause[47] » : un certain nombre de pasteurs ne veulent plus la recevoir dans leurs paroisses. La Fédération protestante de France refuse de s'associer aux congrès organisés par « La Cause » sur le thème de la lutte de « la chrétienté contre le communisme ». Surtout, « La Cause » est évincée en 1937 des antennes de Radio-Paris où elle tenait depuis 1928 des conférences et des causeries religieuses : elle est remplacée par le pasteur Boegner et la Fédération protestante de France, qui diffuse dès lors des cultes tous les dimanches matins. La droite protestante voit dans ce transfert une manœuvre politique de la gauche chrétienne sociale auprès du gouvernement Blum.

Les affrontements internes sur la guerre d'Espagne vont se polariser sur les prises de position du pasteur Jules Jézéquel et amener les Synodes à

46 Voir les études de Grace Davie et Yves Freychet dans *Les Protestants français pendant la seconde guerre mondiale*, Paris, 1994, p. 91-104 et 469-478.

47 Christophe Durrleman, « Un mouvement pour le réveil et l'action du protestantisme au XXe siècle : La Cause », *B.S.H.P.F.*, 137, 1991/3, p. 103-115.

prendre leurs distances vis-à-vis de ce dernier. Jules Jézéquel (1870-1963) est pourtant une figure du corps pastoral : après plusieurs postes paroissiaux, il est nommé en 1906 secrétaire général de l'Union des Églises réformées de Jarnac ; aumônier militaire pendant la Grande Guerre, il devient membre de la Fédération des socialistes chrétiens, candidat malheureux aux élections législatives de 1919, et l'un des dirigeants nationaux de la « Jeune République ». Il fait partie des délégations françaises aux Conférences internationales de 1925 et 1927 ; en 1926 il devient le représentant français de la *Church Peace Union*, puis le secrétaire général de la branche française de *l'Alliance universelle pour l'amitié internationale par le moyen des Églises*. En 1936, il devient également vice-président du Conseil international et du Comité français du « Rassemblement universel pour la Paix » : or il accepte l'appui du Parti communiste et demande publiquement que la France aide davantage les républicains espagnols. Ces engagements cumulés lui valent le surnom de « Jézéquel le pasteur communiste » et entraînent surtout la défiance des Églises. Le Synode de l'Église évangélique luthérienne décide de se retirer de *l'Alliance universelle* dès juin 1937 pour préserver « la séparation de la religion d'avec la politique ». Les réformés hésitent sur la conduite à tenir : certains estiment que le débat devrait être tranché par le Synode national de la future Église réformée de France réunifiée – mais le risque de créer un affrontement politico-religieux lors du premier Synode uni paraît trop grand et tout à fait inutile aux principaux dirigeants des deux grandes Unions d'Églises. C'est donc le dernier Synode É.R.É. de Paris-Batignolles, en juin 1938, qui se penche sur la question et décide finalement son retrait de la branche française de *l'Alliance universelle*. Les Églises alsaciennes, réformée et luthérienne, agissent pareillement. Pour mettre un terme définitif aux tensions, Jézéquel annonce en novembre 1938 sa démission de toutes ses fonctions.

De manière générale, les Églises réformées conservent une attitude prudente de neutralité politique. Lors du Synode national de décembre 1938, les délégués « s'étonne[nt] » que le Conseil de la Fédération protestante de France affirme que « lorsqu'il est fait appel aux forces spirituelles pour soutenir l'émission d'emprunts de l'État, les représentants des Églises ont toute qualité pour intervenir sur le terrain du Devoir national ». Le Synode réformé estime au contraire que l'Église n'a pas qualité pour exercer une action qui peut être interprétée par les fidèles comme inspirée par des considérations d'ordre politique…

Parallèlement à ces clivages politiques, de nouveaux clivages théologiques se font jour.

L'influence du christianisme social se prolonge certes après guerre, mais sa vitalité semble s'épuiser : Élie Gounelle comme Wilfred Monod appartiennent à une génération née dans les années 1860, et le mouvement n'attire plus les jeunes. Avides de nouveautés, ces derniers sont en général sortis des facultés de théologie sans beaucoup de réflexion dogmatique.

> Les bibliothèques pastorales étaient pauvres, témoigne le pasteur Hébert Roux (1902-1980). Les travaux des biblistes allemands nous étaient à peu près inconnus. Nous en étions réduits aux commentaires du XIXe siècle [...]. La pauvreté de nos moyens et notre manque d'outils de travail scientifique avaient du moins l'avantage de nous obliger à un effort personnel [...], de nous plonger dans une lecture naïve et sans médiation, somme toute assez bénéfique pour une connaissance « pragmatique » de la Bible[48].

Élie Gounelle confirme l'impression du moment : « La théologie protestante actuelle est très mal outillée[49]. » Aussi les nouveaux courants qui se développent ont-ils une influence certaine sur les jeunes générations.

La pensée de Jean Calvin est l'objet d'une redécouverte, à partir de l'œuvre d'un professeur d'histoire de la Faculté de théologie de Montauban, Émile Doumergue (1844-1937). Après un premier livre consacré à la jeunesse de Calvin (1899), Doumergue n'a de cesse, trente années durant, de travailler à la réhabilitation du réformateur : en 1927 paraît le septième et dernier volume de son œuvre monumentale intitulée *Jean Calvin, les hommes et les choses de son temps*. Cette étude historique est complétée par un travail de reprise dogmatique, mené par l'un des professeurs de la Faculté de théologie de Paris, Auguste Lecerf (1872-1943), qui publie dans les années 1930 son *Introduction à la dogmatique réformée*. En 1926 est fondée la Société calviniste de France, qui ranime l'intérêt pour la théologie réformée, dans un souci de restauration doctrinale.

Ce réveil de l'orthodoxie réformée sert de fondement à la naissance, en octobre 1920 à Lézan (Gard), de l'Union des Chrétiens évangéliques. Association inter-ecclésiastique réunissant des personnalités des Églises

---

48 Hébert Roux, dans Pierre Bolle (éd.), *La Vie des Églises protestantes de la vallée de la Drôme de 1928 à 1938*, Paris, 1977, p. 90.

49 Élie Gounelle, *Le Christianisme social*, janvier 1930, n° 1, p. 21.

réformées évangéliques (Albert Cruvellier, Paul Pic, Léonce Teulon), des Églises méthodistes (William-Henri Guiton) et baptistes (Ruben Saillens), elle a pour but « d'attirer l'attention des chrétiens évangéliques sur les périls mortels que fait courir aux Églises et à la cause chrétienne l'abandon grandissant des fondements de la foi ». Une réunification avec les libéraux se ferait, à leurs yeux, au détriment du zèle, de l'évangélisation et de la doctrine. Rassemblés autour du manifeste d'Émile Doumergue intitulé *Union, Fusion, Fédération* (1920), ils s'opposent donc à toute réunification : la fusion serait une confusion, l'union serait un rêve, seule la fédération respecterait l'identité des partenaires.

C'est précisément autour du souci de l'évangélisation que se regroupent les pasteurs de la vallée de la Drôme. En 1923, cinq d'entre eux, Victor Bordigoni, Henri Eberhard, Pierre Caron, Jean Cadier et Édouard Champendal, décident d'unir leurs efforts pour insuffler dans leurs Églises un esprit de renouveau. La « Brigade de la Drôme » est à l'origine du fameux « Réveil » de la région, caractérisé par une vague de conversions. Son action dépasse les frontières du département et, à partir de 1928, est relayée par la « Brigadette de la Gardonnenque », autour des pasteurs Jean Bordreuil, Jean Cruvellier, Pierre Guelfucci, Louis Poulain, Marc Perrier, Georges Serr et Boris Decorvet. Ces équipes de réveil permettent la redynamisation des paroisses et la création de plusieurs communautés.

Sous l'influence de ce mouvement de Réveil, bien des pasteurs redécouvrent la pensée de Jean Calvin avec passion : c'est le cas de Jean Cadier (1898-1981), mais aussi de Louis Dallière (1897-1976). Pasteur à Charmes (Ardèche), tout consacré à promouvoir le Réveil au sein des É.R.É., Dallière devient le chef de file du mouvement pentecôtisant après la mission de l'évangéliste pentecôtiste anglais Douglas Scott en 1932 à Privas et dans la vallée de l'Eyrieux. Le mouvement des Brigadiers désavoue avec virulence les idées véhiculées par Scott, que Dallière résume dans ces quatre slogans : Jésus sauve, Jésus baptise du Saint-Esprit, Jésus guérit, Jésus revient. Dallière donne au Réveil de l'Ardèche une orientation pentecôtisante[50] bien différente de celle de la Drôme, et l'originalité de cette dynamique est qu'elle s'inscrit à l'intérieur même des Églises réformées évangéliques : Dallière estime que le pentecôtisme est une réponse providentielle aux besoins spirituels

50 Voir David Bouillon, *Église – Baptême – Esprit-Saint : la théologie de Louis Dallière*, Thèse de doctorat, Université de Strasbourg (ED Théologie et sciences religieuses), 2018.

du temps, mais reste attaché à l'Église réformée ; à ses yeux, l'essentiel est un renouveau de la foi, et non pas une nouvelle division ecclésiale. La majorité des Églises aux alentours préfèrent cependant garder leurs distances en raison des débats soulevés sur l'action du Saint-Esprit, la glossolalie (don des langues), les pratiques d'imposition des mains, de guérisons, de baptême par immersion et même de re-baptême. Nommé chargé de cours en théologie pratique à la Faculté de Montpellier par le Synode national É.R.É. de mai 1932, Dallière retire sa candidature devant les oppositions soulevées par ses idées et n'assure qu'un intérim au cours de l'année 1932-1933.

L'entre-deux-guerres est également marqué par l'émergence d'un second courant de pensée, celui du théologien suisse Karl Barth (1886-1968).

Introduite en France en 1923 par le pasteur Pierre Maury (1890-1956), secrétaire de la Fédération française des Associations chrétiennes d'étudiants puis directeur de la revue *Foi et Vie*, la théologie barthienne séduit aussitôt les jeunes générations. Certains ont même l'occasion d'entendre Barth lors de sa première venue en France, en avril 1934, à l'invitation du professeur Henri Monnier, de la Faculté de théologie de Paris ; d'autres vont suivre son enseignement à Bonn (Allemagne), puis à Bâle (Suisse) où il est accueilli en 1934 après avoir été révoqué par le régime nazi. Né de la rupture avec la théologie libérale de ses maîtres, le barthisme se présente comme un retour aux principes doctrinaux de la Réforme, insistant sur la transcendance divine, la condamnation du monde pécheur et de l'orgueil humain. Théologie « dialectique », c'est-à-dire qui s'intéresse simultanément à Dieu et à l'homme, il est une contestation forte des clivages traditionnels ; il recherche des voies nouvelles devant l'impuissance morale et intellectuelle des théologies traditionnelles.

La jeune génération barthienne française (Roger Jézéquel, Roland de Pury, Albert Finet, Henry Corbin, Denis de Rougemont) s'exprime dans une nouvelle revue au ton incisif et provocateur, *Hic et Nunc*, publiée entre 1932 et 1936[51]. Elle n'hésite pas à prendre pour cible le libéralisme, considéré comme un tiède moralisme, mais aussi le christianisme social, dont elle juge dépassées les positions trop axées sur les tares de

51 Arnaud Baubérot, « La revue *Hic et Nunc*, les Jeunes-Turcs du protestantisme et l'esprit des années 1930 », *B.S.H.P.F.*, 149, 2003/3, p. 569-589.

la société industrielle et libérale. Une vive polémique, faite souvent de malentendus, s'instaure d'ailleurs entre chrétiens sociaux et barthiens. Les chrétiens sociaux voient dans le barthisme une spéculation intemporelle sur la transcendance divine, un repli sur la sphère ecclésiastique dans le combat de l'Église confessante, tandis que les barthiens s'opposent à l'idéal pacifiste des chrétiens sociaux. Le constat d'un vieux militant chrétien social, Pierre Poujol, souligne bien l'un des enjeux du débat : « Les plus ardents (des jeunes barthiens) étaient souvent les fils de chrétiens sociaux notoires[52]. » Il s'agit aussi d'un conflit de générations.

Georges Casalis (1917-1987) persuade par exemple ses camarades étudiants en théologie de la Faculté de Paris de boycotter le cours de Wilfred Monod. Professeur de théologie pratique depuis 1909, Monod a été le « prophète » du christianisme social trente ans plus tôt, et le fondateur du mouvement mystique du « tiers-ordre des Veilleurs », conçu comme une réponse spirituelle au désarroi engendré par la Première Guerre mondiale ; mais il apparaît désormais comme un homme du passé[53]. Ses cours étant massivement et définitivement désertés, W. Monod démissionne de son poste en 1937.

Alors que le christianisme social semble désormais inadapté, le barthisme, compris comme une « théologie de crise » et une recherche de voies nouvelles, paraît mieux répondre à la situation née de la Première Guerre mondiale. L'actualité prend le pas sur les spéculations intellectuelles et théologiques.

LA FONDATION DE L'ÉGLISE RÉFORMÉE DE FRANCE

Ainsi, au début des années 1930, les conditions semblent réunies pour changer radicalement le paysage ecclésial protestant français. En cinq ans, les réformés vont réussir à mettre fin à leurs divisions. Après un siècle d'affrontements dogmatiques et ecclésiastiques, la fondation de « l'Église réformée de France » en 1938 représente un exploit de parvenir

52 Cité par Patrick Harismendy, « Les chrétiens sociaux (1930-1939) », dans *Les Protestants français pendant la seconde guerre mondiale*, Paris, 1994, p. 63.

53 Voir Laurent Gagnebin, *Wilfred Monod : Pour un évangile intégral*, Lyon, 2018.

à rassembler en une seule institution l'immense majorité des paroisses protestantes du pays. Mais elle marque aussi un réel changement de paradigme : l'abandon de l'antique pluriel des « Églises réformées » pour le singulier de l'unité.

UNE RÉUNIFICATION RAPIDE APRÈS DES DÉCENNIES DE TENSIONS

L'impulsion de cette réunification vient de la Drôme, où travaille une avant-garde qui s'est engagée depuis plusieurs années dans un rapprochement à la faveur d'un important travail théologique sur les pratiques des Églises : « Les pasteurs et les paroisses de la vallée de la Drôme ont d'abord vécu empiriquement au plan local une unité de fait », raconte le pasteur Hébert Roux[54].

« L'Union pastorale de la Vallée de la Drôme » a en effet constitué un lieu d'échanges et de recherche théologique, dans un souci de résoudre les problèmes concrets de la vie ecclésiale : la prédication et les sacrements, la catéchèse et la formation biblique des adultes, comme les questions d'éthique individuelle et communautaire. Ce travail a permis de préparer et de réaliser en 1925 la « Fédération protestante Drôme-Ardèche », structure officieuse qui organise des rassemblements annuels et la rencontre des populations protestantes. Les pasteurs en sont ainsi venus à se sentir, comme en témoigne André Vermeil, « d'abord serviteurs de l'Église une de Jésus-Christ, bien qu'insérés momentanément dans des Unions d'Églises particulières et distinctes[55] ». Dès lors, le divorce entre l'Esprit (qui conduit pasteurs et fidèles à œuvrer de concert) et l'Institution (divisée) leur apparaît comme inacceptable. Bien des pasteurs sont sensibles à la dimension eschatologique de l'unité, dans la perspective d'une histoire du salut : au milieu d'un monde en crise, la « réédification » de l'Église apparaît comme la condition de l'action et de l'évangélisation.

Aussi les deux synodes régionaux de Bourdeaux (É.R.É.), dans la Drôme, et de Chomérac (É.R.), en Ardèche, tenus à quelques jours d'intervalle (3 et 13 mai 1933), souhaitent-ils mettre fin à la « politique

54 Hébert Roux, dans Pierre Bolle (éd.), *La Vie des Églises protestantes de la vallée de la Drôme*, Paris, 1977, p. 189.

55 André Vermeil, dans Jean Baubérot (éd.), *Vers l'unité pour quel témoignage ?*, Paris, 1982, p. 178.

du silence » pour rebâtir « une unité de l'Église réformée », « dans *une commune obéissance* à la souveraine autorité de la Parole de Dieu, dans *une commune profession de foi* chrétienne et dans *une commune fidélité* à la vraie mission de l'Église ». La quasi-identité de la rédaction des deux textes reflète d'ailleurs le fait qu'ils ont été préparés simultanément par l'Union des pasteurs de la vallée[56].

Les deux Synodes nationaux É.R. et É.R.É., qui se tiennent à Paris au mois de juin suivant à quelques jours d'écart, examinent cette proposition et acceptent à l'unanimité de « rechercher ensemble, dans un esprit de respect mutuel, de foi et de prière, les vraies conditions de l'unité de l'Église réformée de France[57] ». Dès lors des pourparlers s'engagent. Le Comité général des É.R. et la Commission permanente des É.R.É. se mettent d'accord sur une méthode de travail : des réunions sont organisées conjointement à intervalle régulier en « Assemblée plénière » (à dix-huit reprises à partir d'octobre 1933) et un groupe d'étude comprenant douze membres (cinq délégués mandatés par chaque Union et les deux présidents), appelé « Délégation mixte », est mis en place.

On trouve du côté des libéraux : le pasteur André-Numa Bertrand, pasteur à Lyon (de 1914 à 1926), puis à l'Oratoire du Louvre à Paris (1926-1946). Accédant à la présidence du Comité central de l'Union des Églises Réformées en 1922, il accepte le poste à condition d'« embrasser le protestantisme réformé de France tout entier » ; il joue un rôle fondamental dans la constitution de la future Église réformée de France. Élie Gounelle, initiateur du christianisme social, a participé à la Conférence du « Christianisme pratique » à Stockholm en 1925. Marc Boegner, président de la Fédération protestante de France depuis 1929, est présent à la conférence de Lausanne de « Foi et Constitution » en 1927 et aux deux conférences internationales d'Oxford et d'Édimbourg en 1937. Deux laïcs complètent la délégation : René Duchemin et Charles Latune, industriel à Aouste (Drôme) et parent du pasteur Boegner. Le secrétaire général des É.R., le pasteur Brunet, a seulement une voix consultative.

Du côté des évangéliques siègent les pasteurs Louis Dupin de Saint-André, Maurice Rohr et Henri Westphal. Pasteur à Nyons (Drôme), président de la Commission permanente des É.R.É., M. Rohr a été gagné

---

56 Hébert Roux, dans Pierre Bolle (éd.), *La Vie des Églises protestantes de la vallée de la Drôme*, Paris, 1977, p. 196.

57 Selon le texte de la Décision XIII du Synode É.R.É.

à la cause de la Brigade de la Drôme ; une solide amitié le lie avec André-Numa Bertrand. Après un premier poste pastoral à Châtillon-en-Diois (Drôme), H. Westphal est depuis 1929 secrétaire général de la « Fédé » étudiante. Deux laïcs les accompagnent : Paul Bonneville et François de Witt-Guizot, qui a participé à la Conférence du « Christianisme pratique » de Stockholm. Le pasteur François Méjan, secrétaire général des É.R.É., siège avec voix consultative.

De décembre 1933 à octobre 1938, la Délégation mixte se réunit vingt-et-une fois. Sa composition est remarquablement stable, puisque sept de ses membres siègent durant ces cinq années, rejoints par Jean Cadier et James Carmichaël (É.R.É.) en 1935. Comme le note l'historien Émile-G. Léonard, « les promoteurs du mouvement pesèrent de leur grande autorité personnelle[58] ». Selon le témoignage de Jean Cadier[59], alors pasteur à Valence (Drôme), trois personnalités dominent les débats dans cette instance : André-Numa Bertrand, Marc Boegner et Élie Gounelle.

Analysant le rôle et le travail de la Délégation mixte, Bernard Roussel souligne l'originalité de celle-ci : « placée au-dessus et en marge de la hiérarchie des conseils », elle travaille dans un climat amical et serein, dans le cadre du « grand salon de la Maison du Protestantisme » rue de Clichy, « salon qui s'ouvre de plain-pied sur un discret jardin et invite presque au rêve »... Mais cette atmosphère feutrée est aussi le reflet d'un certain isolement de la Délégation : un isolement social, géographique, institutionnel, qui ne se donne pas les moyens d'enquêtes régionales, ne demande guère au « peuple protestant » de s'exprimer, ni ne laisse place à aucun représentant du groupe réfractaire à la restauration de l'unité[60].

La Délégation mixte s'élargit successivement à deux autres Unions d'Églises, comme cela avait été envisagé dès l'établissement des pourparlers à l'automne 1933 : en 1935 aux Églises Libres, qui se demandent si elles ont encore des raisons de maintenir leur autonomie puisque toutes les Églises sont désormais « libres », c'est-à-dire séparées de l'État ; et en octobre 1936 aux Églises Méthodistes. Quatre représentants supplémentaires se joignent donc à la Délégation mixte : Frédéric Anstett et

58 Émile-G. Léonard, *Le Protestant français*, Paris, 1953, p. 155-156.

59 Jean Cadier, dans Jean Baubérot (éd.), *Vers l'unité pour quel témoignage ?*, Paris, 1982, p. 104.

60 Bernard Roussel, dans Jean Baubérot (éd.), *Vers l'unité pour quel témoignage ?*, Paris, 1982, p. 126-164.

Georges Grosjean pour les Églises Libres, et les pasteurs Henri Whelpton et Louis Parker (puis Moïse Alain) pour les Églises Méthodistes.

La mission donnée à la Délégation mixte est d'abord d'établir un programme de travail, ensuite de formuler des projets de résolution. Il s'agit bien sûr pour commencer de surmonter les problèmes du passé entre évangéliques et libéraux, de réfléchir dans un climat serein sur les conditions de l'unité de l'ensemble du protestantisme d'inspiration réformée en France, d'étudier comment confesser une foi commune. Pour éviter toute polémique, notamment dans la presse, et surtout éviter « la pression de l'opinion publique », il est décidé de travailler dans le plus grand secret : un mot d'ordre circule, celui de laisser dormir les questions épineuses, surtout celles touchant à la doctrine, afin de ne pas rendre impossible la reprise du contact entre les diverses familles réformées. Le journal libéral *L'Esprit et la Vie* souligne non sans ironie l'atmosphère du moment, dans un article intitulé « Les silenciaires[61] » :

> De mirifiques projets d'Unité confessionnelle, avec la Droite [les évangéliques], s'élaboraient dans le mystère des Délégations et Comités supérieurs. Il ne fallait pas troubler cette laborieuse gestation. La moindre dissonance risquait de mettre à mal l'harmonie du concert !
>
> Et le silence se fit – lourd, gros d'inconnu – dans l'attente du grand événement.

Il est prévu que la Délégation mixte rende compte de ses délibérations aux Comités directeurs des Unions, avant de présenter ses propositions à l'Assemblée Plénière, qui décide des communiqués à diffuser dans la presse évangélique et libérale.

Les défis sont nombreux, et d'abord au point de vue ecclésiologique. Il faut assurer la cohésion du groupe tout en renouant avec les débats antérieurs sur les points doctrinaux, considérés comme essentiels par les évangéliques et les libéraux depuis le Synode de 1872. Il convient aussi de réguler la vie de l'Église par le biais de textes qui puissent définir l'identité et la mission de celle-ci. S'ensuivent des concessions, des renoncements successifs, pour arriver à trouver un dénominateur commun qui permette aux réformés de s'attester comme une Église unie autour d'un contrat consensuel.

61 *L'Esprit et la Vie*, 1936, nº 1, p. 1.

La Délégation mixte et l'Assemblée plénière élaborent des projets de Déclaration de foi, de formules d'adhésion à ce texte, des projets de définition du membre d'Église, qui sont finalement soumis en 1937 aux Synodes régionaux et nationaux des Unions d'Églises. Maurice Longeiret a retracé la longue marche du processus engagé et des discussions qui sont « loin d'être comme un fleuve tranquille[62] » : elles révèlent les différents courants existants au sein des Unions, notamment des É.R.É. Le 16 octobre 1934, André-Numa Bertrand écrit à Maurice Rohr que les libéraux sont désormais d'accord pour affirmer que « l'Église doit avoir une déclaration de foi ». Le pas franchi est décisif : en écrivant cela au nom du Comité général des É.R. qu'il préside, A.-N. Bertrand montre que les libéraux ont évolué puisqu'ils renoncent à ce qui avait été le point de rupture en 1872. Dans cette évolution peut d'ailleurs se lire la crainte d'un nouveau « danger » : mieux vaut reprendre la vieille Déclaration de 1872 que de courir le risque d'une nouvelle déclaration de foi où la jeune génération ferait « passer tout le barthisme[63] ». Mais certains libéraux plus extrêmes désapprouvent cette concession :

> Une nostalgie d'union à tout prix, peut-on lire dans les colonnes de *L'Esprit et la Vie*, s'empare de ceux-là mêmes que les Synodes de Droite, à Reims, à Orléans, ont le plus impitoyablement rejetés de leur sein. Ils vont jusqu'à se rallier à une Déclaration de foi commune, simple réédition de celle qui fut jadis, pour leurs pères un instrument de proscription [...]. Les Églises de Droite, dont jadis on criblait de flèches la dogmatique surannée, ont désormais le champ libre. Aussi assiste-t-on à un grand mouvement de réaction, qui tâche de faire revivre le calvinisme le plus strict[64].

Ce nouveau journal, *L'Esprit et la Vie*, créé en janvier 1936, s'oppose au projet unitaire : il combat la campagne active menée par A.-N. Bertrand dans *Évangile et Liberté*, le journal « officiel » du libéralisme depuis 1913. Ses principaux rédacteurs, Étienne Giran, Paul Teissonnière et Georges Migot, affirment ne pas pouvoir admettre les « archaïsmes de Nicée, d'Athanase ou du Symbole dit des Apôtres » sous prétexte de rétablir des ponts rompus en 1872 et 1906, « dans le désir illusoire d'une impossible Unité dogmatique ».

---

62 Maurice Longeiret, *Les Déchirements de l'unité*, Cléon d'Andran, 2004, p. 106 à 203.

63 D'après Colette Hirtz, dans Jean Baubérot (éd.), *Vers l'unité pour quel témoignage ?*, Paris, 1982, p. 201.

64 « Les choses vieilles sont passées », *L'Esprit et la Vie*, 1936, nº 1, p. 2.

D'autres pasteurs libéraux, comme Jean Richardot et Charly Cabanis, élaborent un plan de campagne pour tenter de provoquer un « réveil » libéral, en organisant une série de conférences dans l'Hérault et le Gard. Une lettre est adressée au Comité général des É.R. pour exprimer leurs craintes de voir les textes, votés à contrecœur dans les Synodes, être incompréhensibles à la grande majorité des fidèles. Ces hommes souhaitent un « texte précis, ne camouflant pas les divergences doctrinales et se montrent peinés de voir l'Union s'élaborer sur des textes où chacun mettrait ce qu'il voudrait et qui n'auraient, pour eux-mêmes, aucune signification précise[65] ».

Au sein des Églises réformées évangéliques, trois courants se font jour[66]. Le premier, représenté par Maurice Rohr, croit l'unité inévitable ; à la suite de son expérience de la Drôme où il fut pasteur, Rohr pense que les libéraux seront gagnés par la prédication du Réveil, et qu'il s'agit donc, en attendant, de sauvegarder ce qui peut l'être en se mettant d'accord sur une déclaration de foi.

Le second est inspiré par la théologie barthienne : si la Déclaration de foi 1872 mérite le respect, on ne saurait s'attacher trop étroitement aux formules d'un texte qui ne peut pas être universel ; elle doit s'inscrire dans un temps et un contexte déterminés, en réaction à un péril, à l'image de la Confession de foi adoptée par le Synode allemand de Barmen en mai 1934 dans sa lutte contre le nazisme.

Le troisième courant considère qu'il est normal pour une Église d'avoir une déclaration de foi et de se fonder sur elle : ses chefs de file sont les pasteurs Jean Cadier et Edmond Ponsoye. Ils défendent une conception des Saintes Écritures dont l'autorité est confirmée par le Saint-Esprit.

Les relations entre ces diverses tendances sont parfois tendues, au sein de l'Assemblée plénière, comme en dehors. J. Cadier rapporte qu'en mars 1935, lorsque le pasteur Henri Eberhard publie un article très favorable à l'unité réformée dans *Le Matin Vient*, deux mille désabonnements s'ensuivent[67]. Et chaque débat soulève son lot de questions : les pasteurs de la Drôme s'inquiètent de projets qui s'éloignent de la tradition presbytérienne-synodale et s'orientent vers une forte centralisation[68] ;

65 *L'Esprit et la Vie*, 1936, nº 1, p. 3 et 4.

66 Maurice Longeiret, *Les Déchirements de l'unité*, Cléon d'Andran, 2004, p. 113-117.

67 Cité par Sébastien Fath, *Du ghetto au réseau*, Genève, 2005, p. 153.

68 Hébert Roux, dans Pierre Bolle (éd.), *La Vie des Églises protestantes de la vallée de la Drôme*, Paris, 1977, p. 211-213.

des pasteurs libristes s'alarment d'une déclaration de foi qui perdrait sa valeur normative du fait de la liberté d'interprétation laissée par un préambule fort discuté[69] ; le baptême des enfants et la réception collective des catéchumènes à la Sainte Cène ne conviennent pas aux tenants d'une Église de « professants »... « Nous constatons une désharmonie entre l'atmosphère dans laquelle nous poursuivons nos conversations et celle dans laquelle on les interprète », relève alors amèrement le pasteur Pierre Durand-Gasselin, des É.R.É.[70].

Malgré de nombreux rebondissements, le projet d'unité se poursuit et aboutit à la tenue d'une Assemblée constituante, du 25 au 29 avril 1938, à Lyon : « l'Église réformée de France », au singulier, est née.

LA DÉCLARATION DE FOI DE 1938

La nouvelle Église réformée de France (É.R.F.) regroupe 372 associations cultuelles des É.R.É. (soit 276 paroisses), 167 associations cultuelles des É.R. (soit 133 paroisses), mais aussi 17 Églises libres, 7 Églises méthodistes, 4 Églises indépendantes (Bordeaux, Nîmes, Lyon, Le Havre), la Société Centrale Évangélique et ses 53 postes d'évangélisation, ainsi que les deux Facultés de théologie protestante de Paris et de Montpellier. Certaines Églises refusent cependant la fusion et maintiennent leurs Unions, qui se retrouvent de fait très largement amputées. Les Églises baptistes, au nombre d'une trentaine, et l'Église évangélique luthérienne de France, composée des 16 paroisses de l'inspection de Paris et des 55 paroisses du pays de Montbéliard, sont toutes deux restées à l'écart du processus de réunion. Les Églises réformée et luthérienne d'Alsace-Moselle ont elles aussi conservé leur indépendance, en raison de leur statut concordataire.

L'É.R.F. incarne désormais la majeure partie du protestantisme. En mai 1939, elle compte 587 associations cultuelles, soit 448 paroisses, avec 513 postes de pasteurs (dont 39 vacants). L'É.R.F. a réalisé son unité : pour la mettre en place concrètement, elle doit fixer ses institutions et ses règles de fonctionnement. Sur quelles bases le pacte unitaire a-t-il été scellé ?

Après plusieurs années de réflexion et de débats, les différentes parties parviennent à se mettre d'accord : l'Assemblée constituante de Lyon,

69 Claude Baty, *Les Églises évangéliques libres*, Valence, 1999, p. 193-227.
70 Cité par Maurice Longeiret, *Les Déchirements de l'unité*, Cléon d'Andran, 2004, p. 148.

qui réunit en avril 1938 les 107 délégués des quatre unions d'Églises, entérine les textes constitutionnels de la nouvelle É.R.F. Ces derniers ont pour objet de définir comment l'Église se voit, comment elle comprend sa mission, et aussi quelles sont les spécificités de son organisation interne. Les deux piliers fondamentaux que sont la « Déclaration de foi » et la « Discipline » sont donc révélateurs des convictions qui rassemblent les réformés, tout autant que des négociations préalables à la réunification. À bien des égards, la Déclaration de foi semble être un « pacte » par lequel les différents courants théologiques s'engagent les uns envers les autres.

Au moment où elle confesse sa foi au Dieu souverain et au Christ Sauveur, l'Église réformée de France éprouve, avant toutes choses, le besoin de faire monter vers le Père des miséricordes le cri de sa reconnaissance et de son adoration.

Fidèle aux principes de foi et de liberté sur lesquels elle est fondée, dans la communion de l'Église universelle, elle affirme la perpétuité de la foi chrétienne, à travers ses expressions successives, dans le Symbole des Apôtres, les Symboles œcuméniques et les Confessions de foi de la Réforme, notamment la Confession de La Rochelle ; elle en trouve la source dans la révélation centrale de l'Évangile : Dieu a tellement aimé le monde qu'il a donné son Fils unique, afin que quiconque croit en Lui ne périsse point, mais qu'il ait la vie éternelle.

Avec ses Pères et ses Martyrs, avec toutes les Églises issues de la Réforme, elle affirme l'autorité souveraine des Saintes Écritures telles que la fonde le témoignage intérieur du Saint-Esprit, et reconnaît en elles la règle de la foi et de la vie. Elle proclame devant la déchéance de l'homme, le salut par grâce par le moyen de la foi en Jésus-Christ, Fils unique de Dieu, qui a été livré pour nos offenses et qui est ressuscité pour notre justification.

Elle met, à la base de son enseignement et de son culte, les grands faits chrétiens affirmés dans l'évangile, représentés dans ses sacrements, célébrés dans ses solennités religieuses et exprimés dans sa liturgie. Pour obéir à sa divine vocation, elle annonce au monde pécheur l'évangile de la repentance et du pardon, de la nouvelle naissance, de la sainteté et de la vie éternelle.

Sous l'action du Saint-Esprit, elle montre sa foi par ses œuvres ; elle travaille dans la prière au réveil des âmes, à la manifestation de l'unité du Corps du Christ et à la paix entre les hommes. Par l'évangélisation, par l'œuvre missionnaire, par la lutte contre les fléaux sociaux, elle prépare les chemins du Seigneur jusqu'à ce que viennent, par le triomphe de son Chef, le Royaume de Dieu et sa justice.

À Celui qui peut, par la puissance qui agit en nous, faire infiniment au-delà de ce que nous demandons et pensons, à Lui soit la gloire, dans l'Église et en Jésus-Christ, de génération en génération, aux siècles des siècles ! Amen.

La Déclaration de foi de 1938 résulte d'un accord entre les diverses tendances réformées autrefois séparées : elle « représente, non un misérable résidu, qui aurait été obtenu par éliminations successives, non une sorte de plus petit commun dénominateur exprimant une foi minimum, estime le pasteur Albert Dartigue, mais l'essentiel, c'est-à-dire la substance même de l'Évangile[71] ». Si le texte reprend certains passages de la célèbre Déclaration de foi de 1872, il les complète, les modifie ou les déplace.

La Déclaration commence par une action de grâce : l'É.R.F. confesse sa foi au Dieu souverain (selon la formule calvinienne du *Soli Deo Gloria* : à Dieu seul la gloire) et au Christ « Sauveur » (*Solus Christus*), sans toutefois mentionner dans cette invocation le Saint-Esprit, probablement pour satisfaire les libéraux qui ne reconnaissent pas le dogme de la Trinité.

Dans le contexte des conférences internationales lancées en 1910, l'É.R.F. déclare s'inscrire – et c'est une nouveauté – dans la communion de l'Église universelle, à la fois dans l'espace et dans le temps. Face à l'Église catholique qui s'affirme par son nom même « universelle[72] », l'É.R.F. signifie qu'elle fait pleinement partie d'une communion ecclésiale qui la dépasse, désenclavant le protestantisme français de ses frontières nationales. L'œcuménisme intra-protestant (« avec toutes les Églises issues de la Réforme ») s'impose désormais comme une évidence. L'É.R.F. affirme « la perpétuité de la foi chrétienne » à travers l'histoire, depuis les premiers siècles du christianisme (le Symbole des Apôtres, les symboles œcuméniques des conciles de Nicée, de Constantinople, d'Éphèse, de Chalcédoine) jusqu'à nos jours, en passant par le XVIe siècle (les Confessions de foi de la Réforme, et notamment la Confession de foi de La Rochelle, citée mais reléguée au rang de document historique). Elle fait par ailleurs une place particulière à ses « pères » et ses « martyrs » (c'est-à-dire ses « témoins » selon l'étymologie grecque) du temps des guerres de religion et des persécutions.

Les principes dogmatiques fondamentaux communs à tous les réformés sont les trois *Sola* (*sola fide* : la Foi seule ; *sola gratia* : la Grâce seule ; *sola scriptura* : l'Écriture seule), supprimant toute médiation de l'Église entre le fidèle et le Dieu de Jésus-Christ. La « rigueur » du message de la Réforme demeure bien la source de l'identité protestante. La mention de la « déchéance de l'homme » est ajoutée ici à la demande des libristes.

---

71 *Actes de l'Assemblée constituante de l'Église réformée de France* (Lyon), 1938, p. 46.

72 L'adjectif « catholique » vient du grec *katholikos*, qui signifie « universel ».

L'autorité des Écritures est couplée à la doctrine calvinienne du « témoignage intérieur du Saint-Esprit », qui est le fondement individuel de la conviction. Lire les Écritures, c'est lire des textes de témoignage dans l'Esprit même avec lequel ils ont été écrits, c'est aussi les actualiser dans le même Esprit. La foi réformée s'articule autour du double principe de « l'autorité » et de la « liberté ». La Bible est une instance critique face à l'Église qui y est subordonnée. Ce paragraphe relatif à l'autorité des Écritures est celui qui a suscité le plus de controverses : l'Église affirme-t-elle « l'autorité souveraine des Saintes Écritures, règle de la foi et de la vie » (formulation proposée par les É.R.É.) ou « l'autorité souveraine de la Parole de Dieu, contenue dans les Saintes Écritures, et règle de la foi et de la vie » (formulation proposée par le pasteur A.-N. Bertrand) ? C'est finalement cette seconde formulation qui est retenue, en mettant l'accent sur l'appropriation par le fidèle des Écritures.

La notion de « témoignage intérieur du Saint-Esprit » n'est pourtant pas dépourvue d'ambiguïté. Les libéraux réduisent ce témoignage à ce que la raison peut accepter ; pour ces derniers, la lecture de la Bible ne se fait pas selon l'expérience personnelle du Saint-Esprit, mais selon leur conscience, c'est-à-dire la voix de Dieu en l'homme. Le professeur Théo Preiss souligne, dans un article 1943, le risque de subjectivisme ainsi créé : « J'avoue que, plus je réfléchis, et plus je suis convaincu que le manque de rigueur de la doctrine du Saint-Esprit dans l'immense majorité des esprits protestants est une des raisons profondes du désordre de la pensée et de la vie des Églises[73]. »

L'É.R.F. met à la base de son enseignement et de son culte « les grands faits chrétiens affirmés dans l'Évangile ». Cette phrase fait partie des ambiguïtés du texte, compris différemment par les évangéliques et les libéraux. Ni le Synode général de 1872, ni les Synodes suivants ne se sont risqué à cataloguer les « grands faits chrétiens ». Dans les Synodes évangéliques officieux d'Anduze (1902), de Reims (1905), d'Orléans (1906) et de Montpellier (1906), les grands faits chrétiens sont ceux que l'Église célèbre dans ses solennités, c'est-à-dire dans les grandes fêtes liturgiques : la naissance surnaturelle (Noël), le baptême du Jourdain, la mort sur la Croix (Vendredi-saint), la Résurrection (Pâques), l'Ascension, le don de l'Esprit. Mais lorsque la théologie fidéiste d'Eugène Ménégoz

73 Théo Preiss, « Le témoignage intérieur du Saint-Esprit », *Études théologiques et religieuses*, 18, 1943/3-4, p. 118-134.

tente de dépasser l'opposition évangéliques/libéraux en distinguant foi et croyances, valeur religieuse et faits historiques, laisse-t-elle intacts les grands faits chrétiens ou affaiblit-elle leur fonction doctrinale ? Pour les évangéliques, la foi et l'histoire sont essentiellement unies puisque Dieu se révèle par l'histoire. Pour les libéraux, qui distinguent doctrines et foi, l'expression intellectuelle de la foi doit rester libre : ainsi excluent-ils par exemple de leur foi le dogme de la Trinité, qui n'est pas selon eux explicitement biblique. Un chrétien pourrait donc admettre ou rejeter la naissance surnaturelle, les faits historiques de la résurrection et de l'ascension de Jésus : l'essentiel serait de rester en communion avec la personne de Jésus-Christ…

L'É.R.F. annonce la promesse de la grâce, à travers la reprise du verset de Jean 3,16 (« Dieu a tellement aimé le monde qu'il a donné son Fils unique… »). Elle prêche également la nouvelle naissance (comme le souhaitait la tendance piétiste favorable au baptême d'adulte), la sainteté (comme le souhaitait le courant calviniste) et la vie éternelle.

Dans sa dernière partie, la Déclaration de foi de 1938 définit les missions que l'Église se donne : l'évangélisation (au près), l'œuvre missionnaire (au loin) et la lutte contre les fléaux sociaux. Ainsi les divers courants sont-ils pris en compte dans la rédaction de ce texte : les revivalistes voulaient voir affirmer « le réveil des âmes » ; les évangéliques tenaient à « l'évangélisation » ; les partisans de l'œcuménisme à « l'unité du Corps du Christ » ; les chrétiens sociaux et les barthiens à « la paix entre les hommes » et à la « lutte contre les fléaux sociaux ». La Déclaration diffère ici nettement de celle de 1872, qui n'abordait pas ces aspects ; elle s'inspire notamment de la Déclaration des principes de l'Union des Églises réformées de 1906 et du courant du christianisme social. Alors qu'au XIXe siècle les œuvres et missions par lesquelles le protestantisme s'était montré conquérant étaient fondées en dehors des Églises, l'É.R.F. tient au contraire à se rapprocher de celles-ci. La Société Centrale Évangélique devient ainsi la Commission d'évangélisation de l'É.R.F., nommée par le Synode national et responsable devant lui : elle conserve son autonomie administrative et financière, mais l'É.R.F. prend la main sur la politique d'évangélisation. Par l'intégration des œuvres, l'É.R.F. se reconnaît une responsabilité dans le domaine social et entend participer pleinement au « triomphe sur la terre du Royaume de Dieu », dans une perspective eschatologique.

La réunification de 1938 se fait donc sur une base théologique destinée à donner une place à chacune des Églises composant la nouvelle É.R.F., afin d'apporter au monde un témoignage chrétien sous les accents les plus divers : les libéraux, plus soucieux de vie chrétienne que de doctrine, ont accepté cette concession. En retour, les évangéliques, attachés à la doctrine, ont accepté que la Déclaration de foi soit accompagnée d'un « préambule ».

Car tout l'enjeu est celui de la portée de la Déclaration de foi. Le protestantisme affirme l'autorité de la Bible, mais de la Bible lue et interprétée. La Déclaration de foi, qui donne un cadre d'interprétation et fixe la foi en quelques articles, a donc une certaine autorité ; elle pose une limite à l'individualisation de la foi, à la liberté de la prédication des pasteurs, en donnant un caractère objectif à la foi. Le débat qui anime évangéliques et libéraux entre 1933 et 1938 sur la Déclaration de foi touche au cœur même de la compréhension de l'Église : les libéraux souhaitent restreindre au minimum la portée normative de ce texte comme ils le font vis-à-vis des symboles et des confessions de foi plus anciens ; les évangéliques insistent au contraire sur l'autorité et l'importance d'une claire adhésion à la Déclaration.

Le débat se déplace ainsi de la Déclaration de foi elle-même à la formule d'adhésion à cette dernière. Ni les Églises locales, ni les fidèles ne sont tenus de souscrire à la Déclaration de foi. L'É.R.F. se considère comme une Église ouverte à tous : elle n'est pas une Église de professants, composée exclusivement de convertis, mais une Église de multitude (multitudiniste). Elle n'exige pas de ses membres, même de ses membres électeurs ou de ses responsables, une profession personnelle de la foi. Seuls les pasteurs, avant de s'engager au service de l'É.R.F., doivent souscrire à la Déclaration. Porteur de la légitimité institutionnelle, porte-parole autorisé de son message, le pasteur en effet incarne symboliquement l'unité idéale de l'Église. L'unité de l'Église, c'est d'abord l'unité des pasteurs ! Or « ce qui nous retient, déclare précisément en 1934 le pasteur Louis Dupin de Saint-André (É.R.É.), c'est la liberté absolue laissée à la conscience pastorale dans les Églises réformées [libérales][74] ». Les propos du pasteur Élie Lauriol, qui affirme lors du Synode national É.R.

74 Procès-verbal de la réunion officieuse de la Délégation mixte du 14 mai 1934, cité par Jean-Paul Willaime, dans Jean Baubérot (éd.), *Vers l'unité pour quel témoignage ?*, Paris, 1982, p. 296.

d'Agen en juin 1936 ne pas croire à la naissance surnaturelle du Christ ni à la résurrection de la chair, choquent particulièrement dans l'autre camp. Les É.R. n'avaient en effet pas à proprement parler d'adhésion : chaque candidat au ministère exposait dans une lettre à la Commission du corps pastoral la manière dont il s'appropriait la « Déclaration de principes » (qui n'était pas une déclaration de foi pour respecter la pluralité doctrinale).

Pour concilier les positions, la Délégation mixte élabore en 1935 un préambule liturgique à la Déclaration de foi, précisant que l'Église « n'entend pas vous imposer un conformisme doctrinal ». Mais l'expression soulève des tempêtes de commentaires et de querelles dans la presse protestante et dans les Synodes. Le texte de la formule d'adhésion, finalement adopté le 16 juin 1937, est le fruit des deux visions qui s'affrontent :

> Avant de recevoir les engagements par lesquels vous allez affirmer votre consécration au service de Dieu et de Jésus-Christ, l'Église vous invite à donner publiquement votre adhésion à sa déclaration de foi. Celle-ci vous rappelle, en même temps que les principes permanents de la Réforme, les faits et les vérités sur lesquels est fondée l'Église de Dieu. Vous lui donnerez votre adhésion joyeusement, comme une libre et personnelle affirmation de votre foi. Sans vous attacher à la lettre de ses formules, vous proclamerez le message de salut qu'elles expriment : ainsi sera maintenue la prédication fidèle de l'Évangile de Jésus-Christ, selon le témoignage apostolique et conformément à la tradition de foi et de vie chrétienne que nous avons reçue de nos pères.

Le texte est au point d'équilibre entre les deux courants évangélique et libéral. En entrant dans l'É.R.F., le pasteur souscrit publiquement à la Déclaration institutionnelle de son Église (comme le souhaitent les évangéliques) et en même temps fait une affirmation personnelle de sa foi (comme le demandent les libéraux). La formule d'adhésion ouvre à la liberté des consciences dans l'expression de leur foi : les pasteurs qui signent le texte lors de la cérémonie de leur consécration ne sont pas tenus d'adhérer de façon formelle, ils sont invités à conformer leur enseignement à l'esprit du texte (ce qui est crucial aux yeux des libéraux pour sauvegarder leur liberté théologique), mais dans le respect du témoignage des apôtres et la tradition des pères (ce qui est important aux yeux des évangéliques pour limiter la diversité doctrinale). Les retouches incessantes du texte témoignent des dangers que chaque camp veut conjurer : le littéralisme qui enfermerait dans des formulations strictes d'un côté, le latitudinarisme qui prendrait trop de liberté avec les principes de l'autre.

Le pasteur Jean Cadier, peu satisfait du résultat, écrit dès 1939 : « Nous pouvons souhaiter que cette précaution liturgique, malgré tout assez peu à sa place au cours de la cérémonie où tout porte à l'acceptation sans réserves des exigences totales de Dieu et des affirmations de la foi de l'Église, tombe en désuétude. » Pensant que « Dieu veut l'unité de l'Église réformée », les évangéliques font ainsi un « acte de foi », espérant qu'un jour le préambule deviendrait inutile : « Dieu amènera tôt ou tard [les libéraux] à réviser leurs conceptions théologiques pour les amener à Sa vérité, écrit le pasteur Rohr. C'est là ce que nous avons vécu dans la Drôme, vous le savez[75]... »

C'est dans les ambiguïtés de ce texte, amplifiées par le préambule, que les oppositions pourront plus tard resurgir au sein de l'É.R.F.

Après avoir abouti sur ces préalables nécessaires, la Délégation mixte qui prépare la naissance de l'É.R.F. se consacre, à partir de janvier 1937, à la forme institutionnelle de la future Église. Les discussions montrent le souci d'intégrer dans l'Église unie les héritages des quatre « mariées » : les É.R. et les É.R.É., mais aussi les Églises Libres et les Églises Méthodistes.

Le pasteur François Méjan, secrétaire général des É.R.É., propose de doter l'Église d'une double structuration, contrairement à l'usage des deux Unions É.R. et É.R.É. ou à celui de l'Église évangélique luthérienne de France. Son projet distingue ainsi les *Statuts* (qui répondent aux dispositions légales des lois de 1901 et 1905) et la *Discipline* (règlement qui régit la vie intérieure de l'Église). Dans le contexte européen de montée des totalitarismes, l'exemple allemand de « l'Église confessante » incite le pasteur Pierre Lestringant à appuyer cette dichotomie : « Je crois qu'il est indispensable de rédiger un texte auquel vous n'ayez rien à retoucher si la France se trouvait en 1939 dirigée par un Staline ou un Hitler, et par suite, où il ne soit pas du tout question des Associations cultuelles. Que les Associations cultuelles viennent à disparaître, il y aura toujours des membres responsables. » L'Église pourrait ainsi vivre « aussi bien sous le régime national-socialiste que sous la IIIe République ». Une autre raison

75 Lettre de Maurice Rohr à Pierre Guelfucci (16 mars 1935) citée par Bernard Roussel, dans Jean Baubérot (éd.), *Vers l'unité pour quel témoignage ?*, Paris, 1982, p. 136 note 26.

de cette innovation est plus prosaïque, si l'on en croit le conseiller d'État François Méjan, neveu et à l'époque jeune collaborateur de l'ombre du pasteur F. Méjan[76] : en cas de recours devant la justice, il s'agit d'éviter que le Conseil d'État n'attribue des biens d'origine « concordataire » à des associations cultuelles qui n'entreraient pas dans l'É.R.F...

Paradoxalement, la nouvelle É.R.F. adopte ce faisant la dualité de l'Église catholique, organisée à la fois selon les associations diocésaines françaises et selon la législation canonique. Mais cette dichotomie constitutionnelle de l'É.R.F. est une fiction, puisqu'elle ne se traduit pas pour autant par la mise en place de deux formations parallèles : l'Église locale s'organise en Association cultuelle. La seule restriction introduite est que les fidèles de l'Église ne sont pas, de manière automatique, membres électeurs de l'association cultuelle – ce qui suscite d'ailleurs une certaine opposition au sein des É.R., où la tradition est au contraire d'accorder, sur le modèle politique, le droit de vote à tous les adhérents. L'É.R.F. s'organise en une union des associations locales, l'Union nationale des associations cultuelles de l'É.R.F. (U.N.A.C.E.R.F.). La *Discipline* définit les règles de fonctionnement de l'Église : elle est le « règlement intérieur » des *Statuts*.

Comme l'ancienne *Discipline* du XVIe siècle, celle de 1938 s'ouvre par un chapitre consacré aux pasteurs. La *Discipline*, révisable en Synode en vertu du principe *Ecclesia reformata semper reformanda*, oblige l'Église toute entière, à commencer par les pasteurs : elle est leur loi. Y sont exposées les attributions des pasteurs (spirituelles comme administratives) au sein des paroisses, leur formation et les conditions de leur consécration au ministère pastoral, ainsi que les règles de nomination et de mutation. Chaque pasteur a l'obligation d'être inscrit au « rôle » (article 1) et reçoit une « carte d'identité pastorale » établissant qu'il est au service de l'É.R.F. N'ont droit au « titre » de pasteur que ceux qui ont reçu la consécration pastorale. Pour être admis, le candidat doit avoir plus de 25 ans, être diplômé du baccalauréat de l'enseignement secondaire et du baccalauréat en théologie, adhérer à la Déclaration de foi.

Les principales charges du ministère sont la célébration du culte « avec la prédication », l'administration des sacrements, les actes pastoraux, l'enseignement des adultes et l'éducation de la jeunesse (article 2). Soumis

76 François Méjan, *L'Église locale*, 1974, document polycopié, p. 16.

à une obligation de résidence dans le chef-lieu de sa paroisse, le pasteur est membre de droit et président du Conseil presbytéral (comité directeur de l'association cultuelle). Il ne peut exercer une autre profession régulière, ni de mandat politique électif. Il a droit à un « traitement qui lui assure des conditions de vie décente » (en particulier un logement ou une indemnité de logement), à un mois de congé et à la retraite à partir de 60 ans ; il est atteint par la limite d'âge à 65 ans. Un pasteur doit occuper son poste pendant cinq ans pour pouvoir bénéficier du remboursement de ses frais de déménagement.

La *Discipline* évoque les statuts des suppléants (pasteurs intérimaires, auxiliaires ou suffragants), mais n'évoque pas celui des évangélistes : venus des É.R.É. ou de la Société Centrale Évangélique désormais rattachée à l'É.R.F., ces derniers sont généralement considérés comme des « sous-pasteurs » en raison de leur formation plus légère. Le Synode national de Paris-Saint-Esprit, en décembre 1938, ne leur donne par exemple qu'une voix consultative dans les synodes régionaux. Le Synode de 1939 rappelle les objectifs des postes d'évangélistes : rechercher les disséminés et implanter une action d'évangélisation dans des localités où le protestantisme est absent. C'est en 1943 qu'une décision synodale leur donne un statut équivalent à celui des pasteurs.

Le chapitre II de la *Discipline* traite de la paroisse, de ses membres et du Conseil presbytéral qui constitue le gouvernement de l'Église locale. La notion de « membre de l'Église » a été un objet de discussion important avant la création de l'É.R.F., notamment au sein des É.R. Avant la réunification, les É.R.É. classaient leurs membres en paroissiens et en membres-électeurs, ceux-ci étant seuls aptes à désigner les conseillers presbytéraux et à voter aux Assemblées générales. Les membres électeurs avaient pour devoir de « fréquenter le culte, accepter les statuts, vivre selon les préceptes de l'Évangile ». Dans les É.R., les mesures étaient plus souples : on entrait dans l'Église par le baptême ; le droit de vote aux élections presbytérales et dans les assemblées n'était soumis qu'à un minimum de conditions.

Au terme des débats, il est affirmé que « nulle Église particulière ne saurait prétendre délimiter l'Église de Jésus-Christ, car Dieu seul connaît ceux qui lui appartiennent ». L'É.R.F. reconnaît pour siens « tous ceux qu'elle a baptisés ou qu'elle a admis dans son sein » : le Synode national d'Alès de 1941 précise qu'un adulte demandant à être admis recevra une instruction religieuse d'une année, au terme de laquelle il pourra recevoir le baptême s'il n'est pas baptisé.

Mais en tant qu'Église visible et pour la bonne marche de ses institutions, l'É.R.F. distingue parmi ses membres les fidèles baptisés et les « membres responsables », qui seuls prennent part à la direction de l'Église locale selon les conditions indiquées dans la nouvelle *Discipline* et reprises des É.R.É. : avoir reçu le baptême, avoir reçu une instruction religieuse pour pouvoir participer à la Sainte-Cène, fréquenter le culte, avoir reçu la bénédiction protestante lors du mariage, avoir confié à l'Église réformée l'éducation religieuse de ses enfants, participer financièrement aux frais de l'Église. Sous l'influence des Églises libres et méthodistes, l'É.R.F. fait un pas en avant vers une Église confessante, en définissant le membre actif comme celui qui affirme

> sa « foi en Dieu et en Jésus-Christ, le Maître et le Sauveur, en qui seul nous avons le salut et la vie, une ferme intention de montrer par sa conduite la sincérité de sa foi, de prier et de travailler dans la communion de l'Église et le sentiment de sa responsabilité envers elle pour que la volonté de Dieu se fasse sur la terre » (article 2).

Seuls les « membres responsables » élisent au scrutin secret les membres laïques (au nombre de cinq au minimum) du Conseil presbytéral, qui nomme le pasteur chargé de la paroisse, après l'assentiment préalable du Conseil régional : par cette double sélection, la *Discipline* entend ainsi sauvegarder à la fois les droits de l'Église locale et les intérêts spirituels de l'Église dans son ensemble.

Le chapitre III traite de l'Union des Églises, de son organisation, des Consistoires, des Synodes régionaux et nationaux. L'É.R.F. s'organise en une union des Églises locales mêmes, non des régions. Les Unions régionales, qui existaient avant 1938, disparaissent juridiquement et n'ont plus d'existence légale distincte. Insistant sur le régime presbytérien-synodal, la *Discipline* décrit l'organisation générale de l'Église en commençant par les Églises locales.

L'Église locale doit mettre la Déclaration de foi de l'É.R.F. dans ses statuts ; elle doit se conformer aux dispositions de la *Discipline* et aux décisions du Synode national. Mais pour respecter la diversité des traditions des paroisses, notamment évangéliques et libres entrant dans la nouvelle É.R.F., l'article 2 prévoit qu'une Église locale peut garder sa

Déclaration de foi particulière, et l'article 5 précise qu'aucune « n'est obligée d'adopter la réception ni l'admission collectives » des catéchumènes à la Sainte-Cène.

Les Églises locales sont réparties en 56 consistoires. Ces derniers, reconstitués en 1938 après avoir été supprimés volontairement en 1906, sont chargés d'affermir les liens de solidarité entre les paroisses et travaillent au développement de la vie régionale protestante, par exemple en organisant des réunions pastorales périodiques, en coordonnant les œuvres de jeunesse ou en intensifiant le témoignage de l'Église en lien avec la Commission d'évangélisation. Pour cela, ils bénéficient d'un budget et de recettes propres. Les consistoires sont les collaborateurs administratifs du Conseil régional.

Au niveau des régions, les Églises locales sont réparties en seize circonscriptions (15 pour la métropole, une pour l'Algérie), auxquelles s'ajoute la section du Massif central regroupant les postes de la Société Centrale Évangélique. Le Synode régional a compétence pour toutes les questions d'ordre général ; il élit un comité exécutif mixte appelé Conseil régional, composé à parité de pasteurs et de laïcs, chargé de représenter le Synode dans l'intervalle de ses sessions et de faire respecter ses décisions. Chaque région dispose d'une Commission régionale d'évangélisation, chargée notamment d'encourager les protestants disséminés.

Le président du Conseil régional est le « pasteur des pasteurs », responsable de la cure d'âme pastorale : il doit avoir au moins tous les trois ans un entretien approfondi avec les pasteurs de sa circonscription. Cette nouvelle disposition et la notion de « président » à tous les niveaux soulèvent cependant des réactions, pour être contraires à la tradition réformée qui met sur un pied d'égalité tous les pasteurs. Le collège des présidents de Conseil régional n'a qu'une existence officieuse, mais son rôle est important pour une bonne utilisation des forces pastorales.

Le Synode national est présenté comme « l'Assemblée nationale » des Églises qui constituent l'É.R.F. (article 19) : elles y sont représentées par des « députés » (article 20) élus par les Synodes régionaux. Le Synode national a la charge de tous les intérêts généraux de l'É.R.F. La *Discipline* affirme ainsi la souveraineté du Synode national, tout en veillant à ce que les libertés et les responsabilités propres des communautés paroissiales et des Synodes régionaux soient respectées. Un président en son conseil (composé de 20 membres, pasteurs et laïcs) gère les affaires de l'É.R.F. dans l'intervalle des Synodes ; le président exerce auprès des présidents de Conseils régionaux la charge de cure d'âme pastorale.

Le premier Conseil national élu par le Synode de 1938 choisit son président : le pasteur Marc Boegner, déjà président de la Fédération protestante et vice-président du Comité provisoire du Conseil Œcuménique des Églises en formation. Par ce choix, l'É.R.F. renforce sa place dans le protestantisme français et international. La plupart des autres membres du Conseil national ont participé à la création de l'É.R.F. entre 1933 et 1938, ce qui permet de garantir la cohésion de la nouvelle instance. Un équilibre entre les différents courants est bien entendu recherché : les pasteurs Maurice Rohr (issu des É.R.É.) et Frédéric Anstett (Églises libres) deviennent vice-présidents ; le pasteur Pierre Lestringant (É.R.É.) et Charles Latune (laïc membre des É.R.) sont respectivement secrétaire et secrétaire-adjoint ; le trésorier général est Philippe Kreiss ; deux secrétaires généraux sont nommés, les pasteurs Paul Conord et Louis Brunet ; le pasteur François Méjan devient conseiller juridique. Quatre pasteurs (André-Numa Bertrand, Jean Cadier, Henri Eberhard et Élie Lauriol) et quatre laïcs (Maurice Albaric, James Carmichaël, Édouard Mourgue-Molines et Hervé Leenhardt) viennent compléter le Conseil national.

Le Conseil national est secondé par des commissions administratives et techniques : la Commission du ministère pastoral (chargée d'étudier les demandes d'admission et de tenir à jour le rôle des pasteurs) ; la Commission d'Action chrétienne (chargée de développer la mission intérieure, les publications et l'enseignement religieux) ; le Conseil académique (responsable de l'enseignement des deux Facultés de théologie de Paris et de Montpellier) ; la Commission des finances ; la Commission juridique ; la Commission des immeubles ; enfin la Commission de liturgie.

Pasteurs et laïcs se retrouvent en nombre égal dans toutes les instances, pour des mandats de trois ans renouvelables. Le Conseil national va chercher à développer une culture du débat en Synodes. Pour ce faire, il propose des thèmes discutés par les paroisses, qui renvoient leurs avis et leurs vœux aux Synodes régionaux, courroie de transmission entre la base et le niveau national. Mais les décisions prises en Synode national doivent ensuite être respectées par l'ensemble de l'Église.

Niveau national	Conseil national et Commissions	Synode national
	↑	↓↑
Niveau régional	Conseil régional	Synode régional
Niveau consistorial	Consistoire	
	↑	
Niveau local	Conseil presbytéral	Assemblée générale

Les Églises, responsables de leurs propres finances, exercent une solidarité financière entre elles, d'abord dans le cadre régional, puis dans le cadre inter-régional. Les Conseils régionaux versent à la caisse centrale leur quote-part des frais communs. Pour apurer les déficits chroniques des anciennes Unions d'Églises et placer la nouvelle É.R.F. sous un ciel financier serein, il est d'ailleurs décidé de lancer une vaste souscription, dite « Appel pour les 5 millions » :

> Protestants de France, voulez-vous que vos Églises, bientôt unies, puissent aller de l'avant ? Que le protestantisme français puisse s'adapter aux conditions de la vie actuelle ? Que vos pasteurs puissent vivre modestement mais décemment ? Alors souscrivez au fonds de 5 millions de l'Église réformée

dit le texte de l'Appel, inséré dans la presse protestante. Une notice explicative est disponible dans tous les temples, et les fidèles répondent généreusement à cette souscription qui atteint ses objectifs en quelques mois.

Le chapitre IV de la *Discipline* traite de l'évangélisation, puisque « l'un des plus heureux résultats de la restauration de l'Église réformée de France a été le rattachement à l'Église de notre grande Société d'évangélisation, restée autonome jusqu'alors », comme l'écrit le pasteur François Méjan[77]. La Société Centrale Évangélique, fondée en 1906 comme œuvre de mission intérieure, conserve sa forme légale, une certaine autonomie administrative et financière, mais devient explicitement la « Commission générale d'évangélisation » de l'É.R.F. Son action s'étend sur le territoire métropolitain, mais aussi sur l'Algérie et les diverses colonies françaises. Elle s'organise en sections régionales, pour constituer autant de Commissions régionales d'évangélisation. L'É.R.F. conclut par

77 François Méjan, *Discipline de l'Église réformée de France*, Paris, 1947, p. 141.

ailleurs, en 1939, un accord avec la Mission populaire évangélique pour collaborer avec elle et développer l'évangélisation en milieux populaires. Le pasteur Boegner, président de l'É.R.F., prend également la présidence de la Miss' Pop.

Durant les débats préparatoires, les méthodistes insistent sur l'esprit missionnaire qui avait présidé à la fondation de leur Église, sur l'importance des engagements pris par le pasteur selon leur propre discipline, et sur le rôle des prédicateurs laïques en tant que collaborateurs du corps pastoral. À la demande de l'Église méthodiste, il est donc inscrit dans la *Discipline* que, pour « ne pas laisser se perdre cet héritage spirituel », l'É.R.F. « s'efforcera de [le] mettre à profit » (chapitre V, article 3).

Avant 1938, le pôle presbytérien l'emportait sur le pôle synodal. Les Églises étaient de tradition congrégationaliste, bénéficiant d'une forte autonomie locale de gouvernement. L'Unité entraîne progressivement la recherche d'une cohésion dans l'Église, avec pour conséquence une réduction des libertés au sein des Églises locales, dans « l'acceptation confiante des subordinations indispensables[78] ». Ce changement de paradigme n'a d'ailleurs pas été sans provoquer des résistances dans certaines paroisses. Aussi le pasteur Marc Boegner prend-il la peine d'insister, dans la préface qu'il donne à l'édition grand public de la *Discipline* de l'É.R.F[79]., sur la nécessité de « veiller à ce que les libertés et les responsabilités propres des communautés paroissiales et des synodes régionaux soient solidement fondées et scrupuleusement respectées et qu'elles ne puissent être ni menacées ni méconnues par les Conseils chargés d'exécuter les décisions des Synodes ».

Le bon fonctionnement du régime presbytérien-synodal est à ce prix : il suppose une harmonisation des procédures entre quatre Unions d'Églises aux habitudes et aux traditions différentes.

CEUX QUI ONT DIT « NON » : LES DÉBUTS DE LA GRANDE QUERELLE

La restauration de l'unité réformée ne concerne bien entendu pas les catholiques, mais elle ne les intéresse pas non plus. Ni les hebdomadaires catholiques ni *La Croix* ne mentionnent la réunification de 1938. Même

78 Selon l'expression du pasteur Marc Boegner, dans sa préface de l'édition de la *Discipline de l'Église réformée de France* de 1947.

79 François Méjan, *Discipline de l'Église réformée de France*, Paris, 1947.

si de timides évolutions ont lieu, c'est une profonde ignorance, souvent teintée de mépris et de méfiance, qui règne entre les deux communautés chrétiennes. Le Père Léon Merklen, directeur de *La Croix*, explique ainsi au Père Couturier qu'il ne saurait être question de parler des protestants sous peine « d'avoir l'air de mettre sur le même pied vrais et faux chrétiens », de « mettre dans le même sac la seule Église légitime et les Églises illégitimes (qui, malgré la bonne foi de certains de leurs adhérents, sont filles du démon)[80] ». L'anti-protestantisme politique et religieux imprègne toujours largement les esprits. Seules deux revues, les *Études* jésuites et *La Vie intellectuelle* dirigée par des dominicains, s'intéressent à 1938. Claude Vignon, une protestante convertie au catholicisme vers 1935, analyse les progrès vers l'union, le renforcement de l'autorité ecclésiale et « l'effort louable vers une foi plus solide » ; mais elle est déçue par le compromis doctrinal finalement adopté : « L'alliance de ces contraires fait un peu l'effet d'un "front populaire" religieux, allant des radicaux (orthodoxes) aux communistes (libéraux). De l'un comme de l'autre ne peut sortir que l'anarchie » (mars 1939). Le Père Robert Rouquette consacre cinq articles à l'unité réformée et à ses conséquences. Il constate la remise en ordre financière et administrative, le renforcement de l'autorité ecclésiale, et présente ces éléments comme « un résultat important ». La réunification est à ses yeux un « événement considérable », mais il ne sait pas si elle augure de « l'agonie ou [de la] résurrection » de l'Église réformée. L'aspiration à l'unité n'aurait selon lui abouti qu'à une « toile de Pénélope », mutilée dès sa confection par le refus d'une minorité évangélique[81]...

Le processus d'union réformée et ses débats n'ont en effet pas levé toutes les objections : certains estiment ne pas pouvoir aller contre leurs convictions. À peine l'union organique est-elle scellée que la nouvelle É.R.F. vit de nouvelles tensions et voit s'organiser ceux qui ont dit « non ». Car l'unité est elle-même diviseuse, provoquant l'incompréhension entre des personnes qui souvent étaient proches par leurs convictions et leurs objectifs.

Du côté libéral, à l'initiative des pasteurs Langlade et Richardot et avec le consentement du pasteur Alfred Wautier d'Aygalliers, président

80 Lettre de janvier 1937, citée par Étienne Fouilloux dans Jean Baubérot (éd.), *Vers l'unité pour quel témoignage ?*, Paris, 1982, p. 337.

81 Cité par Étienne Fouilloux dans Jean Baubérot (éd.), *Vers l'unité pour quel témoignage ?*, Paris, 1982, p. 336-349.

de l'Association des pasteurs libéraux de France, une pétition circule dès mars 1935 contre l'idée même d'une Union qui se ferait sur la base d'une « déclaration de foi dogmatique » et selon des formules empruntées aux anciens Conciles. Un synode régional, celui de l'Hérault, se prononce contre l'unité en 1936. Mais dès l'année suivante, la minorité réfractaire est marginalisée. Un journal, *L'Esprit et la Vie*, est fondé en janvier 1936 pour exprimer l'opposition des voix progressivement étouffées dans les colonnes d'*Évangile et Liberté*, l'organe officieux des É.R. Animé par les pasteurs Étienne Giran et Paul Teissonnière, *L'Esprit et la Vie* continue sa virulente campagne contre le « dogmatisme des formules » et le « j'm'en fichisme général » : il dénonce « le triomphe de l'équivoque » à propos de l'adhésion pastorale à la Déclaration de foi[82]. Mais les soutiens commencent à lui manquer : le nombre des abonnés passe sous la barre des 500, et le journal ne survit que grâce à l'argent envoyé par les libéraux suisses et hollandais… Aussi, lorsque l'Union se réalise en 1938, certains opposants libéraux préfèrent-ils partir sans bruit ni scission : ils refusent de « se renier » en se prêtant à une « confusion des langues » qui, sous prétexte d'œcuménisme, glisserait à des formules ambiguës et ramènerait les Églises réformées aux archaïsmes de Nicée, d'Athanase ou du Symbole des Apôtres… L'Église de Montagnac (Hérault), unanimement libérale, refuse d'adhérer en 1938 ; elle s'y résout finalement en 1940 après avoir obtenu la garantie de « toute liberté à l'égard des textes de sa Déclaration de Foi et [du] libre choix de ses pasteurs ».

Dans les autres familles d'Églises, le processus de 1938 conduit à des déchirements plus ou moins importants.

L'Union des Églises Évangéliques Libres est traversée de tendances contradictoires. Certains déclinent l'unité telle qu'elle est proposée mais ne veulent pas pour autant rompre les pourparlers : au fur et à mesure de l'avancée du processus d'union, leur position devient de plus en plus précaire et la situation les pousse à choisir l'un des deux camps. Au Synode de Roanne, en février 1938, Georges Grosjean défend « l'unité réformée » et explique dans son rapport « pourquoi nos Églises doivent-elles accepter l'Union ». Autour de Maurice Antonin et d'Étienne Perret-Gentil se rassemblent au contraire les « non fusionnistes » ; ils estiment que les textes en préparation de la future É.R.F. l'éloignent des principes

82 Voir les analyses de Colette Hirtz dans Jean Baubérot (éd.), *Vers l'unité pour quel témoignage ?*, Paris, 1982, p. 193-205.

des Églises libres, à savoir la fidélité doctrinale, la profession personnelle de la foi et la distinction de l'Église et du monde. Le préambule de la Déclaration de foi n'ouvre-t-il pas la voie à un « fidéisme qui dénie aux croyances la valeur religieuse qui leur est attribuée dans les Écritures » ?

Claude Baty a retracé l'histoire des débats[83] qui conduisent la majorité des Églises libres à voter contre la dissolution de leur Union au Synode de Saint-Jean du Gard en novembre 1938 : l'Union des Églises libres se maintient, mais elle n'en est pas moins déchirée. 17 Églises sur 37 rejoignent l'É.R.F., mais au point de vue sociologique, ce sont des Églises urbaines, parmi les plus importantes et les plus riches, emportant avec elles 1 500 membres sur les 2 750 que comptent l'Union : la paroisse de la rue Lanterne à Lyon, les deux paroisses de Paris-Luxembourg et Paris-Rive droite, Mazamet, Roanne, Moncoutant, Sainte-Foy la Grande, Marseille… Sur les neuf membres de la Commission synodale qui dirige les Églises libres, seuls deux restent fidèles au poste. En raison de cette hémorragie qui modifie profondément son visage, 1938 marque pour l'Union des Églises libres une rupture indéniable.

Au sein des Églises méthodistes, la situation se présente différemment. Le méthodisme français connaît en effet une érosion lente mais constante depuis la Première Guerre mondiale : les pasteurs ne sont plus que 21 en 1937, et les fidèles au nombre de 1 225[84]. Le Comité des missions de Londres, qui soutient financièrement le méthodisme en France depuis ses origines, est favorable à l'union ; le révérend Johnson estime d'ailleurs que le témoignage méthodiste est maintenu dans la Déclaration de foi de l'É.R.F. L'accueil des réformés est extrêmement positif et chaleureux : « Si vous venez à nous, affirme Marc Boegner, vous nous aiderez à faire prévaloir dans l'É.R.F. la plénitude de la révélation de Dieu en Jésus-Christ et à faire rayonner la splendeur du Salut. » Et le pasteur André-Numa Bertrand se veut rassurant : « Nous ne pouvons pas effacer d'un trait de plume cent ans d'histoire. Le pasteur méthodiste, aujourd'hui, dirigera son Église à la méthodiste. Tout s'harmonisera. Nous ne voulons pas absorber, mais assimiler. » Le Synode méthodiste de Paris décide donc, en juin 1939, sa dissolution à une large majorité. Seules sept Églises, toutes languedociennes, et deux pasteurs (Louis

83 Claude Baty, *Les Églises évangéliques libres*, Valence, 1999, p. 215-227.

84 Jean-Louis Prunier, *Le Méthodisme français (1791-1940)*, Thèse de doctorat, Institut protestant de théologie de Montpellier, 2018, p. 252-264.

Parker et Samuel Samouélian) refusent d'entrer dans l'É.R.F. Le 16 janvier 1940 est constituée une nouvelle Union des associations cultuelles évangéliques des Églises méthodistes, qui adopte ses propres statuts, sa propre déclaration de foi, et qui hérite des 6/22e des fonds financiers de l'ancienne Union.

C'est avec les Églises réformées évangéliques réfractaires à l'unification que les tensions vont être les plus fortes.

Deux aspects du contenu de la nouvelle Déclaration de foi heurtent en effet les convictions d'une partie des évangéliques : d'une part le fait que le Symbole des apôtres et la Confession de La Rochelle prennent place dans les « expressions successives » de la foi, au lieu d'être les piliers de la foi de l'Église ; d'autre part la formulation qui fonde l'autorité des Écritures dans le témoignage intérieur du Saint-Esprit, au lieu de la confirmer par lui. L'autorité de la Bible ne serait ainsi plus placée en Dieu, mais sur ce que chacun accepte de croire. La nouvelle Église unie se constitue ainsi, aux yeux de ces évangéliques, sur un « non conformisme doctrinal », qui ouvrirait la porte à une relativisation du message de l'Évangile. Les réfractaires y voient « le talon d'Achille » de l'unité réformée.

Retraçant le rôle joué par la Délégation mixte dans le processus, l'historien Bernard Roussel pointe deux éléments qui vont contribuer à exacerber les oppositions. Il constate d'abord, au sein de la Délégation mixte, l'absence de représentants du groupe réfractaire : « Cela n'a pas été recherché, mais cela s'avèrera regrettable », estime-t-il[85]. À la lumière de son étude précise des travaux de la Délégation mixte, B. Roussel dévoile surtout la « chimère historiographique » forgée par les acteurs de l'unité. Dès 1935, les pasteurs Rohr et Bertrand présentent la recomposition ecclésiologique en cours comme une évolution des Églises réformées vers les positions des Églises réformées évangéliques. Or, contrairement à ce « récit de la réunification », B. Roussel estime que la Déclaration de foi de 1872 a été modifiée sur deux points fondamentaux, sur proposition des délégués É.R. et par acceptation des délégués É.R.É. : ce sont donc en réalité les évangéliques qui ont évolué vers les « bases de départ » des É.R. Ainsi peut-on mieux comprendre le clivage qui est apparu entre les unionistes, qui estiment « enrichir » par « quelques amendements »

---

85 Bernard Roussel, dans Jean Baubérot (éd.), *Vers l'unité pour quel témoignage ?*, Paris, 1982, p. 135.

la Déclaration de foi de 1872 « maintenue pour l'essentiel », et les réfractaires, qui considèrent que leurs frères sont en train de « changer de religion ».

Les votes des synodes régionaux É.R.É. révèlent une fracture géographique, au sud d'une ligne La Rochelle-Avignon : dix circonscriptions du Midi huguenot expriment entre 1935 et 1938, à une ou plusieurs reprises, un vote négatif à l'égard de l'union. Devant l'avancée du processus de réunification, de nombreux opposants s'y rallient cependant in extremis : le pasteur Edmond Ponsoye par exemple, fer de lance de l'opposition depuis 1934, accepte malgré tout de devenir pasteur de l'É.R.F. après le vote de sa paroisse favorable à l'unité. En mai 1938, lors des Synodes régionaux É.R.É., une seule circonscription (Basses-Cévennes Lozère) vote contre l'unité. Sur les quatre cents associations cultuelles de l'Union nationale des É.R.É., 39 refusent de s'agréger à la nouvelle É.R.F. et entendent maintenir l'Union nationale des Églises réformées évangéliques (dite nouvelle U.N.É.R.É.).

Ces Églises sont principalement implantées dans le Midi de la France. Aux côtés des Églises rurales des Cévennes (majoritaires), du Tarn, du Lot-et-Garonne, du Tarn-et-Garonne et de l'Ariège, se trouvent également des Églises bourgeoises de villes comme Marseille ou Aix-en-Provence. Certaines Églises locales connaissent des scissions à cette occasion. Richard Gossin[86] et Maurice Longeiret[87] ont dressé un portrait de groupe des pasteurs réfractaires. Les plus âgés (Émile Caldesaigues, Eugène Tholozan, Léonce Teulon, André Lamorte) ont des origines semblables, issus de la paysannerie cévenole ou du monde ouvrier ; ils sont marqués par l'enseignement calviniste du doyen Émile Doumergue, par les réunions revivalistes et les conventions bibliques, sont attachés au « protestantisme historique ». La jeune génération (Jean Bordreuil, Henry Bruston, Jean Cruvellier, Boris Decorvet, Pierre Guelfucci, Louis Poulain, Marc Perrier, Georges Serr) a fait ses études à la Faculté de théologie de Montpellier dans les années 1920-1930 : elle est marquée par la Brigade de la Drôme et attachée à la fidélité doctrinale, moins touchée par le barthisme et l'œcuménisme. Ces pasteurs sont à l'unisson d'une partie des fidèles. Lorsque le journal *Les Cahiers du Matin vient*

86 Richard Gossin, dans Jean Baubérot (éd.), *Vers l'unité pour quel témoignage ?*, Paris, 1982, p. 309-335.

87 Maurice Longeiret, *Réformés & confessants, pourquoi pas !*, Cléon d'Andran, 2007, p. 16.

prend position en mars 1935 en faveur de la réunification des Églises réformées, il doit faire face à deux mille désabonnements…

L'identité cévenole, l'antagonisme avec les « états-majors » parisiens, le refus de tout dirigisme ecclésiastique, la crainte d'une remise en cause de l'autorité de la Bible sont donc autant d'éléments explicatifs de cette opposition. La sous-représentation du Midi dans les comités directeurs des Églises a indéniablement amoindri à Paris l'écho de certaines réactions. Peut-on également y voir un clivage social, se demande l'historien Daniel Robert, entre un mouvement d'opposition « populaire » et une É.R.F. « bourgeoise[88] » ? Aucune union sérieuse ne peut se faire sans le concours de « la base », conclut D. Robert, pour qui le manque de bons contacts entre Paris et les Cévennes a très certainement produit des effets fâcheux pour l'Unité. « Posons seulement, résume Richard Gossin, le problème d'une part de l'incompréhension des dirigeants d'églises devant une réalité locale qu'ils n'appréhendent pas et de leurs "maladresses" qui ne font que confirmer les opposants dans leurs analyses, et d'autre part le monde clos que constitue l'univers de pensée et d'action des chrétiens évangéliques[89]. »

La rupture entre unionistes et réfractaires est vécue dans la souffrance, mais elle devient surtout, à la différence des scissions libriste et méthodiste, le point de départ d'une grande querelle.

Les choix juridiques faits par l'É.R.F. lors de sa réunification sont en grande part à l'origine des relations conflictuelles entre les deux Unions. Plusieurs possibilités existent en effet pour donner naissance à la nouvelle É.R.F. L'une des solutions consiste à créer tout simplement une nouvelle union, qui recevrait l'adhésion des diverses associations cultuelles. Mais c'est une autre option qui est choisie : celle du regroupement des Églises dans l'une des quatre unions existantes, l'U.N.É.R.É. Le premier des avantages de cette procédure est sa commodité du point de vue administratif, en assurant la continuité de la personnalité juridique de l'union ; l'U.N.É.R.É. est également l'union qui est dotée du plus grand nombre d'Associations cultuelles. Mais ce choix permet aussi de se prémunir contre toute action en revendication des biens par des

88 Daniel Robert, dans Jean Baubérot (éd.), *Vers l'unité pour quel témoignage ?*, Paris, 1982, p. 373.

89 Richard Gossin, dans Jean Baubérot (éd.), *Vers l'unité pour quel témoignage ?*, Paris, 1982, p. 324-325.

associations cultuelles opposées au processus d'union. Revenant sur ce point bien des années plus tard, le juriste François Méjan rapporte que les autorités ecclésiales de l'époque prévoyaient un recours devant le Conseil d'État de la part des Églises réfractaires dans les circonscriptions régionales où la majorité favorable à l'unification a été très faible[90]. F. Méjan suggère alors cette solution pour éviter la déconvenue de la *Free Church of Scotland*, qui avait vu l'ensemble de ses biens dévolu par la justice britannique aux deux seules paroisses qui en 1900 avaient refusé la dissolution de leur union d'Églises. C'est d'ailleurs pour la même raison que les Unions régionales de l'ancienne U.N.É.R.É. sont supprimées dans l'organisation de l'É.R.F. : il faut éviter la possibilité de sécession d'une Union régionale légalement existante.

L'ancienne U.N.É.R.É. se transforme simplement en U.N.A.C.E.R.F. (Union nationale des associations cultuelles de l'Église réformée de France), gardant ainsi la continuité de sa personnalité juridique tout en adoptant la nouvelle dénomination « Église réformée de France ». La procédure permet de limiter les formalités, notamment les frais des affiliations, et de conserver la bibliothèque de la Faculté de théologie de Montpellier, héritière de Montauban. Les autres Unions (É.R. et méthodistes) qui adhèrent à l'É.R.F. acceptent la dévolution de leurs biens et leur dissolution ; les Églises libres adhèrent en revanche individuellement, puisque l'Union des Églises libres a décidé de ne pas participer à la fusion.

Comme leurs homologues libristes (qui ont conservé leur Union) et méthodistes (qui ont créé une nouvelle Union des associations cultuelles évangéliques des Églises méthodistes), les « réfractaires » évangéliques entendent conserver la « vieille maison ». Ils déposent, le 15 juin 1938 à la préfecture de la Seine, non pas de nouveaux statuts (ce qui reviendrait à créer ex nihilo une nouvelle Union), mais une simple modification de la composition de la Commission permanente de l'U.N.É.R.É. : ils affirment clairement « maintenir et continuer sur ses anciennes bases religieuses (Déclaration de foi de 1872), avec ses anciens statuts et son titre traditionnel, l'Union nationale des Églises réformées évangéliques telle qu'elle a été déclarée le 2 février 1906 ». Le premier Synode national de la nouvelle U.N.É.R.É. se réunit en août 1938 à Saint-Jean du Gard. L'appareil

90 François Méjan, dans Jean Baubérot (éd.), *Vers l'unité pour quel témoignage ?*, Paris, 1982, p. 254-269.

ecclésiastique mis en place reprend le modèle hérité des anciennes É.R.É. : les associations cultuelles sont regroupées en quatre circonscriptions (Sud-Ouest ; Cévennes-Languedoc ; Gardonnenque-Provence ; Basses-Cévennes-Lozère). Vu le petit nombre d'Églises adhérentes, chacune est directement représentée au Synode national, qui devient donc aussi un Synode général. Cette organisation est sans conteste évangélique, et bien plus nettement que l'ancienne U.N.É.R.É. ; la Déclaration de foi de 1872 constitue le signe de ralliement des « réfractaires ».

Pourquoi les relations entre l'É.R.F. et la nouvelle U.N.É.R.É. deviennent-elles alors très conflictuelles, à la différence des relations avec l'Union des Églises libres ou la nouvelle Union méthodiste ?

Face aux 448 paroisses de l'É.R.F., la quarantaine d'É.R.É. réfractaires pèse peu. Mais on peut précisément penser que ce rapport majorité-minorité a fortement influencé les relations entre les deux Églises. Alors que le protestantisme a toujours connu en France une situation minoritaire, l'É.R.F. se retrouve en position hégémonique dans le paysage protestant ; les réflexes inconscients de majoritaires d'un côté, de minoritaires de l'autre, ont probablement accentué les incompréhensions. Les crispations locales deviennent souvent des luttes frontales, envenimées par les questions matérielles : les minorités perdent leur temple, leur presbytère, leur pasteur.

Mais la principale tension se cristallise autour de l'héritage identitaire de l'ancienne U.N.É.R.É. La question du nom est révélatrice et devient un point de discorde : les É.R.É. continuent à utiliser le pluriel traditionnel des « Églises réformées », mettant l'accent sur leur caractère local, alors que l'É.R.F. insiste sur sa dimension d'union nationale. Mais comme des centaines d'associations cultuelles locales de l'É.R.F. ont gardé leur titre d'« Église réformée évangélique », dans leur nom comme au fronton de leur temple tout en entrant dans l'unité, les autorités de l'É.R.F. exigent de la nouvelle U.N.É.R.É. une modification de sa dénomination pour « éviter toute confusion ». De manière plus générale, l'É.R.F. considère qu'elle est la continuatrice de l'ancienne U.N.É.R.É. ; la nouvelle U.N.É.R.É. prétend, elle, la « maintenir ». C'est pourquoi l'É.R.F. estime que la déclaration faite à la préfecture de la Seine en juin 1938 par la nouvelle U.N.É.R.É. n'a aucune valeur juridique, en l'absence de dépôt d'un nouveau titre et de nouveaux statuts : il ne peut pas y avoir deux U.N.É.R.É. simultanément !

La querelle rebondit en octobre 1938, lorsque le Conseil de la Fédération protestante de France, présidé comme l'É.R.F. par le pasteur Marc Boegner, prend parti : la nouvelle U.N.É.R.É. n'a pas d'existence légale en l'absence de nouveaux statuts. Pour la Fédération protestante, l'ancienne U.N.É.R.É. continue sous le nom de l'É.R.F. ; les Églises « séparées » peuvent donc envoyer des délégués à l'Assemblée de la F.P.F. en tant que représentants d'Églises « indépendantes », mais non en tant que représentants de l'U.N.É.R.É. Les rencontres de l'hiver 1938-1939 entre le bureau du Conseil national de l'É.R.F. et une délégation des É.R.É. n'aboutissent à aucun accord. En mai 1939, le Synode national de l'É.R.F. invite la nouvelle U.N.É.R.É. à se mettre en règle avec la loi :

> Vous êtes sortis de l'Union des É.R.É., écrit Marc Boegner. Ne tardez pas plus longtemps à vous constituer légalement en une Union nationale d'associations cultuelles, à faire la déclaration et le dépôt de vos statuts exigés par la loi. Alors une entente entre vous et nous, sur quelques questions irritantes et sur les questions matérielles, deviendra possible.

En réponse, le Synode national de Montauban (juillet 1939) des É.R.É. réfractaires exprime sa peine de voir un Synode s'engager dans la voie d'un débat purement légal et contester publiquement la situation de l'U.N.É.R.É., alors que la situation juridique de l'U.N.A.C.E.R.F. serait elle-même contestable (décision XXXVII). Il signale les attaques portées contre les É.R.É. par la voix de la presse religieuse et de la radio (décision XXVII) et proteste contre la qualification « d'Églises indépendantes » qui leur est désormais donnée dans l'*Annuaire protestant* (décision XXVIII). Il constate en outre avec regret que les professeurs de la Faculté de théologie de Montpellier ne dépendent plus des É.R.É. (décision XV)[91].

Le conflit se déplace sur le terrain juridique lorsque la Commission permanente des É.R.É., réunie le 12 juillet 1939, autorise les Églises de Marseille et du Vigan à déposer un recours devant le Conseil d'État. Chaque partie affûte ses arguments. La guerre et la défaite de 1940 retardent la procédure ; le Conseil d'État est replié à Royat (Puy-de-Dôme) ; ses membres prêtent serment de fidélité au maréchal Pétain, qui précise que le rôle du Conseil d'État est d'être le gardien de l'ordre

91 *Actes et décisions du Synode national et général des Églises réformées évangéliques de France* (Montauban), 1939, p. 11, 19 et 21.

juridique. En juin 1942, la haute juridiction rentre à Paris, et la décision sur l'affaire de Marseille n'est rendue qu'un an plus tard. La demande de l'Église réformée évangélique est rejetée, tout comme celle de l'Église réformée évangélique du Vigan en mars 1945. L'É.R.F. a-t-elle pu bénéficier d'atouts particuliers dans cette procédure ? Maurice Longeiret, retraçant cette histoire, souligne que le président de la Commission juridique de l'É.R.F., Georges Michel, est membre du Conseil d'État[92] ; mais il indique également que le président de la Commission de défense des droits et libertés des É.R.É. est un président honoraire de la Cour de Cassation, Jacques Dumas. Les É.R.É. ne sont donc pas plus mal conseillées que l'É.R.F... Sur le fond, le Conseil d'État ne s'est prononcé que sur la dévolution des biens matériels, en estimant que le Synode de l'ancienne U.N.É.R.É. de 1938 n'avait enfreint aucune règle d'organisation générale du culte réformé : le Synode a le pouvoir de substituer à la Déclaration de 1872 un texte nouveau. Ce faisant, le Conseil d'État n'entre pas dans la querelle de l'existence légale ou non de la nouvelle U.N.É.R.É. depuis la déclaration de maintien par les réfractaires. Le commissaire du gouvernement, Raymond Odent, rapporteur du dossier, souligne d'ailleurs le paradoxe de la situation : les 110 membres de l'association cultuelle marseillaise qui n'ont pas accepté le changement voté par le Synode de 1938 mais ont désiré conserver l'ancienne confession de foi et rester dans la tradition existante, sont qualifiés de « dissidents » alors qu'ils sont les stricts continuateurs du culte constitué en 1905. Le juriste François Méjan lui-même, en 1977, fait l'hypothèse que si le contentieux avait porté, non pas sur l'attribution des biens, mais sur la modification de la Déclaration de foi, l'issue en aurait été différente[93].

Pensant mettre un terme à la querelle, le président de la nouvelle U.N.É.R.É., le pasteur Jean Bordreuil dépose, en juin 1944 à la préfecture du Gard, de nouveaux statuts pour « l'Union nationale des Églises réformées évangéliques de France », sur la base de ceux de 1906 et avec transfert du siège social à Alès : l'annonce paraît au *Journal officiel* quelques jours plus tard. La démarche ne satisfait pourtant pas le pasteur Boegner : tant que le nom de l'U.N.É.R.É. n'est pas modifié, la reprise des pourparlers est impossible. Ce n'est également que sous cette condition

92 Maurice Longeiret, *Réformés & confessants, pourquoi pas !*, Cléon d'Andran, 2007, p. 70.

93 François Méjan, dans Jean Baubérot (éd.), *Vers l'unité pour quel témoignage ?*, Paris, 1982, p. 260-261.

que l'adhésion de la nouvelle U.N.É.R.É. à la Fédération protestante de France pourra être acceptée. En marge de sa réponse officielle, Marc Boegner suggère officieusement d'ajouter l'adjectif « indépendante » : la nouvelle U.N.É.R.É. deviendrait ainsi l'Union nationale des Églises réformées évangéliques indépendantes de France (U.N.É.R.É.I.). De guerre lasse, les instances de la nouvelle U.N.É.R.É. acceptent la modification ; le Conseil de la Fédération protestante de France vote favorablement à l'admission en son sein des É.R.É.I. en avril 1948.

Les autorités des É.R.É.I. apprécient d'autant plus la légitimité que leur confère l'entrée dans la Fédération protestante qu'elles sont alors très isolées. Le projet de « Fédération évangélique », souhaité dès 1938 et proposé aux Églises libres et méthodistes qui ne sont pas entrées dans l'É.R.F., a été abandonné en 1943. En face du « bloc des Églises réformées, dit Église réformée de France », l'idée était de constituer « un petit bloc de toutes les forces vives du protestantisme évangélique » qui maintiennent « une prédication fidèle de la révélation chrétienne ». L'intérêt suscité est réel : le Synode libriste d'avril 1939 se déclare favorable au projet, tout comme le mouvement de « La Cause » ; les méthodistes de leur côté restent prudents. Les désorganisations de la guerre ont beau pousser à davantage de cohésion, le projet ne va pas au-delà des déclarations d'intention. Le seul point concret de convergence se fait sur la formation des pasteurs : le Synode libriste de 1945 décide de confier à la Faculté d'Aix-en-Provence la formation de ses futurs pasteurs. Créée en juin 1939, la Faculté libre de théologie protestante d'Aix est née du désir de la nouvelle U.N.É.R.É. de protéger les vocations des pasteurs « évangéliques » contre l'enseignement désormais suspect des Facultés de Strasbourg, Paris et Montpellier. L'enjeu est essentiel : la nouvelle U.N.É.R.É. doit préserver un vivier de recrutement pastoral. La nouvelle faculté ouvre ses portes dès la rentrée universitaire 1940, autour d'une première équipe enseignante formée d'Émile-Guillaume Léonard, professeur à la Faculté des lettres d'Aix, de René Pache, docteur en droit, des pasteurs André Lamorte, Henry Bruston (ancien élève de l'École Normale Supérieure), André Albert, Pierre Guelfucci et Georges Serr. L'accord signé avec l'Union des Églises libres assure à celle-ci un poste de professeur, un représentant au conseil de la faculté, et les pasteurs libristes A. Roy et Maurice Antonin deviennent chargés de cours. La recomposition de 1938 opère finalement comme une nouvelle ligne de partage des eaux dans le paysage protestant, entre la sensibilité réformée unifiée d'un côté et la sensibilité évangélique confessante de l'autre. Comme le relève Sébastien Fath, la réunification réformée a constitué « un tremplin identitaire pour les protestants évangéliques, en leur permettant de se poser en s'opposant[94] ».

À la charnière des deux mondes, les réformés évangéliques recherchent un modus vivendi avec les réformés unifiés. Une même volonté d'apaisement permet de mettre fin au conflit opposant l'É.R.F. et les É.R.É.I. Un communiqué commun, en mai 1949, fait le point sur les divergences de vue : les É.R.É.I. considèrent toujours qu'elles continuent « authentiquement l'Union nationale des É.R.É. fondée en 1906 » mais uniquement sur le terrain des « principes doctrinaux et ecclésiastiques » ; en revanche, elles ne présentent plus la Faculté d'Aix comme le transfert de celle de Montpellier, mais comme une création « dans la fidélité à une tradition ». Et les deux Unions décident de mettre en place des commissions bipartites pour résoudre les problèmes immobiliers de quatre situations locales compliquées (Le Vigan, Aix-en-Provence, Marseille, Saint-Géniès de Malgoirès).

Si le contentieux juridique entre les deux Églises a été épuré, les tensions se réveillent cependant très vite, et restent durables. Les commissions bipartites ne débouchent le plus souvent sur rien de concret. Plus grave, les É.R.É.I. soupçonnent progressivement l'É.R.F. d'une politique volontariste de ralliement : entre 1949 et 1957, sept Églises se désaffilient des É.R.É.I. pour rejoindre l'É.R.F., et six autres encore au cours des années 1960, principalement dans le Gard. Une grande partie des dirigeants et des pasteurs de l'É.R.F. semblent croire à une désagrégation prochaine des É.R.É.I. : « Il paraissait à mes yeux de jeune pasteur que l'affaire était réglée, se souvient Michel Bouttier : les paroisses réfractaires seraient vite absorbées dans la masse[95]. » La disparition des É.R.É.I. paraît d'autant plus sûre qu'elles traversent une crise profonde : crise financière d'abord ; crise théologique sur la pratique du baptême ensuite : en 1956-1957, sept pasteurs et une assistante de paroisse qui refusent le baptême des enfants donnent leur démission ; crise enfin à la Faculté de théologie d'Aix, qui entre en léthargie à partir de 1958. C'est pourquoi

94 Sébastien Fath, *Du ghetto au réseau*, Genève, 2005, p. 156.

95 Michel Bouttier, dans Jean Baubérot (éd.), *Vers l'unité pour quel témoignage ?*, Paris, 1982, p. 20.

le président du Conseil national de l'É.R.F., le pasteur Pierre Bourguet, invite, peut-être maladroitement d'ailleurs, en 1957, les É.R.É.I. à rallier tout simplement l'Église unie :

> Plusieurs de vos Églises [ont pris] la décision de rejoindre l'Église réformée de France, montrant par là qu'elles étaient persuadées que leur fidélité à l'Évangile n'y courait aucun risque mais, au contraire, leur en faisait un devoir. Il vous est facile de vous assurer qu'elles n'ont pas eu à le regretter. Nous avons été heureux de les accueillir comme, le cas échéant, nous sommes prêts à le faire pour d'autres[96].

L'É.R.F. propose un rassemblement sous une forme fédérative, avec la « possibilité de donner une existence synodale particulière dans le cadre de l'É.R.F. à l'U.N.É.R.É.I. ». La Commission permanente des É.R.É.I. répond – sous forme de provocation – qu'un rassemblement pourrait se faire autour de la vieille Confession de foi de La Rochelle. Les discussions engagées entre 1958 et 1962 n'aboutissent pas. Vingt ans après la rupture de 1938, les deux Églises prennent en réalité conscience de leur évolution dans des voies divergentes. Alors que l'É.R.F. affirme officiellement son « pluralisme », les É.R.É.I. se sont raffermies autour d'un projet « confessant ». Les deux Unions ne peuvent donc que constater le fossé qui les sépare, et paradoxalement, la spécificité de leur évolution est ce qui favorise des relations directes plus fraternelles. Au cours des années 1970, les anciens « frères » séparés par la crise de 1938 renouent des contacts personnels. Le colloque d'histoire et de sociologie organisé en 1977 à la Faculté de théologie de Montpellier sur le thème de « la restauration de l'unité réformée (1933-1938) » est l'occasion de retrouvailles après quarante ans de brouille. L'avant-propos, un peu ironique, de l'organisateur, Jean Baubérot, est révélateur du climat de méfiance qui subsiste : « Malgré les conseils de *prudence* de certains amis, nous avions invité à ce colloque des personnes qui se sont opposées à l'unité de l'É.R.F. telle qu'elle s'est réalisée en 1938 et d'autres qui sont réservées à l'égard de ses orientations actuelles. Nous ne regrettons pas d'avoir pris ce *risque*[97]. » La relecture des événements permet à certains acteurs, tel François Méjan, d'en dresser un bilan plus nuancé : « Dans l'É.R.F.,

---

96 Cité par Maurice Longeiret, *Réformés & confessants, pourquoi pas !*, Cléon d'Andran, 2007, p. 150.

97 Jean Baubérot (éd.), *Vers l'unité pour quel témoignage ?*, 1982, p. 9.

l'absence de ces Églises-sœurs et de leurs pasteurs et membres a causé un déséquilibre, un vide partiel non comblé[98]. » L'arrivée d'une nouvelle génération de pasteurs et de responsables dans les deux Églises à partir des années 1980 permet de dépasser le caractère passionnel de la rupture : n'ayant pas vécu les luttes du passé, elles peuvent redécouvrir leur proximité spirituelle. En 2007, les deux Églises entreprennent une « réconciliation des mémoires[99] » et ouvrent la voie à une collaboration apaisée, dont l'exemple le plus abouti est la Fédération É.R.F./É.R.É.I. mise en place dans les vallées cévenoles.

Entre réunification et déchirements, la « révolution » de 1938 a donc entièrement bouleversé le paysage ecclésial protestant. Pour un observateur non averti, les apparences pourraient sembler trompeuses : on compte toujours huit Unions d'Églises protestantes, avant comme après 1938. Les Églises alsaciennes (É.R.A.L. et É.C.A.A.L.) ont conservé leur statut particulier, régi par les Articles organiques ; l'Église évangélique luthérienne et l'Union des Églises baptistes sont restées à l'écart de la réunification ; et les réfractaires ont reconstitué trois Unions (Réformée Évangélique Indépendante ; Libre ; Méthodiste). Mais l'équilibre des forces a été profondément modifié : l'Église réformée de France est devenue, et de loin, la plus puissante, renforcée encore par son association avec la Société Centrale Évangélique ; les autres Unions s'en trouvent éclipsées, sinon marginalisées.

L'Église réformée de France est née : il lui faut désormais construire son fonctionnement interne, faire vivre ensemble des paroisses aux traditions et à l'histoire propres. Mais à peine cette tâche immense commence-t-elle que les événements extérieurs viennent tout bousculer : la tourmente de la Seconde Guerre mondiale place l'É.R.F. face à de terribles épreuves.

98 François Méjan, dans Jean Baubérot (éd.), *Vers l'unité pour quel témoignage ?*, 1982, p. 265.

99 « Vers une réconciliation des mémoires et pour une collaboration entre les É.R.É.I et l'É.R.F. » : tel est le titre du document adopté par les instances dirigeantes des deux Églises au printemps 2008.

L'É.R.F. À L'ÉPREUVE DE LA SECONDE GUERRE MONDIALE

L'É.R.F. n'a pas neuf mois d'existence depuis la restauration de son unité en décembre 1938, lorsque l'attaque de la Pologne par l'Allemagne, le 1er septembre 1939, plonge toute l'Europe dans la guerre. À l'image du pays, elle va se trouver confrontée à la défaite, à la ligne de démarcation, à la « collaboration » d'État. Comment s'organiser face à la mobilisation générale d'abord, puis dans la débâcle et sous l'Occupation ? Quelle « Bonne nouvelle » annoncer face à la guerre, puis dans la guerre ? Mais la question en réalité ne surgit pas soudainement devant la précipitation des événements : depuis les années 1920, les réformés français sont pris dans le choc des idéologies.

L'É.R.F. DE « LA MARCHE À LA GUERRE » À LA DÉBÂCLE

Bien que le projet de réunification des Églises soit le principal objet de débat au cours des années 1930, les réformés français n'ignorent rien de ce qui se passe à l'étranger, et notamment en Allemagne, grâce aux innombrables liens qui les unissent aux Églises protestantes européennes. Réseaux personnels et familiaux, liens intellectuels et théologiques, organismes para-ecclésiaux, grandes conférences internationales… autant de canaux d'informations qui permettent aux protestants de saisir, peut-être avant d'autres, les bouleversements apportés par l'arrivée au pouvoir d'Hitler. « Les protestants français ont eu de l'Allemagne nazie, note l'historien Patrick Cabanel, une connaissance probablement inégalée en France, sauf du côté de quelques cercles théologiques catholiques, comme les jésuites de Fourvière[1]. »

UNE PRISE DE CONSCIENCE PRÉCOCE DES DANGERS DU NAZISME

En effet, dès la nomination d'Hitler comme chancelier du Reich le 30 janvier 1933, la presse protestante française porte une attention toute particulière à la situation Outre-Rhin : les journaux alsaciens bien sûr (*Quinzaine protestante*, *Kirchenbote*, *Friedensbote*, *Sonntagsblatt*)[2], mais également la presse généraliste comme *Le Christianisme au XXe siècle* (qui est l'hebdomadaire des Églises réformées évangéliques, puis celui de l'É.R.F. à partir de 1938), la presse estudiantine (*Le Semeur*, lu par les pasteurs, les étudiants et les anciens membres de la « Fédé »), celle des mouvements (*La Revue du christianisme social*, *L'Avant-garde*, le *Journal populaire du christianisme social*, organes des chrétiens sociaux ; *Foi et Vie* et *Hic et Nunc*, organes des barthiens), la presse protestante régionale enfin. Si certains titres sont plutôt lus par les élites, les journaux régionaux ont une large diffusion et proposent des articles généraux à côté des informations paroissiales. *Le Nouvel Écho* par exemple est vendu à 20 000 exemplaires dans les deux départements de l'Ardèche et de la Drôme, pour une population de 53 000 protestants : « On peut dire que ce journal est lu par la quasi-totalité des protestants considérés », estime Pierre Bolle[3]. On pourrait également ajouter les journaux suisses, assez souvent répandus dans la France protestante. Tous suivent attentivement l'évolution de la politique religieuse allemande et informent particulièrement leurs lecteurs des risques que le nazisme fait encourir aux sociétés européennes et aux Églises.

Les protestants français disposent de trois types d'information complémentaires. D'abord les témoignages de compatriotes présents en Allemagne et qui assistent, incrédules, aux changements radicaux du pays. Jeune étudiant en théologie, Roland de Pury (1907-1979) passe en Allemagne le premier semestre de l'année 1933. Il observe la rapidité

1 Patrick Cabanel, *De la paix aux résistances*, Paris, 2015, p. 65.

2 Hans-Georg Dietrich, « L'Alsace et le *Kirchenkampf* en 1933-1934 en Allemagne. Les débuts de la lutte analysés dans les journaux d'Église », *B.S.H.P.F.*, 1987, p. 561-577.

3 Pierre Bolle, « *Le Nouvel Écho* et le nazisme », dans Xavier de Montclos (éd.), *Églises et chrétiens dans la IIe guerre mondiale : 1. La région Rhône-Alpes*, Lyon, 1978, p. 39.

de la militarisation du pays : « Le pays entier n'est plus qu'une caserne. La TSF crache la moitié du jour ses marches militaires et ses chants patriotiques… De toutes parts on ne voit que ça, casques d'acier ou nazis qui se rassemblent et vont à l'exercice[4]. » Le 20 février 1933, il se rend à Cologne dans un meeting d'Hitler : « Il a parlé pendant 40 minutes. Et mes dernières illusions à tout jamais se sont effondrées. Il n'a rien, absolument rien dit. Je n'aurais jamais imaginé qu'il soit possible d'atteindre un vide aussi absolu… De son programme, pas le moindre mot. Rien, rien, rien que la plus imbécile des rhétoriques[5]. » Pury rend compte de manière détaillée de son expérience au public français dans un article de la revue *Foi et Vie*, intitulé « La crise de l'Église allemande et la révolution nationale-socialiste » (juillet-août 1933).

En juin 1933, Willem Visser't Hooft (1900-1985), secrétaire général de la Fédération universelle des associations chrétiennes d'étudiants (FUACE), participe à la conférence nationale du Mouvement chrétien des étudiants allemands à Neu-Saarow, en Bavière[6] ; il voit les participants déconcertés par la doctrine nationale-socialiste et hésitants sur l'attitude à adopter. Le parti des *Deutsche Christen* (« Chrétiens allemands ») préconise une synthèse du christianisme et de l'idéologie nazie, et cherche à mettre à la tête de l'Église évangélique allemande Ludwig Müller, qui peut se prévaloir du soutien d'Hitler. Visser't Hooft écrit aussitôt dans le journal de la FUACE, *The Student World*, qu'il dirige : « La vraie question est de savoir si l'Église doit se considérer comme supranationale, totalement dépendante de Dieu et par là même indépendante de l'État, ou si elle doit plutôt accepter une *Gleichschaltung*[7], une identification de son existence avec un État totalitaire. » Lié par une profonde amitié à Visser't Hooft et son collaborateur à la FUACE, le pasteur français Pierre Maury (1890-1956) utilise la revue *Foi et Vie* qu'il dirige pour relayer ces informations.

Dans la *Revue du christianisme social*, le pasteur Wilfred Monod fait le récit de la rencontre internationale de Novi-Sad (Yougoslavie) en septembre 1933, où il s'est opposé au pasteur Theodor Heckel à propos du « paragraphe aryen », disposition juridique mise en place par les nazis

---

4 Roland de Pury, *Lettres d'Europe*, Genève, 2010, p. 255 (17 mai 1933).

5 Roland de Pury, *Lettres d'Europe*, Genève, 2010, p. 239.

6 Willem-Adolf Visser't Hooft, *Le Temps du rassemblement. Mémoires*, Paris, 1975, p. 113-116.

7 La *Gleichschaltung* est la « mise au pas » voulue par Hitler dès février 1933.

au mois d'avril précédent pour écarter de la fonction publique les « non aryens » : son article s'intitule éloquemment « L'œcuménisme chrétien et le racisme hitlérien ». Le germaniste protestant Edmond Vermeil (1878-1964) effectue, grâce à une bourse de la Fondation Rockefeller, un voyage de recherche en Allemagne entre janvier et avril 1933 : il assiste à la prise de pouvoir d'Hitler et à l'incendie du Reichstag, observe le « ralliement honteux au nazisme d'universitaires, l'alliance de la haute bourgeoisie avec Hitler, l'espérance de la jeunesse pauvre dans un socialisme efficace et dans la dignité que confère le port de l'uniforme du Parti, ainsi que l'imitation par les nazis du régime soviétique[8] »... Fils de pasteur suisse, appelé à Paris par le pasteur Pierre Maury pour assurer la direction littéraire des éditions protestantes « Je Sers », Denis de Rougemont (1906-1985) obtient en octobre 1935 un poste de lecteur au Séminaire de langues romanes de l'université de Francfort. Il en rapporte un *Journal d'Allemagne* publié en 1938 :

> « Lorsque le Führer s'écria : Je ne puis vivre que si ma foi puissante dans le Peuple allemand est sans cesse renforcée par la foi et la confiance du Peuple en moi ! – un seul cri des masses confessant leur fidélité lui répondit. » Je n'oublierai plus ce « cri », cette clameur instantanée de 40 000 humains dressés d'un seul élan. « Une ère nouvelle commence ici... » [Et un peu plus loin, Rougemont note :] J'ai envoyé un récit du discours à des amis de France : copie des notes de ce journal. Je n'ai ajouté que ceci en conclusion : « Chrétiens, retournez aux catacombes ! Votre "religion" est vaincue, vos cérémonies modestes, vos petites assemblées, vos chants traînants, tout cela sera balayé. Il ne vous restera que la foi. Mais la vraie lutte commence là[9]. »

En plus de ces témoignages directs, les lecteurs protestants français bénéficient des traductions des textes issus de « l'Église confessante », c'est-à-dire du mouvement d'opposition au nazisme au sein des Églises protestantes allemandes. Roland de Pury, qui a suivi les cours du théologien Karl Barth à Bonn, reproduit en grande partie dans la revue *Foi et Vie* le manifeste que ce dernier publie contre les « Chrétiens allemands » intitulé *Theologische Existenz heute !* (*L'Existence théologique aujourd'hui !*). Le 24 juin 1933, le pasteur luthérien Friedrich von Bodelschwingh, élu un mois plus tôt évêque du Reich par les délégués des Églises provinciales protestantes contre le nazi Ludwig Müller, est contraint à la

8 Patrick Cabanel, *De la paix aux résistances*, Paris, 2015, p. 17.
9 Denis de Rougemont, *Journal d'Allemagne*, Paris, 1938, p. 49.

démission par le pouvoir nazi : dans la nuit même, Karl Barth écrit son pamphlet, vendu à 17 000 exemplaires en trois semaines. Il affirme que l'Église ne peut rester fidèle à son témoignage qu'en écoutant la Parole de Dieu : l'Église « annonce l'Évangile dans tous les pays du monde. Elle l'annonce aussi au sein du IIIe Reich, mais pas sous son autorité ni dans son esprit ». Dans son numéro de novembre-décembre 1933, *Foi et Vie* publie la conférence que vient de prononcer K. Barth à Berlin à l'occasion de la fête de la Réformation (« La Réforme : une suprême décision »).

Sont ensuite portées à la connaissance des protestants français : les 14 Thèses de l'Église réformée de Cologne contre l'application du *Führer-Prinzip* (principe du chef) et d'une hiérarchisation rigoureuse dans l'organisation ecclésiale[10] ; les 65 thèses rédigées par le pasteur allemand Heinrich Vogel (1902-1989) sous le titre « Croix et Croix gammée[11] ». Vogel élève une protestation « contre la religion naissante du national-socialisme », contre le mouvement des *Deutsche Christen*, qui tente de faire servir l'Église à des fins politiques, et affirme notamment :

> 10. Nous protestons contre toute confusion ou juxtaposition de la croix gammée et de la Croix.
>
> 61. Nous devons obéissance à l'autorité de notre État à moins qu'elle ne nous ordonne d'agir contre la Parole de Dieu.

Après une série de Synodes officieux réunis à partir de janvier 1934, les 139 délégués de l'Église confessante rassemblés dans un Synode général à Barmen (Rhénanie du Nord-Westphalie) adoptent le 31 mai 1934 une *Déclaration théologique* : ils rejettent notamment la « fausse doctrine » selon laquelle l'Église d'Allemagne pourrait devenir un « organe de l'État » et ils affirment qu'elle n'a d'autre fondement que la Parole de Dieu (art. 6 et 4). Le texte est aussitôt diffusé en France par *Foi et Vie.* Karl Barth, principal rédacteur de cette déclaration, s'impose comme l'une des figures de résistance au nazisme dans l'Église : son nom et son œuvre théologique deviennent, pour de nombreux jeunes pasteurs français, un point de repère. Barth vient d'ailleurs en France à quatre reprises au cours des années 1930. P. Maury et W. Visser't Hooft font paraître les premières traductions en français de ses textes. Les revues

10 *Foi et Vie* de juillet-août 1933, p. 619-622.

11 *Hic et Nunc* de juillet 1933, p. 122-127.

Foi et Vie et *Hic et Nunc* servent de relais à la pensée barthienne et de caisse de résonance à l'opposition au nazisme.

Enfin, les lecteurs protestants peuvent méditer les articles de fond que toutes les revues consacrent à l'Allemagne. Les historiens ont montré l'exceptionnelle attention et la lucidité des observateurs protestants[12]. Dès avril 1933, le pasteur Élie Gounelle se penche sur « l'aventure prodigieuse du racisme hitlérien » ; il se demande d'ailleurs, face à la militarisation de la jeunesse allemande, « si le désarmement que nous voulons est actuellement possible sans péril de mort pour les voisins du Führer ». La *Revue du christianisme social* multiplie dès lors les articles[13]. Les germanistes, qui scrutent l'évolution de la société allemande, offrent des analyses fouillées sur le danger que représente l'Allemagne nazie. L'historien d'origine réformée François Wendel (1905-1972), alors secrétaire général du Comité alsacien d'études et d'information et à ce titre observateur attentif de toute l'Europe, détaille à partir de 1934, dans une quinzaine d'articles, « Les conflits au sein des Églises allemandes ». Henri Lichtenberger, neveu du doyen de la Faculté de théologie protestante de Paris, professeur à la Sorbonne, met en garde contre le relèvement militaire allemand et la menace qu'il constitue pour la sécurité de l'Europe. Edmond Vermeil, professeur à l'Université de Strasbourg puis à la Sorbonne, explique en 1936 « La crise confessionnelle et religieuse dans l'Allemagne hitlérienne », puis « Les caractères essentiels et la genèse du nationalisme religieux en Allemagne ». Intellectuel engagé, E. Vermeil milite au sein du « Comité de vigilance des intellectuels antifascistes » et appartient à la « Freie Deutsche Universität », l'université allemande libre fondée en 1935 à Paris par des exilés. En 1937, il traduit en français dans la revue *Races et racisme*, dont il est l'un des co-fondateurs, le réquisitoire contre le régime hitlérien de l'écrivain Thomas Mann, Prix Nobel de littérature en 1929, qui vient d'être déchu de sa nationalité allemande et de son titre de docteur *honoris causa* de l'université de Bonn. E. Vermeil cherche, dans ses publications, à avertir le public français sur

12 Notamment Patrick Cabanel, *De la paix aux résistances*, Paris, 2015 ; Christa Stadler-Duris, *L'Allemagne vue à travers des périodiques protestants français (1933-1940)*, Thèse de doctorat, Université Paris X, 1994 ; Matthieu Arnold et Christian Krieger (éd.), *Chrétiens et Églises face au nazisme : entre adhésion et résistance*, Strasbourg, 2005.

13 À titre d'exemples, Patrick Cabanel dresse la liste des articles consacrés par la *Revue du christianisme social* et par *Foi et Vie* à la crise religieuse en Allemagne nazie (*De la paix aux résistances*, Paris, 2015, p. 341-344).

la réalité du nazisme : *Les Doctrinaires de la révolution allemande* (1938), *Hitler et le christianisme* (1939), *L'Allemagne. Essai d'explication* (1940). « Il est temps que, d'une rive à l'autre de l'Atlantique, s'unissent contre le danger commun qui les menace à la fois du dedans et du dehors, les fils de la démocratie », lance-t-il prophétiquement dans la préface de ce dernier livre d'avant-guerre.

La presse protestante française s'intéresse particulièrement au *Kirchenkampf*, le « combat des Églises » engendré par le nazisme, c'est-à-dire aux divisions provoquées au sein même des Églises allemandes. D'une revue à l'autre, les interprétations peuvent diverger. *Foi et Vie* souligne la nature théologique de ce conflit : les tentatives des *Deutsche Christen* de lier christianisme et national-socialisme sont perçues comme une nouvelle hérésie. *Le Christianisme au* XX*e siècle* ou la *Revue du christianisme social* insistent davantage sur la dimension ecclésio-politique de l'opposition entre les confessants et les *Deutsche Christen* : les confessants luttent d'abord contre les mesures imposées par le gouvernement nazi et ses représentants dans la hiérarchie ecclésiale. Alexandre Westphal, ancien professeur à la Faculté de théologie de Montauban, décrit « l'offensive du paganisme en Allemagne[14] ». Denis de Rougemont discerne dans le nazisme une « religion politique », un anti-christianisme : la fête hitlérienne du solstice d'été, à laquelle il assiste le 21 juin 1936 avec Emmanuel Mounier, est à ses yeux un véritable simulacre de la liturgie protestante…

Puis à partir de 1936, la presse se fait l'écho des « persécutions ». Après la publication dans la presse du mémorandum secret – mais rendu public par la presse occidentale – adressé en juin 1936 à la chancellerie du Reich pour dénoncer la déchristianisation et l'antisémitisme, l'Église confessante connaît son premier martyr : Friedrich Weissler, juriste, directeur administratif de l'Église confessante de Prusse, juif converti au protestantisme, est emprisonné et tué le 19 février 1937 au camp de concentration de Sachsenhausen. Les protestants français découvrent « le courage et le martyre du pasteur Paul Schneider dans le camp de Buchenwald[15] » : arrêté en 1937, torturé, il est assassiné le 18 juillet 1939 par injection mortelle. Le nombre de pasteurs allemands incarcérés

---

14 *Le Christianisme au* XX*e siècle*, 13 décembre 1934, p. 645-646.

15 Article publié dans le journal régional *Semailles* (novembre 1939), puis dans *La Vie protestante*.

à la fin de l'année 1937 s'élèverait, selon *Le Christianisme au XXe siècle*, à 141. Le plus connu d'entre eux est Martin Niemöller : initiateur de l'opposition au « paragraphe aryen » condamné en mars 1938 à sept mois de prison pour « abus de chaire » et collectes faites dans son église, il est libéré par le tribunal en raison de la détention préventive qu'il a déjà accompli ; mais la Gestapo l'appréhende aussitôt et l'envoie au camp de Sachsenhausen, puis de Dachau où il a le statut de prisonnier personnel du Führer. Les cinq co-présidents du Conseil Œcuménique des Églises, dont le pasteur Marc Boegner, envoient un télégramme de protestation à Hitler pour solliciter la libération immédiate de Niemöller ; et le pasteur Boegner exprime auprès de l'ambassadeur d'Allemagne à Paris son émotion et son anxiété. *Foi et Vie* publie le dernier sermon prononcé par Niemöller avant son arrestation. En traduisant pour le public francophone l'ouvrage intitulé *Martin Niemöller, le témoignage d'un pasteur sous la Croix*[16], le pasteur suisse Émile Marion en souligne la portée : « Il est un appel, une question posée à tous ceux qui se disent chrétiens, à l'Église chrétienne tout entière, en même temps qu'un solennel avertissement. » Ces informations retiennent probablement d'autant plus l'attention des protestants français qu'elles ravivent les vieux souvenirs huguenots, des « aïeux » qui surent résister au pouvoir royal au nom de leur foi.

> Je ne crois pas du tout que les chrétiens auraient pu résister, comme ils l'ont fait en France, s'ils n'avaient pas été alertés depuis plusieurs années par le combat de l'Église confessante en Allemagne, estime le pasteur Roland de Pury. Grâce à Barth et aux premiers martyres de la BK [*Bekennende Kirche* / Église confessante] nous savions bien avant la guerre à quoi nous avions à faire. La route était éclairée[17].

À l'été 1938, le pasteur Jules Jézéquel et Emmanuel Mounier, directeur de la revue *Esprit*, préfacent une brochure intitulée *Les Églises chrétiennes dans le IIIe Reich*, éditée par le Comité mondial contre la guerre et le fascisme. Les lecteurs français y découvrent que les persécutions nazies ne s'arrêtent pas aux frontières confessionnelles ; la résistance au nazisme rapproche d'ailleurs des protestants et des catholiques : l'évêque catholique

16 Éditions Labor (Genève) et Je sers (Paris), 1938.

17 Roland de Pury, texte inédit cité dans Pierre-Yves Kirschleger (éd.), *Roland de Pury (1907-1979), un théologien protestant non conformiste en son siècle*, Lyon, 2008, p. 19-20.

de Berlin, Monseigneur von Preysing, a invité ses fidèles à la prière pour les pasteurs en prison, rapporte *Le Christianisme au XXe siècle*[18]. On peut ajouter à cette longue liste de publications le succès du « roman » *Le village sur la montagne*. Traduit de l'allemand en 1939, il dresse, comme l'indique son sous-titre, « le tableau de l'Église fidèle sous le régime nazi ». Le roman a beaucoup circulé, dans les paroisses comme dans les mouvements de jeunesse. « Pour beaucoup d'entre nous, se souvient le pasteur Aimé Bonifas, la lecture de cet ouvrage a contribué à éclairer la perversité du nazisme et à conforter notre conviction qu'il fallait lui résister absolument[19]. » Si tout le monde n'a bien sûr pas la même prise de conscience des dangers du nazisme, les esprits ont en tout cas été alertés. « On peut donc penser, conclut Patrick Cabanel, que les protestants français, jusque dans le tréfonds des zones rurales, étaient informés – on n'ose dire : préparés[20]. »

Pour autant, la connaissance ne définit pas une ligne politique. Alors que les tensions internationales s'accroissent, l'opinion française est largement pacifiste, et les protestants également. Entre 1936 et 1939, quatre États (l'Éthiopie, l'Autriche, la Tchécoslovaquie et l'Albanie) perdent leur indépendance sans qu'aucune démocratie libérale européenne n'intervienne : entre le règlement des tensions par les armes et le règlement par la diplomatie, les opinions publiques n'hésitent guère. Lorsque Hitler réclame le territoire tchécoslovaque sur lequel vit la minorité germanophone des Sudètes, restés très attachés à leur originalité ethnique et linguistique depuis le démembrement de l'Autriche-Hongrie en 1918, le premier ministre britannique propose une conférence internationale, qui se tient à Munich les 29 et 30 septembre 1938. Dès le dimanche 18 septembre, le pasteur Boegner affirme au temple de Paris-Passy : « Je connais suffisamment les chrétiens protestants français pour être assuré que [...] dans toutes leurs paroisses ils se sont unis en une ardente intercession pour la paix de l'Europe et du monde » ; le 22 septembre, assisté du révérend Wade, chapelain de l'ambassade britannique, il célèbre un culte d'intercession pour la paix au temple parisien de l'Étoile. Le 28 septembre, un groupe de pasteurs adressent un « Appel en faveur de

18 12 août 1937, p. 395.

19 Aimé Bonifas, « Le pasteur Paul Schneider : une noble figure de la Résistance allemande », *Mémoires de l'Académie de Nîmes*, Nîmes, 1987, p. 23.

20 Patrick Cabanel, *De la paix aux résistances*, Paris, 2015, p. 55.

la paix » à leurs collègues. Le 29 septembre, lors d'une allocution sur les ondes de Radio-Paris, Marc Boegner rend grâces à Dieu : « Au cours de ces journées, où nous avons vu nos peuples à l'extrême bord de l'abîme, la puissance de l'Évangile s'est dressée en face de la violence orgueilleuse et brutale avec une énergie confiante et tenace »... Aux termes des accords de Munich, Hitler obtient tous les territoires qu'il revendique et les puissances signataires (France, Royaume-Uni, Italie et Allemagne) s'engagent à garantir les frontières redessinées de la Tchécoslovaquie. Le dimanche suivant, comme le fait l'archevêque de Paris, le cardinal Verdier, la Fédération protestante de France organise un service solennel d'action de grâce au temple de l'Oratoire[21]. « L'angoisse qui étreignait tous les cœurs fait place à un immense soulagement », écrit Charles Corbière dans l'éditorial du *Christianisme au XXe siècle* du 13 octobre. Le pasteur Boegner ose même employer le terme de « miracle » : « Dans la crise tragique que nous venons de vivre, Dieu a répondu aux prières de son Église par un miracle de jugement et de miséricorde », écrit-il dans un message adressé aux pasteurs allemands le 2 octobre.

Le pacifisme, largement répandu, commence cependant à être remis en cause. Lorsqu'il apprend en avril 1934 la création d'une caisse de secours pour les objecteurs de conscience, le protestant Georges Tournier, maire de Mazamet, écrit à ses promoteurs : « Ce n'est pas à des Français que vous devez adresser votre appel, mais au-delà du Rhin, où le Troisième Reich, qui a de l'argent pour son réarmement et sa propagande, ne demandera pas mieux, en vous subventionnant, que de travailler à la démoralisation de la France. » Au printemps 1938, le mouvement *La paix par le Droit* fête son cinquantième anniversaire à Nîmes, ville où il fut fondé ; son président, Théodore Ruyssen, dénonce les pacifistes qui sont prêts à tous les abandons. Au lendemain des accords de Munich, il fustige une « paix hors du droit ». Au sein du mouvement du christianisme social, les avis divergent également : si le pasteur Georges Fayot estime, dans *Le Foyer protestant*, que les accords sont la seule solution pour éviter un conflit armé, le pasteur Élie Gounelle y voit une paix « amère », « cruelle », et « honteuse, finalement, en dépit du soulagement

21 Sur la Fédération protestante face aux périls et pendant la guerre, voir Yves Parrend, *Histoire de la Fédération protestante de France (1905-1991) à travers les Actes des Assemblées générales*, Thèse de doctorat, Université de Strasbourg (ED de théologie et sciences religieuses), 2019, 3e partie, p. 250-343.

qu'elle a procuré au monde », qui prélude à l'acceptation de « la mise en croix gammée » programmée de la patrie. En raison de leurs divisions, les Églises réformées ne peuvent donc pas prendre position sur le fond[22]. Si les uns trouvent légitime le retour des Sudètes à l'Allemagne, les autres s'insurgent de la pression nazie et du manque de réaction des démocraties occidentales face à la politique hégémonique d'Hitler...

En revanche les Églises parviennent à se mettre d'accord sur le soutien aux protestants tchèques. Les protestants français associent dans leurs prières « le peuple qui a payé de sa chair la rançon de notre délivrance » : « Quelle que soit notre opinion sur le drame tchécoslovaque, affirme Marc Boegner lors de la séance du 29 novembre 1938 du Conseil de la Fédération protestante de France, il est incontestable qu'il y a dans ce pays de très grandes souffrances. » Dès le 11 octobre, la Fédération protestante envoie un message de fraternelle sympathie aux Églises protestantes de Tchécoslovaquie qui « par l'acceptation des plus douloureux sacrifices, [ont] rendu possible la sauvegarde de la paix », et appelle les protestants français à répondre généreusement aux sollicitations de la Croix-Rouge en faveur des Tchèques déplacés. Un culte est célébré à l'occasion du vingtième anniversaire de la naissance de la République tchèque, à l'église luthérienne Saint-Jean à Paris : la prédication y est donnée en langue tchèque par le pasteur Simovec, de la Mission protestante tchécoslovaque en France, avant que Marc Boegner n'évoque la mémoire d'Ernest Denis, historien de la Bohême et l'un des « pères fondateurs » de la Tchécoslovaquie. Lors de son premier Synode national en décembre 1938, la nouvelle É.R.F. exprime toute sa sympathie aux « Églises éprouvées et particulièrement aux Églises de Tchécoslovaquie » ; elle demande surtout que soit étudiée la possibilité d'accueillir les pasteurs étrangers « sans poste par suite du désarroi actuel et de la persécution, s'ils ont passé par une faculté de langue française et connaissent notre langue ».

Le 15 mars 1939, en violation des accords de Munich, Hitler achève de démanteler la Tchécoslovaquie, en envahissant la Bohême et la Moravie et en y établissant un protectorat. Le lendemain, lors de la conférence de Carême qu'il prononce au temple de Paris-Passy, Marc Boegner aborde le thème de « L'Évangile et [du] racisme » : il dénonce « une tentative de

22 Roger Mehl, « L'opinion protestante en France et l'événement de Munich », dans *Les Protestants français pendant la seconde guerre mondiale*, Paris, 1994, p. 138-144.

subversion idéologique de toutes les valeurs chrétiennes » plus dangereuse qu'un athéisme avoué et proteste par anticipation contre les « nouvelles détresses que vont subir protestants, catholiques et juifs dans l'État, notre allié de jadis, qui vient de mourir ». La Fédération protestante participe, avec l'archevêque de Paris, au Comité central d'accueil en France pour les réfugiés tchécoslovaques. Les pasteurs Marc Boegner et Pierre Maury cherchent à sauver le théologien Josef Lukl Hromádka (1889-1969), professeur à la Faculté de théologie évangélique de Prague et visé par le nazisme : ce dernier trouve finalement refuge aux États-Unis. La lettre que Karl Barth a adressée le 19 septembre 1938 à son ami Hromádka fait d'ailleurs grand bruit : largement diffusée dans toute l'Europe et publiée dans son intégralité en français dans *Foi et Vie*, elle incite à la résistance armée contre l'Allemagne comme ultime recours : « Tout soldat tchèque qui combattra alors et souffrira, le fera aussi pour nous – et je le dis aujourd'hui sans réserve, il le fera aussi pour l'Église de Jésus-Christ qui, dans l'atmosphère des Hitler et des Mussolini, ne peut que succomber au ridicule ou à l'extermination. »

Ainsi comprend-on mieux pourquoi la seule prise de position claire et ferme contre les accords de Munich vient des jeunes barthiens, dans la revue des étudiants *Le Semeur*, sous la plume de Suzanne de Diétrich. Le déferlement de cultes d'actions de grâce la met mal à l'aise : « Nous n'avons eu ni le courage de la paix (1920-1933), ni celui de la guerre (1933-1938). Nous avons méconnu la doctrine chrétienne fondamentale qui veut qu'il n'y ait de paix que dans la justice », écrit-elle en novembre 1938.

Le dépècement de la Tchécoslovaquie révèle la faiblesse du barrage diplomatique érigé par la France et le Royaume-Uni. L'Italie profite de la dynamique en cours pour envahir l'Albanie en avril 1939 ; Hitler revendique le retour de Dantzig à l'Allemagne et l'établissement de corridors traversant la Pologne pour relier la Prusse orientale. L'épreuve de force avec les démocraties semble se rapprocher inexorablement. Dans ce contexte, les Églises cherchent à préserver l'unité des esprits. Lors de son Synode national de Bordeaux (mai 1939), l'É.R.F. s'inquiète de voir « l'homme, livré à sa folie et à son péché, travaille[r] à ruiner de ses propres mains les conditions essentielles de son bonheur et de son existence même » ; elle adresse donc un message au Président de la République, « gardien vigilant de la moralité de l'État et de la nation », et loue ses

« efforts persévérants pour fortifier l'union de tous les Français dans la subordination de leurs opinions et de leurs intérêts particuliers aux grands devoirs qu'impose à la France sa volonté de servir efficacement la paix du monde ». Aux Églises locales, elle demande « dans les jours difficiles, de vivre fidèlement la vie chrétienne dans ses plus modestes devoirs de la vie quotidienne ».

Réuni à Saint-Germain-en-Laye en février 1939, le comité provisoire du Conseil Œcuménique des Églises exprime le vœu de voir, en cas de guerre, maintenus les rapports entre les Églises. « Si la guerre éclate, l'Église doit avant tout manifester qu'elle est l'Église toujours unie comme corps du Christ, même si les nations dans lesquelles elles sont implantées se combattent », affirmait-on déjà dans les grandes conférences internationales de 1937[23]. Une conférence mondiale de la jeunesse se tient à Amsterdam en juillet 1939, réunissant 1 500 jeunes des Unions chrétiennes de jeunes gens et de jeunes filles, de la « Fédé » étudiante et de la Commission de la jeunesse du COE, autour de l'Américain John Mott et de la bibliste française Suzanne de Diétrich. Le message de la conférence apporte un peu de réconfort dans un climat menaçant : « Les nations et les peuples vont se séparant, les Églises vont se rapprochant. »

Mais la guerre est plus proche encore que ce que l'on croit : elle éclate lorsque l'Allemagne nazie, en violation des traités, envahit la Pologne le 1er septembre 1939.

DANS LA TOURMENTE DE LA GUERRE

Le gouvernement français condamne aussitôt cette agression et demande le retrait des forces allemandes de la Pologne : la T.S.F. annonce la mobilisation générale et l'instauration de l'état de siège. Et le dimanche 3 septembre 1939, la France déclare la guerre à l'Allemagne.

Commence alors la « drôle de guerre », selon l'expression consacrée, utilisée pour dénommer la première étape de la guerre, jusqu'à l'offensive allemande de mai 1940. Employé dès le mois d'octobre 1939 par les écrivains Roland Dorgelès et Henri Pourrat, le terme de « drôle de guerre » traduit une forme de désappointement vis-à-vis de la stratégie défensive choisie par les Alliés, notamment pour consolider leur armement. Elle est de ce fait souvent comprise aujourd'hui comme une « non guerre »

23 W. A. Visser't Hooft, *Le Temps du rassemblement. Mémoires*, Paris, 1975, p. 100.

– ce qui est faux. S'il n'y a pas d'opérations militaires d'envergure, les combats aériens sont presque quotidiens, les escarmouches nombreuses, et près de 2 000 soldats français périssent durant cette période. L'entrée en guerre entraîne surtout la mobilisation de près de 5 millions d'hommes, et les premiers déplacements de population. C'est par ces deux aspects que l'É.R.F. est d'abord touchée.

Les autorités militaires ont en effet esquissé une « zone rouge » le long des frontières, et préparé un plan d'évacuation qui est exécuté dès les premiers jours de septembre 1939. Elles ont d'ailleurs encouragé, dès la fin du mois d'août, les personnes qui le pouvaient à partir en profitant de la facilité des transports. L'ordre d'évacuation des « zones rouges » est apporté par les gendarmes, diffusé par voie d'affiche et annoncé par le tocsin. Les convois s'organisent, les populations doivent tout abandonner car chacun n'a droit qu'à 30 kg de bagages ; les pasteurs emportent leurs archives, les registres paroissiaux et les Bibles. L'évacuation des communes de Moselle situées en avant de la ligne Maginot commence dans les heures suivant la réception de l'ordre d'exécution. Une grande partie de la population urbaine de la Meuse est évacuée vers la Charente-Inférieure. Un tiers de la population alsacienne (400 000 personnes environ) prend la direction du Sud de la France ; la ville de Strasbourg est entièrement vidée de ses 190 000 habitants en moins de 24 heures. Le plan prévoit le repli vers des départements dits de correspondance, dans le Sud-Ouest : les habitants du Bas-Rhin sont orientés vers la Dordogne (dont environ 60 000 Strasbourgeois), la Haute-Vienne et l'Indre ; ceux du Haut-Rhin sont évacués vers le Gers, la Haute-Garonne et les Landes. La ville de Strasbourg se replie à Périgueux, mais l'Université part à Clermont-Ferrand et les diaconesses aux asiles John-Bost à La Force (Dordogne).

Ailleurs, dans les grandes villes, on redoute les bombardements allemands : 500 000 Parisiens quittent spontanément la capitale. Ces évacuations conduisent donc à la dispersion d'une partie importante de la population protestante. L'école du Dimanche de la paroisse parisienne de Passy par exemple ne comprend plus que 25 enfants, au lieu des 325 qui la fréquentaient avant le déclenchement de la guerre…

Les problèmes, notamment religieux, créés par ce vaste mouvement de déplacement de population sont nombreux. Les fidèles se retrouvent souvent isolés, à la campagne, loin de toute paroisse protestante. En effet, les départements d'arrivée n'ont souvent aucune structure ecclésiale pour les accueillir : le Gers, les Landes et l'Indre sont des « déserts » protestants, sans poste pastoral ; seule la vallée de la Dordogne fait exception. À la fin du mois de septembre 1939, la Haute-Vienne accueille ainsi 12 000 protestants venus d'Alsace du Nord, répartis dans au moins 75 communes, et pour les encadrer seulement 10 pasteurs, dont 3 réformés. La Librairie de la Société évangélique de Strasbourg rouvre à Périgueux, pour fournir des lectures aux Alsaciens réfugiés qui ont des difficultés avec des livres en français. Des bibliothèques de paroisses sont organisées dans le même but, et un crédit exceptionnel est débloqué par l'Office d'information des évacués d'Alsace pour offrir des almanachs « afin de donner une bonne et saine lecture pendant les mois d'hiver ». Le Ministère de l'Intérieur autorise les pasteurs alsaciens concordataires évacués à se mettre au service de l'Église réformée de France, séparée de l'État : le pasteur André Boegner, frère du président Marc Boegner, dont la paroisse Saint-Paul de Strasbourg est dispersée à travers la France, est ainsi chargé de desservir l'Église réformée de Montélimar (Drôme).

Les évêques refusent aux pasteurs l'accès aux églises catholiques, alors même que certains curés avaient prêté leur église de bon cœur. Les pasteurs alsaciens sont d'autant plus choqués par cette attitude que nombre d'entre eux sont habitués à la pratique du *simultaneum*, c'est-à-dire d'une utilisation partagée avec les catholiques du lieu de culte de leur village. Le culte se fait alors dans des foyers paroissiaux ou dans des presbytères catholiques lorsque le curé le propose, dans une salle de la mairie ou de l'école, mais aussi dans une salle de bal, une cantine, une étable, une salle de ferme, sous un préau, ou dans tout autre local disponible et prêté. Les familles ont abandonné leurs biens et leurs maisons ; arrachées à leur milieu habituel, elles sont confrontées à des conditions de vie souvent précaires, dans des logements de fortune, et doivent s'adapter à un environnement culturel bien différent. L'usage du dialecte alsacien éveille la méfiance des populations locales, d'autant que l'enseignement religieux des jeunes Alsaciens se fait le plus souvent en langue allemande. L'adaptation des usages concordataires est une autre source de complication : par décret, le statut des ecclésiastiques alsaciens est maintenu, mais comment les pasteurs peuvent-ils assurer la desserte d'une « paroisse » disloquée, extrêmement vaste, sans structures et sans temple ? Comment maintenir l'instruction religieuse, obligatoire dans l'enseignement public alsacien ? Lorsque les effectifs le permettent et que des maîtres alsaciens sont disponibles, des classes spéciales sont ouvertes ; mais lorsque les enfants évacués sont trop peu nombreux, ils fréquentent les établissements existants. Charles Altorffer, ancien pasteur et Directeur des cultes en Alsace-Moselle depuis 1929, nommé à ce titre directeur des réfugiés d'Alsace et de Lorraine à Périgueux, se souvient de ce village où « l'une des institutrices, Mademoiselle Billecard, de Besançon, catholique elle-même, me proposa d'assurer l'enseignement religieux des enfants protestants, si je lui fournissais un plan de travail et un peu de littérature » ; il réussit par ailleurs à réunir « une somme assez rondelette, qui me permit d'organiser un Noël avec *Christkindel* [marché de Noël] là où les conceptions "laïques" de certains instituteurs ne permettaient pas la célébration d'une vraie fête de Noël alsacien. On ne croirait pas ce que le "laïcisme" de certains m'a donné de mal[24] ». La tradition anticléricale et libre-penseuse d'une région comme le Limousin est en effet bousculée par l'apparition des cultes protestants, avec Bibles en allemand, portraits de Luther, pasteurs mariés et pères de famille… Le jeune Fernand Klethi, réfugié avec sa famille dans le village d'Eymet, en Dordogne, témoigne de la nostalgie qui entoure alors le premier Noël déraciné : « Cette année-là [1939], Noël, pourtant célébré à l'église d'Eymet, et malgré le petit avion à remonter que j'ai reçu, n'est pas un jour de joie. Un souvenir positif me reste cependant : le pasteur nous raconte la légende du sapin de Noël qui trouve son origine en Alsace[25]. »

Une solidarité se met très vite en place : les protestants restés en Alsace envoient des dons en nature, expédiés par wagons dès novembre 1939 ; ils envoient également des Bibles, des Nouveaux testaments, des livres et des calendriers. Des collectes en argent sont aussi organisées : la quête de la Fête de la Réformation du 29 octobre 1939 par exemple est destinée « à nos paroisses évacuées ». Les secours viennent de Suisse, et bien sûr, de la France de l'intérieur : les réformés tentent de faire le meilleur accueil à leurs frères luthériens. Si les autorités de l'Église luthérienne d'Alsace-Lorraine (É.C.A.A.L.) recommandent à leurs fidèles

24 Charles Altorffer, « Au service des réfugiés alsaciens dans le Sud-Ouest (1939-1945) », *L'Outre-forêt*, Cercle d'histoire et d'archéologie de l'Alsace du Nord, 1987, n° 68.

25 Fernand Klethi, *Mon enfance en Alsace annexée*, Fiches pédagogiques du Mémorial de l'Alsace-Moselle.

d'attendre le retour en Alsace pour faire confirmer leurs enfants selon les rites traditionnels, en bien des endroits luthériens et réformés apprennent à vivre leur foi ensemble.

En Dordogne, des jeunes filles des mouvements d'éclaireuses et des étudiantes s'engagent en faveur des évacués. Des pasteurs sont détachés en province pour leur venir en aide. Mais l'initiative la plus importante est celle que prend Suzanne de Diétrich, vice-présidente de la Fédération Universelle des Étudiants chrétiens et elle-même d'origine alsacienne, lorsqu'elle lance au début du mois de septembre 1939 un appel à coordonner les efforts : « Les évacués alsaciens sont particulièrement mal accueillis dans le Sud-Ouest, écrit-elle. Ils sont souvent protestants dans des villages catholiques. Il faut être présents auprès d'eux. » En octobre 1939, les dirigeants du « Comité Inter-Mouvements de jeunesse » (CIM), qui regroupe les éclaireurs et éclaireuses unionistes, les Unions chrétiennes de jeunes gens et de jeunes filles et la « Fédé » étudiante, décident de créer la CIMADE (Comité inter-mouvements auprès des évacués). Des équipes de travail social sont constituées pour apporter une aide concrète aux réfugiés, dans un souci évangélique. Le but du comité est « par le moyen des différents mouvements de jeunesse et d'inspiration protestante, de témoigner de l'Évangile auprès de la jeunesse française éprouvée par la guerre et de lui venir en aide sur le plan moral, social et éducatif ». Les jeunes hommes étant alors mobilisés sous les drapeaux, la CIMADE est de fait une œuvre essentiellement féminine : sa présidente est Violette Mouchon, commissaire nationale des éclaireuses ; la première « équipe », constituée à Périgueux, se compose d'un binôme féminin, Georgette Siegrist et Blanchette Momméja, secrétaire nationale des Unions chrétiennes de jeunes filles. Au début de l'année 1940, la CIMADE emploie dix équipières, dans les deux départements de la Haute-Vienne et de la Dordogne : elles visitent les villages de leur secteur cinq jours par semaine, à bicyclette ou en voiture. « Les activités avec les enfants sont : écoles du dimanche, catéchisme, classe de religion quand il n'y a pas de classe alsacienne ou pas d'institutrice alsacienne protestante… Il y a aussi des réunions de femmes, avec travaux manuels, lecture à haute voix et culte. La présence de ces équipes permet en outre un travail d'évangélisation auprès des populations autochtones », raconte V. Mouchon[26].

26 Violette Mouchon, « La CIMADE : sa naissance, son baptême », *Au fil des jours*, Bulletin interne d'information de la CIMADE, mars 1962, n° 21.

Le Synode national de 1940 de l'É.R.F. s'inquiète également du sort des « milliers de protestants, aryens et non aryens, [qui] sont internés dans des centres de rassemblement ». Dès le mois de septembre 1939 en effet, le gouvernement a ouvert des centres spéciaux pour regrouper tous les étrangers de sexe masculin, âgés de 17 à 65 ans, ressortissant de territoires appartenant à l'ennemi (Sarrois, Allemands, Autrichiens). Certains pasteurs sont autorisés à y célébrer des cultes, et la CIMADE peut y intervenir à partir de la fin de l'année 1940.

Le second défi majeur que doit affronter l'É.R.F. est la mobilisation militaire d'un grand nombre de ses membres les plus actifs et de ses cadres (pasteurs, présidents de conseils presbytéraux, trésoriers…), qui désorganise ses rouages. Les pasteurs, s'ils sont âgés entre 20 et 40 ans, sont mobilisés, comme lors de la Première Guerre mondiale : dès septembre 1939, 201 pasteurs (sur 500) doivent rejoindre les armées. Par ailleurs, les 27 pasteurs de nationalité suisse doivent regagner leur pays. En fonction des régions, l'impact est plus ou moins important : 42 % des pasteurs de la région Nord, la plus touchée, partent sous l'uniforme. Les directeurs des revues *Foi et Vie* (le pasteur Pierre Maury) et *Le Semeur* (le pasteur Jean Bosc), mobilisés, abandonnent leur charge et sont remplacés par le pasteur Charles Westphal (1896-1972), blessé durant la Première Guerre mondiale et réformé. Au cours de l'hiver 1939, un certain nombre de pasteurs sont retirés du front, mais ils sont encore 157 à être mobilisés en janvier 1940. Les pasteurs retraités sont bien sûr sollicités pour reprendre du service et pallier l'absence de leurs collègues, tout comme les épouses de pasteur. En avril 1940, le pasteur Boegner demande d'ailleurs à Georgette Siegrist de préparer une note sur le travail des équipières de la CIMADE, qui pourrait préfigurer les futurs « ministères féminins », mais la défaite et ses conséquences vont reporter de plusieurs années les débats sur la place des femmes.

Parallèlement, une « Église protestante aux armées » se met en place, conformément aux décrets de 1935 et 1936. 66 aumôniers protestants sont nommés, et le pasteur Daniel Monod devient l'aumônier du Grand Quartier Général. Mais, comme l'a montré l'historien Xavier Boniface[27], l'aumônerie souffre d'un manque d'effectifs et d'une direction éclatée en plusieurs têtes. 75 000 protestants environ sont mobilisés dans les

27 Xavier Boniface, *L'Aumônerie militaire française (1914-1962)*, Paris, 2001, p. 229-252.

armées, mais la majorité d'entre eux sont isolés dans leurs unités, faute d'aumôniers en nombre suffisant. De plus, la plupart restent tout simplement ignorés en tant que coreligionnaires : seuls 22 000 soldats ont été répertoriés comme protestants par les aumôniers. L'aumônerie connaît surtout des difficultés d'organisation, en raison d'une double direction : celle de la Commission des aumôniers de la Fédération protestante d'une part, celle du bureau du pasteur Monod d'autre part. Le pasteur Boegner prend soin de rencontrer chaque semaine Daniel Monod pour assurer une coordination. Mais en mars 1940, le président de la Commission des aumôniers, le général Brécard, démissionne : il doit en effet délivrer les agréments aux pasteurs qui souhaitent servir en tant qu'aumôniers, suite à une décision du Synode national de l'É.R.F. se déchargeant de cette tâche sur la Commission des aumôniers ; or Charles Brécard s'estime incapable de juger de la valeur personnelle des candidats. Le pasteur Boegner accepte alors de prendre la tête de la Commission et conserve le général Brécard comme adjoint.

Le nombre d'aumôniers augmente à 85 en mai 1940, auxquels s'ajoutent 13 pasteurs dans la marine. Les aumôniers de la campagne précédente, s'ils n'ont pas atteint la limite d'âge de 58 ans, sont reconduits, comme le pasteur Paul Schmidt ; mais la Commission agrée surtout des pasteurs plus jeunes, âgés de la quarantaine, car le travail est éprouvant et certains aumôniers, fatigués, demandent à être relevés.

En raison des risques d'invasion allemande, l'É.R.F. décide, comme nombre d'institutions, de mettre son administration centrale à l'abri, loin de la capitale. Tous les services de l'É.R.F. sont transférés au premier jour des hostilités à Nieul-sur-Mer (en Charente-Inférieure), dans la propriété du colonel Vieljeux, maire de la Rochelle ; leur direction exécutive est confiée au vice-président de l'É.R.F., le pasteur Maurice Rohr, assisté du secrétaire général, le pasteur François Méjan. Seul le président de l'É.R.F., Marc Boegner, reste à Paris, où il continue à assurer les émissions radiodiffusées du jeudi, auxquelles s'ajoute depuis le début de la guerre le culte célébré chaque dimanche au poste privé de Radio-37.

Les circonstances incitent l'É.R.F. à modifier également son fonctionnement : la tenue du Synode national est avancée dès la fin du mois de février 1940 et, en raison des difficultés diverses, notamment de circulation, les délégations y sont réduites de moitié. Les événements suscitent une première entorse au fonctionnement démocratique normal de l'É.R.F. : le mandat du Conseil national est prolongé sans élection.

Le Synode national adresse d'abord un message au Président du Conseil des ministres, Édouard Daladier : « Dans vos efforts pour préparer l'avènement d'une Europe pacifiée où la liberté dans la justice l'emportera définitivement sur l'esprit de domination et de violence, tous les protestants français vous soutiendront de leur confiance et de leurs prières. » Une façon de dire que l'Église respecte l'État et ses institutions, à condition de ne pas violer la loi de Dieu. Le Synode rédige ensuite, à destination des membres de l'Église mobilisés, un message plein de sollicitude, d'espérance et de solennité : « Les promesses de Dieu sont certaines. Ceux qui sèment avec larmes moissonneront avec chants de triomphe. Que Dieu retrempe dans l'épreuve notre consécration à Son Service. »

Le spectre de la guerre s'étend : le 30 novembre 1939, la Finlande est envahie par l'URSS, et les protestants français se sentent particulièrement concernés par le sort du peuple luthérien finlandais :

> Et ce petit peuple exclusivement luthérien (97 % dit-on), ce petit peuple qui ne veut pas renier sa foi, pas plus que ne l'ont voulu jadis les Cévenols, ce petit peuple hier paisible, si pacifiste mais qui ne veut pas devenir Sans Dieu, nous montre quel ressort, quelle vaillance peut donner aux hommes une formation vraiment chrétienne et singulièrement une formation protestante[28]…

Le pasteur Boegner envoie à l'archevêque Kaila, chef de l'Église luthérienne de Finlande, un message de fraternelle sympathie de la part des Églises protestantes de France. « La moitié des habitants de l'Europe n'ont plus le droit de penser librement et de servir Dieu comme ils l'entendent », s'alarme le Synode national de l'É.R.F., qui appelle à se préparer « pour résister à d'abominables entreprises d'asservissement ». Les protestants se disent « prêts à une guerre plus atroce peut-être que celle de 1914-1918 » !

Mais au-delà des avertissements généraux, le Synode national doit penser la guerre. La guerre et ses souffrances sont « une épreuve pour votre foi ». Le conflit est une mise à l'épreuve de la théologie : « C'est l'efficacité de son Évangile de pardon et d'amour qui est mise en question. Nous avons assisté, muets, étourdis, aux assauts de la puissance

28 Extrait du journal régional *Semailles*, février 1940, cité par Patrick Cabanel, *Nous devions le faire, nous l'avons fait. Cévennes, l'histoire d'une terre de refuge*, Nîmes, 2018, p. 60.

démoniaque », et parmi les raisons profondes de la guerre, le Synode national discerne le culte du moi, la religion du progrès, la tyrannie de Mammon, les idoles de la race et de la nation… autant d'éléments à l'origine de la ruine d'une civilisation déchristianisée. Dans cette chute généralisée, le Synode national s'inquiète plus particulièrement pour l'avenir du protestantisme « si notre jeunesse masculine devait être fauchée, une fois de plus, par la guerre ».

Face au nazisme, le Synode national affirme surtout qu'il faut « résister à la violence par les armes ». En quelques mots, le Synode balaie ainsi plusieurs décennies d'engagement protestant pacifiste… « Quel ébranlement pour la foi de plusieurs », reconnaissent les délégués du Synode national, mais l'É.R.F. a entendu l'appel de Karl Barth dans sa *Lettre ouverte aux protestants français*. Écrite en décembre 1939 à la demande de Charles Westphal, cette lettre est traduite en français et publiée dans le numéro de janvier-février 1940 de la revue *Foi et Vie*, mais elle est alors largement censurée : la version d'origine circule clandestinement, avant que la levée de la censure par Daladier ne permette une nouvelle publication de la lettre, intégrale cette fois, dans la revue *Esprit* en avril 1940 et dans *Foi et Vie* en mai-juin 1940. Le grand théologien, expulsé d'Allemagne par le nazisme et réfugié à Bâle (Suisse), appelle ses lecteurs, français mais aussi européens puisque la lettre est aussitôt traduite en hollandais, en anglais, en italien, en espagnol et en russe, à ne pas capituler devant « la Bête de l'Abîme » :

> Il serait regrettable que les Églises chrétiennes, après avoir, dans les guerres précédentes, adopté si légèrement une attitude nationaliste et militariste, prennent maintenant et tout aussi légèrement une attitude neutre et pacifiste. En toute humilité, sans phrases, elles prieront aujourd'hui pour une paix *juste*, elles affirmeront à tous les peuples qu'il vaut la peine de combattre et de souffrir pour une telle paix.

Constatant l'insuffisance du pacifisme face au totalitarisme, les figures du pacifisme absolu, de l'objection de conscience des années 1930 comme Jacques Martin, Henri Roser ou André Trocmé, basculent eux aussi vers une posture de résistance. Le pasteur Élie Gounelle illustre cette rupture au sein du christianisme social également : en 1940, il va jusqu'à écrire que le droit à la résistance face à l'État totalitaire est « divin ». Si la théologie et l'attitude de Barth ont donc joué un rôle majeur, des courants théologiques différents (libéralisme, christianisme social, calvinisme…) ont puisé dans leur spécificité respective les ressources pour soutenir une attitude de résistance.

L'É.R.F. incite ses fidèles, en cette période de drôle de guerre, à se tenir prêts et à puiser l'énergie nécessaire dans les valeurs du christianisme. « L'heure de la mobilisation sonne aussi pour nos paroisses. Y aurait-il parmi vous un seul cœur aimant Jésus-Christ qui consentît à être déserteur de l'Église ? »

Mais la tourmente de la guerre ne fait que commencer : la défaite militaire de juin 1940 bouleverse le sort du pays, et donc de l'Église réformée.

« COUPÉE EN DEUX » PAR LA DÉFAITE

> La journée d'hier a été l'une des plus douloureuses de ma vie, écrit Marc Boegner dans ses carnets à la date du 11 juin 1940. Nous avons quitté Paris à 22h10 après que j'aie acquis la certitude que les membres du gouvernement s'étaient éloignés. Les indications reçues à ce sujet vers 19h30 m'ont montré que, pour ne pas courir le risque d'être séparé des Églises, du gouvernement, des postes de radio et des autres pays, je ne devais pas différer mon départ[29].

Avec la débâcle de juin 1940, l'É.R.F. plonge, comme tout le pays, dans un monde de détresse et d'anxiété. La grande offensive lancée par Hitler au mois de mai avance inexorablement à travers la Hollande, la Belgique, le Luxembourg puis la France : la *Wehrmacht* atteint la Somme le 20 mai, la Manche le 22 mai, la Seine à Rouen le 9 juin. Devant l'aggravation de la situation militaire, les Églises locales organisent des cultes d'intercession : à Nîmes, le préfet participe au culte inaugural de la session de prière.

Le 10 juin, Mussolini déclare la guerre à une France déjà à genoux. Le gouvernement français prend le chemin de l'exode, quitte Paris pour Tours et ses environs, avant de gagner Bordeaux. Déclarée ville ouverte, la capitale tombe sans combats le 14 juin ; les premières troupes allemandes défilent sur les Champs-Élysées et le drapeau à croix gammée flotte sous l'Arc de triomphe. Devant le désarroi général et la déroute militaire, le maréchal Pétain, ancien vainqueur de Verdun, est nommé président du Conseil des ministres et appelle dès le 17 juin à cesser les combats.

---

29 *Carnets du pasteur Boegner 1940-1945*, présentés et annotés par Philippe Boegner, Paris, 1992, p. 23.

> Il n'y a pas de mot pour exprimer ce que nous avons éprouvé en écoutant cette brève allocution, note Marc Boegner dans ses carnets. Mary [son épouse] et moi pleurions devant notre poste de TSF. Quelle défaite, dans tous les sens du mot, malgré l'héroïsme de nos soldats, et devant quel abîme se trouve la France[30] !

Cet abîme, c'est d'abord celui de l'exode massif : les populations fuient l'avancée allemande, dans le plus grand désordre. Pressées par les autorités locales, les populations s'exilent dès les débuts de l'offensive allemande, selon les plans d'évacuation prévus. Mais l'exode de juin devient véritablement chaotique, en raison de l'ampleur des déplacements, de la déroute militaire, de l'improvisation face à l'accélération de l'invasion du pays. Près de huit millions de Français fuyant devant l'ennemi affluent vers les régions du Sud de la France. En quelques jours, la ville de Lille perd 180 000 habitants, tandis que dans le Gard, celle de Nîmes passe de 90 000 à 200 000 habitants. Après la première vague d'évacuations de septembre 1939, c'est une nouvelle dispersion pour les protestants de la France du Nord, de l'Est et de l'Île-de-France.

L'Alsace, comme après la défaite de 1871, est annexée par le Reich. Les deux départements alsaciens sont intégrés au pays de Bade. Les paroisses de Moselle sont rattachées à l'Église protestante du Palatinat. Les biens des Églises d'Alsace sont mis sous séquestre ; les nazis espèrent porter un coup fatal aux Églises en imposant un régime de cotisations destiné à provoquer le retrait massif des fidèles. Après l'armistice du 22 juin, les deux-tiers des évacués alsaciens rentrent chez eux durant l'été 1940 ; mais d'autres préfèrent rester en zone libre, notamment la Faculté de théologie protestante strasbourgeoise, qui poursuit ses activités à Clermont-Ferrand. L'attitude des autorités allemandes est double : une subtile opération de séduction est organisée à l'égard des évacués, mais en parallèle, les *indésirables* sont expulsés. Le 23 décembre 1940, Marc Boegner demande au chargé des affaires d'Alsace, Pierre Lichtenberger, d'envoyer de préférence les Alsaciens protestants expulsés vers des régions protestantes : « D'ailleurs, ajoute Boegner, les catholiques se sont plaints qu'on les ait envoyés dans les Cévennes protestantes. » Mais les circonstances rendent la requête impossible à satisfaire. La seule mesure est la mise en place d'un culte radiodiffusé d'une demi-heure, le Vendredi Saint, à l'intention des Alsaciens séparés de leur paroisse.

---

30 *Carnets du pasteur Boegner 1940-1945*, Paris, 1992, p. 26.

Selon le texte de l'armistice, l'armée française est démobilisée, mais près de deux millions de soldats français restent prisonniers de guerre. Les trois cinquièmes de la métropole sont occupés par l'armée allemande. Les nazis mettent en place toute une série de mesures pour limiter la circulation des personnes et des marchandises. Théoriquement, la souveraineté française reste entière sur l'ensemble du territoire mais dans les faits, à partir de juillet 1940, le pays se retrouve coupé en deux par la ligne de démarcation : au Nord, la zone occupée par les troupes allemandes ; au Sud, la zone libre, où s'exerce l'autorité du gouvernement de Vichy. Deux régions font l'objet de mesures particulières : l'Alsace-Moselle est annexée par le Reich ; les deux départements du Nord sont placés sous l'administration militaire allemande de Bruxelles. La ligne de démarcation traverse ainsi treize départements sur 1 200 km, des Basses-Pyrénées (aujourd'hui Pyrénées-Atlantiques) jusqu'au Jura, en passant par la Charente, la Vienne, l'Indre-et-Loire, etc. L'armistice avec l'Italie est signé le 24 juin à Rome : une bande de 50 kilomètres le long de la frontière franco-italienne est démilitarisée, ainsi que les ports de Toulon, d'Ajaccio, de Bizerte et de Mers-el-Kébir en Afrique du Nord. La démobilisation de l'Afrique du Nord s'effectue sous contrôle italien, mais l'Empire colonial et la flotte restent intacts.

La défaite, qui emporte les institutions républicaines, désorganise totalement l'É.R.F. Les dégâts matériels sont importants. Dans l'Ouest, le temple de Vendôme est détruit et celui d'Orléans endommagé, la sacristie de Saumur a été incendiée avec la bibliothèque paroissiale, trois presbytères ont été pillés en Poitou-Charentes. En Normandie, le temple de Dieppe est rapidement réparé, mais les toitures des temples du Havre et d'Évreux se sont effondrées. En région parisienne, ce sont les temples de Dreux, Château-Thierry, Melun, Compiègne, Saint-Just-en-Chaussée et Beauvais qui ont été touchés ; les presbytères ont été pillés à Choisy-le-Roi, Dreux, Marsauceux, Château-Thierry, Melun, Saint-Just et Compiègne. La région Est a peu de dégâts : la Chapelle de Longwy a disparu, et on parle de pillage à Bar-le-Duc. Par contre, dans le Nord, la guerre laisse bien des ruines : deux foyers paroissiaux ont été endommagés, et un détruit (Lens) ; sept presbytères endommagés ou pillés, et un détruit (Amiens) ; neuf temples endommagés, celui d'Hénin-Liétard détruit, tout comme ceux d'Amiens et de Boulogne. En deux mois, ce sont donc vingt temples qui ont été pillés, partiellement ou totalement détruits par les bombardements et les combats. À Paris, le 16 juillet, la Gestapo perquisitionne les locaux du 47 rue de Clichy où se trouve le siège des grandes institutions protestantes ; les bureaux de la Société Centrale Évangélique sont visités, de même que l'appartement du pasteur Boegner, où de nombreux documents sont saisis. Quinze jours plus tard, la Gestapo fouille l'Archevêché et l'Institut catholique de Paris.

Pendant l'été 1940, « il eût été vain de vouloir réorganiser l'Église », avoue le pasteur Boegner. La première tâche est de repérer les pasteurs dispersés, de les compter par recoupement et de « reprendre où que ce soit la prédication de l'Évangile ». Le corps pastoral n'a pas été épargné par les combats : le pasteur proposant Daniel Latune, de la paroisse d'Exoudun (Deux-Sèvres), a été tué le 7 juin au moment où il couvrait la retraite de son bataillon ; le pasteur Fernand-Paul Eyraud, de Douvaine (Haute-Savoie), ainsi que les étudiants en théologie Jean Passebois (de la Faculté de Montpellier) et Georges Pénisson (de la Faculté de Paris), sont morts également[31].

L'É.R.F. subit directement les conséquences de l'armistice, en se trouvant de fait, elle aussi, coupée en deux. En zone non occupée, l'É.R.F. compte huit régions, qui renferment la majorité des paroisses, auxquelles s'ajoute l'Algérie. Les huit autres régions de l'É.R.F. sont situées en zone occupée. Certaines ont de plus été amputées : la I^e^ (Nord) et la XVe (Est) circonscriptions ont été divisées en deux, la plus grande partie de leur territoire étant considérée comme « zone réservée » ; toute circulation y est interdite, sauf autorisations spéciales très difficiles à obtenir. Les Églises du littoral de la Manche (Dunkerque, Calais, Boulogne) ont été cruellement éprouvées : le vice-président de l'É.R.F., le pasteur Rohr, ne peut même pas s'y rendre et doit se contenter d'envoyer des lettres de sollicitude. À Paris, en raison du départ des institutions ecclésiales, les pouvoirs effectifs sur les différentes Églises protestantes (réformée, luthérienne, méthodiste et baptiste) sont réunis et confiés à une seule et même personne, André-Numa Bertrand (1876-1946), pasteur à l'Oratoire, membre du Conseil national de l'É.R.F. et du Conseil de la Fédération protestante. La première tâche du pasteur Bertrand est pour lui un crève-cœur : « la démolition des Églises », par l'envoi aux pasteurs parisiens de leur « ordre de départ » vers la province ; seule une poignée d'entre eux décide de rester malgré tout.

31 *Actes du Synode national de l'É.R.F.* (Alès), 1941, p. 31.

En raison de la défaite militaire, se constitue également une « Église de la captivité ». Patrick Cabanel estime à environ 35 000 le nombre de soldats protestants faits prisonniers. Le 3 juillet 1940, le pasteur Jacques Pannier, ancien aumônier du 33e corps durant la Première Guerre mondiale, est nommé à la tête de l'aumônerie protestante des prisonniers de guerre, assisté du pasteur André Monod. Jacques Pannier visite plus de quinze camps de prisonniers autour de Paris ; la liste provisoire qu'il réussit à établir en octobre 1940 compte déjà les noms de 900 personnes internées dans 119 camps. Outre les soldats, un certain nombre de pasteurs figurent parmi les prisonniers : 17 pasteurs de paroisses de la zone Sud[32], dont quelques-uns ont connu les tranchées de la Première Guerre mondiale, comme Samuel Bost et Eddy Bernard. Dans la zone Nord, le pasteur Émile Schloesing, directeur-adjoint de la Société des Missions évangéliques, ancien officier d'artillerie pendant la Grande Guerre, est fait prisonnier (avant d'être libéré en 1941). Si la plupart des pasteurs prisonniers sont libérés au cours de la guerre, cinq au moins restent encore internés en 1944 (Henri Gerbeau, Werner Lagarde, Henri Marschal, Lucien Rimbault, Pierre Tirel). Le Synode national de 1941 adresse un message particulier « aux prisonniers de guerre » : « Nous vous aimons. Nous intercédons pour vous, à cause de l'épreuve si longue, si monotone et néanmoins si variée qu'est la vôtre. Et nous prions Dieu pour vos femmes, vos enfants et vos parents que nos paroisses s'appliquent à entourer de sollicitude. » L'aumônier adresse des lettres circulaires aux prisonniers. Mais avec le départ de la plupart de ces derniers vers des camps (Oflags et Stalags) en Allemagne et en Autriche, les secours sont pris en charge par le Conseil Œcuménique des Églises, qui a créé en janvier 1940 une Commission œcuménique pour l'aide spirituelle aux prisonniers de guerre. Cette commission envoie des Bibles et des livres religieux. Les protestants français se regroupent autour d'un pasteur (comme Jacques Marchand à l'Oflag IV B, ou René Château à l'Oflag XIII…), d'un étudiant en théologie ou d'un prisonnier qui voit naître

32 Il s'agit de Samuel Bost (pasteur à Albias), Jacques Marchand (Viane), Henri Marschal (Saint-Amand), Pierre Tirel (Mazamet), Émile Bastide (Générac), René Château (Vauvert), Werner Lagarde (Sommières), Lucien Rimbault (Vergèze), Pierre Gagnier (Barre-des-Cévennes), Eddy Bernard (Crest), Henri Gerbeau (Dieulefit), Pierre Gothé (Mens), Charles Delizy (Freycenet-de-Saint-Jeures) ; quatre pasteurs sont rapidement libérés : Jean Balty (Saint-Affrique), Robert Maës (Saint-Hippolyte du Fort), Gaston Martin (Mende) et Samuel Bonnet (Saint-Sauveur de Montagut).

une vocation pastorale : Guy Bonnal, qui avait fait ses études à HEC et travaillé dans une compagnie de navigation, ressent l'appel de Dieu en novembre 1940, au camp de Lübeck ; il étudie alors la Bible, le grec avec un prêtre, commence la théologie et deux ans plus tard se porte volontaire pour devenir aumônier du Stalag VI K ; après la guerre, il fait ses études de théologie et devient pasteur.

Le président Marc Boegner, qui a quitté Paris le 10 juin, cherche, du 16 au 24 juin 1940, à maintenir un contact avec les représentants de l'État en suivant le gouvernement dans sa retraite. Après plusieurs semaines de désorganisation totale, la majorité des membres du Conseil National de l'É.R.F. parvient à se réunir à Nîmes, à la fin de la première quinzaine du mois d'août. Le Conseil ne dispose pas de liste des pasteurs de la zone Sud ; les fonds de la caisse centrale sont restés à Paris : l'urgence est donc d'assurer la vie matérielle des pasteurs. Pour remettre en route l'institution, le Conseil national décide de transférer le siège de l'É.R.F. à Nîmes, où s'installent son président, Marc Boegner, le secrétaire du Conseil national, le pasteur Lestringant, le secrétaire-général adjoint, Louis Brunet, bientôt rejoints par la secrétaire administrative du Conseil national, madame Lucie Joseph[33].

> Il est très certain que Nîmes présenta de grands avantages, explique Marc Boegner. Proche de Montpellier et de sa faculté de théologie, de Marseille et des Églises de la Provence, ayant des liaisons rapides avec Valence, Lyon, la Savoie, de même qu'avec Clermont où se trouvait la faculté de Strasbourg, Nîmes m'offrit la possibilité de contacts constants avec les synodes régionaux, les paroisses, les mouvements de jeunesse, de la France non occupée. De plus, une ligne directe me permit de me rendre à Vichy à chaque fois qu'il fut nécessaire. Enfin, et peut-être surtout, j'étais à proximité de Genève, du secrétariat général du Conseil Œcuménique des Églises, du protestantisme suisse dont la générosité nous fut si précieuse[34].

Peu à peu, la grande pagaille du corps pastoral se résorbe : la presque totalité des pasteurs de la zone occupée retournent dans leurs paroisses, de même que les pasteurs alsaciens. La zone Sud compte 299 pasteurs,

33 En 1955, le pasteur Boegner rend publiquement hommage à « la plus fidèle, la plus dévouée, la plus discrète collaboratrice, j'ai nommé Mme Joseph à qui je tiens à exprimer publiquement notre gratitude à tous » (Yves Parrend, *Histoire de la Fédération protestante de France (1905-1991) à travers les Actes des Assemblées générales*, Thèse de doctorat, Université de Strasbourg, 2019, p. 566-567).

34 Marc Boegner, *L'Exigence œcuménique*, Paris, 1968, p. 137.

et seulement 4 postes vacants en avril 1941 : ce faible nombre de postes vacants, malgré l'absence des prisonniers, s'explique par le renfort que viennent prêter 14 pasteurs repliés de la zone Nord, 6 pasteurs alsaciens, 2 pasteurs luthériens du pays de Montbéliard et 4 missionnaires. Les pasteurs libérés viennent reprendre leur charge. Les étudiants en théologie démobilisés sont intégrés comme proposants : Roland Tartier, étudiant en théologie à Paris et un temps interné en Suisse, est par exemple nommé à Saint-Laurent du Pape. Une dizaine de pasteurs sont par ailleurs affectés en tant qu'aumôniers des Chantiers de jeunesse, pour accompagner le service civil obligatoire créé par la loi du 30 juillet 1940 pour chaque citoyen masculin français de 20 ans résidant en zone libre ; sous la houlette du général Joseph de La Porte du Theil, deux aumôniers généraux sont nommés : Marc Boegner pour les protestants, et Marcel-Denys Forestier, dominicain, aumônier national des Scouts de France, pour les catholiques.

Afin d'adapter les structures de l'É.R.F. à la partition du pays, le Conseil national décide la constitution d'une région temporaire (VI-bis), pour regrouper les parties non occupées des régions V et VI (Poitou-Charentes et Aquitaine-Pyrénées). Ainsi peuvent se tenir les synodes régionaux à partir de septembre 1940. Le pasteur Boegner ne ménage pas ses efforts pour « rendre vivantes la réalité et l'unité de l'É.R.F. » : dans ces nouvelles circonstances, il voit sa tâche comme celle d'un « agent de liaison » entre les diverses régions de l'Église. Il part ainsi à la rencontre des pasteurs, des conseils presbytéraux et régionaux, appelant les uns et les autres à la solidarité spirituelle et financière. En mai 1941, le Synode national peut se réunir à Alès (Gard), puis en avril 1942 à Valence (Drôme), avec les délégués des Églises de la zone Sud et quelques représentants de la zone Nord. Il est décidé d'attribuer des « pouvoirs exceptionnels » au Conseil national, en matière de mutation des pasteurs, de desserte des paroisses, de nomination des collaborateurs ou de composition des conseils régionaux… À situation exceptionnelle, mesures exceptionnelles, justifie le président. En apparence, ces mesures semblent remettre en cause le fonctionnement du régime presbytérien synodal, et c'est ainsi que l'interprète alors la revue catholique *Cité nouvelle* lorsqu'elle rend compte des décisions du Synode ; mais le Conseil national ne l'entend pas ainsi : il s'agit de pouvoir organiser au mieux la répartition des forces pastorales, et le Conseil national s'engage à rendre compte de ses décisions au Synode national.

En zone occupée, la situation est encore plus complexe. La direction de l'É.R.F. est confiée au pasteur Rohr, vice-président du Conseil national, et au pasteur Méjan, secrétaire général, qui accepte de conserver son poste au-delà de la limite d'âge officielle. Face à la difficulté de se réunir, M. Rohr doit prendre la plupart des décisions personnellement ; il voyage autant que possible, d'Orthez (où le pasteur Georges Delpuech meurt subitement), à Cherbourg ou Dieppe, en passant par Troyes, le Mans, Nevers, Caen… Son objectif est d'abord de rétablir le contact avec les Églises et les pasteurs. Mais bien des pasteurs ont suivi le flot des réfugiés, laissant leur poste vacant ; M. Rohr parvient à envoyer une quarantaine d'ordres de mission pour que les pasteurs puissent rejoindre leur paroisse. Il lance un appel aux pasteurs de la zone Sud sans responsabilités familiales qui pourraient se mettre à la disposition de l'Église en zone occupée : 44 pasteurs viennent ainsi en renfort, ce qui permet à la zone occupée de compter 195 pasteurs en 1941.

La situation à Paris impose une réorganisation ecclésiastique, mais A.-N. Bertrand ne sait quelle stratégie choisir :

> Comment ne pas tuer les individualités paroissiales (Oratoire, Luxembourg, etc.) et cependant briser ce cadre étroit de la paroisse qui amène une déperdition des forces terrible ? Peut-être en organisant tout sur le modèle Étoile, Saint-Esprit, c'est-à-dire une grande Église et 2 ou 3 petites, ayant un seul conseil presbytéral, une direction unique ; ou bien en faisant de chaque « section consistoriale » une sorte de vaste paroisse avec plusieurs lieux de culte et plusieurs comités locaux et un seul conseil presbytéral commun[35] ?

Finalement, compte tenu de la fréquentation, 16 temples parisiens sont ouverts et 9 en banlieue. Sur les 45 pasteurs titulaires de 1939, 9 sont encore présents dans la capitale, aidés par trois pasteurs retraités : chacun d'eux préside donc deux à trois cultes par dimanche. Un seul service de Sainte-Cène est organisé, le samedi à 18h, successivement dans les temples de Pentemont, de Passy, du Saint-Esprit et de l'Oratoire.

Après les pasteurs, il s'agit de trouver des trésoriers et des prédicateurs laïques, notamment dans la région Nord privée d'un tiers de ses pasteurs. Mais comment trouver des prédicateurs laïques bien qualifiés et préparés ? « Ne devrions-nous pas employer beaucoup plus largement

35 André-Numa Bertrand, « Extraits du *Journal de ma solitude* (10 juin-18 août 1940) », *B.S.H.P.F.*, 127, 1981/3, p. 479 (18 juillet).

les bonnes volontés et les compétences féminines, se demande le pasteur Rohr. On nous a fait remarquer à ce propos qu'un quart environ des étudiants inscrits à la faculté de Paris sont des jeunes filles et qu'il y a là peut-être un signe d'une intention miséricordieuse de Dieu, un moyen dont il veut se servir pour remédier à la pénurie des vocations masculines. » La solution est tentante, mais elle se heurte à un problème de doctrine que l'É.R.F. n'a pas eu le temps de traiter : « Y a-t-il lieu de modifier l'attitude constante de notre Église depuis la Réforme sur ce point et, dans l'affirmative, faut-il aller jusqu'à confier à des femmes le ministère pastoral ? » Si les situations locales sont traitées au cas par cas, il est aux yeux de M. Rohr hors de question de trancher le débat dans une Église amputée… L'É.R.F. de la zone occupée met en place un fonctionnement parallèle : une Assemblée générale pour la zone occupée se tient à Paris-Étoile en mars 1941 ; des Synodes régionaux se réunissent en avril 1941 ; il est décidé de confier au Synode interrégional de la zone occupée les attributions du Synode national, et de dédoubler les commissions existant en zone Sud (Commission de la jeunesse, Commission des finances, Commission des ministères).

Mais deux ans plus tard, à la suite de l'occupation de la zone Sud par les troupes allemandes, l'É.R.F. peut reconstituer son unité. En mars 1943, le Conseil national décide de se réinstaller à Paris, et l'É.R.F. opère sa réunification : l'Assemblée générale des Églises de la zone occupée est supprimée, de même que la région VI-bis créée en 1940. Le Synode national peut se tenir au complet en mai 1943, à Paris-Batignolles : les délégations des deux zones s'y retrouvent ensemble, pour la première fois depuis l'armistice – hormis la XVIe circonscription, celle de l'Algérie, entièrement séparée de la métropole depuis le 9 novembre 1942.

SOUS LE RÉGIME DE VICHY : L'ESPRIT DE RÉSISTANCE

Après l'effondrement de la Troisième République, les protestants français n'ont pas une attitude différente de la majorité de leurs compatriotes : ils considèrent le nouveau régime de Vichy comme légitime. Le 10 juillet 1940, les parlementaires protestants présents votent en faveur de l'attribution au maréchal Pétain des pleins pouvoirs pour promulguer une nouvelle Constitution, à l'exception de trois (André Philip, Marius Moutet et Marcel Astier) qui votent contre et de Théodore Steeg qui s'abstient[36]. Les protestants partagent, dans leur ensemble, le même « maréchalisme » que les Français, ce sentiment de respect et de confiance vis-à-vis de Philippe Pétain. « Dieu a suscité pour le relèvement de la France un chef en la personne du vénérable et vaillant maréchal Pétain, qui a eu le don et l'autorité de rallier tous les Français autour du drapeau de la Patrie », écrit par exemple le vieux pasteur Vincent Pasche (1862-1942)[37].

Les discours du maréchal trouvent de réels échos en 1940. Au lendemain de l'armistice, le dimanche 23 juin, le pasteur Paul Brunel, ancien combattant de la Première Guerre mondiale, prêche à Nîmes sur le texte de l'Évangile de Matthieu 24,38 (« Car, dans les jours qui précédèrent le déluge, les hommes mangeaient et buvaient, se mariaient et mariaient leurs enfants, jusqu'au jour où Noé entra dans l'arche ») :

> Jusqu'à l'offensive du 12 mai, avouons-le, mes frères, [...] d'un mot que notre grand chef a défini [...], nous ne pensions qu'à goûter le plus de jouissances possibles. Et le déluge est venu. [...] Ce n'est pas le temps du découragement, mais l'heure de l'énergie farouche et confiante, car si la France est meurtrie, elle n'est pas morte malgré l'invasion. Elle garde son patrimoine moral, son génie latin, sa culture, sa langue, son histoire, sa longue formation chrétienne [...]. Préparons-nous résolument à la reconstruction nationale[38].

Comme les catholiques, la communauté protestante est sensible aux thématiques du redressement national et moral que développe le nouveau régime. La devise « Travail, Famille, Patrie » est jugée assez positivement : « Ces trois mots sont les nôtres », observe le cardinal Gerlier, et les protestants apprécient de même ce programme qui consiste à remettre en honneur la famille, à redonner du travail ou à supprimer le privilège des bouilleurs de cru. Le pasteur Boegner remercie le maréchal, en septembre 1940, « au nom de nos Églises, de ce qu'il a fait

36 Patrick Cabanel, *De la paix aux résistances*, Paris, 2015, p. 116.

37 Cité par François Boulet dans Pierre Bolle (éd.), *Le Plateau Vivarais-Lignon. Accueil et résistance 1939-1944*, Le Chambon-sur-Lignon, 1992, p. 365.

38 Cité par Aimé Bonifas dans *Les Protestants nîmois durant les années noires (1940-1944)*, Montpellier, 1993, p. 25.

contre l'alcoolisme, le divorce, pour la famille, la moralité publique et la jeunesse ». Nombre de pasteurs et de laïcs sont alors inscrits à la Croix Bleue, association protestante de lutte contre l'alcool par l'évangélisation. C'est ainsi que bien des prédications de pasteurs, guidées par un certain moralisme, reprennent la plupart des thèmes maréchalistes. Les mouvements protestants, des Associations familiales protestantes aux Unions chrétiennes de jeunes gens, y trouvent facilement un écho de leurs préoccupations : la régénération de la jeunesse, le « retour à la terre », la lutte contre la débauche... Les titres des conférences publiques que donnent certains pasteurs sont révélateurs : « l'écho des appels du Maréchal dans mon âme de chrétien et de Français » (par le pasteur P. Brunel), « le protestantisme français et la Rénovation nationale » (par le pasteur Boegner)... Bien des journaux paroissiaux dans l'É.R.F. relaient le même discours : le bulletin de l'Église de Nîmes reproduit les deux adresses du Conseil presbytéral au maréchal lui exprimant sa « reconnaissance », son « admiration », sa « fidélité ». Le pasteur de Dieulefit (Drôme), Henri Eberhard, adhère en décembre 1940 à la Légion française des combattants, instituée dans la zone Sud par le régime de Vichy pour regrouper tous les anciens combattants. Lors du Congrès national de la « Post-Fédé » (anciens membres de la « Fédé » étudiante) en septembre 1941, le pasteur Boegner affirme « l'impérieuse nécessité de soutenir plus fortement encore le Maréchal Pétain et ceux qui travaillent dans sa ligne. Nous lui devons notre confiance, notre attachement et nos prières. »

PRÉSENCE ET RÉSISTANCE SPIRITUELLE

Chargé par l'É.R.F. d'assurer une « politique de présence » auprès du gouvernement de Vichy, le pasteur Boegner adopte une attitude souple et prudente. Arrivé à Vichy le 26 juillet 1940, il entre en relations avec les hauts responsables politiques de confession protestante : le général Brécard (1867-1952), secrétaire général du nouveau chef de l'État, dont Boegner est un ami intime ; Pierre Olivier de Sardan, chef de cabinet de Pierre Laval, le vice-président du Conseil ; Raoul Didkowski, nouveau directeur de la Sûreté nationale ; René Gillouin, fils de pasteur, proche conseiller de Pétain pour lequel il rédige plusieurs discours radiodiffusés, secrétaire général du ministère de l'Instruction publique ; le contre-amiral Charles Platon, sous-secrétaire d'État aux Colonies à partir de septembre

1940. Les protestants sont relativement nombreux autour du maréchal Pétain, par affinités comme par tradition du service de l'État et par souci de continuité du pouvoir : Maurice Couve de Murville, directeur des finances extérieures ; Pierre Arnal, directeur adjoint des Affaires politiques au ministère des Affaires étrangères ; Gaston Bruneton, qui devient en 1942 chef du service de la main d'œuvre française en Allemagne… L'un des trois fils du pasteur Boegner, le journaliste Philippe Boegner, est chargé par le gouvernement d'observer l'attitude de l'occupant à l'égard de la presse dans la zone Nord. Grâce à ses contacts, le pasteur Boegner bénéficie ainsi d'un accès privilégié aux informations et aux autorités de Vichy. En retour, le gouvernement le nomme en janvier 1941 au Conseil national de l'État français : Boegner est l'un des six protestants appelés à siéger parmi les 213 membres de ce conseil (ce qui représente environ 3 %, soit un peu plus que la proportion des protestants dans la société), aux côtés des armateurs Jean Fraissinet et Léonce Vieljeux, du député François Martin (de l'Aveyron), du sénateur André Mallarmé (d'Alger) et du politologue André Siegfried.

Cette politique de présence est d'autant plus indispensable aux yeux du pasteur Boegner qu'elle doit lui permettre de défendre les intérêts du protestantisme. « Je dois dire que des membres du Parlement, de hauts fonctionnaires protestants me reprochèrent d'arriver si tard [à Vichy], de n'avoir pas affirmé plus tôt l'existence en France d'Églises protestantes », raconte-t-il[39]. Des rumeurs de menace cléricale courent : un nouveau Concordat pourrait être signé avec le Saint-Siège, une religion d'État instaurée… À Paris, le pasteur André-Numa Bertrand consigne les mêmes craintes dans son journal le 11 juillet 1940 : si un concordat était mis en place, « tout ce que nous avons gagné depuis 1905 en personnalité, en affirmation de vies paroissiales serait perdu[40] ». Comme l'a montré l'historien Jean-Louis Clément[41], le gouvernement de Vichy et l'Assemblée des cardinaux et archevêques commencent en effet, dès le 9 juillet 1940, des négociations pour trouver une solution aux difficultés créées au catholicisme par la législation anticléricale de

39 Marc Boegner, dans *Les Églises protestantes pendant la guerre et l'Occupation*, Paris, 1946, p. 15.

40 André-Numa Bertrand, « Extraits du *Journal de ma solitude* (10 juin-18 août 1940) », *B.S.H.P.F.*, 127, 1981/3, p. 477.

41 Jean-Louis Clément, « La hiérarchie catholique et les principes de la révolution nationale », *Guerres mondiales et conflits contemporains*, 218, 2005/2, p. 27-36.

la Troisième République : Vichy permet d'espérer tout autre chose, une position de faveur, l'appui aux écoles libres et une reconnaissance officielle. Boegner rencontre le vice-président du Conseil, Pierre Laval, le 27 juillet, pour évoquer le « caractère catholique de la Révolution nationale » ; Laval rassure son interlocuteur sur le maintien de la liberté religieuse et sur la place qui revient aux protestants dans la nation. Malgré ces propos rassurants, Boegner partage ses craintes au sein de l'Église à l'occasion d'une rencontre pastorale qui se tient à Valence, du 10 au 12 septembre 1940. Puis il se rend à Vichy, où il obtient pour la première fois un entretien avec Pétain. Si Boegner a refusé de s'installer à Vichy, il s'y rend souvent et devient un visiteur régulier du maréchal. Une certaine liberté de parole s'établit entre Pétain et lui : tous les sujets, même les plus délicats, sont abordés. À maintes reprises, Pétain manifeste sa sympathie pour les protestants, qu'il trouve moins formels que les catholiques et « plus spirituels ». Lorsqu'en février 1941 Marc Boegner remercie le maréchal d'avoir appelé des hommes d'Église à siéger au Conseil national de l'État français, celui-ci lui répond : « Savez-vous qu'on m'a reproché d'avoir tenu la balance égale entre protestants et catholiques ? » Cet équilibre n'est justement pas pour déplaire à Boegner. Fils de préfet, ancien élève de classe préparatoire à l'École navale où il a connu l'amiral Darlan, Boegner incarne à lui seul le protestantisme à Vichy : « Tu es le pape des protestants », lui lance Darlan lors de leurs retrouvailles. La légitimité institutionnelle de Boegner est bien sûr incontestable : président du conseil national de l'É.R.F. depuis 1938, il est aussi président de la Fédération protestante de France (depuis 1929), du conseil de la Société des Missions évangéliques de Paris (depuis 1938), de la Post-Fédération des étudiants, du tout nouveau Conseil protestant de la jeunesse, et vice-président du comité provisoire du Conseil Œcuménique des Églises. Boegner se trouve de fait investi d'une autorité de type épiscopalienne, renforcée en 1941 par la décision du Conseil national de l'É.R.F. de s'accorder des « pouvoirs exceptionnels ». De plus, il est traité par le gouvernement de Vichy à égalité avec le cardinal Gerlier. Archevêque de Lyon et primat des Gaules, seul cardinal de la zone Sud en 1940, Gerlier est l'interlocuteur privilégié des autorités de Vichy et le défenseur attitré des intérêts et des principes de l'Église catholique de France. Aussi Boegner se félicite-t-il d'apprendre qu'à Vichy on parle, grâce à lui, des « Églises chrétiennes » et non de la seule Église catholique.

La présence de Boegner à Vichy se transforme peu à peu en connivence, non dénuée d'ambiguïtés. Ses carnets révèlent dans quel état d'esprit Boegner agit à Vichy : il souhaite défendre les intérêts spirituels et les libertés de l'Église, mais aussi « travailler aux reconstructions nécessaires ». « Certains protestants pensaient, non sans quelques raisons, obtenir du maréchal un appui officiel analogue, écrit André Siegfried, car celui-ci, dans sa réaction hostile contre la laïcité souvent agressive de la veille, était porté à encourager comme conservatrice toute forme de religion[42]. » La question du statut légal des Églises notamment est l'objet de toutes les attentions : « Le Gouvernement actuel témoigne les plus grands égards aux confessions chrétiennes. Il a le désir très net de leur marquer qu'il attache un grand prix à l'action morale et spirituelle qu'elles exercent dans la nation », explique Boegner au Synode national de 1941. Les relations entre l'État et les Églises font d'ailleurs l'objet de rapports en séance privée lors des Synodes nationaux : les explications données par Boegner ne figurent donc pas dans les comptes-rendus imprimés. Si Boegner se félicite d'un État qui « reconnaît que les Églises chrétiennes sont une force morale et spirituelle avec laquelle il peut compter », il entrevoit la tentation d'une utilisation réciproque : « Le premier devoir de l'Église est de sauvegarder quoi qu'il arrive son indépendance spirituelle », conclut-il devant les délégués du Synode de 1941. Boegner s'entretient avec le maréchal le 28 octobre au sujet du statut des Églises, des dons et legs, de l'enseignement libre, de l'organisation de la jeunesse, de l'attitude de l'autorité occupante. En fait de concordat, il n'y en aura pas : une loi du 2 novembre 1941 accorde de larges crédits aux écoles privées en même temps qu'aux mouvements de jeunesse. Boegner pense que le dialogue peut permettre des négociations avec les autorités de Vichy.

Pour autant, Boegner conserve sa liberté de parole. Il critique ouvertement l'article 19 de la convention d'armistice qui exige de livrer les réfugiés allemands lors de l'été 1940. En septembre 1940, il demande aux protestants de ne pas s'engager dans la Légion française de combattants, car le serment d'allégeance vis-à-vis du maréchal lui semble ouvrir la voie à des engagements pleins d'ambiguïtés. Il dénonce sans cesse l'anglophobie des radios et journaux : une brochure sur Jeanne d'Arc

---

42 André Siegfried, *De la IIIe à la IVe République*, Paris, 1956, p. 84.

qui affirme que, sans elle, la France aurait été protestante et hérétique le fait réagir immédiatement auprès du gouvernement.

Le maréchalisme initial est cependant loin d'être unanime chez les protestants. À l'annonce de l'armistice signé par Pétain, le pasteur André-Numa Bertrand s'insurge contre un gouvernement qui abandonne son armée, sa flotte, son peuple « blousé » par les Allemands : « Le mal n'est pas d'être vaincu ; le mal est de perdre son âme ; et il semble bien que la France – officielle – ait perdu la sienne. » Pour lui, Hitler a vaincu la France et la déshonore. « Pétain aurait mieux fait de dire aux troupes de partir en Algérie recommencer une autre guerre », note-t-il dans son journal personnel au cours de l'été 1940. Du haut de sa chaire, il incite ses paroissiens à se méfier des journaux imprimés par les Allemands. Au Chambon-sur-Lignon, le 23 juin, les pasteurs André Trocmé et Édouard Theis font une déclaration appelant à une résistance morale :

> Des pressions païennes formidables vont s'exercer sur nous-mêmes et sur nos familles, pour tenter de nous entraîner à une soumission passive à l'idéologie totalitaire. [...] Le devoir des chrétiens est d'opposer à la violence exercée sur leur conscience les armes de l'Esprit. [...] Nous résisterons, lorsque nos adversaires voudront exiger de nous des soumissions contraires aux ordres de l'Évangile. Nous le ferons sans crainte, comme aussi sans orgueil et sans haine[43].

Cette déclaration est souvent présentée comme le premier appel à la Résistance spirituelle prononcé sur le sol français. Les historiens ont beaucoup débattu de cette dernière expression : certains ont souligné que toute résistance, quelle que soit son inspiration, est d'abord une révolte de l'esprit. Peut-on parler d'une Résistance protestante en tant que telle ? Les études très nombreuses sur la Seconde guerre mondiale ont dévoilé les engagements très divers de protestants dans la Résistance. Le nombre important de protestants dans les organes de direction gaullistes a par exemple été souvent souligné ; on a même parlé du Comité national de la France Libre formé en septembre 1941 comme d'un « nid de protestants » : les Commissaires André Diethelm, Jacques Soustelle, André Philip, Maurice Dejean, René Massigli, Maurice Couve de Murville (qui quitte Vichy en 1943) ; Pierre Denis, responsable des finances de la France Libre ; mais aussi François Coulet, aide de camp du général de Gaulle ; Pierre Bourdan, l'une des voix de la radio de Londres ; Georges

43 Texte reproduit dans Patrick Cabanel, *Résister. Voix protestantes*, Nîmes, 2012, p. 53.

de Cailly et William Vignal à la tête du service de santé ; Émile Laffon, qui prépare la mise en place de la nouvelle administration française et devient en août 1944 secrétaire général du Ministère de l'intérieur… La proportion des Français libres protestants serait d'un peu moins de 5 % des effectifs, c'est-à-dire très nettement supérieure au poids démographique du protestantisme dans la communauté nationale. Les protestants Compagnons de la Libération (2 % des effectifs) illustrent la diversité des engagements : Jean-Pierre Berger, tué à 25 ans le 30 juin 1940, « le premier sang versé à l'appel du général de Gaulle » ; Édouard Ahne, directeur de l'école protestante de Tahiti ; Charles Pijeaud, chef d'état-major des Forces aériennes françaises libres en 1940 ; Christian Girard, aide de camp du général Leclerc…

L'historien Étienne Fouilloux a proposé une typologie pour éclaircir le débat, en distinguant les « chrétiens dans la Résistance », dont l'appartenance religieuse n'est pas le motif revendiqué de leur engagement ; les « résistants chrétiens », que leur foi a conduit à combattre le nazisme ; enfin la « Résistance spirituelle », menée par des intellectuels et des théologiens qui ont cherché à fabriquer les « armes de l'esprit[44] ».

Dès la défaite, des pasteurs incitent leurs ouailles au discernement. Dans un article de la revue *Le Semeur* en mai-juin 1940, le pasteur Roland de Pury repousse avec vigueur les tentations du défaitisme chrétien : « L'Église se cantonnera-t-elle dans sa fidélité en laissant ce monde devenir un asile de fous ou un aquarium de brochets ? » Les sermons, tout particulièrement, sont l'occasion privilégiée d'une réflexion sur les combats de la foi. Clef de voûte du culte, la prédication est en effet un espace de relative liberté pour le pasteur. Dimanche 14 juillet 1940, jour de la fête nationale : le pasteur de Pury, à Lyon, choisit pour thème de sa prédication le commandement de l'Exode : « Tu ne déroberas point. » Pury n'entend pas le verbe dérober dans le seul sens matériel : c'est au sens large qu'il emploie le terme. Dans leur égoïsme fondamental, les hommes sont des voleurs, et Pury multiplie les exemples concrets :

> Tu ne déroberas pas la liberté de ton frère prisonnier en oubliant que tu n'as aucune espèce de raison de ne pas être comme lui, et que tu es plus prisonnier que lui si tu n'offres pas à Dieu jour après jour la liberté qu'il t'a laissée.

44 Étienne Fouilloux, *Les Chrétiens français entre crise et libération, 1937-1947*, Paris, 1997, p. 133-145.

> [...] Ne dérobez pas leur mort à ceux qui sont tombés, en abandonnant ce pourquoi ils sont tombés. [...] Tu ne déroberas pas ton pain à l'affamé et ton bonheur au malheureux[45].

Pury actualise ce commandement pour la France elle-même : « La France qui trahirait l'espoir que les opprimés mettent en elle, la France qui aurait vendu son âme et renoncé à sa mission nous aurait dérobé jusqu'à nos larmes. Elle ne serait plus la France. » Alors, conclut le pasteur, « mieux vaudrait la France morte que vendue, défaite que voleuse ». Rares sont les prédications qui expriment une résistance au régime de Vichy. Le même dimanche, à Paris, le pasteur André-Numa Bertrand prononce un sermon sur les idoles, à partir de Luc 4,8 (« Tu adoreras le Seigneur ton Dieu, et c'est à lui seul que tu rendras un culte »), en parlant surtout de l'idolâtrie du succès. Pour le pasteur de Grenoble, Charles Westphal, le 14 juillet doit être un « grand deuil national », parce que la Patrie est occupée et que la République est morte. À Bourdeaux (Drôme), le pasteur Gédéon Sabliet alerte sur les ambiguïtés de la nouvelle Constitution : « Les institutions ne valent que ce que valent les hommes qui les appliquent et les font vivre. » Mobilisé en tant qu'aumônier militaire puis prisonnier pendant un mois, le pasteur Jean Cadier retrouve sa chaire à Montpellier le 4 août 1940 : « On ne peut pas enchaîner l'Esprit, on ne peut pas briser ce dynamisme irrésistible du Dieu qui parle. » À l'Oratoire du Louvre à Paris, après l'annonce de la collaboration officielle avec l'Allemagne, le pasteur Gustave Vidal affirme, le 3 novembre 1940 : « L'héroïsme qui permet à un homme de faire face, seul, contre des meutes humaines déchaînés, c'est celui de la foi. »

Dimanche après dimanche, dans la paroisse des Terreaux à Lyon, le pasteur de Pury prêche ainsi cette résistance spirituelle. Quand le bruit court que l'amiral Darlan pourrait engager la France dans la lutte contre l'Angleterre, Pury commente Hébreux 12,3-5 (« Vous n'avez pas encore résisté jusqu'au sang ») et affirme : « Les peuples sont eux aussi appelés à résister jusqu'au sang. Il peut s'agir pour eux de résistance militaire quand elle est possible, mais il s'agit en tout cas et toujours de résistance spirituelle. » Ces sermons courageux ne laissent pas l'auditoire indifférent, comme en témoigne le résistant Henri Frenay :

45 Cette prédication est reproduite dans Patrick Cabanel, *Résister. Voix protestantes*, Nîmes, 2012, p. 55-66.

> Souvent Bertie [Albrecht] et moi sommes allés au temple de la rue Lanterne, pour entendre les sermons de Roland de Pury. Quelle joie était-ce pour nous d'écouter cet homme dire à haute voix devant un nombreux auditoire, et en termes à peine différents, ce que nous écrivions dans nos feuilles clandestines[46].

Pury bouscule ses paroissiens en dénonçant la « relative tranquillité des lyonnais s'estimant sauvés par le vainqueur de Verdun » ; certains critiquent ouvertement ses prises de position à la sortie du culte.

À Paris, l'attitude du vice-président de la Fédération protestante de France, le pasteur André-Numa Bertrand, se raidit face à la pression allemande. Il refuse d'offrir un lieu de culte à l'armée d'occupation et indique à l'aumônier allemand qu'il ne s'inclinera que devant un « ordre ». Bertrand tente à plusieurs reprises d'associer les autorités catholiques à des démarches qu'il juge importantes auprès des Allemands sur des sujets précis : la situation faite aux prisonniers, l'interdiction du scoutisme, les sévices envers les juifs ; mais l'évêque auxiliaire de Paris, Monseigneur Beaussart, préfère ne pas s'opposer aux décisions allemandes.

L'Église réformée française de Londres, installée à Soho Square, occupe une place à part : elle devient le point de rencontre des Français Libres protestants en Angleterre. Frank Christol (1884-1979), son pasteur depuis 1928, est nommé le 7 juin 1940 aumônier des troupes françaises rapatriées dans les hôpitaux de la ville. Refusant de rentrer en France, il s'engage aux côtés des Forces Françaises Libres, sans abandonner sa paroisse. Dans ses prédications radiodiffusées (« L'aumônier protestant des FFL vous parle... »), il n'hésite pas à dénoncer les lois raciales de Vichy. Le consistoire de cette Église, unanime, appuie cet engagement, notamment par des œuvres de bienfaisance et l'envoi de colis aux combattants (bibles, livres de prière, briquets, gâteaux). Le journal paroissial mensuel, *Le Lien*, se transforme en « Organe protestant de la France combattante », publiant les nouvelles et témoignages venus de tous les continents ; il contient également des informations sur la France captive et la résistance protestante (publiant par exemple les « thèses de Pomeyrol »). En novembre 1941 y est créé l'insigne des Français Libres protestants : associant la croix huguenote et la croix de Lorraine, il ancre leur engagement dans l'héritage des « fiers huguenots », symbolisé par la Tour de Constance et par la devise « Résistez » gravée dans

46 Henri Frenay, *La Nuit finira : mémoires de résistance, 1940-1945*, Paris, 1973, p. 88.

la pierre de cette geôle. « Ne sommes-nous pas les descendants d'une race de Combattants Libres ? Cet esprit-là, l'esprit de la Résistance, c'est notre héritage », écrit un Français Libre, témoignant des « armes de la mémoire » qu'a pu constituer l'identité protestante.

Ces pionniers ont indéniablement aidé les protestants français à rompre avec le maréchalisme. « En dépit des connivences du début – sociologiques, idéologiques, voire morales – entre le protestantisme et le régime de Vichy, les liens se sont rapidement dégradés, entraînant un détachement croissant de la part de personnalités et de milieux entiers[47]. » Les motifs de ce détachement, dès le deuxième semestre 1941, sont nombreux : antifascisme et tradition de gauche ; patriotisme ; attachement à la France républicaine et laïque ; peur du cléricalisme et refus de l'autoritarisme ; habitudes de libre examen face à l'autorité ; mémoire huguenote enfin, puisque les souvenirs des dragonnades et des persécutions resurgissent spontanément en 1940-1941, puis plus fortement encore lors de l'aggravation des persécutions contre les juifs en 1942. Même l'attitude des membres protestants du Conseil national de l'État français illustre cette évolution : A. Siegfried refuse d'y siéger ; J. Fraissinet en démissionne en avril 1942, par refus de la collaboration étroite avec l'Allemagne que souhaite mettre en place Pierre Laval ; L. Vieljeux entre dans la Résistance : arrêté et interné, il est exécuté en 1944.

Les réseaux d'Églises se mobilisent dans le domaine humanitaire, avec le soutien financier des organisations internationales, notamment protestantes (Conseil Œcuménique des Églises, *Young Men's Christian Association*, Secours quaker). Les équipes de la CIMADE, après avoir aidé les évacués, cherchent à partir de l'été 1940 à porter secours aux réfugiés étrangers, placés par le régime de Vichy dans des camps d'internement. Les pasteurs des paroisses alentour organisent l'aumônerie des camps, comme Charles Cadier et Jacques Rennes à Gurs, Henri Manen aux Milles. De décembre 1940 à juillet 1943, la CIMADE est présente de manière permanente au camp de Gurs : elle y crée une bibliothèque de 5 000 volumes, en français et en allemand, accessible à tous les internés ; elle organise une vie culturelle (conférences, concerts, représentations théâtrales, pour et par des internés) ; elle instaure des « repas œcuméniques », veille à la bonne distribution de l'aide alimentaire envoyée de l'étranger, apporte une aide morale et psychologique. L'action des équipières de la CIMADE sort assez

47 Patrick Cabanel, *De la paix aux résistances*, Paris, 2015, p. 155.

rapidement du cadre légal : Jeanne Merle d'Aubigné est ainsi expulsée du camp en octobre 1942 en raison de son attitude jugée trop favorable aux internés ; le pasteur André Morel organise une filière de passage vers l'Espagne[48]. En collaboration avec le Conseil Œcuménique des Églises et le soutien du pasteur Boegner, le pasteur Pierre-Charles Toureille devient en septembre 1940 aumônier général des Protestants étrangers en France : il organise les secours d'urgence, retrouve les familles dispersées, fournit des vivres, envoie de l'argent et des colis, visite ses « paroissiens » de Nice aux Pyrénées, en passant par l'Afrique du Nord. Ses activités officielles se doublent d'activités clandestines : grâce à de faux papiers d'identité ou certificats de baptême, Toureille aide les prisonniers qui ont réussi à échapper aux camps à passer en Espagne ou en Suisse[49].

Le 30 mai 1943 à Lyon, dimanche de la réception des catéchumènes, alors que le service va commencer, le pasteur Roland de Pury est arrêté par la Gestapo, en robe pastorale au moment où il s'apprête à monter en chaire. En raison d'un petit billet de sa main retrouvé dans les poches de Bertie Albrecht, tombée deux jours plus tôt, Pury est soupçonné d'être l'un des chefs de la Résistance lyonnaise. Si tel n'est pas le cas, l'engagement de Pury n'en est pas moins important. En septembre 1941, il participe à la rédaction des « Thèses de Pomeyrol » ; il collabore à l'aventure œcuménique et clandestine des *Cahiers du témoignage chrétien*[50].

Si la hiérarchie catholique a des raisons de rester fidèle au chef de l'État, bien des catholiques basculent en effet dans la Résistance. Les jésuites de Fourvière, à Lyon, se portent au secours des plus déshérités, réfugiés ou évadés, et entrent en relation avec différents milieux de la toute jeune et très dispersée Résistance. Le 15 novembre 1941 paraît le premier numéro des *Cahiers du témoignage chrétien*, tiré à 5 000 exemplaires, sous le titre : « France, prends garde de perdre ton âme ! ». Le nom initialement prévu pour le journal, *Témoignage catholique*, est modifié pour rendre compte de la collaboration entre catholiques et protestants, du « front chrétien » : « Le pasteur Roland de Pury a été au Témoignage chrétien un de mes premiers compagnons de lutte, dans la communion de l'obéissance au Libérateur », écrit le père Chaillet. Les auteurs des *Cahiers* sont des clercs : les pères

48 *Les Clandestins de Dieu. CIMADE 1939-1945*, Paris, 1968.

49 Tela Zasloff, *Histoire d'un Juste. Le pasteur Pierre-Charles Toureille dans la France de Vichy*, Montpellier, 2019.

50 François et Renée Bédarida, *La Résistance spirituelle 1941-1944. Les Cahiers clandestins du témoignage chrétien*, Paris, 2001.

Chaillet, Fessard, de Lubac, de Montcheuil et le pasteur de Pury. Spécialiste de la théologie allemande, le père Chaillet y présente le national-socialisme comme une mystique anti-chrétienne[51]. Au fil de leurs publications, les *Cahiers* poussent à l'action, d'abord en expliquant le sens du combat, ensuite en provoquant un sursaut de résistance chez les lecteurs. Pury organise leur diffusion au sein du protestantisme lyonnais ; il fournit au père Chaillet des informations recueillies en Suisse, notamment auprès de Visser't Hooft et du bureau du Conseil Œcuménique des Églises. Lors des camps d'été des mouvements de jeunesse protestants auxquels il participe, Pury médite sur l'Ancien testament, notamment sur le livre d'Habacuc, le prophète qui fulmine contre les oppresseurs païens.

Sur le sol français, de nombreux pasteurs sont arrêtés en raison de leurs activités de Résistance. Le premier pasteur emprisonné, dès janvier 1941, est Freddy Durrleman, condamné à 18 mois de prison pour propagande anti-allemande. Les derniers incarcérés, en 1944, sont les pasteurs Whelpton (de Montreuil), Buff (de Luneray) et Le Breton (d'Alès). D'autres sont déportés : les pasteurs Dhouailly (de Saint-Dié), Schyns (de Meaux), Heuzé et Roux (de Marseille) ainsi que madame Charles Roux, les pasteurs Orange (de Lisieux) et Crespin (de Saint-Brieuc) ; Yann Roulet, pasteur proposant. Parmi les pasteurs alsaciens, plusieurs sont arrêtés ou internés pour faits de Résistance : Frédéric Bastian, pasteur à Lingolsheim, responsable d'un maquis en Alsace, interné à Schirmeck en octobre 1944 puis déporté ; Henri Fricker, pasteur à Tieffenbach, interné à Schirmeck en septembre 1944 puis déporté ; Walter Schwendener, pasteur de l'Église réformée de Mulhouse, replié à Lyon où il est arrêté en mai 1943 ; Curt Rosenstiehl, pasteur à Bischeim, emprisonné ; Rodolphe Peter, pasteur réformé à Huningue, interné à Schirmeck puis en Allemagne. Charles Hauter et Robert Eppel, professeurs à la Faculté de théologie de Strasbourg repliée à Clermont-Ferrand, sont déportés à Buchenwald[52]. Charles Eugène Weiss, étudiant en théologie, est enrôlé dans l'armée allemande, comme tant d'autres « malgré nous[53] », et meurt sur le front russe en avril 1944[54].

51 Renée Bédarida, *Pierre Chaillet, témoin de la Résistance spirituelle*, Paris, 1988.

52 Ils ont laissé un témoignage de leur captivité et de leur libération dans le volume publié par l'Université de Strasbourg, *De l'Université aux camps de concentration*, Paris, 1947.

53 L'expression désigne les 155 000 hommes et femmes d'Alsace et de Moselle incorporés de force dans les unités militaires ou paramilitaires de l'armée allemande.

54 Charles-Eugène Weiss, *Malgré la nuit et le brouillard. Carnets, lettres et sermons d'un jeune pasteur alsacien enrôlé de force et mort à 21 ans en Russie*, traduit de l'allemand par Marthe

Il n'y a pas véritablement de « maquis protestants », même si certains pasteurs sont à l'origine de groupes armés, comme Georges Gillier à Mandagout (Gard) et Laurent Ollivès à Valleraugue (Gard). Le pasteur Jean Cadier, recherché par la Gestapo, quitte Montpellier en 1944 et devient aumônier d'un maquis dans la montagne du Tarn ; il y est rejoint par Théo Preiss, pasteur de la paroisse réformée de Guebwiller (Haut-Rhin) entre 1940 et 1942 puis professeur à la Faculté de théologie de Montpellier. Six étudiants en théologie de la Faculté de Montpellier organisent un maquis à Tréminis (Isère) en septembre 1943 : un mois et demi plus tard, quatre d'entre eux sont arrêtés et déportés. D'autres étudiants en théologie rejoignent des maquis déjà existants : depuis Montpellier, ils partent dans le Tarn, l'Aveyron, la Drôme ou les Cévennes ; depuis Paris, ils s'engagent dans les maquis de Moncoutant ou du pays de Montbéliard, dans les F.F.I. de la région parisienne ou du Nord. Même des étudiantes désertent la faculté : Jacqueline Laurier-Jourdan devient infirmière au maquis de Vabre (Tarn), et Suzy Prunet infirmière adjointe au maquis de Freycenet-Saint-Jeures (Haute-Loire)[55].

Pour autant, l'É.R.F. souhaite préserver son indépendance politique. Dans sa séance du 11 octobre 1943, le Conseil national réaffirme que « les pasteurs en fonction ne doivent faire partie d'aucune organisation quelconque ; ceux qui ont quitté l'Église ne doivent pas l'engager dans leur activité ». Chaque chrétien, chaque pasteur peut s'exprimer en toute liberté devant les injustices, mais il ne peut pas engager son Église : seuls le Synode national et le Conseil national parlent au nom de l'Église.

Le maquis cévenol d'Ardaillès, à Valleraugue, est composé à 75 % de protestants : l'importance de la mémoire huguenote, dans une minorité à la cohésion identitaire très forte, fait naître la comparaison entre camisards et maquisards ! Le 21 août 1944 paraît, sous la plume du pasteur Idebert Exbrayat, de Rodez (Aveyron), le premier numéro du « bulletin des chrétiens protestants du maquis », appelé *Résistez* :

> Par une sorte de vocation héréditaire presque tous les protestants français ont senti, dès juin 1940, que leur devoir était de résister. Résister, pour eux, était plus qu'un moyen d'exprimer leur patriotisme. C'était continuer la tradition

---

Weiss, Orbey, 2006.

55 Jean-Marie Wiscart, « Étudiants et enseignants des Facultés de théologie protestante en France pendant la seconde guerre mondiale », *Études théologiques et religieuses*, 71, 1996, p. 139.

historique du peuple huguenot qui n'a jamais voulu courber la tête devant l'adversité et la contrainte.

L'histoire particulière du protestantisme français a construit en son sein l'image d'une communauté persécutée mais toujours résistante. L'exemple emblématique de Marie Durand, la célèbre prisonnière d'Aigues-Mortes, surgit spontanément dans les prédications pastorales : Marie Durand « personnifie une résistance au nom des droits de la conscience[56] ». Dès le 4 août 1940, le pasteur Jean Cadier lance du haut de sa chaire : « Marie Durand grave un seul mot sur la pierre de sa tour, mais ce mot suffit… On ne peut pas embastiller des âmes. » Est-ce la première mention de Marie Durand dans un sermon depuis la défaite ? On ne peut l'affirmer, mais la référence se retrouve ensuite dans plusieurs chaires : dans les Cévennes bien sûr, où la mémoire des Camisards et de la période du Désert est particulièrement vive, aussi bien qu'à Aix-en-Provence, Paris ou Lille… Le pasteur Marc Boegner raconte dans ses carnets qu'en juillet 1943, il demande à Pierre Laval s'il est exact que toute méditation protestante à la radio a été interdite parce que lui-même aurait « donné comme mot d'ordre aux Français le mot de Marie Durand : Résistez[57] ». Au Chambon-sur-Lignon, l'instituteur Roger Darcissac fait éditer par le libraire du village des cartes postales représentant la Tour de Constance et le mot « Régister[58] ». Le tract ronéoté rédigé par le groupe du Musée de l'Homme à Paris, le 15 décembre 1940, prend pour titre *Résistance* sur la suggestion de la bibliothécaire Yvonne Oddon, d'origine drômoise : « C'est notre camarade, raconte Germaine Tillion, qui a proposé de le nommer ainsi (elle était en effet protestante et se souvenait que c'était le mot qu'inscrivaient, sur les murs de leur prison de la Tour de Constance, des femmes arrêtées pour leur foi au XVIIe siècle) ». Dans le maquis d'Ardaillès, le jeune Jacques Poujol compose *La Complainte du maquis cévenol* : « Sur les drapeaux de la France / Pour garder leur liberté / Comme à la Tour de Constance / Ils ont écrit : "Résister" », affirme la troisième strophe. Comme l'ont souligné les historiens Jean-Pierre Azéma, Pierre Laborie et François Boulet, ces

56 Yves Krumenacker, « Marie Durand, une héroïne protestante ? », *CLIO. Histoire, femmes et sociétés*, 29, 2009, p. 92.

57 *Carnets du pasteur Boegner (1940-1945)*, Paris, 1992, p. 254.

58 Patrick Cabanel (éd.), *La Montagne refuge. Accueil et sauvetage des juifs autour du Chambon-sur-Lignon*, Paris, 2013, p. 148-150.

rejeux de la mémoire huguenote sont à l'œuvre dès la défaite de 1940, mais ils ne se répandent vraiment qu'à compter de 1942, au moment où se développe l'accueil dans les montagnes. La « résistance spirituelle » ne doit donc pas être comprise comme strictement religieuse : elle se fonde sur des principes qui peuvent être aussi bien théologiques qu'historiques, culturels ou sociologiques. Elle n'est pas spécifiquement chrétienne ; mais chez les protestants, elle s'enracine dans une mémoire et une culture propres.

La solidarité rapide et précoce que mettent en place de nombreuses paroisses protestantes vis-à-vis des juifs s'appuie ainsi sur des affinités mémorielles entre les deux communautés. Face aux persécutions subies par les juifs, l'É.R.F. choisit une parole engagée.

DEVANT LA QUESTION JUIVE : SECOURS ET COMPASSION

Le problème de l'antisémitisme est posé dès l'arrivée d'Hitler au pouvoir en 1933. La comparaison entre l'attitude des Églises réformées en Suisse et en France est révélatrice : les Églises suisses sont restées assez largement indifférentes au sort des juifs[59]. La Fédération des Églises protestantes de Suisse ne se prononce qu'en mars 1934 sur la situation en Allemagne ; les Églises sont davantage préoccupées par le sort des coreligionnaires allemands que par la politique de discrimination mise en place par le régime nazi à l'égard des juifs ; sont organisés des secours aux réfugiés membres de l'Église confessante allemande et aux protestants d'origine juive persécutés. Mais l'attitude générale est de ne pas prendre position par rapport à un pays étranger : prudence excessive, retenue politique et indifférence dictent le plus souvent la ligne de conduite des Églises réformées suisses.

En France au contraire, les persécutions contre les juifs d'Allemagne incitent plusieurs pasteurs à s'engager dès 1933 : Freddy Durrleman, Wilfred Monod, Élie Gounelle. La Fédération protestante de France adresse au grand rabbin de France, dès les premières mesures antijuives prises par les nazis le 4 avril 1933, une lettre de solidarité :

> Le Conseil de la Fédération Protestante de France, réuni aujourd'hui pour la première fois depuis qu'a commencé, pour vos coreligionnaires d'Allemagne,

59 Nathalie Narbel, *Un ouragan de prudence. Les Églises protestantes vaudoises et les réfugiés victimes du nazisme (1933-1949)*, Genève, 2003.

une ère de grandes souffrances, me prie de vous assurer que les protestants français s'unissent de tout cœur à l'indignation de leurs compatriotes israélites et à la détresse d'un fanatisme odieux.

Les fils spirituels des Huguenots tressaillent d'émotion et de sympathie chaque fois qu'une minorité religieuse est persécutée et ils savent trop ce que le christianisme et, particulièrement, les Églises de la Réforme, doivent aux prophètes qui ont frayé la voie de l'Évangile pour ne pas se sentir meurtris des coups qui frappent les fils d'Israël. Nous avons la certitude, dont je tiens à vous faire part, que toutes nos Églises, au cours de la semaine sainte, s'uniront dans une fervente intercession pour les Israélites d'Allemagne.

La lettre, rendue publique par le grand rabbin, est reproduite dans quelques journaux. La situation des juifs allemands est comprise à travers les souvenirs des persécutions françaises après la Révocation de l'Édit de Nantes. En novembre 1938, suite à la « nuit de Cristal », c'est-à-dire au pogrom et aux destructions perpétrés en Allemagne par les nazis à l'encontre des juifs, la Fédération protestante de France prend cette fois position publiquement et condamne « sans réserve les doctrines racistes comme contraires à l'enseignement du Christ et des Apôtres ». En juin 1939, le pasteur Marc Boegner prononce une conférence, dans sa paroisse de Passy à Paris, sur « l'Évangile et le racisme ».

Pour autant, la condamnation de l'antisémitisme ne met pas fin aux débats. L'antijudaïsme traditionnel, « l'enseignement du mépris » (selon l'expression de Jules Isaac) vis-à-vis du peuple qui a rejeté le Messie, est encore vivant dans bien des esprits. Et le « problème » juif est souvent présenté, au cours des années 1930, sous l'angle de l'immigration des étrangers. Aussi, lorsqu'éclate la guerre, la question juive passe-t-elle à l'arrière-plan.

Le pasteur André-Numa Bertrand raconte dans son journal de l'été 1940 que, dès le 1er août à Paris, avant même toute mesure allemande contre les juifs, il est confronté à la détresse de trois jeunes femmes juives hongroises qui viennent lui demander, en pleurant, le baptême. L'une d'elles le bouleverse spécialement :

« Je suis enceinte, je ne veux pas que cet enfant soit persécuté... (quelle illustration de la prédestination : "dès le sein de sa mère" !...). Les Français eux-mêmes ne savent pas ce que c'est que la défaite de la France : le seul pays au monde où personne ne vous demande : de quelle race êtes-vous ? de quelle religion êtes-vous ? le seul qui nous ait toujours accueillis[60]. »

---

60 André-Numa Bertrand, « Extraits du *Journal de ma solitude* (10 juin-18 août 1940) », *B.S.H.P.F.*, 127, 1981/3, p. 490 (1er août).

Troublé jusqu'au fond de l'âme, Bertrand répond cependant que le baptême est un « acte religieux », et qu'il ne peut les baptiser pour des raisons qui n'ont rien de religieux. Bertrand regrettera d'ailleurs cette décision. Trois jours plus tard, les pasteurs parisiens évoquent ensemble ces baptêmes « pour lesquels [ils sont] sollicités journellement ». Bertrand conseille, en ce qui concerne les adultes, une extrême prudence, et même l'abstention pour la durée de l'Occupation ; pour les enfants, « prudence aussi et respect scrupuleux des règles… qui ne sont pas toujours respectées : parrain et marraine protestants connus, etc. ».

Les premières mesures contre les juifs sont prises en France à l'automne 1940. En zone occupée, les autorités allemandes promulguent le 27 septembre le « premier statut allemand des juifs » : ces derniers sont recensés, un panneau doit être apposé sur les devantures de leurs magasins, et les juifs qui ont quitté la zone occupée ont interdiction d'y revenir ; dès le 18 octobre suivant, les entreprises et les biens des juifs arrêtés ou absents sont « aryanisés ». En zone Sud, le gouvernement de Vichy publie le 3 octobre la « loi portant statut des juifs » : l'objectif est d'ôter aux juifs « toute influence politique » en les excluant (totalement ou partiellement) de la fonction publique, de l'enseignement, de l'armée et des médias. Gustave Monod, fils de pasteur, est démis de son grade d'inspecteur d'académie pour avoir refusé d'appliquer les mesures anti-juives dans les lycées parisiens. 2.900 juifs au total sont évincés de leur emploi. Malgré cela, ni l'É.R.F. ni la Fédération protestante de France ne réagissent officiellement. Ce silence n'est pas propre aux protestants : l'épiscopat catholique ne s'exprime pas davantage, alors même que depuis la condamnation de l'Action française en 1926, la vaste famille des catholiques sociaux, des intellectuels comme Jacques Maritain et Emmanuel Mounier, des théologiens comme le jésuite Joseph Bonsirven luttent contre les préjugés antisémites ; le pape Pie XI a d'ailleurs formellement condamné en 1938 le racisme et l'antisémitisme. Au même moment pourtant, les Églises protestantes hollandaises s'élèvent publiquement contre l'expulsion des juifs de la fonction publique et demandent l'abrogation immédiate des mesures : leur déclaration est lue le dimanche 27 octobre 1940 dans tous les temples réformés des Pays-Bas. En France, l'É.R.F. ne choisit pas cette posture « confessante », de protestation publique, dont les Églises protestantes allemandes ont montré le modèle. Certains pasteurs souhaiteraient cependant une réaction forte de l'Église : lors de la réunion du Conseil national de l'É.R.F., à Lyon, à la fin de l'année 1940, le pasteur André-Numa Bertrand demande à Marc Boegner « qu'une protestation écrite ne tard[e] point ». « Il avait été convenu cependant que je poursuivrais quelque temps encore mes démarches verbales », se justifie Boegner en 1945. « C'est peut-être ici que l'attitude de "connivence épiscopalienne" du pasteur Boegner a pesé le plus lourd », commente l'historien Patrick Cabanel[61].

Boegner rencontre le cardinal Gerlier à Lyon le 28 octobre 1940 : « Nous nous sommes trouvés d'accord sur bien des points, en particulier sur le racisme. » Les deux hommes partagent également la même stratégie d'influence : Boegner est soucieux de ne rien faire qui puisse nuire à l'œuvre du maréchal et de ménager les intérêts de l'Église alors que le gouvernement est bien disposé à son égard ; il préfère donc agir directement et compte sur ses relations personnelles avec les plus hauts responsables de Vichy pour faire évoluer la situation. Le général Brécard confie à Boegner qu'il « déplore la loi sur les juifs » ; le directeur de cabinet de Pétain, Henry du Moulin de Labarthète, lui indique que « le maréchal ne voulait pas cela » ; René Gilloin lui annonce qu'il vient de préparer un mémoire concluant à l'urgence d'une modification de cette loi… Mais les mois passent et rien ne bouge. Plusieurs pasteurs s'étonnent des « apparents silences de l'Église », mais Boegner ne reste pas passif : il soutient activement l'action de la CIMADE dans les camps d'internement où sont enfermés nombre de juifs ; il se rend lui-même au camp de Gurs en avril 1941. En décembre 1940, il adresse aux huit présidents des régions É.R.F. de la zone Sud une lettre circulaire consacrée au statut des juifs : « Pour l'Église, il n'y a pas de problème juif », mais il y en a un « pour certains États et à certaines époques de leur histoire ». Lors de sa rencontre avec les présidents des conseils régionaux de la zone libre en janvier 1941, Boegner note les « points de vue différents qui s'affrontent » : le président de l'É.R.F. est surtout soucieux de ne pas laisser les désaccords compromettre l'unité, si fraîche et encore fragile, de l'Église.

Lorsque la situation des juifs s'aggrave, avec la création du Commissariat général aux questions juives en mars 1941, Marc Boegner s'en émeut auprès de l'amiral Darlan. « C'est pour sauver les Juifs français », lui répond François Darlan, qui distingue trois catégories de juifs : les étrangers dont la France doit se débarrasser ; les naturalisés de fraîche

61 Patrick Cabanel, *De la paix aux résistances*, Paris, 2015, p. 173.

date ; et les vieux juifs français assimilés. Réuni à Nîmes, le Conseil national de l'É.R.F. mandate alors Boegner pour écrire deux lettres, l'une à Darlan, l'autre au grand rabbin Isaïe Schwartz.

Lettre à l'amiral Darlan, 26 mars 1941	Lettre au grand rabbin de France, 26 mars 1941
[...] Nous ne méconnaissons nullement la gravité du problème posé devant l'État par l'immigration récente et massive d'un grand nombre d'étrangers, dont beaucoup sont d'origine israélite, et par des naturalisations hâtives et injustifiées. Nous sommes convaincus que ce problème devait et pouvait être résolu dans le respect des personnes et dans le souci de la justice dont la France a toujours voulu être le champion. [...] Nous n'en sommes pas moins profondément émus, comme Français et comme chrétiens, par une loi qui introduit dans notre législation le principe raciste et dont la rigoureuse application entraîne, pour des Français israélites, de cruelles épreuves et de poignantes injustices. Nous nous élevons en particulier contre le principe en vertu de quoi l'état a rompu des engagements formels pris vis-à-vis d'hommes et de femmes dont l'immense majorité l'ont servi avec loyauté et désintéressement. On nous assure que la loi du 3 octobre n'est pas une loi de persécution religieuse. Si donc la liberté de culte demeure entière pour les israélites aussi bien que pour les catholiques et les protestants, pourquoi est-elle, en fait, déjà entravée ou menacée dans certaines localités ? En fait une minorité religieuse est durement frappée. Notre Église, qui a connu toutes les souffrances de la persécution, manquerait à sa mission primordiale si elle n'élevait pas la voix en sa faveur. [...]	Le Conseil national de l'Église réformée de France vient de se réunir pour la première fois depuis la mise en application de la loi du 3 octobre 1940. Il m'a chargé de vous exprimer la douleur que nous ressentons tous à voir une législation raciste introduite dans notre pays et à constater les épreuves et les injustices sans nombre dont elle frappe les Israélites français. Ceux qui parmi nous pensent qu'un grave problème a été posé devant l'État par l'immigration massive d'un grand nombre d'étrangers juifs ou non, et par des naturalisations hâtives et injustifiées, ont toujours exprimé la conviction que la solution de ce problème doit s'inspirer du respect de la personne humaine, de la fidélité aux engagements de l'État, des exigences de la justice dont la France n'a jamais cessé d'être le champion. Ils n'en sont que plus émus par l'application rigoureuse d'une loi qui, frappant exclusivement les israélites, frappe indistinctement les israélites français depuis de longues générations et souvent depuis des siècles, et les naturalisés d'hier. Notre Église, qui a connu jadis toutes les souffrances de la persécution, ressent une ardente sympathie pour vos communautés dont, en certains endroits, la liberté du culte est déjà compromise et dont les fidèles viennent d'être si brusquement jetés dans le malheur. Elle a déjà entrepris et ne cessera de poursuivre ses démarches en vue d'une refonte indispensable de la loi. [...]

Ces deux courriers ne sont pas destinés à être divulgués, mais une fuite donne à la lettre au grand rabbin un retentissement inattendu. Le journal collaborationniste *Au Pilori* dénonce « une lettre inadmissible du chef des protestants de France ». Diffusée sous forme de tract, cette lettre de solidarité circule en zone Sud à des dizaines de milliers d'exemplaires, dans les milieux protestants, mais aussi catholiques et juifs. Elle entraîne des réactions exacerbées. Si Boegner reçoit les approbations enthousiastes de certains, il essuie également des critiques virulentes : de passage à Mazamet, il apprend que son hôte souhaite « une victoire allemande totale par peur du communisme » ; des correspondants réclament sa démission ; et lorsque la nouvelle circule que deux de ses fils ont rejoint de Gaulle (Étienne Boegner dès 1940, et Jean-Marc Boegner en mai 1941), le pasteur Boegner est dénoncé comme traître auprès de Vichy… Au mois de mai suivant, Boegner obtient l'approbation et le soutien du Synode national, réuni à Alès (Gard). Mais dans le huis clos des débats synodaux, le pasteur André Trocmé demande une prise de position publique de l'É.R.F. en faveur de la protection des juifs.

> Folie que tout cela !, lui réplique Boegner. Vous ne feriez qu'attirer sur l'Église réformée de France, ce petit troupeau dont j'ai la garde, les foudres de l'Allemagne hitlérienne. Il faut songer avant tout à la « survivance physique du protestantisme français ». Cela, c'est mon affaire. Faîtes-moi confiance[62] !

Le Synode national réuni le 3 décembre 1941 à Nîmes vote à nouveau un ordre du jour de confiance au pasteur Boegner. Mais un clivage traverse l'É.R.F. au cours de cette année 1941, alors que les mesures contre les juifs se font plus dures. Le gouvernement de Vichy promulgue en effet le 2 juin 1941 le « deuxième statut des juifs », qui renforce leur exclusion des professions libérales, commerciales, artisanales et industrielles, et prescrit aux juifs de la zone non occupée de se faire recenser sous peine d'internement. Boegner fait savoir au maréchal Pétain, par l'entremise de René Gillouin, l'émotion suscitée parmi les chrétiens ; il entreprend une action concertée avec le cardinal Gerlier ; il parle de la « question juive » avec tous ses interlocuteurs à Vichy, et directement avec Pétain en janvier 1942. Mais certains attendent avec impatience que l'Église réformée fasse une déclaration vigoureuse : « Beaucoup regrettent que

62 *Madga et André Trocmé. Figures de résistance*, Textes choisis et présentés par Pierre Boismorand, Paris, 2007, p. 141-142.

[les interventions de Boegner] aient eu un caractère aussi largement personnel et confidentiel et n'aient donc pas montré à l'ensemble du pays sur quelle position se tient l'Église », note par exemple le pasteur Visser't Hooft à Genève. C'est pourquoi, les 16 et 17 septembre 1941, à l'initiative de Visser't Hooft, un petit groupe de jeunes pasteurs et de laïcs se réunit à Pomeyrol (Bouches-du-Rhône), dans une maison de retraite et de rencontre protestante. Sont présents les pasteurs Roland de Pury, Georges Casalis (secrétaire général de la « Fédé » étudiante), Pierre Courthial, Jacques Deransart, Henri Eberhard, André Vermeil, Jean Gastambide (secrétaire général de la Fédération des éclaireurs unionistes), Jean Cadier, Henri Clavier, Paul Conord, Pierre Gagnier, André de Robert, ainsi que trois laïcs : Madeleine Barot (de la CIMADE), Suzanne de Diétrich et René Courtin, professeur à la Faculté de droit de Montpellier. L'absence de Marc Boegner, retenu par les séances du Conseil national de l'État français, facilite les échanges : le groupe réuni n'a pas à tenir compte de la « politique de présence » menée par Boegner à Vichy et rédige la charte de la résistance spirituelle du protestantisme français à l'État.

> Nous étions convaincus que sans un ressourcement théologique et spirituel profond, il n'y aurait pas de résistance véritable ; c'est pourquoi aussi nous ne pouvions pas nous contenter de vivre par Barth et Niemöller interposés ; au défi français sur le sol français il fallait une réponse française, explique le pasteur Georges Casalis[63].

Le document prend la forme de huit thèses, aussitôt appelées « thèses de Pomeyrol », qui s'inspirent de la déclaration théologique allemande de Barmen, dont Karl Barth a été en mai 1934 l'un des principaux rédacteurs. Il affirme « la nécessité spirituelle de résistance à toute influence totalitaire et idolâtre » et dénonce surtout la politique française à l'égard des juifs.

> I – Il n'est qu'un seul Seigneur de l'Église et du monde, Jésus-Christ, Sauveur et Roi. L'Église annonce à tous les hommes la royauté de ce Sauveur. En particulier, elle enseigne au monde la volonté de Dieu concernant l'ordre qui doit y régner. Ph. 2,9-11 ; Col 1,15-19.

63 Georges Casalis, « La jeunesse protestante en zone non occupée », dans Xavier de Montclos (éd.), *Églises et chrétiens dans la IIe Guerre mondiale : 2. La France*, Lyon, 1982, p. 106.

II – Il appartient à l'Église, en tant que communauté de porter un jugement sur la situation concrète de l'État ou de la nation, chaque fois que les commandements de Dieu (qui sont le fondement de toute vie en commun) sont en cause. Toutefois, elle sait aussi que Dieu met à part certains hommes pour rappeler à l'Église cette tâche, ou l'exercer à sa place. En prononçant ces jugements, l'Église n'oublie pas qu'elle est elle-même sous le jugement de Dieu. Elle se repent de ses trahisons et de ses silences. Jr 1,4-9 ; Ez 3,17 ; Dn 9, 4-19 ; Ac 4,24-31 ; 1 P 4,17.

III – Ce ministère de l'Église à l'égard du monde trouve normalement son expression dans la prédication de la Parole de Dieu ; il s'exprime aussi par les résolutions et mandements des Synodes et autres corps ecclésiastiques, et s'il le faut, par leurs interventions auprès des autorités responsables de la vie du pays.

IV – La Parole de l'Église au monde est fondée sur tout ce que la Bible dit de la vie des communautés humaines, notamment dans les dix commandements et dans l'enseignement biblique sur l'État, son autorité et ses limites. L'Église rappelle donc à l'État et à la société les exigences de vérité et de justice qui sont celle de Dieu à l'égard de toute communauté. Pr 14,34 ; 1 Tm 2,1-4 ; 1 P 2,13-14.

V – L'Église reconnaît l'autorité de l'État voulu par Dieu pour le bien commun, elle exhorte ses membres à accomplir loyalement leurs devoirs de citoyens, elle leur rappelle que tout chrétien doit obéissance à l'État, étant bien entendu que cette obéissance est ordonnée et subordonnée à l'obéissance absolue due à Dieu seul. La parole de Dieu exerce son commandement et son contrôle sur toute obéissance rendue aux hommes. Ac 4,12 ; Ac 5,29 ; Rm 13,1-4.

VI – Tout en reconnaissant que les exigences du bien commun peuvent imposer certaines mesures d'exception, l'Église rappelle que la mission de l'État est d'assurer à chaque citoyen un régime de droit garantissant les libertés essentielles, excluant toute discrimination injuste, tout système de délation et tout arbitraire, en particulier dans le domaine de la justice et de la police. 2 Ch 19,6-7 ; Qo 5,7-8 ; Am 5,15 et 24 ; Rm 13,4.

VII – Fondée sur la Bible, l'Église reconnaît en Israël le peuple que Dieu a élu pour donner un Sauveur au monde et pour être, au milieu des nations, un témoin permanent du mystère de sa fidélité. C'est pourquoi, tout en reconnaissant que l'État se trouve en face d'un problème auquel il est tenu de donner une solution, elle élève une protestation solennelle contre tout statut rejetant les Juifs hors des communautés humaines. Rm 11,1-36.

VIII – Dénonçant les équivoques, l'Église affirme qu'on ne saurait présenter l'inévitable soumission au vainqueur comme un acte de libre adhésion. Tout en acceptant les conséquences matérielles de la défaite, elle considère comme une nécessité spirituelle la résistance à toute influence totalitaire et idolâtre. Ez 28,2-9 ; Dn 3 ; Mt 5,37 ; He 12,4.

Le groupe n'a reçu aucun mandat officiel de l'É.R.F., mais propose l'étude des thèses aux réunions pastorales, aux conseils presbytéraux et aux Synodes. Dans les jours qui suivent, se tient à Pomeyrol un congrès de la « Post-Fédé », autour au thème du « message de l'Église au monde dans les circonstances exceptionnelles de ce temps ». Le *Service œcuménique de presse et d'information* publie immédiatement les thèses. Le Conseil national de l'É.R.F. les envoie aux présidents des conseils régionaux ; les synodes régionaux les examinent, même si certains d'entre eux émettent des réserves d'ordre théologique ou politique. Lorsque le Synode national se réunit à Valence les 21-23 avril 1942, un nouveau cabinet vient d'être formé à Vichy, autour de Pierre Laval comme chef du gouvernement et avec René Bousquet comme secrétaire général de la police. Le Synode national de l'É.R.F. décide alors de rédiger un message destiné à être lu en chaire le dimanche de Pentecôte 24 mai :

> Si Dieu a préservé de la ruine l'Église réformée pendant plus de deux siècles de persécution, c'est pour qu'elle annonce l'Évangile de la consolation et du salut [...]. C'est aujourd'hui sur ce terrain de la fidélité à son message qu'elle doit rester inébranlable. Revêtez-vous donc des armes de Dieu. L'Église a reçu de Lui le mot d'ordre de résister à l'assaut de toute doctrine et de toute idéologie, de toute menace et de toute promesse qui porterait atteinte à l'enseignement de la Bible (Ancien et Nouveau Testament).

Au printemps 1942, l'É.R.F. lance ainsi officiellement un appel à la résistance spirituelle, même si son président poursuit sa politique de présence auprès des autorités de Vichy. À Paris, le pasteur André-Numa Bertrand décide d'assumer cette attitude « confessante » : lorsque l'occupant allemand rend obligatoire en zone Nord à partir du 29 mai 1942 le port de l'étoile jaune aux juifs ou aux personnes (même chrétiennes) d'origine juive de plus de six ans, Bertrand apporte son soutien au grand rabbin de Paris, Julien Weill. Bertrand intervient auprès du Commissariat général aux affaires juives pour dénoncer les brimades dont sont victimes les protestants portant un nom à consonance juive : puisque beaucoup de paroissiens n'ont pas de certificat de baptême, il défend les prérogatives de l'Église réformée dans la définition d'un « protestant », à partir des certificats de première communion ou d'inscription comme membre d'une association cultuelle. Surtout, le dimanche 7 juin, du haut de la chaire de l'Oratoire, il dénonce le port de l'étoile jaune, « une législation qui froisse [...] les principes les plus élémentaires de la dignité humaine ». Il réunit le Conseil de la Fédération protestante de France et rédige une lettre de protestation à destination du maréchal, que le pasteur Boegner remet en main propre à son destinataire, le 27 juin à Vichy : « L'ordonnance du 29 mai, imposant à nos compatriotes de race juive le port d'un signe distinctif, a profondément ému, écrit-il, les milieux protestants de la zone occupée. » Le 11 juin, Bertrand écrit à tous les pasteurs de la zone occupée, rappelant que « la chaire chrétienne ne pouvait rester silencieuse devant l'atteinte ainsi portée à la dignité d'hommes et de croyants » et que « les races sont toutes l'objet de la même sollicitude de Dieu ». Boegner transmet peu après cette lettre circulaire à tous les pasteurs de la zone Sud. La protestation se répand ainsi dans toutes les Églises sur le territoire national.

Au mois de juillet 1942, à Paris, les nazis font arrêter par des policiers français, sur ordre du gouvernement de Vichy, 13 000 juifs étrangers, entassés au Vélodrome d'Hiver avant d'être déportés. Ne pouvant réunir le Conseil de la Fédération protestante de France, le pasteur Bertrand prend l'initiative d'écrire en son nom au Délégué général du gouvernement auprès des autorités d'occupation, Fernand de Brinon : il s'élève contre « l'extermination d'une race », le « martyre immérité de ses femmes et de ses enfants ». Des rafles visent également des juifs réfugiés dans des villes de la zone occupée, notamment à Bordeaux, Tours et Dijon. À la suite de négociations avec les nazis, l'État français déporte plus de 10 000 juifs étrangers internés dans des camps de la zone Sud et multiplie les rafles dans tous les départements à partir du 26 août 1942. L'opinion publique est particulièrement troublée par cette radicalisation de la politique antijuive, notamment par les scènes d'horreur accompagnant les rafles, les cris et les pleurs des jeunes enfants arrachés à leurs parents. Le pasteur Boegner rencontre le cardinal Gerlier et ils décident d'une action coordonnée en écrivant au maréchal. Dans sa lettre du 20 août, Boegner proteste au nom du « respect du droit d'asile » contre « la livraison de ces malheureux étrangers [...] dans des conditions d'inhumanité » ; il argue de son titre de vice-président du Conseil Œcuménique des Églises pour faire part de « l'émotion » suscitée par ces mesures en Suisse, en Suède, aux États-Unis. Cette lettre, une fois de plus, est confidentielle mais elle est diffusée aussitôt, probablement par une fuite de l'entourage du cardinal Gerlier[64] ; elle est en outre traduite et publiée dans la presse étrangère. Le 27 août, Boegner écrit à Pierre Laval, au nom de la Fédération protestante de France et

64 C'est l'hypothèse qu'avance Patrick Cabanel (*De la paix aux résistances*, Paris, 2015, p. 200).

du Conseil Œcuménique des Églises, pour lui demander l'assurance que les réfugiés politiques ne seront pas livrés. Les carnets de Boegner égrènent la longue liste de ses informateurs : Madeleine Barot et la CIMADE sur la situation dans les camps d'internement ; les pasteurs Manen et Donadille sur le camp des Milles ; le pasteur Trocmé et le directeur du « Coteau fleuri », Hubert Meyer, au Chambon-sur-Lignon[65] ; l'Américain Donald Lowrie, délégué des YMCA en France et président du Comité de liaison des œuvres d'assistance aux réfugiés… Le curé d'Espanel (Tarn-et-Garonne) lui apporte directement la lettre pastorale de l'évêque de Montauban, Monseigneur Théas, « sur le respect de la personne humaine » lue dans toutes les chaires du diocèse le dimanche 30 août. Plusieurs évêques de la zone Sud en effet réprouvent les rafles et protestent publiquement, avec un fort écho dans l'opinion. Le premier est l'archevêque de Toulouse, Monseigneur Saliège, dans sa lettre pastorale du 23 août 1942 qu'il fait lire dans toutes les églises de son diocèse :

> Dans notre diocèse, des scènes d'épouvante ont eu lieu dans les camps de Noé et de Récébédou. Les Juifs sont des hommes, les Juives sont des femmes. Les étrangers sont des hommes, les étrangères sont des femmes. Tout n'est pas permis contre eux, contre ces hommes, contre ces femmes, contre ces pères et mères de famille. Ils font partie du genre humain. Ils sont nos frères comme tant d'autres. Un chrétien ne peut l'oublier.

L'évêque de Marseille, Monseigneur Delay, ami du grand rabbin Salzer et proche des milieux juifs résistants, évoque même le fait que les juifs déportés sont « envoy[és] peut-être à la mort ». Monseigneur Moussaron, évêque d'Albi, comme Monseigneur Vansteenberghe en zone occupée, à Bayonne, rappellent les droits inviolables et sacrés de la personne humaine. Le cardinal Gerlier fait lire dans toutes les églises, le dimanche 6 septembre 1942, un message affirmant que « les droits de l'État ont des limites » et condamnant les mesures de déportation – ce qui lui vaut d'être traité de « talmudiste délirant, traître à sa foi, à son pays, à sa race » par le journal collaborationniste *Le Pilori*. Ce même dimanche a lieu à Mialet (Gard) la traditionnelle Assemblée protestante du Désert : le pasteur Boegner prononce le sermon du matin et une allocution l'après-midi, puis réunit les 62 pasteurs présents pour les informer de la situation. Le lendemain, il adresse à tous les pasteurs

65 Patrick Cabanel, *La Maison sur la montagne. Le Coteau fleuri, 1942-1945*, Paris, 2019.

de la zone Sud une lettre pour les inciter à agir : « Il importe que nos Églises, bien loin de se fermer à l'écho des souffrances endurées tout près d'elles et parfois en elles, apprennent plus que jamais à "porter les fardeaux" des autres, et que, pasteurs et fidèles, nous mettions en pratique la parabole du Bon Samaritain. » Mais l'É.R.F. n'a pas encore réagi publiquement, ce qui ne manque pas d'être reproché à Boegner. Celui-ci se justifie, dans sa lettre du 7 septembre (« que vos paroissiens, qui parfois reprochent à leur Église de garder un silence scandaleux, sachent que tout a été tenté pour atténuer d'indicibles souffrances... »), mais plus encore devant l'assemblée générale du protestantisme français réunie à Nîmes en octobre 1945 :

> À l'Assemblée du Musée du Désert [de 1942], nos collègues m'avaient pressé de faire en sorte que la voix des Églises protestantes fût entendue sans retard. Mais, outre qu'il est moins facile à un corps de 14 membres de se réunir pour parler à l'Église ou au nom de l'Église, qu'à un évêque de publier un mandement, j'ai toujours pensé qu'avant de protester devant nos fidèles ou la nation contre les fautes d'un Gouvernement, il fallait aller dire d'abord à qui de droit ce que nous en pensions[66].

Les règles de fonctionnement de la Fédération protestante ou de l'É.R.F. les ont-elles vraiment empêchées de s'exprimer aussi vite que les évêques catholiques ? Boegner souhaite avant tout poursuivre sa stratégie : coordination avec le cardinal Gerlier et conversations avec les autorités de Vichy. Du 9 au 12 septembre, Boegner s'entretient à nouveau avec Pierre Laval, l'amiral Platon et René Bousquet, mais il n'obtient rien... La prise de position publique devient donc la seule et unique solution. Une deuxième rencontre est organisée à Pomeyrol, entre le 16 et le 19 septembre 1942, par cinquante-cinq pasteurs pour savoir ce qu'est une « paroisse confessante » ; les participants rédigent neuf « affirmations » dénonçant la persécution des juifs, appelant implicitement à la résistance et explicitement à organiser la protection et l'évasion des juifs. Quant au Conseil national de l'É.R.F., il décide le 22 septembre d'adresser à toutes les Églises locales un message à lire en chaire : sur le plan politique, l'É.R.F. estime ne pas pouvoir garder le silence devant « la souffrance de milliers d'êtres humains qui reçurent asile sur notre sol » et sont maintenant « livrés à un sort tragique ». C'est « le cri de la

66 *Les Églises protestantes pendant la guerre et l'Occupation*, Paris, 1946, p. 32.

conscience chrétienne » que lance l'É.R.F. : « L'Évangile nous ordonne de considérer tous les hommes sans exception comme des frères pour qui le Sauveur est mort en croix ». Le message rappelle que Jésus est né dans le peuple juif et demande à tous les fidèles d'agir avec « la compassion du Bon Samaritain ».

Le Synode national de 1943 se fait cependant l'écho du débat soulevé par ce message. Dans son rapport, Boegner précise que « quelques pasteurs, dont des présidents de région, ont estimé ne pas devoir le lire. Pour quelles raisons ? De fond ? Ou de procédure ? Nous respectons la conscience de ces frères ». L'antijudaïsme traditionnel comme le maréchalisme trouvent encore des partisans dans le protestantisme ; de plus, la question est posée de savoir si le Conseil national, dans l'intervalle des Synodes, a qualité pour adresser aux fidèles un message que tous les pasteurs seraient tenus de lire en chaire. Seuls huit pasteurs, dont deux présidents de région, semblent avoir refusé cette lecture – soit 3 % des pasteurs. Le dimanche 4 octobre 1942, la quasi-unanimité des pasteurs de l'É.R.F. a donc lu le message du Conseil national, redoublant parfois la force de ce texte dans leur prédication. Le Synode national de 1943 approuve l'attitude de ses dirigeants et adresse à son tour un message aux fidèles : « Le monde d'hier s'est installé dans la soif immodérée du bien-être et dans la peur de la souffrance qui ont fait de lui un monde perdu, voué aux écroulements intérieurs et aux catastrophes » ; c'est dans ces conditions que le Conseil national s'est vu « dans l'obligation d'élever la voix au nom de la conscience chrétienne ». Mais désormais, l'heure n'est plus à la prise de parole : l'Église est entrée dans le « silence » de l'action et de la clandestinité.

Le retournement de l'opinion publique après les arrestations en masse de l'été 1942 et les protestations des Églises ont permis le développement de chaînes de solidarités silencieuses, qui ont sauvé des milliers de vies. Les vieux terroirs protestants se transforment en « terre de refuge » : les Cévennes bien sûr, mais plus largement toutes les régions rurales, du Poitou au Dauphiné, où il est assez facile de disséminer des fugitifs dans les fermes et les hameaux. Les souvenirs camisards sont encore très vivaces et actualisent les tourments de la persécution : le dimanche 19 avril 1942, trois cent-cinquante protestants du pays viganais (Gard), bravant la pluie et le vent, se retrouvent au Col de Mouzoules pour évoquer l'assemblée du désert surprise par les armées du roi, deux siècles plus tôt en 1742, et inaugurer une stèle commémorative… « On peut penser, avance Patrick Cabanel, que ces Camisards ont protégé deux fois les juifs, en armant les paysans cévenols pour la résistance et en invitant les autorités vichyssoises à une certaine circonspection[67]. » Le plateau du Vivarais-Lignon, à mille mètres d'altitude, devient une « montagne refuge » : environ un millier de juifs y sont cachés. L'Institut Yad Vashem de Jérusalem accordera, à titre exceptionnel puisqu'il est normalement attribué à des individus, le titre de « Juste parmi les nations » à l'ensemble de la population du Chambon-sur-Lignon. Dans les villes, les réseaux de sauvetage n'en sont pas moins actifs : à titre d'exemples, mentionnons le centre social La Clairière et l'orphelinat protestant du Bon Secours à Paris, l'Asile protestant d'Orthez ou encore la Maison de santé protestante de Nîmes… L'implication des pasteurs est significative : plus d'une soixantaine recevront d'ailleurs la médaille des « Justes parmi les nations ». Les temples comme les presbytères servent d'hébergement temporaire à bien des clandestins. Les enfants du pasteur Roland de Pury se souviennent de « la maison toujours pleine de réfugiés que nos parents nous présentaient comme des amis de la famille » ; l'étudiant en théologie André Dumas fête ses fiançailles avec Francine Buss « lors d'un week-end, en octobre 1943, dans l'appartement des Pury que j'habitais alors à Lyon, avec les chambres peuplées de juifs en transit clandestin vers la Suisse[68] ». Le pasteur Roger Chapal se rappelle de la collection de tableaux du peintre juif d'origine polonaise Léopold Gottlieb (1883-1934) que Roland de Pury avait recueillie dans son presbytère[69]… Car on ne cache pas que des hommes, mais aussi des objets précieux, des documents, des papiers. Avec l'aide de nombreux paroissiens, Roland de Pury soutient les filières d'évasion vers la Suisse : « Tous les fidèles furent ici résistants, peu ou prou », dira-t-il plus tard[70]. À Lyon particulièrement, cette action n'aurait pas été aussi féconde sans le travail en commun avec les catholiques, grâce à des engagements œcuméniques spontanés. Le

---

67 Patrick Cabanel, *De la paix aux résistances*, Paris, 2015, p. 313.

68 André Dumas, « Roland de Pury ou l'homme révolté », *Réforme*, 3 février 1979.

69 Roger Chapal, « Vie et témoignage de l'Église réformée d'Aouste-Saillans pendant la guerre », dans *Églises et chrétiens dans la IIe guerre mondiale : 1. la région Rhône-Alpes*, Lyon, 1978, p. 299.

70 Voir les témoignages de Georges Casalis (dans *Les Clandestins de Dieu. CIMADE 1939-1945*, Paris, 1989, p. 190-191), de Monique Chaurand et d'Yves Lacaze (dans *Roland de Pury 1907-1979*, Lyon, 2008, p. 66-71).

numéro d'avril-mai 1942 des *Cahiers du témoignage chrétien* veut briser le silence et informer sur le péril de l'antisémitisme, contraire à la foi en Christ ; il porte en exergue : « Nous ne pouvons pas ne pas parler. » La création des « Amitiés chrétiennes », sous la présidence d'honneur du cardinal Gerlier et du pasteur Boegner, permet la mise en place d'une vaste structure de refuges et de cachettes dans des couvents, dans des églises ou des temples, organisant la distribution de faux papiers ou la fuite clandestine. Lorsque le local des « Amitiés chrétiennes » est surveillé, les réunions se tiennent au presbytère protestant. Mais tout cela n'est pas sans dangers : l'abbé Glasberg doit quitter la ville à la fin de 1942 après avoir été condamné par contumace ; le Père Chaillet est arrêté en janvier 1943, avant d'être rapidement relâché ; Roland de Pury est arrêté à son tour et extradé vers la Suisse. Genève et la Suisse en général sont au cœur d'un réseau international protestant d'informations et d'entraide : Boegner s'y rend régulièrement ; grâce au président de la Fédération protestante suisse, le pasteur Koechlin, il négocie avec les autorités helvétiques le passage de juifs dont les œuvres catholiques ou protestantes se portent garants.

Ces convergences œcuméniques apparaissent également dans un autre combat : pour sauvegarder leur indépendance spirituelle, les Églises doivent défendre leurs mouvements de jeunesse.

PROTÉGER LA JEUNESSE : LA CRAINTE DE LA HITLERJUGEND

Les mouvements de jeunesse chrétiens sont eux aussi bousculés par la guerre et la débâcle, qui les ont largement désorganisés sans pour autant entraîner leur disparition. Les chefs éclaireurs étant pour la plupart mobilisés, bien des troupes sont alors dirigées par un conseil des chefs de patrouille. Le secrétariat national des Éclaireurs unionistes[71] quitte Paris le 10 juin 1940 et, après des pérégrinations aléatoires, s'installe finalement à Vichy à la fin du mois de juillet. Le Commissaire national des Éclaireurs unionistes, Jean Gastambide, devient la seule autorité protestante présente de manière permanente à Vichy. Les Unions chrétiennes de jeunes gens, après une période de flottement, parviennent à se réorganiser et à tenir, en novembre 1941 à Castres, leur Assemblée

71 Le terme d'unioniste tire son origine de la naissance des premières troupes de scoutisme protestant au sein des Unions chrétiennes de jeunes gens.

unioniste, qui réunit plus de deux cents délégués. Le bureau de la « Fédé » étudiante se replie à Montauban à l'été 1940, puis à Nîmes ; une dizaine de camps peuvent avoir lieu malgré tout, réunissant environ trois cents fédératifs. La solide structure de ces associations a tenu bon dans la tourmente. Les scouts se sont fait remarquer comme auxiliaires de la Croix-Rouge auprès des blessés et des réfugiés.

Mais l'enjeu est surtout politique et idéologique : la jeunesse se trouve en effet au cœur du redressement moral de la société, mis en œuvre dès l'été 1940 par Vichy. Le nouveau gouvernement nourrit l'ambition de conduire une grande politique de la jeunesse et crée ainsi, dès le 12 juillet, un Secrétariat général à la jeunesse, qui dispose de moyens importants. Les conséquences sociales de la défaite s'ajoutent au désir d'encadrer la jeunesse : la démobilisation, la montée du chômage, l'afflux de jeunes réfugiés dans le Sud de la France imposent des mesures. Vichy favorise donc la naissance de nouvelles organisations. Les « Chantiers de la jeunesse » ont pour objectif de faire participer les jeunes Français âgés de 20 ans au « renouveau » de la France, dans le cadre d'un service civil obligatoire de huit mois. Les « Compagnons de France » recrutent des adolescents, des chômeurs ou des personnes déplacées par l'exode de 1940 pour les employer à des services d'utilité publique. Le « Bureau interfédéral du scoutisme » est installé à Vichy et sa direction est confiée au général Michel Lafont, chef des Scouts de France (catholiques), en remplacement du pasteur André-Numa Bertrand qui n'en a pas été informé…

Tous ces changements inquiètent l'É.R.F. sur le devenir des mouvements de jeunesse. La crainte est celle du modèle de la *Hitlerjugend*, les « Jeunesses hitlériennes », organisation qui devient en 1936 la seule association de jeunesse autorisée en Allemagne ; toutes les autres doivent se fondre en elle, et ses effectifs dépassent alors les cinq millions de membres ; en 1939, elle devient officiellement obligatoire. En France, les milieux collaborationnistes souhaitent de même bâtir une jeunesse unique et fasciste. Dès l'automne 1940, des rumeurs à ce sujet courent dans les hautes sphères du pouvoir, avant qu'un plan de jeunesse unique ne devienne public au printemps 1941. « L'heure est à la jeunesse unique, prolongement du parti unique », s'enthousiasme l'écrivain Maurice Bardèche. Le 27 octobre 1940, le pasteur Boegner s'accorde avec le cardinal Gerlier pour refuser toute politique d'unification de la jeunesse française. Lors d'une réunion à Vichy à l'automne 1940 de toutes les autorités religieuses protestantes de la zone Sud (présidents des conseils régionaux, directoire de l'Église de la Confession d'Augsbourg, directions de la Faculté de théologie de Montpellier et de celle de Strasbourg repliée à Clermont-Ferrand, responsables de l'Armée du Salut), Boegner alerte sur le risque que ne soit créé un mouvement de jeunesse unique auquel tous les jeunes devront participer : il donne comme directive à chaque communauté de rassembler d'urgence la jeunesse dans l'un des mouvements protestants existants (Unions chrétiennes de jeunes gens ou de jeunes filles, Éclaireurs ou éclaireuses, « Fédé » étudiante). À plusieurs reprises, le front uni des différents mouvements de jeunesse, protestants, catholiques, scouts, parvient à mettre en échec les tentatives de jeunesse unique. Le pasteur André-Numa Bertrand est heureux de voir les Scouts et guides de France parisiens « cabrés d'avance contre la main-mise sur la jeunesse d'un gouvernement qui doit cependant leur plaire[72] ». Dès décembre 1940, le général Lafont, à la tête du Scoutisme français, récuse « le moule unique ». L'Assemblée des cardinaux et archevêques, en juillet 1941, prend officiellement parti contre une telle politique :

> Si des voix s'élevaient pour réclamer la disparition de ces mouvements [de jeunesse et d'action catholique], nous serions obligés de protester de toutes nos forces contre ce qui nous paraîtrait inévitablement être un attentat à l'âme de la France. On parle de plus en plus de jeunesse unique : si cette expression signifie qu'on demande la suppression de nos mouvements de jeunes, de leur esprit, de leurs méthodes de formation, nous ne saurions l'accepter : jeunesse unie au service du pays ? oui ; jeunesse unique ? non[73] !

La nouvelle tentative pour la mise en place d'une jeunesse unique, menée par le ministre de l'Intérieur Pierre Pucheu en mars 1942 rencontre la même opposition : Monseigneur Beaussart au nom de l'Église catholique et le pasteur Boegner au nom de la Fédération protestante plaident, devant le Conseil national de Vichy, en faveur du pluralisme. Le maréchal Pétain s'engage finalement en faveur du respect de l'autonomie des mouvements de jeunesse : « Il ne saurait être question de créer une jeunesse d'État », conclut-il le 5 mars 1942.

72 André-Numa Bertrand, « Extraits du *Journal de ma solitude* (10 juin-18 août 1940) », *B.S.H.P.F.*, 127, 1981/3, p. 480 (19 juillet).

73 *Le Discours social de l'Église catholique de France : 1891-1992. Textes majeurs de l'Épiscopat français*, Paris, 1995, p. 222.

Car en réalité, le régime de Vichy n'a pas les moyens de sa politique, et les mouvements de jeunesse existants, confessionnels ou non, vont lui fournir de nombreux cadres. 1940 sonne « l'heure du scoutisme », note l'historien Gérard Cholvy : « Les scouts sont d'ailleurs convaincus d'être les meilleurs artisans du redressement national », notamment grâce aux valeurs que véhicule la pédagogie scoute[74]. À partir de septembre 1940, le Secrétariat général à la jeunesse est dirigé par Georges Lamirand (catholique militant, ancien des Équipes sociales fondées par Robert Garric), assisté de Pierre Goutet (dirigeant de la Route, branche aînée des Scouts de France) puis de Louis Garrone (ancien chef louveteau et professeur à l'École des Roches). Les « Chantiers de la jeunesse » sont dirigés par le général de La Porte du Theil, ancien commissaire des Scouts de France de la région parisienne. Les « Compagnons de France » sont fondés par Henry Dhavernas, alors commissaire général par intérim des Scouts de France. Les protestants ne sont pas absents : Jean Gastambide, commissaire national des Éclaireurs unionistes, participe à la création des « Compagnons de France » aux côtés de Paul Weber, Emmanuel Niedrist ou Georges Auberlet, eux aussi animateurs des Éclaireurs unionistes. Deux protestants membres des Éclaireurs de France (branche laïque du scoutisme), André Basdevant et Ronald Seydoux, deviennent respectivement secrétaire général du Scoutisme français et responsable du service des Maisons de jeunes au Secrétariat général à la jeunesse. Avec la Révolution nationale, il y a une certaine convergence, notamment au début de l'année 1941, alors que Pierre Laval a été renvoyé de la vice-présidence du Conseil et que la popularité du maréchal Pétain est au plus haut. Les groupes de la « Fédé » travaillent, à partir de janvier 1941, sur la trilogie « Travail, Famille, Patrie ». Le groupe « Fédé » de Clermont-Ferrand participe, début 1941, à la grande fête de la jeunesse de la ville, clôturée par un discours de Pétain : « J'avoue, lit-on dans le compte-rendu, que cela faisait une chic impression de voir des représentants de tous les Mouvements réunis sur une même scène dans un même désir de collaboration. » La mission organisée par la « Fédé » de Grenoble en mai 1941 prend pour thème : Révolution nationale et révolution spirituelle. Les camps organisés avec les étudiants étrangers sont accueillis par les Écoles régionales de formation des cadres mises

74 Gérard Cholvy, *Histoire des organisations et des mouvements chrétiens de jeunesse en France*, Paris, 1999, p. 199.

en place par Vichy : on y médite le matin sur une maxime du maréchal Lyautey ou du maréchal Pétain…

Une partie des cadres de l'École d'Uriage (Isère) vient elle aussi du scoutisme et du protestantisme. Fondée par un catholique convaincu, Pierre Dunoyer de Segonzac, pour régénérer la jeunesse, Uriage propose un enseignement original, ouvert à toutes les options religieuses et philosophiques, ce qui permet aux protestants d'y jouer un rôle majeur. Deux des six instructeurs permanents sont protestants : le pasteur Jacques Lochard et l'ancien chef scout Pierre Ollier de Marichard, qui est également responsable des publications de l'École. Le pasteur René Juteau, ancien responsable éclaireur, prend la direction des trois centres régionaux de formation de cadres ouverts dans le Lot-et-Garonne, l'Ardèche et le Gard. Proportionnellement, les protestants y sont nombreux, d'autant plus que les mouvements de jeunesse catholiques sont réservés vis-à-vis de l'École, les Scouts de France par maréchalisme et l'Action catholique en raison de son approche spécialisée. À la session d'octobre 1940, par exemple, 10 % des 150 stagiaires sont des éclaireurs unionistes. En mars 1941, quatre pasteurs sont présents : Henry Bruston, Jean Gastambide, Georges Casalis et René Juteau. 20 membres de la « Fédé » participent au stage d'étudiants du mois de mai 1941. Significativement, le pasteur Boegner soutient Dunoyer de Segonzac lorsque celui-ci est convoqué, en mars 1942, devant la Commission d'études des problèmes de la jeunesse à Vichy.

Ces rapprochements entre protestants et catholiques s'observent, de manière plus générale, entre les dirigeants des mouvements de jeunesse : les conditions nouvelles poussent à dépasser les anciens antagonismes pour développer entraide et solidarité. Un camp rassemble les chefs des différentes branches scoutes et permet la création d'une fédération, appelée « Le Scoutisme français », dont les statuts sont déposés en décembre 1940. Lorsque le gouvernement de Vichy dissout les Éclaireurs Israélites de France en novembre 1941, le général Lafont obtient des autorités la poursuite des activités de la branche israélite sous le contrôle du Scoutisme français. Les mouvements agréés bénéficient de l'aide de l'État, financière et matérielle, ce qui est loin d'être anodin en période de restrictions : ravitaillement pour les camps d'été, aide alimentaire, fournitures textiles… En 1942, Vichy décore de la francisque les responsables du scoutisme : Jean Gastambide renvoie sa décoration dès le lendemain, sans réaction de la part des autorités. Les mouvements de jeunesse conservent en effet, de manière inattendue, une large indépendance. Le Secrétaire général à la jeunesse n'est pas un « chef de la jeunesse » ; les cadres des mouvements de jeunesse engagés dans les institutions de Vichy ne sont en aucun cas « purement et simplement aux ordres du gouvernement ». Les mouvements de jeunesse ne veulent pas être inféodés à une direction politique. Lorsque les associations protestantes demandent leur agrément auprès du ministère, elles annexent à leur dossier une « note jointe » courageuse, rédigée par Jean Gastambide, commissaire national des Éclaireurs unionistes, et Georges Casalis, secrétaire général de la Fédé, pour réaffirmer leurs valeurs face à la glorification du corps, au racisme et aux idéologies totalitaires :

> [Notre] message [d'évangélisation] s'adresse à tout homme, quelles que soient sa race ou son origine ; aucune catégorie de jeunes ne peut donc être délibérément exclue de l'un de ces mouvements. [...] La Bible nous enseignant que l'obéissance a pour limite, en même temps que pour motif, l'obéissance à Dieu, [...] s'il y a conflit entre l'ordre de l'État et l'ordre de Dieu, il est préférable pour un chrétien de tout risquer, et de tout souffrir plutôt que de trahir son Seigneur[75].

Malgré ces réserves explicites, les mouvements protestants sont agréés, en août 1941, en zone non occupée.

De part et d'autre de la ligne de démarcation, l'évolution des mouvements de jeunesse est nettement différente. À Paris, dès le mois de juillet 1940, le pasteur André-Numa Bertrand défend aux éclaireurs unionistes de porter leur uniforme : il s'agit à la fois d'éviter toute confusion avec les Jeunesses hitlériennes et toute possibilité de fraternisations « collaboratrices » avec les associations fascisantes. Par ordonnance du 28 août 1940, les autorités allemandes interdisent toutes les associations en zone occupée. Pour sauver les mouvements de jeunesse protestants, l'É.R.F. de la zone occupée décide de les intégrer au sein des paroisses. Mais le problème est plus complexe qu'il n'y paraît : si l'Église absorbe purement et simplement les divers mouvements de jeunesse, elle rendra impossible une réunification ultérieure avec ceux de la zone Sud. Pour préserver

75 Cité par André-Jean Mendel, « Les mouvements de jeunesse protestants pendant la Seconde guerre mondiale », dans *Les Protestants français pendant la seconde guerre mondiale*, Paris, 1994, p. 203.

tout à la fois les traditions et l'avenir, l'É.R.F. décide donc de conserver l'esprit et les méthodes de chacune des organisations au sein du cadre ecclésial : les groupes de jeunesse paroissiaux sont subdivisés en trois, selon que les membres appartiennent aux Unions chrétiennes de jeunes gens ou de jeunes filles (qui deviennent les groupes A), au scoutisme (qui deviennent les groupes B : Bg pour les garçons, Bf pour les filles) ou à la « Fédé », lycéenne et étudiante (les groupes C). Au sein de chacun sont créés des groupes d'âge : de 8 à 12 ans, les cadets et cadettes ; de 12 à 18 ans, les jeunes ; au-dessus de 18 ans, les aînés. Sans uniformes ni signes extérieurs de ralliement, ayant troqué leurs chants traditionnels pour des cantiques, les groupes scouts n'en conservent pas moins ainsi leur « esprit ». Les comités locaux sont soumis à des commissions régionales, elles-mêmes réunies au sein d'une « Commission nationale de la jeunesse », dont le pasteur Jean Bosc (secrétaire national de la Fédé) et Éliane Frey (commissaire nationale des louveteaux) prennent la direction. L'intuition des responsables réformés de la zone occupée a été d'ailleurs la bonne sur ce sujet : lorsque les deux zones sont réunifiées après l'entrée des troupes allemandes en zone libre en novembre 1942, les organisations de jeunesse peuvent fusionner et retrouver sans difficultés leur unité.

En zone non occupée, les mouvements de jeunesse peuvent poursuivre plus librement leurs activités mais, par précaution, ils se fédèrent dès le 24 juillet 1940 au sein du « Conseil protestant de la jeunesse » dont le pasteur Boegner prend la présidence. Il s'agit bien sûr de s'entraider, d'organiser en commun des camps ou des activités, mais l'objectif est surtout d'afficher un front unique et d'assurer leur défense face au gouvernement de Vichy. Cette transformation est plus importante qu'il n'y paraît. Historiquement en effet, les mouvements de jeunesse se sont constitués en dehors des Églises : pour une question de méthode d'abord (l'évangélisation des jeunes par les jeunes), pour une question de fond ensuite (ils sont d'inspiration protestante mais ouverts à tous, et aucun ne s'appelle protestant). Adoptant un principe interdénominationnel selon le modèle anglo-saxon, ces mouvements rassemblent donc la jeunesse protestante quelle que soit son Église de rattachement, comme une sorte d'avant-garde des Églises. La « Fédé » se définit comme un mouvement issu du protestantisme, mais non confessionnel ; elle tient avec fierté à son nom de fédération d'associations *chrétiennes* d'étudiants, et non d'associations d'étudiants *chrétiens* : elle n'exige aucunement de ceux qui fréquentent ses réunions qu'ils adhèrent au christianisme. Les liens avec l'Église sont – sociologiquement et théologiquement – étroits, puisque ces mouvements forment la jeunesse protestante et servent de bassins de recrutements des futurs cadres de l'Église, pasteurs et laïcs engagés, mais tous ces mouvements sont restés structurellement indépendants.

La création du Conseil protestant de la jeunesse (C.P.J.) n'est donc pas seulement un rapprochement par opportunisme politique dans le contexte de la guerre ; elle correspond également à une inflexion théologique, sous l'influence du barthisme et de la redécouverte de la notion d'Église. Les mouvements sont appelés à devenir « jeunesse d'Église », comme l'explicite Jean Gastambide dans son rapport au Synode national de l'É.R.F. de mai 1941. Le livre *Église et jeunesse* publié en 1943 par les éditions « Je sers » développe l'idée que l'Église ne peut abandonner aucun groupe éducatif à son propre programme : « La jeunesse ne peut pas être considérée par l'Église comme une réalité extérieure à elle, ou même, dans son sein, comme une catégorie nettement distincte, mais d'abord comme une partie intégrante de son corps », écrit par exemple le pasteur Jean Bosc. Les Unions chrétiennes de jeunes gens (U.C.J.G.), qui revendiquent leur caractère laïque et non ecclésial, se retrouvent au cœur du débat : faut-il préserver leur autonomie ou refondre leur organisation en la rapprochant de l'Église ? De manière plus générale, faut-il une « jeunesse unique » dans l'É.R.F. ? En mars 1942, le Conseil protestant de la jeunesse décide de reprendre en main les U.C.J.G. Le président des U.C.J.G., Jean Beigbeder, jugé par ailleurs trop favorable au maréchal Pétain, est contraint à la démission. Plusieurs responsables des U.C.J.G. protestent contre « l'orientation théologique et autoritaire du C.P.J. », à l'image du pasteur Maurice Voge, qui démissionne à son tour : « Notre mouvement est désormais considéré comme mineur », s'afflige-t-il. Le président du C.P.J., Marc Boegner, propose aussitôt à un pasteur, Albert Gaillard, de prendre le poste de secrétaire général des U.C.J.G. À la faveur de la guerre, l'É.R.F. renoue ainsi des relations institutionnelles avec les mouvements de jeunesse, restés à l'écart de la réunification de 1938.

Mais cette crise des U.C.J.G. ne dépasse pas le cercle des membres du comité directeur. Les mouvements de jeunesse connaissent au contraire, dans les années 1940, un nouvel essor. L'ensemble des mouvements regroupe entre 20 et 25 000 membres : 10 à 12 000 pour les Éclaireurs unionistes et la branche unioniste de la Fédération française des éclaireuses ; 4 à 6 000 pour les Unions chrétiennes de jeunes gens ; 4 à 5 000 pour les Unions chrétiennes de jeunes filles ; 1 500 à 2 000 pour la « Fédé » étudiante[76]. Dans un contexte de guerre où les mobilités sont moindres et les espaces de liberté réduits, les mouvements de jeunesse apparaissent comme fortement attractifs. En 1942, les Éclaireurs unionistes de la zone non occupée comptent plus d'adhérents qu'ils n'en avaient dans la France entière trois ans auparavant. L'affluence des participants aux grands congrès est le reflet de cette vitalité : un conseil national des éclaireurs regroupe à Nîmes, en novembre 1942, plus de 800 chefs. L'Assemblée unioniste des U.C.J.G., en novembre 1941, rassemble plus de 200 délégués, de même que le congrès de la « Fédé » en février 1942 à Grenoble. Les « journées de mission » organisées par la « Fédé » à Montpellier et à Toulouse en 1941 et 1942 rassemblent des auditoires de trois cents étudiants. La revue des U.C.J.G., *L'Espérance*, reparaît à partir du début de l'année 1943 et se diffuse bientôt à 6 000 exemplaires.

Le point d'orgue de l'activité des mouvements est le camp : camps d'été de la « Fédé » à La Chalp-d'Arvieux (Hautes-Alpes) ; camps des U.C.J.G. sur le site de Camp-Joubert, au Chambon-sur-Lignon, à partir de 1942 ; camps des U.C.J.F. au chalet des Grangettes, à Notre-Dame de Bellecombe (Savoie) ; camps des responsables de la « Fédé » à Pâques au domaine de Pomeyrol (Bouches-du-Rhône)... Les circonstances poussent à se rassembler, dans des retraites organisées en commun par les différents mouvements. La Fédé, qui par sa composition et son histoire est un peu la tête pensante des mouvements de jeunesse protestants, insuffle les idées et la théologie de Karl Barth. Le pasteur Roland de Pury réunit, dans une ferme de la Drôme, des fédératifs pour lire le prophète Habacuc : « Nous eûmes alors deux prophètes, se souvient Michel Bouttier, l'écrivain biblique et le lecteur inspiré[77]. » En janvier 1942, Roland de Pury, André de Robert et Marc Boegner animent une rencontre au chalet des Grangettes autour d'études bibliques. Les livres de l'Ancien testament (Exode, Job, Ecclésiaste, les prophètes) comme les

76 Chiffres donnés par Georges Casalis, « La jeunesse protestante en zone non occupée, 1940-1942 », dans *Églises et chrétiens dans la IIe guerre mondiale : 2. La France*, Lyon, 1982, p. 107.

77 Témoignage cité dans *Roland de Pury (1907-1979)*, Lyon, 2008, p. 65.

épîtres de Paul et l'Apocalypse sont particulièrement étudiés. Le Conseil protestant de la jeunesse publie des commentaires bibliques : *L'Épître aux Philippiens* par Suzanne de Diétrich (1942) ; *Le Libérateur. Notes sur l'Exode* par Roland de Pury (1942)... Les études bibliques doivent permettre de « ne pas sombrer dans la nuit d'un paganisme triomphant », avertit le pasteur Georges Casalis.

Cette intense activité théologique contribue au détachement progressif des mouvements de jeunesse vis-à-vis de Vichy au cours de l'année 1942, d'autant que l'ambivalence des débuts du régime sur le retour à une société d'autorité tend à s'estomper. Le retour de Pierre Laval au pouvoir à Vichy en avril 1942 marque une radicalisation de la collaboration d'État. « Je souhaite la victoire de l'Allemagne », affirme alors dans un retentissant discours le nouveau chef du gouvernement, titre créé pour la circonstance. En juillet 1942, le Secrétaire général des Éclaireurs unionistes, André-Jean Mendel, se voit notifier une interdiction de résidence dans le département du Puy-de-Dôme en raison de ses origines juives : par solidarité, le mouvement des Éclaireurs unionistes décide de quitter Vichy et transfère ses bureaux à Valence. En octobre 1942, le secrétaire général adjoint à la jeunesse de Vichy, Georges Pelorson, annonce la création d'Équipes nationales pour la jeunesse non encadrée : les grands mouvements de jeunesse (Scoutisme français, Action catholique de la jeunesse française, Compagnons de France et Conseil protestant de la jeunesse) se constituent en un Conseil national des mouvements de jeunesse et font échouer, par leur ferme opposition, les projets du gouvernement.

Préparés à la résistance spirituelle, les mouvements de jeunesse vont couvrir des activités clandestines. À la suite de la fermeture de l'École d'Uriage par le gouvernement à la fin de 1942, son directeur, Pierre Dunoyer de Segonzac, et ses membres entrent dans la Résistance. Certains « Chantiers de jeunesse » cachent des armes ; de nombreux militants des mouvements catholiques (JEC, JOC, ACJF) s'engagent dans le renseignement ou la distribution de tracts ou de journaux clandestins, comme les *Cahiers du témoignage chrétien*. Du côté protestant, la revue de la Fédé, *Correspondance fédérative*, ouvre son premier numéro de novembre 1942 par un article intitulé « Résister », fragment de sermon d'un prédicateur suisse, le pasteur Walter Lüthi : la censure sanctionne la revue en interdisant la sortie du numéro suivant. Pour déjouer la censure, les rédacteurs usent de citations bibliques ou de périphrases : lorsqu'en 1944, les chefs du scoutisme protestant décident de s'engager dans une lutte active contre l'occupant, ils annoncent laconiquement dans leur journal *L'Équipe* : « Pour nous, le mot d'ordre, maintenant est celui gravé dans la Tour de Constance », et l'article fut publié sans aucune difficulté[78]. Les foyers créés par les U.C.J.G. pendant la guerre, à Marseille et Villeurbanne, deviennent des lieux de refuge ou de passage pour de nombreux jeunes en situation irrégulière. L'accueil des juifs devient une priorité après les rafles de l'été 1942. Grâce au pasteur Charles Guillon, secrétaire général de l'Alliance universelle des U.C.J.G. basée à Genève, le bureau des U.C.J.G. de Valence devient le cœur d'une filière d'évasion vers la Suisse, en liaison avec des groupes de jeunesse catholiques de Haute-Savoie. Du 20 août au 15 septembre 1942, le camp des Éclaireuses à la Jasse de Renne (Tarn) permet de dissimuler une trentaine d'adolescentes juives et de les sauver de la déportation. En octobre 1942, le camp de la « Fédé » à Mollans (Drôme) compte 20 fédératifs et 30 étrangers, dont 20 juifs. Les Éclaireurs unionistes fournissent 150 cartes de chefs scouts protestants aux Éclaireurs israélites. Faux papiers d'identité, permis de conduire, alimentation, vêtements… les activités sont diverses pour venir en aide aux réfugiés polonais ou belges, aux déserteurs allemands ou italiens, aux soldats anglais ou américains. Mais lorsque ces activités sont découvertes ou dénoncées, les sanctions sont impitoyables. À l'automne 1943, six collégiens, un surveillant et le directeur de l'Institut protestant de Glay (Doubs) sont arrêtés pour fait de résistance ; condamnés à mort, ils sont finalement déportés vers les camps nazis, où cinq d'entre eux perdent la vie. Le groupe U.C.J.G. de Sochaux est surpris par la police allemande lors d'un exercice de maniement d'armes dans le presbytère protestant : six des membres sont aussitôt fusillés.

Dès avril 1941, un groupe d'une dizaine d'étudiants de la Faculté de théologie de Montpellier s'engage dans des actions de résistance. Ils distribuent des journaux clandestins : *Présence de l'Église* d'abord (petite brochure montpelliéraine créée à l'initiative de René Courtin, professeur à la Faculté de droit, et destinée aux protestants de la ville), puis *Les*

78 Souvenir rapporté par André-Jean Mendel, « Les mouvements de jeunesse protestants pendant la Seconde Guerre mondiale », dans *Les Protestants français pendant la seconde guerre mondiale*, Paris, 1994, p. 195.

Cahiers du témoignage chrétien nés en novembre 1941. Ils fabriquent des faux papiers, avec l'aide du doyen Henry Leenhardt ; ils collectent des renseignements sur les mouvements des troupes allemandes et participent au sauvetage d'officiers alliés.

L'engagement dans la Résistance de nombreux membres des mouvements de jeunesse est renforcé par l'instauration du Service du Travail Obligatoire en Allemagne (S.T.O.), institué par un décret du 16 février 1943. Le pasteur Boegner, en visite à la Faculté de théologie de Paris au printemps 1943, exhorte les étudiants à ne jamais oublier « que nous sommes appelés à rendre témoignage auprès de tous, sans distinction et en tous lieux, sans pactiser avec l'idolâtrie », et il leur remet à chacun un billet de mille francs pour s'équiper « soit pour l'Allemagne, soit pour le maquis[79] ». La Fédération protestante de France émet officiellement les plus grandes réserves sur la légitimité du S.T.O. le 14 avril, dans un message lu en chaire le dimanche 2 mai :

> Il y a une opposition irréductible entre l'Évangile dont l'Église a reçu le dépôt et toute conception de l'Homme ou de la société qui conduit à envisager le travail comme une marchandise que l'on est en droit d'acheter ou de réquisitionner à volonté. Sans avoir égard à la personne du travailleur, à sa conscience ou à ses sentiments les plus sacrés. Cette opposition, l'Église ne peut ni l'ignorer ni la taire.

Les mouvements de jeunesse ne donnent officiellement aucune consigne à leurs membres ; certains réfractaires au S.T.O. se cachent, d'autres rejoignent l'Afrique du Nord, d'autres le maquis, notamment dans le Sud de la France, dans la Montagne noire et les Cévennes, en Ardèche, dans la Drôme et l'Isère. Pour accompagner les quelques 300 jeunes protestants dispersés dans les camps du Vercors, le pasteur Daniel Atger devient en juin 1944 aumônier du maquis. Dans divers maquis (Aigoual-Cévennes, Haute-Loire), les U.C.J.G. ouvrent des « foyers du soldat », souvent improvisés et temporaires.

Le Secrétariat général à la jeunesse retire en juin 1943 l'agrément ministériel à l'égard des mouvements de jeunesse protestants, mais la mesure reste sans effet. Les mouvements de jeunesse se renforcent d'ailleurs, suite à l'occupation de la zone Sud par l'armée allemande

---

79 Jacques Lugbull et Pierre Bolle, « Le pasteur Marc Boegner et les étudiants de la Faculté de théologie protestante de Paris en 1943 et 1944 », *B.S.H.P.F.*, 152, 2006/1, p. 97-98.

en novembre 1942 : les mouvements des deux zones peuvent retisser leurs liens naturels et se réunifient en une « Alliance protestante de la jeunesse », toujours présidée par Marc Boegner.

Dans le premier numéro de sa revue paru après la Libération, la « Fédé » publie la lettre écrite par l'un des siens, Jacques Monod (1903-1944), président de la « Post-Fédé » (qui regroupe les aînés de la « Fédé »). Professeur de classes préparatoires à Marseille, Monod participe à la résistance marseillaise puis, recherché par la Gestapo et suspendu par Vichy, s'engage dans le maquis ; il rédige, à la veille de son départ, une lettre à ses amis de la « Fédé » pour expliquer son choix de la lutte armée. Il est tué au combat, le 20 juin 1944, à Chaudes-Aigues (Cantal) lors de l'attaque allemande qui anéantit le maquis du Mont-Mouchet.

> Je demande à Dieu maintenant qu'il me pardonne mes fautes, et cette décision que je prends librement aujourd'hui ; car, je le sais, le recours à la violence a besoin d'être pardonné. Mais je pars sans haine, et convaincu que nous, chrétiens, n'avons pas le droit de laisser les seuls incroyants offrir leur vie, au nom d'un simple idéal politique, dans une lutte où sont engagés, avec le sort de la nation, le sort de l'Église et le destin spirituel de nos enfants[80].

L'expérience de la guerre a ainsi fortement marqué la jeunesse protestante militante. Celle-ci a essayé d'incarner l'idéal de l'Église confessante que lui proposait la théologie barthienne. Cela lui vaut une place reconnue dans les instances officielles mises en place par le gouvernement provisoire d'Alger : le « Conseil de la jeunesse » institué en mai 1944 par le commissaire à l'Éducation nationale, René Capitant, se compose de cinq représentants du Scoutisme français, trois de la Fédération des œuvres laïques, deux de l'Association catholique de la jeunesse française et un du Conseil protestant de la jeunesse. La guerre a également permis à la jeunesse de côtoyer d'autres milieux, catholiques et juifs notamment. Son horizon s'en est ouvert, et ses préoccupations évoluent avec la Libération. Au-delà du politique et des rapports avec l'État, ce sont désormais les questions économiques et sociales qui commencent à préoccuper les mouvements de jeunesse.

80 *Le Semeur*, novembre 1944, p. 2-3.

UN DEVOIR DE VIGILANCE À LA LIBÉRATION

À la Libération, l'É.R.F. doit panser ses plaies. Au niveau matériel, l'Église dénombre 24 temples détruits, 34 gravement endommagés et 48 légèrement touchés ; 14 presbytères sont en ruines et 27 à restaurer, sans compter les maisons ou appartements loués par des pasteurs. Le cimetière protestant de Royan a été complètement dévasté. Parmi les fidèles, le nombre de victimes est loin d'être négligeable, même si les chiffres disponibles sont très parcellaires. La IIe circonscription régionale de l'É.R.F. (Normandie) estime à 400 le nombre de ses membres victimes de la guerre. La VIIIe circonscription (Hérault) compte 34 morts au champ d'honneur, une douzaine de morts en déportation et 91 déportés revenus en vie. La XVe circonscription (Est) a perdu 45 soldats dans les combats, une dizaine de disparus dans les bombardements, une quarantaine de déportés, alors que 60 sont revenus des camps. À Saint-Dié, la presque totalité des hommes de la paroisse a été déportée, y compris le pasteur Amédée Dhouailly…

Une trentaine de pasteurs ou d'étudiants en théologie ont disparu pendant la guerre[81] : le pasteur Édouard Hermann (de l'Église réformée d'Alsace-Lorraine), les étudiants en théologie André Wehrung et Aimé Jacquerod, les étudiants des cours préparatoires de théologie François Bourguet, Alec Besançon, José Manueco, sont tombés au champ d'honneur. André Sabliet, âgé de 20 ans, fils du pasteur Gédéon Sabliet, et André Vernier, âgé de 23 ans, originaire de Polynésie, sont tués dans les combats de Vassieux-en-Vercors en juillet 1944. Plusieurs pasteurs sont morts en déportation. Yves Crespin, pasteur à Saint-Brieuc, est arrêté pour avoir caché un officier radio canadien, puis déporté à Buchenwald et à Dora où il meurt en mars 1944. Charles Roux, pasteur à Marseille, est déporté parce que son fils est opérateur radio pour un réseau de résistance ; il meurt à Buchenwald en 1944. Marcel Heuzé, pasteur d'un foyer fraternel à Marseille, est dénoncé pour propos anti-allemands et résistance ; il décède en avril 1945 dans l'évacuation du camp de concentration de Dora. Yann Roullet, pasteur proposant à Mougon (Deux-Sèvres), est membre du réseau de résistance Alliance ; arrêté et déporté, il est exécuté le 1er septembre 1944 avec son grand-père

81 Marc Boegner dresse le bilan lors du Synode national de 1945 : *Actes du Synode national de l'É.R.F.* (Paris-Étoile), 1945, p. 36-37.

Léonce Vieljeux et son oncle Franck Delmas au camp du Struthof, en Alsace. Étienne Giran, pasteur retraité, meurt au camp de Buchenwald, deux ans après son fils Olivier, fusillé par les nazis. René Lescoute et Joseph Laroche, étudiants en théologie ayant rejoint le maquis de Tréminis (Isère), meurent en déportation. Jacques Balter, étudiant en théologie d'origine juive, est arrêté en juin 1943 lors d'une rafle et disparaît dans les chambres à gaz d'Auschwitz. Raoul Debiève, étudiant en cours préparatoire de théologie, est fusillé en tant que réfractaire. Dans les bombardements du Havre sont morts le pasteur André Boyer, son épouse et de nombreux paroissiens. Le pasteur Paul Olivès, son épouse et leur enfant ont disparu sous les ruines du presbytère de Lens en août 1944. L'étudiant en théologie Daniel Fauvarque est lui aussi victime des bombardements. Jean Waldmann, également étudiant en théologie, est arrêté alors qu'il fait passer en Suisse un groupe de jeunes juifs ; il réussit miraculeusement à s'échapper, mais meurt peu après sous le bombardement d'Hazebrouck (Nord). Le pasteur Pierre Caron, aumônier général de l'aviation en Afrique du Nord, disparaît dans un accident dû à des faits de guerre, tout comme le futur missionnaire André Boucaud. L'É.R.F. ne subit par contre que très marginalement l'épuration, contrairement à l'épiscopat catholique qui a dans sa majorité soutenu jusqu'au bout le régime de Vichy. Seuls le pasteur retraité Noël Nougat (dit Noël Vesper) et son épouse sont fusillés sans jugement par des maquisards, le 20 août 1944 à Lourmarin (Vaucluse), en raison de leurs sentiments pro-allemands et ouvertement collaborationnistes. Certes, l'É.R.F. est traversée par des courants théologiques et politiques divers, mais les voix discordantes à propos des prises de position de son président, Marc Boegner, ont été rares.

Le protestantisme a marqué sa singularité par une profonde hostilité à l'antisémitisme de Vichy et un détachement assez précoce vis-à-vis du régime. L'une de ses originalités tient aussi au rôle primordial joué par des femmes dans l'œuvre de la CIMADE, dans les camps d'internement comme dans l'organisation de filières d'évasion vers la Suisse ou l'Espagne. L'implication non négligeable des mouvements de jeunesse dans la Résistance, l'accueil des juifs et la mobilisation des villages entiers comme le Chambon-sur-Lignon ou Dieulefit, sont à la mesure de la forte cohésion sociale de ces micro-sociétés protestantes. L'É.R.F. a dû faire face à de nombreuses difficultés pendant la guerre pour rester unie et rassembler les mouvements de jeunesse, mais elle sort de l'épreuve renforcée dans sa visibilité comme dans sa vitalité. La guerre a fait ainsi la preuve de l'intérêt des structures de cohésion. Et les barthiens, actifs dans la Résistance, sont prêts à prendre la relève dans l'É.R.F. pour un nouveau départ. Répondant, le 17 juin 1945, au message que lui a envoyé le Synode national de l'É.R.F., le Général de Gaulle écrit :

> Pendant les dures années que nous venons de vivre, le protestantisme français a su garder une claire vision de l'intérêt véritable et du devoir sacré de la Patrie. À maintes reprises, des voix courageuses se sont élevées dans son sein pour l'affirmer. Cette attitude était conforme à l'esprit d'indépendance, de résistance à l'oppression, de fidélité au drapeau qui anime la tradition de vos Églises[82].

Comme elle l'a fait pendant la guerre, l'É.R.F. entend continuer à défendre le droit et à rappeler si nécessaire à l'État son devoir de justice. Aussi, dès le 31 août 1944, dans l'une de ses chroniques données au *Figaro*, le pasteur Boegner s'élève-t-il « contre la violence et la haine » : il n'hésite pas à dénoncer les excès de l'épuration, à contre-courant de l'ivresse vindicative poussant aux exécutions sommaires. Face aux prisons qui se remplissent, aux dénonciations qui se multiplient, aux représailles qui se donnent libre cours, « les Églises ne pouvaient garder le silence ». Beaucoup de pasteurs, souvent anciens résistants eux-mêmes, interviennent publiquement contre les lynchages et la justice expéditive : le pasteur Jean Cadier (Montpellier) dénonce « un engrenage tragique de revanches successives et de vengeances prolongées ». Le pasteur Emmanuel Jordan s'associe à l'évêque de Montauban, Monseigneur Pierre-Marie Théas, pour demander « une justice informée, sereine et impartiale, la justice authentique, opposée à la haine et à la vengeance ». À Aix-en-Provence, le pasteur Henri Manen et le conseil presbytéral s'indignent des « méthodes boches » reprises par des résistants, qui consistent à exposer des cadavres en public. Le pasteur Boegner obtient le 7 septembre un ordre de mission lui permettant de visiter les prisons et les camps d'internement. Le 21 septembre, il rencontre le général de Gaulle et insiste pour que les prisonniers bénéficient partout de conditions d'existence humaines ; le 7 octobre, il réitère sa demande auprès du nouveau Garde des sceaux, François de Menthon.

---

82 Cité par Émile-G. Léonard, *Le Protestant français*, Paris, 1953, p. 239 note 1.

En juillet 1945, le pasteur Boegner est appelé à témoigner devant la Haute Cour de justice par la défense du maréchal Pétain. Partagé entre une certaine vénération pour la personne du maréchal et une indignation à l'égard de la politique de discrimination du gouvernement de Vichy, Boegner hésite tout d'abord sur la conduite à tenir. Avec l'accord du Conseil de la Fédération protestante de France, il accepte finalement de déposer « en pasteur », en essayant d'être le plus objectif possible ; mais sa déposition apparaît à charge, la presse ironise sur ce nouvel « Ignace de Loyola », et Boegner se dit meurtri par l'expérience. Face au procès de Pierre Laval, la réaction de Boegner est virulente : « une honte sans nom », une justice « odieuse, ridicule et injuste » en raison de « la partialité des juges ». Le 13 octobre 1945, Boegner s'en ouvre directement au général de Gaulle, qui ne lui répond pas. Mais au-delà de ce cas individuel, il s'entretient surtout avec de Gaulle du sort des prisonniers de guerre allemands, de la préparation du retour des prisonniers français, de la législation française en Alsace…

« Nous pensons que la Résistance confère avant tout des devoirs, non des droits et nous savons que si l'idole a eu durant quatre ans un masque allemand, elle peut prendre bien d'autres visages, que nous dénoncerons », affirme l'éditorial du premier numéro de *Réforme*, le 24 mars 1945, annonçant clairement la volonté du protestantisme de continuer à rester vigilant et à « parler au monde ».

L'É.R.F. APRÈS 1945

Un nouveau départ

Après le choc de la Seconde Guerre mondiale vient le temps de la reconstruction. Certes, l'É.R.F. a pu réunifier ses structures, coupées en deux par la ligne de démarcation, dès 1943, mais tous les mouvements, d'adultes et de jeunesse, doivent se réorganiser. Le nouveau congrès du Christianisme social, par exemple, se tient à Paris en octobre 1945, après sept années d'interruption. Les journaux religieux demandent les autorisations nécessaires pour pouvoir reparaître.

Le protestantisme sort dynamisé de l'épreuve de la guerre, non seulement par le prestige que lui vaut son attitude d'ensemble durant les années noires, mais plus encore par les ressources spirituelles qu'il y a puisées sous l'influence du théologien suisse Karl Barth. En raison de la part prise dans les mouvements de résistance par des protestants, des comités locaux ou départementaux de la Libération ont sollicité des pasteurs pour entrer en leur sein : le pasteur Albert Chaudier préside par exemple le Comité départemental de Libération de la Haute-Vienne. Le Conseil national de l'É.R.F. ne leur reproche pas d'avoir accepté, dans des circonstances graves parfois, mais il rappelle avec fermeté aux pasteurs qu'ils sont soumis aux règles de la Discipline de 1938 interdisant toute activité politique : le danger est la « confusion des vocations », dans l'esprit des pasteurs tout autant que dans l'esprit du grand public.

La reconstruction matérielle s'opère grâce au concours des Églises étrangères. Les Églises d'Amérique, de Grande-Bretagne, de Suède, de Suisse, ainsi que le département de reconstruction du Conseil Œcuménique apportent un soutien matériel et financier : les colis CARE (*Committee for Assistance and Remittance for Europe*, organisation humanitaire américaine) sont composés de conserves, fruits secs ou chocolat ; des cadeaux de Noël et des livres sont envoyés par l'Église presbytérienne des États-Unis du Nord ; des séjours de repos dans la Maison œcuménique des bords du lac de Locarno sont offerts par l'Entraide protestante suisse des

Églises en ruines aux pasteurs atteints dans leur santé… Mais cette aide n'est pas toujours sans ambiguïtés : les Églises donatrices s'intéressent davantage à l'équipement moderne, à l'évangélisation par la presse et le livre, à la construction de nouvelles Églises, qu'à la reconstruction des temples et des presbytères détruits sous les bombardements comme le souhaitent les protestants français. L'É.R.F. peut également compter sur le grand emprunt lancé par l'État : 114 millions sont affectés aux Églises protestantes, dont la moitié est investie directement par l'État selon ses priorités, et l'autre moitié à la libre disposition des Églises elles-mêmes.

La guerre provoque surtout de profondes remises en question. Certains s'inquiètent de la déchristianisation et s'interrogent sur la faillite historique du christianisme, encouragés par le livre choc des abbés Godin et Daniel, *La France, pays de mission ?*, paru en 1943. De nouveaux clivages, autres que théologiques, apparaissent également au plan international : guerre froide entre l'Ouest et l'Est, soubresauts de la décolonisation… Or tous ces événements vont avoir des incidences sur une Église réformée qui veut prendre une part active à l'œuvre de reconstruction : l'heure est à l'implication auprès des populations qui en ont besoin, comme l'a montré la CIMADE dès 1939, au dialogue avec les divers courants de pensée. L'expérience de la guerre a rendu la jeune génération pastorale sensible au défi du témoignage de l'Évangile dans le champ politique. Chacun a conscience de vivre un temps de renouveau, dans tous les domaines : politique (avec le droit de vote des femmes et la mise en chantier d'une nouvelle Constitution), économique (avec la mise en œuvre du programme du Conseil national de la Résistance) et social (avec la création de la Sécurité sociale). Cet immense souffle de liberté au-dessus des ruines de la guerre est un défi pour l'Église : alors qu'elle a participé sous l'Occupation à la Résistance et au sauvetage des juifs, comment peut-elle maintenant prendre part à la reconstruction du pays ? L'Église se sent responsable de « la formation de laïcs prêts à assumer des responsabilités dans l'œuvre de reconstruction de la nation[1] ».

Le Synode national de 1948 déclare que l'Église doit « parler au monde » sur les problèmes de la guerre et de la paix. Cette « présence au monde moderne » est précisée l'année suivante par les délégués du Synode national de 1949 : « Devant une civilisation qui dépasse de plus

1 Procès-verbal de la session du Conseil national de l'É.R.F., 10-12 octobre 1944.

en plus les cadres nationaux, l'Église se doit de prendre position sur les problèmes qui préoccupent nos contemporains » (décision XIII). Ce virage est d'ailleurs vivement encouragé par le Conseil Œcuménique des Églises en 1948 : pour les 150 Églises présentes à la Conférence d'Amsterdam, il ne s'agit plus seulement de poursuivre entre Églises une discussion sur les confessions de foi ou les disciplines diverses, mais de dire aussi quelque chose ensemble au monde. « Monde chrétien » et « monde moderne » s'entremêlent désormais.

UNE STRATÉGIE CLAIRE DE RECONQUÊTE

Dans l'Église, la génération formée à la théologie de Karl Barth dans les années 1930 termine sa période de germination : elle forme désormais les nouveaux cadres de l'É.R.F. et accède aux responsabilités. Pierre Maury est nommé professeur à la Faculté de théologie de Paris, élu vice-président puis en 1950 président du Conseil national de l'É.R.F. Albert Finet devient directeur du journal *Réforme*, qu'il fonde en 1945 ; Charles Westphal directeur de la revue *Foi et Vie* et vice-président de la Fédération protestante de France en 1947 ; André Dumas secrétaire général de la « Fédé » étudiante et rédacteur de la revue *Le Semeur* ; Jean Bosc professeur à la Faculté de théologie de Paris en 1952… Les barthiens sortent de l'épreuve de la guerre dynamisés par le prestige que leur vaut le rôle de Karl Barth dans la Résistance spirituelle et l'encouragement du général de Gaulle à jouer un rôle dans la rénovation spirituelle et morale du pays.

À partir de la Suisse francophone, de nombreux livres de Barth sont édités et diffusés en France, si bien que le barthisme s'impose, faute par ailleurs de traductions d'autres théologiens contemporains, tel Rudolf Bultmann, ou du renouvellement des théologies traditionnelles qui ont beaucoup de mal à se faire entendre, comme le néo-calvinisme. L'enquête menée en 1978 par Jean-Paul Willaime auprès des pasteurs français révèle que, parmi ceux qui ont terminé leurs études avant 1951, 39 % se déclarent barthiens ; parmi ceux qui ont fait leurs études entre 1951 et 1960, 31 % se réclament du barthisme. Si l'on ne considère que les pasteurs de l'É.R.F., la proportion est encore plus forte : 50 % des pasteurs nés entre 1918 et 1929, et 83 % des pasteurs nés avant 1918 se reconnaissent alors dans le barthisme. L'emprise du barthisme reste toutefois plus faible sur les fidèles eux-mêmes, en dehors des milieux intellectuels. Entre 1938 et 1950, l'É.R.F. enregistre 289 entrées de pasteurs, ce qui veut dire que plus de la moitié des effectifs pastoraux est renouvelée et entraîne un rajeunissement important des cadres.

Au-delà de l'allégresse de la Libération, l'effervescence du protestantisme se caractérise non seulement par un renouveau théologique, lié à la diffusion et à l'influence de la théologie de Barth, mais aussi par un renouveau biblique, marqué par la figure de Suzanne de Diétrich (1891-1981), dont les livres ont une résonance très large, et même œcuménique : *Le Renouveau biblique* (première édition canadienne en 1942, réédition française en 1945) et *Le Dessein de Dieu* (1945).

L'É.R.F. connaît donc un nouveau départ au Synode national de juin 1945 tenu à Paris, au temple de l'Étoile, où pour la première fois siège l'intégralité de ses délégués, pasteurs et conseillers presbytéraux, Église réformée d'Alsace-Lorraine et Église d'Algérie comprises. Pierre Maury, pasteur de la paroisse de Paris-Annonciation aux côtés de Marc Boegner et professeur à la Faculté de théologie de Paris, y expose la « stratégie » de l'É.R.F. pour les années à venir.

ENRAYER LE DÉCLIN SPIRITUEL ET REVITALISER L'ÉVANGÉLISATION

Face à la « crise de civilisation » que traverse l'Occident, les autorités de l'É.R.F. considèrent en effet qu'une stratégie protestante est devenue indispensable. Pierre Maury n'hésite pas à comparer l'ébranlement actuel à celui qu'a connu l'Empire romain dans ses dernières décennies, « avec toutes les conséquences que ce déclin a eues sur le christianisme constitué ». L'heure est grave, et Maury s'inscrit en faux contre l'optimisme de certains : « C'est en effet une de nos grandes tentations d'imaginer sans cesse que le moment présent est opportun entre tous pour un rayonnement protestant[2]. » Renaissant de ses cendres à chaque bouleversement majeur de la société, le mythe de la conversion prochaine de la France au protestantisme a la vie dure…

2 *Actes du Synode national de l'É.R.F.* (Paris-Étoile), 1945, p. 70.

Avant toute chose, l'É.R.F. doit compter ses forces. Pour cela, la sociologie religieuse est mise au service de la stratégie des Églises : du côté protestant, Pierre Lestringant, professeur de théologie pratique à la Faculté de Paris, alerte dès 1929 sur les « pertes démographiques », « l'indifférence religieuse » et « la dispersion » des protestants ; du côté catholique, Gabriel Le Bras plaide pour « un examen détaillé de l'état du catholicisme dans les diverses régions de France » (1931), et ce projet d'enquêtes sociologiques et historiques aboutit à la réalisation de la célèbre carte du chanoine Boulard de 1947, *Carte religieuse de la France rurale*[3]. Pour établir « le bilan rigoureux de la situation matérielle et spirituelle des Églises réformées de France », le Synode national de l'É.R.F. confie donc au professeur Lestringant et au pasteur Paul Conord une mission d'études statistiques approfondies, rendue d'autant plus nécessaire par la dissémination des protestants. Grâce à ces données, l'historien Émile-G. Léonard peut établir en 1953 la « carte Boulard » de la France protestante[4].

Les protestants français savent déjà, bien entendu, qu'ils ne représentent qu'une infime minorité. La Bible regorgeant de paraboles valorisant le « petit troupeau » ou le « levain », certains y ont d'ailleurs vu une forme d'élection face à la masse catholique : « Les protestants forment en France une élite, écrit ainsi Alfred Mohn en 1931. Le fait n'a rien de mystérieux. Il s'explique sans doute par la sélection qu'ont nécessairement opérée trois siècles de souffrances supportées avec une constance héroïque. [...] Dans la plupart des domaines de la vie nationale, cette élite joue un rôle de premier plan[5]. » Et l'auteur d'énumérer les fonctions occupées par des protestants à la présidence de la République (Gaston Doumergue, unique président protestant), à la présidence du Sénat, à la Cour de cassation, à la tête des Facultés de l'Université de Paris, dans les conseils d'administration de banques, du haut commerce, de l'industrie... Mais derrière cette autosatisfaction des élites protestantes, les autorités de l'É.R.F. pointent une réalité plus sombre et hautement préoccupante. Car le premier constat dressé par Pierre Maury grâce aux données sociologiques recueillies est celui d'un déclin démographique

3 Sur les tenants et aboutissants de cette enquête, voir Guillaume Cuchet, *Comment notre monde a cessé d'être chrétien*, Paris, 2018, chapitre 1.

4 Émile-G. Léonard, *Le Protestant français*, Paris, 1953, p. 96-97.

5 Alfred Mohn, *Les Protestants français*, Paris, 1931, p. 9.

des réformés au cours de la première moitié du XXe siècle : « Notre Église réformée s'anémie », s'alarme-t-il. Plusieurs raisons peuvent expliquer cette diminution : les associations issues de la loi de Séparation de 1905 qui exige des fidèles une démarche personnelle d'adhésion ; les deux guerres mondiales et leurs cortèges de disparus ; et surtout le dépeuplement des vieux terroirs protestants devenus trop pauvres… Au début du siècle, neuf départements rassemblaient à eux seuls la moitié de la population réformée et constituaient des réserves protestantes dans lesquelles la natalité était importante. L'exode rural a non seulement réduit de moitié le taux des naissances, mais surtout il transforme le protestant, au bout de quelque temps hors de toute communauté ecclésiale, en un « détaché » de la foi et de l'Église, un indifférent, voire à la deuxième génération « un de ces païens modernes que sont trente-deux millions de Français ». Quant à ceux qui sont restés dans les campagnes, leur situation n'est pas meilleure : le « désert spirituel » de bon nombre de paroisses assoupies, mortes ou moribondes, a laissé se développer « un paganisme post-chrétien plus difficile à évangéliser que le paganisme des archipels de l'Océanie[6] ». Le pasteur Boegner a des mots très durs contre ces « paysans retardés qui végètent dans des conditions de vie attardées par routine » : il est vrai que l'agriculture apparaît alors comme un îlot d'archaïsme et d'inertie, peu perméable à la modernisation. Certaines paroisses ne sont plus des Églises, faute de vie cultuelle, mais des « terres de mission ».

Les statistiques fournies signalent donc le net affaiblissement démographique du protestantisme : 237 000 rattachés et 64 000 non rattachés en 1945, contre 420 000 protestants lors du recensement officiel de 1872[7]. Dans son rapport au Synode de 1948, le pasteur Boegner stigmatise ce courant « qui éloigne d'une Église qui les ennuie de plus en plus tant de laïques, très aises de trouver dans nos maladresses ou nos déficiences un prétexte à laisser d'autres intérêts dominer leur vie[8] ! » En 1951, le pasteur Conord donne des chiffres (arrondis) plus détaillés : 250 000 rattachés ; 100 000 auditeurs aux cultes des jours

6 *Actes du Synode national de l'É.R.F.* (Grenoble), 1948, p. 35.

7 Pierre Maury reprend le chiffre donné par *l'Encyclopédie des sciences religieuses* (1887-1882). Dans un article de 1956 sur les cultes dans les statistiques officielles, Émile Poulat donne le chiffre de 467.531 protestants, Alsace déduite. Nous ne détaillerons pas ici les difficultés inhérentes aux statistiques : ces écarts de chiffres ne changent rien aux analyses de fond.

8 *Actes du Synode national de l'É.R.F.* (Grenoble), 1948, p. 38.

de fête ; 50 000 les dimanches ordinaires ; 27 000 participants à la Sainte-Cène ; 30 000 enfants dans les écoles du dimanche et du jeudi ; 3 500 réceptions de catéchumènes ; 90 000 non rattachés. Soit un total de 350 000 âmes relevant de l'É.R.F. Les actes pastoraux célébrés lors de l'année 1943 complètent ce tableau : 1 801 mariages, 4 076 baptêmes, 3 405 confirmations mais 6 272 inhumations… Le pasteur Maury s'alarme tout à la fois de l'excédent de mortalité et du déficit du nombre de confirmations par rapport aux baptisés. Le gain par évangélisation, estimé à 0,25 %, ne permet guère de compenser ce repli. L'É.R.F. ressemblerait donc à une peau de chagrin, dont le nombre de communautés locales diminue corrélativement.

Certes, on peut nuancer les pertes : « Combien d'auditeurs se disaient jadis protestants par simple anticléricalisme, ou par quelque foi naïve au progrès, et même par l'attrait d'une Église établie, honorée, soutenue par l'État. Les avoir perdus devrait-il tellement nous peiner ? », se demande par exemple le pasteur Jean-Paul Benoît lors du Synode de 1949. La fiabilité des chiffres est elle-même discutable, parce que les registres paroissiaux sont parfois tenus sans rigueur, mais aussi volontairement sous-estimés dans le but d'obtenir une diminution de la cible financière exigée par l'institution nationale à toute Église locale.

Cependant la diminution concerne également le nombre de pasteurs. S'il y avait 745 pasteurs en 1910, ils ne sont plus que 480 en 1942, soit une baisse de 35 % en seulement trente ans. En prenant l'année 1942 comme référence, Pierre Maury donne une vision du phénomène aggravée par l'impact de la guerre : nombre de postes sont laissés vacants, et les pasteurs d'origine étrangère, notamment suisse, ont dû temporairement quitter leur paroisse. Le pasteur Conord estime en 1951 à 20 % la diminution du nombre de pasteurs depuis la loi de Séparation (525 postes au lieu de 750). Dans ces conditions, l'É.R.F. a non seulement du mal à répondre à ses propres besoins, mais elle ne peut pas non plus satisfaire à l'appel des sociétés missionnaires. Et, de façon paradoxale, la situation se tend car les besoins en forces pastorales augmentent proportionnellement à l'accroissement du nombre des détachés de l'Église.

Pierre Maury en tire deux conséquences. La première est que l'Église doit remédier à son déclin démographique. Au moment où le général de Gaulle prolonge la politique familiale de Vichy en instituant le quotient familial, les allocations familiales et la Sécurité sociale, P. Maury défend une position nataliste – et conservatrice – de la famille pour assurer l'avenir même du protestantisme. Contre la dénatalité, l'Église doit, selon lui, engager une lutte spirituelle et oser affronter publiquement la question de la limitation des naissances et de sa « légitimité chrétienne » ; elle ne devrait pas hésiter à rappeler que, sans être le seul but du mariage, la procréation constitue l'un des devoirs de l'état conjugal vu ici sous son angle le plus traditionnel :

> L'Église devra d'abord annoncer la réalité de cet ordre humain élémentaire qu'est la famille avec sa hiérarchie (autorité paternelle, subordination de la femme [...], éducation des enfants selon le cinquième commandement du Décalogue), dit P. Maury, et surtout sans doute avec l'exigence fondamentale sans laquelle il n'y a pas de bénédiction de la famille : la fécondité du foyer[9].

Le pasteur Maury rejoint ici les positions catholiques, comme s'en félicite le Père Robert Rouquette dans la revue jésuite *Études* en 1946 : « Le protestantisme est la victime des pratiques anticonceptionnelles que ses moralistes tolèrent », commente ce dernier...

La seconde conséquence est que la gestion des forces pastorales devient un enjeu crucial pour l'É.R.F. Le simple départ à la retraite ou le décès subit d'un pasteur entraîne souvent une vacance durable du poste pastoral, faute de candidats disponibles. Les regroupements des paroisses dispersées dans les « déserts français » créent autant de difficultés qu'ils n'en résolvent : les activités pastorales sont multipliées ou dupliquées en autant de lieux, entraînant une usure physique et spirituelle prématurée du pasteur même le plus volontaire. Et aux problèmes de cette desserte paroissiale traditionnelle s'ajoute la volonté de contrer les effets du déracinement protestant.

Ce serait une pure vue de l'esprit, avertit cependant Pierre Maury, de croire qu'en déplaçant des pasteurs suivant les mouvements de l'exode protestant l'Église rattraperait le peuple perdu. L'É.R.F. doit adopter une stratégie cohérente et différenciée. À l'image du nouveau Commissariat au Plan dirigé par Jean Monnet pour le redressement de la France, l'idée germe d'une sorte de « Commission du Plan » dans l'Église, destinée à y insuffler un esprit de planification souple sous l'impulsion des autorités ecclésiastiques après consultations des instances régionales. L'É.R.F. se dote ainsi pendant plusieurs années d'une « Commission de

9 *Actes du Synode national de l'É.R.F.* (Paris-Étoile), 1945, p. 80.

la stratégie ». C'est pourquoi les statistiques par paroisse et par région apparaissent si importantes : l'É.R.F. souhaite gérer au mieux les forces pastorales et pouvoir les déplacer du monde rural vers les zones urbaines. En près de trente ans, la proportion des communautés rurales est en effet passée de 65 % de la population de l'É.R.F. à 38 %, si bien que le peuple protestant des campagnes ne forme plus le gros de la famille réformée. Mais il ne s'agit pas pour autant d'imposer le déplacement systématique des pasteurs : l'É.R.F. n'a pas le droit d'abandonner des paroisses, même très peu peuplées. La suppression de postes pastoraux ne se justifie, tente de rassurer Pierre Maury, que lorsqu'une paroisse présente des signes de torpeur, d'indifférence ecclésiastique ou d'avarice financière… La constitution « d'équipes pastorales » dans des régions déclinantes semble une solution pour combattre le découragement des jeunes pasteurs. L'É.R.F. est appelée à revoir ses circonscriptions synodales dans un souci de cohésion géographique et d'équilibre financier ; les présidents de région doivent avoir des moyens renforcés de prévision stratégique, de direction spirituelle et d'administration. Des équipes de laïcs pourraient également être mises en place pour entretenir la vie communautaire en appui des pasteurs.

Mais P. Maury estime surtout que l'effort doit porter sur les petites villes de province, proches de la vie économique rurale, dotées de centres administratifs où se concentrent le monde de l'enseignement et des fonctionnaires : ces villes représentent à la fois des points de fixité dans le mouvement d'exode rural et de déracinement, et des lieux de distinctions confessionnelles plus floues que dans les villages, ouvrant ainsi la possibilité d'une évangélisation active. Dans les banlieues des grandes villes industrielles, l'É.R.F. devrait installer non pas « un peu partout des postes d'évangélisation qui resteront squelettiques et inefficaces », mais « quelques efforts de grand style », autour de bâtiments importants, adaptés à toutes les activités modernes d'une paroisse et qui permettraient de regrouper les protestants là où ils habitent.

Pour Maury, la revitalisation de l'Église ne peut se faire que sous des formes nouvelles. L'Église ne peut pas se contenter de rester dans les « sanctuaires » que sont les paroisses ; elle ne peut plus se borner à la « culture de la piété privée » de ses membres et à la conservation d'une tradition spirituelle. Sa mission est de rencontrer le monde, c'est-à-dire de le christianiser ou de l'évangéliser. « Réveil et évangélisation, affirme de même le pasteur Jean-Paul Benoît, tel est le problème chrétien aujourd'hui, à la fois double et un, en France comme partout[10]. » La France n'est-elle pas devenue un pays de mission, selon le titre du livre publié en 1943 par deux aumôniers de la Jeunesse Ouvrière Catholique, Henri Godin et Yvan Daniel, qui mettent l'accent sur la déchristianisation de la France et sur le caractère inadapté des paroisses ? La paroisse, pivot du rassemblement chrétien traditionnel, souffre d'être la survivance d'une conception territoriale privilégiant la résidence : elle se trouve contestée, à la fois marginalisée dans la cité et incapable de suivre le mouvement d'urbanisation. 80 % de la classe ouvrière vivrait ainsi en dehors de toute influence des Églises. Et l'Église doit d'autant plus aller à la rencontre de ses contemporains que les mutations économiques en cours l'en éloignent aussi au point de vue des mentalités. Les nationalisations des industries-clés engendrent un fonctionnarisme salarié grandissant ; l'État-Providence généralise des systèmes de protection contre les risques de l'existence… Dans cette « socialisation » progressive de la société, l'homme serait naturellement moins porté à se soucier de son salut.

L'évangélisation demeure donc le pilier majeur de l'action de l'Église. Pierre Maury cite en exemple les expériences parisiennes, lyonnaises, bordelaises, nîmoises lancées depuis la Libération. Dans la région lyonnaise sont ainsi inaugurés les temples d'Oullins (1946), de Montchat (1946) et de La Guillotière (1950). L'Église répond à l'expansion urbaine par la création de paroisses nouvelles, souvent dotées d'une architecture de « salles polyvalentes », selon une logique géographique de quadrillage du territoire. L'É.R.F. poursuit ses campagnes d'évangélisation dans des grandes salles, comme la salle Wagram, la salle de la Mutualité ou le Vélodrome d'hiver à Paris. Des pasteurs et des laïcs de la région parisienne se rassemblent dans « l'Équipe de Gouvieux » (dans l'Oise), organisant des réunions d'évangélisation puis des colloques. Le slogan de la Société Centrale Évangélique, rattachée depuis 1938 à l'É.R.F., demeure « L'Évangile du Christ au peuple français ». Mais Pierre Maury n'en souligne pas moins les limites d'une annonce de l'Évangile classique : « Il est inutile et mauvais de gagner une Église ou dix prosélytes par l'évangélisation si en même temps il meurt dix Églises et si nos effectifs d'école du dimanche fondent d'un tiers en quinze années. » Aucun mouvement d'ampleur dans l'évangélisation protestante ne s'est opéré

10 *Actes du Synode national de l'É.R.F.* (Paris-Saint-Esprit), 1949, p. 104.

depuis le développement des œuvres du Nord au début du XXe siècle : « En réalité, nous n'avons pas d'accès ni de prise sur l'énorme masse prolétarienne » ; ce sont « presque toujours des hommes ou des femmes de milieu intellectuel, bourgeois ou petit bourgeois, qui demandent leur rattachement à nos paroisses »…

P. Maury propose donc à l'É.R.F. de prendre un virage radical. L'É.R.F. ne doit pas orienter ses efforts vers l'immense prolétariat des villes industrialisées : cette tâche d'évangélisation des masses populaires est dévolue aux sociétés d'évangélisation et à la Mission populaire, qui se situent en marge de l'Église. Il ne s'agit pas « de désembourber le char de l'Église réformée de France en le rendant mobile comme une roulotte d'évangélisation. Je crois beaucoup trop à la valeur des communautés locales pour accepter l'anarchie d'un ministère éternellement itinérant[11] ».

L'É.R.F. ne doit pas non plus chercher à « *christianiser* le monde », en se joignant au concert des voix opposées à tout déséquilibre social. En cherchant ainsi à élaborer une culture chrétienne, à proposer un ordre social ou politique chrétien comme le font les libéraux ou les chrétiens sociaux, l'Église ne serait plus que « l'une des forces de la civilisation parmi toutes les forces civilisatrices dans la monstrueuse inflation verbale de ce temps »… Pour Pierre Maury, l'Église doit avoir quelque chose de spécifique à dire. Selon lui, la tâche véritable de l'É.R.F. est « *d'évangéliser* le monde » : de faire connaître le message du salut à ceux qui sont loin du Dieu de Jésus-Christ, dans leur vie de tous les jours, au sein de leur famille comme de leur travail, au moyen d'une prédication éthique. L'É.R.F. doit opter pour un message engagé dans la société : elle a donc prioritairement une tâche éthique. Telle est la mission de l'Église : une parole posée sans facilité, sobre et courageuse, cherchée en commun. Loin des sermons et des messages qui ne sont que « lieux communs, formules vides et verbalisme ». Sans le renfort de la rhétorique, de ses « appels pathétiques » et de ses artifices, sans « la méthode des propagandes, l'écho des haut-parleurs, l'atmosphère des réunions de Réveil ». L'Église doit purifier son message : « Nous ne saurons ce que nous avons à dire, *que si nous ne le savons pas par avance.* » Les sermons doivent devenir découvertes de Jésus-Christ. L'Église doit avoir comme premier souci que soit garantie une vie *humaine* à tous ; elle doit rechercher un ordre humain, si relatif soit-il, dans lequel s'exprime

11 *Actes du Synode national de l'É.R.F.* (Grenoble), 1948, p. 110.

l'absolu de la Révélation divine ; elle « devra aujourd'hui s'exprimer dans l'exigence de conditions *humaines* d'existence ».

> Ceci ne veut pas dire faire du socialisme chrétien ou prononcer des jugements de valeur sur telle ou telle forme technique de l'organisation de la production, de la distribution des richesses, de la nationalisation du crédit ou des entreprises, cela veut dire très précisément dénoncer les modes de vie humaine que le régime de l'anonymat, de la prolétarisation et aussi telles méthodes industrielles imposent à une masse sans cesse croissante de nos frères les hommes[12].

Pour être présente au monde tel qu'il est aujourd'hui, l'Église doit trouver des « paroles concrètes dites au monde ».

RÉTICENCES ET DÉBATS

À la suite du rapport de Pierre Maury, le Synode national de 1945 s'engage officiellement, et à l'unanimité, sur « les tâches essentielles de l'Église » (décision XXXI). L'ensemble des délégués acceptent que soit établi un bilan de la situation matérielle et spirituelle des Églises locales ; ce bilan doit servir de base à l'élaboration d'un programme d'action de maintien et de conquête de l'É.R.F., en coordination avec les présidents de région et la Commission nationale d'évangélisation. Le Synode valide d'autre part la mise à l'étude des problèmes d'éthique chrétienne (famille, fécondité du mariage, limitation des naissances), de doctrine du baptême et de l'évangélisation : ceux-ci seront étudiés sous leurs aspects théologiques et pratiques, lors de rencontres pastorales, dans les assemblés synodales, et avec l'aide d'une Commission théologique *ad hoc* nommée par le Conseil national.

Pour revitaliser l'Église, le Synode national de 1945 adopte également un certain nombre de mesures-phares : un « Dimanche des vocations » est institué afin de susciter de nouvelles vocations pastorales (décision XXXIII). Est votée la création d'une « École de colporteurs » (décision XXXII), destinée à l'éclosion d'une nouvelle génération de colporteurs : le projet est confié pour cinq ans à la Commission générale d'évangélisation et la direction de l'école au pasteur Henri Roser. Les délégués synodaux demandent aussi que l'Alliance protestante des mouvements de Jeunesse noue des liens plus étroits avec l'Église

---

12 *Actes du Synode national de l'É.R.F.* (Paris-Étoile), 1945, p. 81.

(décision VII). L'É.R.F. s'associe au « dimanche de la Bible », dont la première célébration est mise en place en 1950 par la Fédération protestante de France.

En comparaison avec le vaste programme stratégique proposé par le Conseil national, les décisions synodales révèlent par leurs non-dits les réticences des délégués synodaux : le Synode répond aux préoccupations locales de pratiques baptismales, d'éthique familiale et d'évangélisation, mais garde le silence sur les remaniements de structures, le regroupement des paroisses, la révision des circonscriptions régionales, l'extension des pouvoirs des présidents de région, la nature du pastorat de paroisse... La conjonction de ces réticences laisse augurer du faible impact des décisions prises : les libéraux n'accordent qu'une valeur toute relative aux institutions ecclésiastiques ; les évangéliques sont opposés à toute forme d'épiscopalisme et de centralisation de l'autorité ; les chrétiens sociaux préféreraient un programme d'action pratique...

De fait, les présidents de Conseil régional n'ont pas une idée très claire du but exact de l'enquête prescrite et des méthodes à appliquer : seul un très petit nombre d'entre eux fait appel aux deux pasteurs chargés d'établir le bilan des ressources démographiques, financières et spirituelles des Églises locales. Le pasteur Boegner croit y voir une certaine lassitude « à recommencer sans cesse le même labeur de questionnaires et statistiques ». L'impatience chez les présidents de région de répartir plus équitablement les hommes et les charges retarde paradoxalement une réforme des structures destinée à mieux équilibrer les forces pastorales et à combattre le « congrégationalisme », c'est-à-dire l'autonomie des paroisses. La tâche confiée aux pasteurs Conord et Lestringant se révèle trop lourde pour deux hommes qui ont du mal à trouver des relais régionaux, si bien que malgré les efforts consentis, l'É.R.F. ne parvient pas à présenter des chiffres avant 1951. Seuls des faits bien connus sont invariablement cités : la saignée des paroisses rurales, la disparition d'un nombre important de postes pastoraux dans les campagnes, des regroupements de paroisses qui ont pour conséquence de voir les pasteurs s'occuper de trois à cinq associations cultuelles, si bien que le traditionnel couple pasteur-paroisse est remis en question.

Plus graves sont les divergences qui apparaissent à propos des méthodes d'évangélisation. Certes, la « conviction [est] unanime que la cause de l'Église et celle de l'Évangile ne sauraient être séparées : au contraire, l'Église n'existe que dans la mesure où elle annonce l'Évangile à ceux qui sont nés dans son sein comme à tous les autres, auprès et au loin », comme le dit le pasteur Maury. Mais à partir de ce principe, quelles priorités donner ? Faut-il porter avant tout l'effort sur le réveil interne de l'Église, ou bien se lancer dans l'évangélisation pour se réveiller et sortir de l'embourgeoisement ? Faut-il privilégier une évangélisation désintéressée sans regarder aux résultats visibles, ou bien essayer d'agréger aux paroisses les nouveaux convertis ? Le pasteur Boegner souligne la « difficulté presque insurmontable que l'Église éprouve à faire écouter et comprendre son message à des multitudes humaines » : est-ce parce que les incroyants sont indifférents ? Ou ces derniers sont-ils au contraire prêts à accueillir un message « bien présenté et transmis avec amour » ?

À ces questions de principe se superposent des problèmes concrets : celui de l'équilibre financier de la Société Centrale Évangélique (S.C.E.), et celui de l'articulation entre la S.C.E. et l'É.R.F. La Seconde Guerre mondiale a retardé la prise de conscience des changements impliqués par l'intégration de la S.C.E. dans l'É.R.F. : la S.C.E. n'est plus une œuvre indépendante, mais le bras armé de l'É.R.F. dans le domaine de l'évangélisation. Pour bien marquer l'ambition nouvelle, la S.C.E. change de nom : elle devient la « Société Centrale d'Évangélisation ». Le Synode national nomme les membres de la Commission générale d'Évangélisation (C.G.E.), organe qui assume les fonctions de comité directeur de la S.C.E. Or cette transformation est source de tensions, à trois niveaux différents.

D'abord au niveau des structures. Faut-il privilégier l'autonomie de la S.C.E. ou son intégration complète dans l'É.R.F. ? D'anciens membres de la S.C.E., laïcs ou pasteurs, regrettent de voir leur marge d'initiative réduite. Car à partir de 1945, les initiatives de la S.C.E. s'inscrivent dans le cadre de la stratégie de l'É.R.F., et plus précisément de ses stratégies régionales. La région de Paris se fixe un rythme annuel de création de deux postes nouveaux dans la banlieue en développement ; la région de Toulouse implante des pasteurs dans le Lot et le Cantal. Les nouvelles implantations sont en général choisies dans les zones de concentration urbaine en extension ou dans les localités en expansion économique. Mais certaines régions ne comprennent pas pourquoi l'É.R.F. conserve un organisme distinct pour l'évangélisation, alors que localement aucun caractère ne différencie une paroisse réformée d'un poste de la S.C.E. La tension institutionnelle existant entre l'É.R.F. et la C.G.E. apparaît clairement dans le rapport du pasteur Boegner au Synode national de 1950. Boegner se plaint de ne pas avoir pu organiser des entretiens avec la C.G.E. ; la grande campagne d'évangélisation décidée par le Synode de l'année précédente n'a pas pu avoir lieu. Aussi Boegner propose-t-il de confier la présidence de la C.G.E. au président du Conseil national pour une durée de trois ans, le temps d'aplanir les rapports entre les deux organes.

Ensuite au niveau de la gestion financière. La S.C.E. s'est le plus souvent implantée à la demande d'un groupe local, auprès duquel elle envoie un pasteur ou un évangéliste. En 1950, elle crée un groupe de travail « Tourisme et Évangélisation » pour encourager les initiatives auprès des vacanciers, jugés plus disponibles pour l'annonce de l'Évangile. Mais la S.C.E. a également à sa charge de petites communautés, trop faibles pour constituer une « véritable » paroisse, avec les contraintes financières que cela implique. Ce soutien, fort légitime au demeurant, à des protestants disséminés est-il vraiment, en l'absence de toute dynamique d'évangélisation, du ressort de la S.C.E. ? La charge financière de ces petits Églises ne relève-t-elle pas davantage de la solidarité interne à l'É.R.F. ? De plus, l'École de colporteurs se révèle un échec : au Synode national de 1948, le président de la C.G.E., le pasteur Paul Arbousset, rappelle l'urgence de la tâche de colportage mais fait le constat du manque cruel de candidats, qui oblige à suspendre l'expérience de l'école.

Enfin, les débats portent sur la conception même de l'évangélisation. Le pasteur Éric Barde, directeur de la S.C.E. de 1935 à 1946, défend les méthodes de l'évangélisation « classique ». Citant l'exemple de Saillans (Drôme), gros bourg de 2 000 habitants, Éric Barde souligne l'opposition qui existe entre l'usine textile, bouillon de culture de toutes sortes d'idées avancées, et les bourgeois protestants qui dirigent l'Église locale et se méfient des ouvriers. « Si l'Église, un peu vieillotte qui s'y trouve, ne veut pas mourir, il faut bien qu'elle tente de s'attaquer à ce milieu », affirme-t-il. Le pasteur Georges Richard-Molard, en poste à Hénin-Liétard (Nord), témoigne de son ministère en milieu socialiste et communiste auprès des masses populaires. Le grand obstacle à l'évangélisation ne serait-il pas l'Église actuelle, bourgeoise et cléricale ? À travers ces témoignages contradictoires se dessinent les divergences. Non seulement l'évangélisation a toujours été un domaine privilégié de débats, mais la reconstitution de l'É.R.F. fait coexister en son sein divers points de vue sur l'évangélisation.

Le nouveau directeur de la S.C.E. à partir de 1946, le pasteur Jean-Paul Benoît, cherche à faire cohabiter toutes les tendances, plus qu'à les mettre d'accord. Il encourage l'évangélisation rurale, qui connaît un renouveau depuis une dizaine d'années ; il soutient l'évangélisation en milieu ouvrier, où le protestantisme semble piétiner ; il constate surtout que le milieu intellectuel et bourgeois se montre « plus ouvert que d'autres à la foi ». Jean-Paul Benoît préconise donc : au plan géographique, de porter une attention spéciale aux grandes villes et à leurs banlieues ; au plan humain, de développer le rôle des fidèles, qui sont souvent les témoins les plus écoutés et les plus convaincants ; au plan des méthodes, de s'attaquer aux problèmes de la vie de l'homme, puisque l'incroyant ne s'intéresse pas aux problèmes spirituels. C'est à l'Église de « savoir écouter ce Français sceptique et frondeur, jouisseur et passionné », et non l'inverse. Pour cela, tous les moyens modernes sont bons à utiliser : presse, radio, cinéma… Les initiatives du pasteur Henri de Tienda et de son épouse sont ainsi citées en exemples : en accord avec la S.C.E., celui-ci crée le Service cinématographique d'évangélisation, le SERCINEV, en 1948, puis une fédération des ciné-clubs protestants, sous le nom de « Film et Vie », en 1950.

La campagne française d'évangélisation du pasteur baptiste américain Billy Graham, en 1955, réveille les débats. Du 5 au 9 juin, dans le cadre prestigieux du Vel d'Hiv à Paris, une moyenne de 8 000 spectateurs se pressent chaque soir pour écouter le *preacher boy*, qui suscite la curiosité mais surtout de multiples commentaires. Si Jean-Paul Benoît prend une part importante à l'organisation de la « croisade », l'É.R.F. réagit en revanche plutôt mal, et devant l'offensive évangélisatrice de « sectes » demande aux régions d'établir une carte pour déterminer localement les positions à prendre. Lors du Synode national de 1959, les délégués décident d'instaurer un « dimanche de l'évangélisation », dans le double but de « rappeler aux Églises leur devoir de témoignage devant le monde » et de les informer du travail qui est réalisé au sein de l'É.R.F. en ce domaine.

Mais le débat sur l'évangélisation reviendra de manière récurrente tout au long de l'histoire de l'É.R.F.

ACHEVER L'UNITÉ DE 1938

L'adoption d'une Discipline commune en 1938 n'a pas effacé comme par magie plusieurs décennies de pratiques différentes entre les anciennes Unions d'Églises. L'É.R.F. souhaite mettre de l'ordre dans ce désordre.

Ainsi, dans le corps pastoral, existent bien des situations « irrégulières » non prévues par la Discipline. Des hommes, poussés par une vocation tardive, exercent déjà les fonctions pastorales sans avoir de diplôme en théologie. Les Églises réformées évangéliques, les Églises Libres et la Société Centrale Évangélique avaient des évangélistes à leur service : en vertu du principe d'égalité des pasteurs, ceux qui ont longtemps été vus comme des « pasteurs de seconde zone » font l'objet d'une modification de statut. Les communautés méthodistes bénéficiaient de ministères laïques ; or les Églises réformées n'accordaient jusque-là aucune place à d'autres ministères que le ministère pastoral. Dans les années 1940, la réflexion s'amorce donc sur la diversité de ministères, c'est-à-dire sur l'organisation, à côté du ministère pastoral, de « ministères laïques », confiés à des laïcs qui conserveraient par ailleurs leur activité professionnelle. Un autre domaine paraît également source de trop de différences au sein de l'Église : les remariages des divorcés. Pour « assurer le maximum de cohésion » et d'objectivité, l'É.R.F. met en place en 1944 une Commission synodale chargée d'examiner les cas individuels avant que les pasteurs n'accordent une bénédiction de mariage.

Malgré les campagnes destinées à sensibiliser les paroissiens sur le « sens de l'Église », les protestants français réservent leur intérêt quasi-exclusivement à la vie de leur Église locale. Les fidèles font preuve d'une ignorance complète vis-à-vis de l'organisation administrative et financière de leur Église, de ses responsabilités, de ses problèmes, de sa vocation. C'est pourquoi les autorités veulent réhabiliter le système presbytérien-synodal pour être la colonne vertébrale de l'Église.

Certes, le régime presbytérien-synodal est, depuis l'origine, le mode de fonctionnement des Églises réformées françaises, mais il s'agit en réalité d'un modèle théorique dont la pratique a été discontinue, en raison des vicissitudes de l'histoire sous l'Ancien Régime, puis de l'opposition du pouvoir politique au XIXe siècle (l'État concordataire n'autorisant pas la réunion d'un Synode national avant 1872), enfin des divisions internes : le Synode national de 1872 est le seul Synode plénier à se réunir, avant la grande rupture entre évangéliques et libéraux ; par la suite, les différentes Unions d'Églises ont tenu séparément des Synodes « officieux ». La restauration de l'unité réformée en 1938 relance le régime synodal, mais la guerre le perturbe aussitôt en coupant la France en deux. En 1945, l'É.R.F. n'a donc guère d'expérience du régime presbytérien-synodal plénier. Comme l'écrit l'historienne Séverine Pacteau de Luze, « la restauration de l'unité par la création de l'É.R.F. en 1938 permit la réactivation du régime synodal. Celle-ci n'intervient en pratique qu'après 1945, non sans un cahoteux apprentissage ; jusque dans les années 1960, les débats des Synodes nationaux sont constamment marqués par la recherche d'un meilleur fonctionnement qui allie l'efficacité des décisions et la diversité des points de vue exprimés[13] ». Car le régime presbytérien-synodal soulève de nombreux problèmes théoriques et pratiques.

Sur le plan théorique, le fonctionnement presbytérien-synodal repose sur une structure pyramidale équilibrée. Les assemblées locales, régionales et nationales se réunissent selon un calendrier à peu près fixe ; chaque niveau est représenté au niveau supérieur par des délégués ; les laïcs sont en nombre supérieur au niveau local, et en nombre égal ou supérieur à celui des pasteurs dans les Synodes régionaux et nationaux. Les décisions sont collectives, et le pouvoir collégial. Mais ce système présente bien sûr des inconvénients, accentués par l'histoire même de l'É.R.F. Le système presbytérien-synodal est tiraillé entre ses deux pôles : d'un côté la revendication des droits des paroisses, y compris la tendance au congrégationalisme ; de l'autre, l'exercice de l'autorité comme méthode de gouvernement. Lors du Synode national de Nîmes en 1950, le pasteur Boegner, avec humour, se fait l'écho des critiques contradictoires adressées au régime de gouvernance de l'É.R.F. : si les uns estiment que l'Église souffre d'un manque d'autorité, qu'elle n'est pas dirigée, que chaque conseil régional ou chaque paroisse fait ses affaires de son côté, les autres se plaignent d'une centralisation et d'un autoritarisme excessifs !

> « De tous côtés, on se plaint que le régime presbytéro-synodal ait, peu à peu, été faussé dans l'Église réformée de France, et que celle-ci s'oriente, sous l'influence de ses contacts œcuméniques, vers un épiscopalisme à peine

13 Séverine Pacteau de Luze, « De la restauration du régime synodal dans les Églises réformées à l'époque contemporaine », *Études théologiques et religieuses*, 79, 2004/1, p. 37-50.

camouflé. Les présidents des Conseils régionaux prennent, consciemment ou non, des allures d'évêques. Quant au président du Conseil national[14] !... », il prendrait des allures de « pape » des protestants, comme a parfois été surnommé Boegner.

Le pasteur Boegner s'efforce donc d'apaiser les oppositions en rendant, dès 1946 et un an avant la date fixée, les « pouvoirs exceptionnels » qui lui avaient été conférés pendant la guerre pour lui permettre de gérer les mutations de pasteurs dans des circonstances très difficiles. Par ce geste, il réaffirme les prérogatives des paroisses en matière de recrutement de leur pasteur : les paroisses sont pleinement libres d'appeler le pasteur de leur choix, qui est libre d'accepter ou de refuser ; le Conseil national n'a aucun pouvoir d'assurer un poste à un pasteur qu'aucun conseil presbytéral ne voudrait appeler. Mais comment alors concilier la liberté des paroisses avec la mise en œuvre d'une stratégie nationale, telle qu'elle est esquissée par Pierre Maury en 1945 ? Après bien des tâtonnements, le Synode national proposera pendant quelques années une liste de postes « prioritaires ».

Plus grave que la question de l'affectation des pasteurs est celle du malaise doctrinal qui pointe après la guerre. Face à l'ecclésiocentrisme et au juridisme des barthiens, les libéraux constituent dès 1949 l'Alliance libérale française, présidée par André Siegfried et le docteur Albert Schweitzer. De la même manière, les évangéliques s'inquiètent de la tournure des débats et adoptent, au fil du temps, des attitudes de plus en plus critiques à l'encontre du régime presbytérien-synodal chaque fois que l'É.R.F. ne respecte pas l'équilibre souhaité entre la liberté des Églises locales et la manifestation de son unité ; ils accusent notamment les « barthiens » de construire cette unité sur des structures centralisées. Le pasteur Boegner se veut ici encore rassurant :

> Il est normal qu'il y ait, dans une Église comme la nôtre, des controverses théologiques et qu'à tel moment de son histoire, une tendance théologique nouvelle se substitue à une autre dans la direction des esprits. Souhaitons toutefois que nos confrontations doctrinales et ecclésiastiques aient lieu dans le respect des conditions qui ont permis à notre Église de retrouver son unité et dans l'esprit qui a rendu possible cette restauration[15].

---

14 *Actes du Synode national de l'É.R.F.* (Grenoble), 1948, p. 37.

15 *Actes du Synode national de l'É.R.F.* (Grenoble), 1948, p. 39.

La représentativité et la souveraineté du Synode national sont à plusieurs reprises contestées, soit par des fidèles qui ne partagent pas les positions prises, soit par des pasteurs qui jugent l'Église trop timorée. « En matière de doctrine et de comportement qui en découle, le Synode national demeure l'inspirateur et le maître après Dieu », réaffirme fermement en 1954 le pasteur Bourguet, président du Conseil national. Et il est rappelé aux pasteurs qu'ils ne peuvent pas prendre de position publique sans avoir consulté les conseils auparavant : « Si la place du pasteur est en tête du troupeau, sa place n'est pas au dehors du troupeau. »

Si le système presbytérien-synodal est un lieu de collaboration entre fidèles et pasteurs, il peut aussi être un lieu de tensions. Car les délégués manquent de pratique du débat ; la culture synodale n'est pas encore véritablement entrée dans les usages. Ainsi garde-t-on l'habitude de raisonner en fonction des besoins et des attentes des paroisses locales, plutôt qu'en fonction de la situation régionale ou nationale. Pour préserver l'unité à peine retrouvée et par crainte de voir renaître des luttes partisanes, les délégués synodaux préfèrent le silence et s'auto-censurent par des « timidités coupables » (selon l'expression de Pierre Maury en 1945). Il est vrai que les thèmes soumis aux Synodes sont par eux-mêmes porteurs de vastes débats, qu'il s'agisse de questions doctrinales (comme les ministères, le baptême, le mariage, la liturgie), ou de questions d'actualité : « l'Église et le désordre international » en 1951, « le désordre social et l'engagement personnel » en 1952, « christianisme et marxisme » en 1959, « christianisme et nationalismes » en 1960... Les Synodes sont également sous l'influence prédominante des pasteurs, dans la mesure où ceux-ci occupent les postes clefs, sont en général rapporteurs des commissions, et où leurs positions sont peu discutées. De l'aveu même du pasteur Boegner, les conseils presbytéraux et les synodes régionaux se montrent trop passifs, se contentant d'enregistrer « les désirs, volontés, décisions des pasteurs », n'exerçant plus le ministère spirituel qu'ils devraient avoir. Et les paroisses comme les conseils régionaux sollicitent trop l'avis ou les instructions du Conseil national – comme si l'exécutif se concentrait dans le seul Conseil national.

L'autre danger qui menace le régime presbytérien-synodal tient aux dysfonctionnements concrets de ce système d'assemblées annuelles. Au Synode national de 1961, le professeur Pierre Burgelin signale l'insatisfaction générale après vingt ans de vie commune. Les délégués se plaignent du temps trop court accordé aux délibérations des Synodes : le Synode de 1947 demande que la durée des sessions soit fixée « d'après l'importance des questions soumises à son examen » (décision XXVII) ! Nombreux sont ceux qui déplorent le décalage entre les nombreuses décisions votées au niveau national et... l'absence d'exécution. « C'est l'un des aspects, peut-être l'aspect le plus fâcheux, de la vie ecclésiastique dans les années présentes », avertit le pasteur Boegner en 1947. Les thèmes synodaux sont pourtant traités avec sérieux, font l'objet de rapports stimulants, des décisions sont prises, mais celles-ci restent alors lettre morte, imprimées dans le volume des Actes du Synode où « nul ne va les y chercher pour trouver une ligne de conduite à suivre, avec initiative et persévérance, dans chaque cadre régional et chaque paroisse[16] ».

D'autres reprochent aux Synodes « tous les défauts du parlementarisme français » : les joutes verbales, les finesses trop bien calculées de la diplomatie, les débats insignifiants. Ceux qui prennent la parole sont les plus habiles orateurs, mais pas forcément les personnes les plus compétentes sur le sujet. Les textes longuement étudiés, présentés par un rapport excellent, peuvent être désarticulés par des amendements qui laissent alors une rédaction pas toujours cohérente, voire contradictoire. En 1957, les délégués doivent spécifier que les dispositions adoptées par un Synode ne pourront pas être modifiées pendant trois ans : il s'agit d'éviter à l'avenir qu'un Synode ne défasse ce que le précédent avait fait ! Le Synode national, clef de voûte de l'Église, est souvent lent et peu efficace ; il laisse en suspens bien des questions soulevées par les synodes régionaux et exprimées sous forme de vœux. En 1952, le Synode national renvoie *sine die* la question de « l'actualité de la prédication », pour laquelle deux rapports ont cependant été établis... Les Conseils régionaux sont débordés par la multiplicité des questions à suivre, envahis de questions mineures. Bien des affaires sont renvoyées au bureau ou au président, sans que ceux-ci soient très sûrs de la légitimité de leurs décisions.

Sans cesse des mesures sont prises pour corriger ces dysfonctionnements : une meilleure harmonisation entre les textes des Synodes est recherchée ; un nouveau calendrier est adopté pour permettre un allongement du délai entre la tenue des synodes régionaux et celle du Synode national ; la présentation des actes des Synodes laisse davantage

16 *Actes du Synode national de l'É.R.F.* (Mazamet), 1947, p. 37.

de place aux procès-verbaux. Plusieurs insistent sur l'importance du choix et de la formation des conseillers presbytéraux pour assurer leur culture religieuse. Il est rappelé aux délégués synodaux que sérieux et présence obligatoire durant toute la session sont des conditions nécessaires au bon déroulement des séances… La vertu du système synodal est surtout de fortifier la solidarité inter-régionale. Le pasteur Boegner propose par exemple de développer les rencontres des trésoriers régionaux une fois par an. Le collège des présidents de conseil régional, qui n'a qu'une existence officieuse mais se réunit plusieurs fois par an, aide à une meilleure utilisation des forces pastorales.

Malgré toutes les critiques, le régime presbytérien-synodal trouve peu à peu ses bonnes pratiques et assoit sa légitimité. « Le régime presbytéro-synodal a été revalorisé quant à sa légitimité spirituelle, c'est-à-dire scripturaire », peut dire le président Bourguet en 1960. Le système n'est plus remis en cause, même s'il fait encore l'objet d'aménagements fonctionnels.

Dans un autre domaine, l'É.R.F. s'attelle également à mettre de l'ordre : celui de la liturgie. La Déclaration de foi de 1938 parle en effet de la liturgie de l'Église au singulier, mais chaque Union d'Églises est entrée dans la réunification avec ses propres traditions : le seul recueil liturgique date de 1896 et émane des Églises réformées évangéliques. L'établissement d'une liturgie commune est donc hautement symbolique et devient l'un des grands chantiers de l'É.R.F. Reflet de l'unité retrouvée, la liturgie est l'expression de la foi de l'Église : la foi proclamée, chantée, célébrée, mais aussi incorporée par les fidèles du fait de sa répétition. Il s'agit d'élaborer une liturgie du culte qui tienne compte des évolutions contemporaines : le souci d'un langage compris de tous, le renouveau biblique et théologique, la dimension œcuménique, la nouvelle sensibilité aux questions liturgiques… Mais devant les tensions théologiques entre les différents courants et les pratiques diverses d'une paroisse à l'autre, l'É.R.F. travaille avec prudence.

Le *Projet de révision de la liturgie du culte dominical*, préparé à la fin de l'année 1946, fait place dès les mois suivants à un *Projet remanié*, qui suscite un vif intérêt : une trentaine d'articles le commentent dans les journaux, plus d'une centaine de documents critiques sont adressés à la Commission de liturgie. À quelles conditions et sur quels critères les liturgies peuvent-elles être modifiées ? La Commission s'est fait un devoir d'étudier point par point toutes les réponses, toutes les remarques doctrinales, exégétiques, linguistiques parfois. Sur deux points où plus de 90 % des courriers reçus exprimaient une opposition claire, elle a cédé à la *vox populi* : la place de la Loi et l'emploi du terme *absolution*. Dans l'ordre du culte, la nouvelle liturgie souligne la priorité de la grâce : la lecture de la Loi est replacée avant la Confession des péchés ; le mot *absolution* a été remplacé par l'expression de « déclaration de pardon » et conservé dans une seule variante facultative. Les membres de la Commission ont été étonnés de ne pas rencontrer d'opposition à ce que la Sainte Cène soit considérée comme faisant partie intégrante du culte : l'ancienne tradition calviniste, qui célébrait la Sainte Cène *après* le culte quatre fois par an, a disparu d'elle-même, au profit d'une plus grande fréquence de la communion. La Commission souhaitait initialement revoir la traduction du Symbole des apôtres : « par déférence » et « sans autorisation formelle préalable » de la part du Synode, rien n'a été changé dans la traduction traditionnelle. En 1948, le Synode national peut ainsi adopter le projet de liturgie du culte dominical. Grâce aux variantes proposées, il laisse à chaque conseil presbytéral une grande liberté de conserver les pratiques habituelles « dans un esprit et un cadre communs ».

D'autres projets sont aussitôt proposés à l'étude et à l'essai des paroisses : culte dominical abrégé ; culte du dimanche soir ; culte liturgique de Sainte Cène ; culte liturgique de veille de Noël et de Pâques ; dédicace d'une église ; installation du conseil presbytéral ; liturgie de présentation ou de baptême d'un enfant ; liturgie de baptême d'adulte ; liturgie du mariage ; liturgie de services funèbres ; fête de la Réformation… 21 textes au total, qui reviennent à plusieurs reprises devant les instances synodales et ne sont adoptés qu'au compte-goutte. Certains évoquent un « embouteillage » de projets pour justifier le retard, mais les raisons sont ailleurs. Cette œuvre liturgique considérable est utilisée en Suisse, en Australie, au Portugal, au Cameroun, mais boudée « dans quelques-unes de nos paroisses », regrette la Commission de liturgie en 1957. Ces projets sont en réalité peu diffusés et peu essayés sur le terrain. Accusée de sombrer dans un *liturgisme* incompréhensible à l'homme de la rue, l'É.R.F. finit par adopter des textes liturgiques offrant de nombreuses variantes pour répondre aux diverses sensibilités des Églises locales et aux avis des synodes régionaux. L'Unité ne veut pas dire uniformisation au royaume des protestants. Une première édition de la liturgie est publiée en 1955. Les liturgies sont réunies en 1958 dans la nouvelle édition du recueil *Louange et prière* : le président Pierre Bourguet y voit comme un « signe de la restauration de l'unité réformée ». Adoptés l'un après l'autre, l'ensemble des textes est édité en 1963 dans un gros volume de 377 pages communément appelé « liturgie verte ». Il aura donc fallu vingt-cinq ans à l'É.R.F. pour réussir à achever son chantier liturgique.

Mais si la question liturgique est essentielle, la plus délicate abordée au lendemain de la Seconde Guerre mondiale est celle de la pratique du baptême. Les Églises d'avant 1938 étaient très partagées. Le Synode national de Bordeaux de 1939 a permis de trouver un accord sur la signification du sacrement : l'entrée dans la grâce de Dieu. Par contre, une divergence subsiste entre ceux qui acceptent le baptême des petits enfants, dans la perspective d'une Église ouverte à la multitude, et ceux qui n'acceptent que le baptême d'adolescents, voire d'adultes, capables de confesser leur foi, seul baptême reconnu par un certain courant évangélique. En 1939, l'autorité du pasteur Boegner, qui insiste sur la liberté des croyants, finit par s'imposer, mais la vivacité des débats montre que l'unité est fragile. Tant que la question n'est pas tranchée, trois pasteurs de l'É.R.F. refusant le baptême des enfants sont maintenus dans un statut intermédiaire de « proposant ». Le plus célèbre opposant au pédo-baptisme est le pasteur Louis Dallière (1897-1976). Influencé par le pentecôtisme naissant, Dallière justifie sa position par l'inconscience de certains parents qui n'ont pas tenu les engagements pris lors de baptêmes antérieurs ; dans une chrétienté en voie de dissolution, le baptême des croyants lui paraît rendre un hommage plus fidèle. Face à lui, le pasteur Jean Cadier soutient que la Bible n'autorise pas la diversité de la pratique : il ne veut rompre ni avec le passé, ni avec le calvinisme mondial. Lors des synodes, les arguments des deux camps s'affrontent : les témoignages du Nouveau Testament sur la pratique du baptême chrétien sont extrêmement sobres ; la pratique du baptême est l'un des plus solides points d'appui du catéchuménat ; l'É.R.F. n'aurait pas intérêt à s'enfermer dans une seule pratique ; le baptême peut être « différé » par les parents… On consulte les Églises étrangères (Église réformée des Pays-Bas, Église du canton de Neuchâtel), qui ont elles aussi nommé des commissions d'étude sur le baptême. Et en 1951, le Synode national décide finalement de prendre en compte tant la liberté des familles que celle des pasteurs et tranche en faveur de la « double pratique ». Il adopte en outre le principe d'une cérémonie de « présentation (ou bénédiction) d'enfant au temple », les parents s'engageant à les confier à l'Église en vue de leur instruction religieuse et de leur baptême.

Ainsi raffermie sur ses bases, dotée d'une plus grande unité et d'une stratégie claire, l'É.R.F. peut développer ses engagements dans une société en mutation. La question du ministère féminin est l'un des débats récurrents sur lesquels l'É.R.F. a du mal à trancher, mais elle témoigne moins du problème de l'unité de l'Église que de celui de sa féminisation.

UN ENGAGEMENT AUX CÔTÉS DES FEMMES

La fin de la Seconde Guerre mondiale est une étape essentielle pour la transformation de la place des femmes dans la société. La Libération bouscule les esprits ; le droit de vote est accordé aux femmes en 1944 ; l'essai existentialiste et féministe que publie Simone de Beauvoir en 1949, *Le Deuxième Sexe*, fait scandale mais rencontre immédiatement le succès et apparaît comme un livre fondateur : il inaugure les « années Beauvoir », selon l'expression de l'historienne Sylvie Chaperon[17], celles d'une génération revendiquant libertés et indépendance face au sexisme et à la destinée traditionnelle de la femme… Si les femmes sont devenues des citoyennes à part entière, il leur reste à acquérir l'égalité dans la société et le couple, une émancipation professionnelle et juridique.

LA CRÉATION DU MOUVEMENT JEUNES FEMMES : DES COMBATS PIONNIERS ENCOURAGÉS

Dans ce contexte de changement des mentalités, le mouvement « Jeunes Femmes » fait figure de pionnier[18]. « Jeunes Femmes » est né d'un vœu émis au congrès de 1946 des Unions chrétiennes de jeunes filles (UCJF) : les femmes mariées souhaitent avoir une organisation propre où elles puissent mettre en œuvre leur vocation chrétienne, se

17 Sylvie Chaperon, *Les Années Beauvoir : 1945-1970*, Paris, 2000.

18 Sylvie Chaperon, « Le mouvement Jeunes Femmes 1946-1970 : de l'Évangile au féminisme », *B.S.H.P.F.*, 146, 2000/1, p. 153-183.

sentir solidaires les unes des autres, dans une réflexion sur leurs problèmes spécifiques… Le mouvement s'autonomise progressivement par rapport aux UCJF, sous l'impulsion de Jeanne Lebrun (1903-1996), secrétaire nationale de la branche aînée des UCJF et équipière de la CIMADE, et de Suzette Duflo (1910-1983), membre des UCJF, de la « Fédé » et elle aussi équipière de la CIMADE. Tenant son premier congrès indépendant en 1955, l'association consacre la visibilité sociale des femmes mariées, devenues actrices à part entière des débats les concernant. L'abondante activité de « Jeunes Femmes » contribue à son rayonnement et à une forte croissance de ses effectifs : à son apogée, en 1970, le mouvement compte plus de 270 associations locales et 6 000 adhérentes, d'âge et de milieu social très divers, croyantes ou non, qui se répartissent en trois groupes : « très Jeunes Femmes » de 20 à 35 ans ; « Jeunes Femmes » de 35 à 45 ans ; « Équipes féminines » après 45 ans.

La qualité intellectuelle et rédactionnelle de la *Revue de l'Association des groupes Jeunes Femmes*, dirigée par Christine Rigal, ancienne rédactrice de *Réforme*, est le reflet du recrutement du mouvement : celui-ci regroupe de très nombreuses diplômées qui souffrent de l'univers rétréci du foyer qui les absorbe ; il est également animé par nombre d'épouses de pasteur, qui ont souvent elles-mêmes fait des études de théologie et qui vivent entre elles une réelle émancipation par rapport au milieu ecclésial protestant. Le bulletin témoigne des ambitions du mouvement : réflexions, études bibliques, comptes-rendus de livres tracent une voie protestante en ce domaine. Trois ouvrages inspirent plus particulièrement la réflexion des théoriciennes du mouvement féministe : *La Femme éternelle* de Gertrud von Lefort (1934, traduction française en 1947), valorisant la vocation rédemptrice de la femme, mais dont la doctrine catholique est jugée trop conservatrice ; *Le Deuxième Sexe* de Simone de Beauvoir (1949), dont la pensée athée fascine et scandalise à la fois ; enfin *Découverte de la femme. Les bases bibliques et théologiques d'une éthique réformée de la femme* (1949, traduction française en 1951), de Charlotte von Kirschbaum, la secrétaire et collaboratrice de Karl Barth, à mi-chemin entre les deux livres précédents, qui valorise la différence sexuelle et la féminité, déculpabilise la sexualité si celle-ci est mise au service de l'amour conjugal, mais affirme la « subordination » de la femme à l'homme… Francine Dumas (1917-1980), très épaulée dans son engagement par son mari, le pasteur André Dumas, devient la vice-présidente et la principale tête pensante du mouvement au début des années 1950 : elle élabore une réflexion originale fondée sur l'éthique protestante et refusant les alternatives de l'égalité et de la différence.

« Jeunes Femmes » envoie des déléguées aux rencontres internationales des *Young Women's Christian Association* (YWCA) : l'influence anglo-saxonne fait progresser au sein du mouvement français l'idée féministe d'égalité des sexes. Ouverte à toutes, l'association s'engage dans les luttes sociales et les combats féministes : contrôle des naissances, éducation sexuelle, travail salarié féminin, participation des femmes à la vie de la cité… sont autant de thématiques développées en son sein. Le mouvement soutient activement dès 1956 l'association « la Maternité heureuse », qui devient le Mouvement pour le Planning Familial dans lequel de nombreuses adhérentes « Jeunes Femmes » prennent des responsabilités. Il préconise un assouplissement législatif des lois contre l'avortement, participe à la réflexion sur la transformation des régimes matrimoniaux, s'associe à la revendication pour l'égalité des rémunérations entre les hommes et les femmes et à la promotion professionnelle de ces dernières… De plus en plus engagé en politique, le mouvement pratique un certain compagnonnage avec l'Union des femmes françaises d'obédience communiste, s'intéresse à la situation des femmes en URSS en 1952, participe auprès de la CIMADE à l'aide aux réfugiés palestiniens en 1967.

Si l'association a porté jusqu'à la fin des années 1960 les valeurs du protestantisme en prenant part aux combats féministes de son temps, elle délaisse peu à peu le problème de la place des femmes dans l'É.R.F. « Les féministes notoires […] ne se soucient pas de ce qui se passait dans les synodes, et ne vont pas chercher des victoires dans les milieux chrétiens, même protestants ! », se souvient la pasteure Élisabeth Schmidt[19]. On peut d'ailleurs se demander, analyse Sylvie Chaperon, « si la lenteur des Églises protestantes à répondre aux désirs accrus de participation des femmes n'est pas en définitive responsable de leur orientation croissante vers l'action civique, au risque de mettre un sérieux bémol à leurs références religieuses[20] »… Et le mouvement « Jeunes Femmes » abandonne en effet en 1971 toute appartenance protestante.

19 Élisabeth Schmidt, *Quand Dieu appelle les femmes. Le combat d'une femme-pasteur*, Paris, 1978, p. 44.

20 Sylvie Chaperon, « Le mouvement Jeunes Femmes 1946-1970 : de l'Évangile au féminisme », *B.S.H.P.F.*, 146, 2000/1, p. 163.

AUTORISER LE MINISTÈRE PASTORAL FÉMININ ?

Paradoxalement, le débat sur le ministère pastoral féminin a été porté par une génération de pionnières peu sensibles aux idéologies féministes.

L'une des caractéristiques de la Réforme est d'avoir désacralisé l'institution ecclésiastique et cléricale : le principe du sacerdoce universel, qui abolit la distinction entre clercs et laïcs, met l'accent sur une expérience personnelle de Dieu sans le passage par le clergé. Pour autant, la Réforme n'abolit pas l'encadrement des fidèles par un clergé : les pasteurs sont des laïcs formés théologiquement, des « prédicateurs-docteurs » qui veillent à ce que la Bible soit lue et interprétée correctement. Cette théologie du *Sola scriptura* et du sacerdoce universel a eu deux conséquences contradictoires pour les femmes : d'une part elle ouvrait aux femmes la possibilité de jouer un rôle culturel, comme le souligne l'historienne Marianne Carbonnier-Burkard[21] ; mais d'autre part elle a pu conforter la conception masculine du ministère par la lecture de certains textes bibliques, comme les épîtres de Paul :

> Comme dans toutes les Églises du peuple de Dieu, il faut que les femmes gardent le silence dans les assemblées de l'Église : il ne leur est pas permis d'y parler (1 Corinthiens 14,34). Je ne permets pas à la femme d'enseigner ou de prendre autorité sur l'homme ; elle doit garder le silence. En effet, Adam a été créé le premier, et Eve ensuite. Et ce n'est pas Adam qui s'est laissé tromper, mais c'est la femme qui s'est laissé tromper et qui a désobéi à l'ordre de Dieu (1 Timothée 2,11-13).

La Réforme a également remis en cause l'obligation du célibat des prêtres instaurée par l'Église catholique au XIIe siècle : pour les Réformateurs, la vie ecclésiastique peut se vivre conjugalement. Ce fait a été « d'une très grande portée culturelle et sociale », précise Bernard Reymond, car ce changement a produit « la femme de pasteur[22] ». Alexandre Vinet, dans sa *Théologie pastorale* (1850), explicite la part que prend l'épouse à la vocation de son mari : « J'y trouve une coopération utile, si la femme du pasteur est vraiment ce qu'elle doit être » ; le pasteur trouve en elle « une consolation inépuisable et toujours prochaine, une double force, et à l'ordinaire un excellent conseil ». Les ménages

21 Marianne Carbonnier-Burkard, « Femme », dans *Encyclopédie du protestantisme*, s. dir. Pierre Gisel et Lucie Kaennel, Paris, 1995.

22 Bernard Reymond, *La Femme du pasteur. Un sacerdoce obligé ?*, Genève, 1991.

pastoraux partagent officieusement les tâches du ministère pastoral : la femme du pasteur assure un ministère d'hospitalité, participe aux activités de la paroisse, tient l'orgue et dirige la chorale, se rend aussi au chevet des malades… « Toute ma vie, avoue Dorina Monod, épouse du pasteur Wilfred Monod, sans en excepter une bribe, a été mise au service de sa vocation. » Mais la femme qui partage, souvent avec un dévouement admirable, le ministère de son mari, ne participe ni à la prédication, ni aux assemblées où se prennent les décisions (conseil presbytéral, consistoire, synode). Sans ministère particulier, sans statut ni rétribution financière, la femme du pasteur est écartée de tout sacerdotalisme.

La Première Guerre mondiale représente de ce point de vue un tournant dans l'histoire des femmes. Dans l'Église comme dans la société, les femmes remplacent les hommes, y compris à des postes à responsabilité ; elles s'investissent dans des professions qui leur étaient jusque-là fermées. Comme l'a montré Gabrielle Cadier-Rey[23], les circonstances particulières de la guerre, et notamment la mobilisation d'un tiers des pasteurs sous les drapeaux, ont donné l'occasion à nombre de femmes de pasteurs de prendre en charge tout ou partie de la vie paroissiale. Elles continuent à s'occuper des réunions des Unions chrétiennes, des écoles du jeudi et du dimanche, mais elles assurent aussi la correspondance, le catéchisme, les réunions de prières et les cultes. Il s'agit ici du changement le plus symbolique : des épouses ou des veuves de pasteurs président le culte, prêchent, font des actes pastoraux – baptêmes, mariages, inhumations. Elles assument donc un ministère pastoral complet, hormis le service de la Sainte-Cène qui reste le seul privilège masculin.

Le président de l'Union des Églises réformées évangéliques, Jules Pfender, leur écrit en décembre 1914 une lettre circulaire d'encouragement, dans laquelle il reconnaît leur « ministère conjoint » à celui de leur mari. Le doyen Émile Doumergue adopte une position toute en nuances : « Si dans un cas exceptionnellement exceptionnel, une femme montait en chaire, ni le monde, ni l'Église ne s'écroulerait. » Mais dès le mois de juillet 1918, dans un article du *Christianisme au* XX*e siècle*, le pasteur Guillaume Granier renvoie les femmes à leurs intérieurs : « Une femme pasteur, absorbée pendant sa jeunesse par la préparation de diplômes qui

---

23 Gabrielle Cadier-Rey, « Les femmes de pasteurs pendant la Première Guerre mondiale », *B.S.H.P.F.*, 160, 2014/1, p. 123-140.

lui auront conféré le droit d'être consacrée et de diriger une paroisse, aura-t-elle pu apprendre à s'occuper du ménage, à faire la cuisine, à entretenir un vestiaire, à élever des enfants ? »

La Seconde Guerre mondiale donne à nouveau à des femmes l'occasion de remplacer les pasteurs, mais « avec la paix, les représentations traditionnelles sur le rôle de la femme étaient tranquillement reprises », souligne Jean-Paul Willaime[24]. Le pasteur Pierre Maury ne rappelle-t-il pas, dans son grand exposé sur la stratégie de l'É.R.F. au Synode national de juin 1945, l'ordre humain « élémentaire qu'est la famille, avec sa hiérarchie (autorité paternelle, subordination de la femme "dans les choses bonnes et honnêtes", comme dit notre liturgie du mariage)[25] » ?

Ce sont surtout les progrès de l'instruction féminine qui vont ouvrir la voie vers le ministère pastoral. Jusqu'à la IIIe République en effet, l'éducation des jeunes filles reste traditionnelle et réservée à l'élite. Les plus riches ont un précepteur ; les autres se rendent dans des cours privés payants, mais dans tous les cas l'enseignement est orienté vers les arts d'agrément et les savoir-faire nécessaires aux futures maîtresses de maison. L'ouverture des lycées de jeunes filles à partir de 1881 leur permet d'accéder au baccalauréat, puis aux études universitaires : après la Grande Guerre, les filles de bonne famille sont de plus en plus nombreuses à fréquenter l'Université. Cela conduit tout naturellement les filles de pasteurs, engagées dans des mouvements de jeunesse (éclaireuses, Unions chrétiennes de jeunes filles), à vouloir suivre des études de théologie : la famille pastorale, toute imprégnée par le ministère du père, suscite des vocations masculines comme féminines. En 1920, quatre jeunes filles sont étudiantes à la Faculté de théologie protestante de Strasbourg[26] – alors qu'en Suisse les premières jeunes filles sont admises dès 1908 à Zurich, dès 1912 à Neuchâtel et 1917 à Genève. Ainsi diplômées, les femmes peuvent désormais prétendre exercer officiellement les fonctions de prédicateurs-docteurs, puisqu'elles ont le même savoir biblique et doctrinal que les hommes. Reste à faire tomber le « plafond de verre ». « Les Églises protestantes ne pouvaient pas évoluer plus vite que les

24 Jean-Paul Willaime, « L'accès des femmes au pastorat et la sécularisation du rôle du clerc dans le protestantisme », *Archives de sciences sociales des religions*, 95, 1996, p. 33.

25 *Actes du Synode national de l'É.R.F.* (Paris-Étoile), 1945, p. 80.

26 Anne-Marie Heitz-Muller, « L'ouverture du ministère pastoral aux femmes dans les Églises protestantes d'Alsace et de Lorraine », *Revue d'histoire et de philosophie religieuses*, 83, 2003/3, p. 301-323.

sociétés dans lesquelles elles se trouvaient », note avec justesse Jean-Paul Willaime[27]. Pourtant, certaines Églises ont ouvert leurs portes plus précocement. Et c'est la petite Église réformée d'Alsace et de Lorraine (É.R.A.L.) qui montre l'exemple en accueillant en 1928 comme « vicairesse » à Mulhouse mademoiselle Berthe Bertsch.

Le milieu familial a été un facteur déterminant pour l'accès au pastorat des pionnières : Berthe Bertsch (1904-1988) et Herrade Koehnlein (1913-1986) sont filles de pasteur ; Marieleine Hoffet (1905-1996) et Geneviève Jonte (1906-1983) sont toutes deux filles et petites-filles de pasteurs. De la même manière, la première femme pasteur de l'Église protestante de Genève, Marcelle Bard (1903-1988), consacrée en 1929, est la fille d'un pasteur et professeur de théologie. Autre point commun entre ces pionnières : le particularisme régional, puisqu'elles sont originaires d'Alsace, ou du Pays de Montbéliard pour Geneviève Jonte. La situation de pénurie pastorale dans ces Églises régionales pousse les mentalités à évoluer plus vite. Les Églises de l'Alsace redevenue française en 1919 connaissent des difficultés particulières : une cinquantaine de pasteurs issus de familles allemandes ou apparentés à elles prennent, de manière volontaire ou contrainte, le chemin de l'Allemagne. La question de la langue est un point épineux : les pasteurs de la France intérieure prêts à venir en Alsace ne peuvent exercer leur ministère que dans les quelques paroisses où la prédication en langue française a été maintenue sous le régime allemand. La charge est écrasante pour les pasteurs en poste, si bien que l'arrivée d'étudiantes diplômées est acceptée facilement. Le Synode de l'É.R.A.L. autorise en 1927 les femmes à accéder au ministère de vicaire. Berthe Bertsch est la première à exercer la fonction :

> Évidemment, on était étonné chez nous, mais surtout curieux, écrit le président du Consistoire réformé de Mulhouse, quand la feuille paroissiale annonçait l'arrivée d'une vicairesse. Montera-t-elle en chaire ? L'impression qu'a faite Mlle Bertsch a été des plus favorables. Maintenant encore, elle a un peu plus de monde au culte que nous… Les sermons de Mlle Bertsch sont très logiques. Sa voix aussi porte bien[28].

27 Jean-Paul Willaime, « Les femmes pasteurs en France : socio-histoire d'une conquête », dans Françoise Lautman (éd.), *Ni Ève ni Marie. Luttes et incertitudes des héritières de la Bible*, Genève, 1998, p. 124.

28 Lettre du pasteur Stricker (1929) citée par Jean-Paul Willaime, « Les femmes pasteurs en France : socio-histoire d'une conquête », dans Françoise Lautman (éd.), *Ni Ève ni Marie*, Genève, 1998, p. 131.

Berthe Bertsch est consacrée pasteure de l'É.R.A.L. en mars 1930 : la presse lui décerne alors le titre de « première femme pasteur de France[29] ». L'Église de la Confession d'Augsbourg d'Alsace et de Lorraine (É.C.A.A.L.) autorise en 1929 les femmes à devenir « aide-pasteur » mais limite leurs activités : instruction religieuse, service du dimanche auprès de la jeunesse, cure d'âme auprès des femmes, prédication dans les établissements hospitaliers. La prédication du haut de la chaire paroissiale n'est par contre admise qu'en « cas d'exception avec autorisation spéciale ». Geneviève Jonte, nommée assistante de paroisse en 1934, est la première femme consacrée pasteure dans l'Église luthérienne du Pays de Montbéliard en 1937. Ce ministère féminin reste donc « inférieur », limité à certaines activités, mais dès 1936 l'É.R.A.L. autorise la nomination d'une femme dans un ministère pastoral à part entière, après cinq ans de service : Berthe Bertsch devient ainsi en 1938 pasteure titulaire de la paroisse de Steinseltz (Bas-Rhin), où elle reste pendant quarante ans.

À la Faculté de théologie protestante de Paris, la première étudiante reçue bachelière en théologie est Marguerite Thourot, en 1933. Au sein des Églises réformées de la France de l'intérieur, deux femmes, Denise Hourticq et Élisabeth Schmidt, reçoivent pour la première fois en 1935, une délégation pastorale. Denise Hourticq (1910-1966), paralysée à l'âge de dix-huit ans à la suite d'une poliomyélite, ne retrouve que peu à peu l'usage de ses membres. Elle écrit ses premières œuvres et reçoit en 1929 le « Prix de la Lecture à l'hôpital », œuvre philanthropique qui fait distribuer des livres aux malades des hôpitaux et aux vieillards hospitalisés dans les maisons de retraite. Sa propre paralysie lui inspire la mise en place du « scoutisme d'extension » au sein de la Fédération française des éclaireuses, c'est-à-dire l'adaptation de la méthode scoute aux jeunes ayant un handicap physique ou mental. Elle crée vers 1930 les premières unités des « Éclaireuses Malgré Tout », dans le sanatorium marin pour jeunes allongées de Berck (Nord). Elle fait ensuite ses études de théologie à Paris, et à partir de 1935 exerce un ministère pastoral auprès des malades de Berck. Élisabeth Schmidt (1908-1986), fille d'un député des Vosges et d'une professeur d'allemand, d'une famille agnostique,

29 La première femme pasteur de France est en réalité Madeleine Blocher-Saillens (1881-1971), reconnue pasteure par l'Église baptiste du Tabernacle à Paris en décembre 1929, lorsqu'elle succède à son mari subitement décédé (*Madeleine Blocher-Saillens, féministe et fondamentaliste. Extraits de son journal établis et annotés par Jacques-É. Blocher*, Charols, 2014).

découvre la Bible en Suisse lorsque sa mère se fait soigner. Elle décide de suivre une instruction religieuse à Sèvres, où elle est baptisée en 1923. Elle entreprend des études de philosophie, participe à la « Fédé », puis étudie la théologie à la Faculté de Genève, qui lui décerne en 1934 le prix de prédication. En 1935, elle devient le première « pastourelle » de paroisse, dans les Cévennes, à Sainte-Croix-Vallée-française. Intéressant paradoxe : les cévenols ruraux, comme les alsaciens, seraient-ils plus progressistes que les protestants des villes ?

Contrairement aux Églises alsaciennes, les Églises réformées de la France de l'intérieur ne souhaitent pas débattre du ministère féminin tant que l'unification de l'É.R.F. n'est pas faite. D. Hourticq et É. Schmidt reçoivent donc une délégation pastorale renouvelée d'année en année. Réunifiée, l'É.R.F. peut enfin mettre la question du ministère pastoral féminin à l'ordre du jour du Synode national de 1939 : la réflexion est confiée à une « commission pour l'étude des questions relatives au ministère féminin », composée de huit hommes et d'une femme, Jane Pannier-Schloesing, épouse du pasteur Jacques Pannier et présidente du comité national des UCJF. Il est prévu que le débat soit porté devant les synodes régionaux et le Synode national de 1941. Mais le déclenchement de la guerre retarde le calendrier initial. Entre-temps, Élisabeth Schmidt se met au service de la CIMADE, présidée par Jane Pannier, et vient en aide aux réfugiés du Camp de Gurs (Pyrénées-Atlantiques) au printemps 1941, puis est affectée en septembre 1942 à la paroisse de Sète (Hérault). Denise Hourticq entre pour sa part, en 1943, chez les diaconesses de Reuilly.

La dite commission commence finalement ses travaux avec deux ans de retard, en novembre 1941, et soumet ses propositions aux différents synodes de 1943. La décision du Synode national est favorable au ministère féminin – mais un ministère qui n'est pas un ministère pastoral complet : « L'É.R.F. reconnaît le ministère féminin et décide de l'organiser en son sein. » Ce ministère peut prendre des formes variées : assistante de paroisse, secrétaire paroissiale ou de mouvement de jeunesse, chargée d'enseignement, aumônière d'établissement scolaire, d'hôpital ou de sanatorium, dame missionnaire, etc. Les situations sont tellement diverses que le Synode national de 1945 décide d'harmoniser les pratiques en adoptant, à l'essai, un « statut des assistantes de l'Église réformée de France » : « L'É.R.F. reconnaît que la femme peut être appelée à exercer, à titre professionnel, des ministères permanents » (décision XX). Il ne s'agit plus de considérer les femmes comme un personnel d'appoint, saisonnier ou surnuméraire, affirme P. Lestringant, rapporteur au Synode de 1945 : l'objectif est d'une part de les titulariser, d'autre part de les considérer comme des « servantes de l'Église » au même titre que les pasteurs masculins.

Mais en réalité, le ministère féminin se définit en creux, par ce qu'il n'est pas : il « n'est pas l'équivalent du ministère pastoral », il ne comporte pas la responsabilité d'une paroisse, il ne comprend pas l'exercice de la prédication dans le culte dominical, l'administration des sacrements ou la bénédiction des mariages. À titre exceptionnel et momentané, au cas où « la vie d'une paroisse risquerait de se trouver gravement compromise faute d'une desserte régulière », une « assistante » expérimentée pourrait se voir confier une délégation pastorale. Le Synode national limite donc très strictement les possibilités. La question du statut amène d'ailleurs nombre d'amendements de la part des différents synodes régionaux, « dans un excès de précautions à caractère purement négatif » selon l'expression même du pasteur Jacques Diény, par peur d'une confusion entre le ministère du pasteur et celui de l'assistante.

Le Synode impose également aux femmes une double formation, professionnelle et théologique. Les candidates doivent préalablement posséder un diplôme d'infirmière, d'assistante sociale, d'institutrice ou de professeur selon leur vocation, et suivre ensuite une préparation de deux années d'études religieuses à « l'École des ministères féminins ». Cet enseignement est confié par l'É.R.F. à l'Institution des diaconesses de Reuilly. Les élèves sont admises entre 21 et 35 ans, à condition qu'elles soient célibataires ou veuves, mais les assistantes ne pourront pas exercer avant leur 25e anniversaire. Denise Hourticq prend la direction de cette école d'assistantes de paroisse, où les premières élèves sont accueillies dès la rentrée d'octobre 1942. L'enseignement porte sur la Bible, l'histoire de l'Église, des œuvres chrétiennes, de l'évangélisation et la théologie pratique. L'École délivre un diplôme ; l'assistante effectue alors un stage d'un an « sous la direction d'un pasteur ». Toutes les décisions sont soumises à l'autorité d'une « Commission du ministère féminin », qui tient à jour le fichier national, appelé « rôle des assistantes ».

Le statut marital des candidates est l'une des pierres d'achoppement. « Mlle Bertsch va se marier, rapporte le journal *Le Radical* dans son numéro du 18 mai 1930. Le Synode juge incompatibles les fonctions de son ministère avec celles d'une mère de famille. Un compromis adviendra-t-il ? » Pas de compromis, mais une lourde concession de la part des femmes : les Églises françaises imposent aux femmes-pasteurs un célibat que la Réforme a supprimé pour les hommes dès le XVIe siècle ! Berthe Bertsch renonce à se marier ; Herrade Koehnlein renonce, elle, au ministère en épousant en 1938 Roger Mehl, agrégé de philosophie et futur pasteur. L'Église nationale protestante de Genève se prononce d'ailleurs, à la même époque, dans un sens opposé : Marcelle Bard se marie en 1930, après sa consécration comme pasteur, et divorce deux ans plus tard sans que cela ne remette en cause son ministère. C'est précisément pour compenser cette solitude obligatoire que le Synode national de 1943 exige des candidates de vivre en communauté pendant la durée de leurs études rue de Reuilly, à Paris : l'objectif est de créer pour chacune « une famille spirituelle » qui saura lui donner, en dehors du « soutien d'un mari, des joies et des tendresses de la vie familiale », tout le soutien nécessaire face aux soucis, aux épreuves et aux responsabilités.

En 1945, une quarantaine d'assistantes sont recensées. Quinze d'entre elles ont d'ailleurs été formées hors de l'École des diaconesses : à l'École du service chrétien de « La Cause », à l'école d'évangélistes créée par la « Brigade de la Drôme » à Dieulefit, ou à l'Institut des ministères féminins de Genève ouvert en 1925. Ces assistantes sont âgées pour la plupart d'une quarantaine d'années ; les plus jeunes ont respectivement 31, 32, 35 et 38 ans. Le pasteur Lestringant regrette devant les délégués du Synode national que si peu de jeunes filles s'orientent vers le service de l'Église et préfèrent s'orienter vers des ministères extérieurs à l'É.R.F. : « Nous n'avons pas su dire clairement que [...] les femmes [ont] désormais une place bien définie dans le ministère de l'Église. »

Alors que l'Église luthérienne alsacienne (É.C.A.A.L.) accorde la consécration aux femmes en 1948 et la possibilité d'être nommée dans une paroisse à plusieurs postes, l'É.R.F. avance pour sa part à tout petits pas. Au Synode national de Lyon en 1946, une voix consultative est accordée aux assistantes de paroisse lors des synodes régionaux. Lorsque l'association des diaconesses demande à ne plus assurer la charge de l'école des assistantes de paroisse, le Synode national de 1948 décide la suspension du recrutement ; faute de solution alternative, cette décision signe en réalité la fermeture définitive de « l'École des ministères féminins » après seulement six ans d'existence. La question d'accorder aux femmes la même consécration pastorale qu'aux hommes est posée au Synode de 1948 : comme celui-ci estime ne pas avoir assez d'éléments pour se prononcer, le débat est renvoyé à l'année suivante. Le Synode de Paris de 1949

> estime que si le Ministère de la femme dans l'É.R.F. n'est pas normalement le pastorat sous sa forme actuelle, l'Église peut, dans des cas exceptionnels, confier à une femme ce ministère avec l'autorité que confère la consécration au ministère pastoral, étant entendu que cette autorisation ne sera accordée ou maintenue qu'à une femme non mariée (décision XI).

Les délégués sont aussitôt appelés à se prononcer sur le cas d'Élisabeth Schmidt, pour laquelle le conseil presbytéral de Sète et le synode régional de la VIIIe région soutiennent une demande de consécration. Réuni à huis-clos pour débattre, le Synode national discerne en elle une « vocation pastorale authentique » et lui accorde cette autorisation « tant que l'intéressée n'est pas mariée » (décision XXI). Mais à la différence des Églises alsaciennes, il s'agit d'un cas d'espèce, qui demeure unique et exceptionnel dans l'É.R.F. Car, dans les faits, les conseils presbytéraux et régionaux ne montrent guère d'empressement à développer les postes d'assistantes de paroisse. En 1949, Pierre Lestringant, président de la Commission des ministères féminins, se plaint ouvertement de la diminution du nombre d'offres d'emploi, ce qui entraîne une baisse du nombre d'assistantes de paroisse. Seules dix nouvelles assistantes ont été inscrites au rôle entre 1945 et 1950 : le bel espoir d'un élargissement du ministère féminin défendu par certains se solde en réalité par un échec. Le pasteur Lestringant y voit plusieurs raisons : le caractère spécifique du ministère de l'assistante n'est pas compris par la plupart des responsables locaux ; de plus, les assistantes se trouvent dans une grande diversité de situations. « L'exercice de ces ministères [n'est] pas suffisamment précisé, analyse Pierre Maury au Synode de 1951 ; [...] 1/3 des postes féminins à temps plein rétribué se trouve synodalisé, c'est-à-dire reconnu officiellement par l'É.R.F. » Dans les faits, cela signifie donc que la majorité des assistantes occupent, non pas des postes stables, mais des postes non reconnus...

Alors que les arguments d'ordre social (pénurie pastorale, sincérité des vocations féminines, expérience positive des premières postulantes) ont été déterminants dans l'évolution de l'É.R.A.L. et de l'É.C.A.A.L. sur la question du ministère féminin, ils apparaissent davantage comme des « mauvaises raisons », peu glorieuses, aux yeux des réformés de l'intérieur. Dans l'É.R.F., ce sont les arguments bibliques et théologiques qui ont tenu la plus grande place dans les discussions. On a beaucoup lu, relu et interprété les textes pauliniens sur la femme ; on s'inquiète d'ériger avec le ministère féminin un obstacle de plus sur le chemin du difficile dialogue œcuménique. « Une tradition séculaire exclut la femme du ministère pastoral notamment, et l'on invoque, pour légitimer cette exclusion, l'enseignement du Nouveau Testament », constate en 1948 Franz J. Leenhardt, professeur de théologie à Genève[30]. Or les recherches nouvelles en exégèse biblique, ainsi que la réévaluation de la théologie du Saint-Esprit (qui peut inspirer les femmes) contribuent à dépasser le « biblicisme étroit et vieux-jeu ». Selon Franz Leenhardt, l'inadaptation de la femme au ministère n'est qu'une objection apparente car les esprits modernes ne peuvent plus être tributaires des opinions du temps de la Bible. La femme peut donc être « appelée à un autre ministère que le semi-monachisme, aussi médical et social que religieux, des diaconesses, modèle XIXe siècle », affirme en 1949 le pasteur Charles Westphal, barthien et vice-président de la Fédération protestante ; « Notre pastorat, tel que nous le concevons et tel que nous l'exerçons actuellement, [...] a été en fait conçu par des hommes et pour des hommes. »

Mais la remise en question du caractère exclusivement masculin des responsabilités pastorales dans l'É.R.F. prend du temps. Il faut attendre 1962 pour que l'étude du ministère de la femme dans l'Église soit relancée. Le Synode national nomme à cette occasion une « Commission des assistants et assistantes de l'Église » pour leur donner un statut commun et mettre fin à la différence de traitement entre les assistants et les assistantes. Institués en 1946, les « assistants » n'ont en effet pas de formation théologique : leur expérience et leur maturité compensant leur faible niveau d'études, ils peuvent assurer la pleine desserte d'une paroisse s'ils ont plus de 45 ans et dix années de ministère, porter la robe pastorale, siéger aux synodes avec voix délibérative et demander la consécration pastorale... Le statut des assistantes est nettement moins favorable : lors du Synode national de Strasbourg en 1955, le doyen Henry

30 Franz J. Leenhardt, « La place de la femme dans l'Église d'après le Nouveau Testament », *Études théologiques et religieuses*, 23, 1948/1, p. 3.

Leenhardt, de Montpellier, avait déjà protesté contre le fait qu'on n'exige aucune étude des assistants, qui peuvent devenir pasteurs et reçoivent un traitement identique à celui des pasteurs, alors que les assistantes doivent répondre à des exigences précises en terme de formation théologique sans avoir les mêmes perspectives !

L'É.R.F. est encouragée par les réflexions menées au même moment par le Conseil Œcuménique des Églises, qui publie en juillet 1963 une étude sur *L'Ordination des femmes : un problème œcuménique*. Au sein du Conseil Œcuménique, 50 Églises pratiquent l'ordination de femmes-pasteurs, 9 d'entre elles ne consacrent des femmes qu'à des ministères non pastoraux ou doctoraux, et 88 refusent l'ordination. À la faveur d'une relecture actualisée de la Bible et des responsabilités exercées par les femmes dans la société, les esprits ont évolué dans l'É.R.F. Des personnalités reconnues s'engagent dans les débats en faveur du ministère féminin : André Dumas, professeur à la Faculté de théologie de Paris, dont l'épouse Francine Dumas est elle-même théologienne ; Roger Mehl, professeur à la Faculté de théologie protestante de Strasbourg, dont l'épouse a dû abandonner son vicariat après leur mariage ; le pasteur Paul Keller, membre du conseil de la Fédération protestante de France. Selon ce dernier, faire entrer la femme dans un ministère pastoral collégial serait d'ailleurs un moyen de faire éclater le cléricalisme ambiant et de briser toute hiérarchisation des ministères. En 1965 enfin, le Synode national, reconnaissant la diversité et la complémentarité des ministères, décide d'ordonner des femmes au ministère pastoral « avec toutes ses attributions » (décision XXXVI). Le vote (47 voix pour, 38 contre et 3 nuls) prouve cependant que les esprits sont encore très partagés.

La dernière entrave au ministère féminin, liée au statut marital, est elle-même levée progressivement : en 1959, l'É.C.A.A.L. admet la candidature d'une femme divorcée (qui n'est donc plus mariée…) ; la décision de 1965 de l'É.R.F. ne pose aucune restriction ; en 1968, l'É.R.A.L. lève l'obligation du célibat, imitée par l'É.C.A.A.L. en 1970. L'Église évangélique luthérienne de France suit le mouvement en adoptant le ministère féminin sans restriction en 1974.

Depuis l'époque héroïque des pionnières, le nombre des femmes-pasteures a continûment et fortement augmenté. La Faculté de théologie de Paris compte en 1960 8 femmes sur 84 étudiants ; en 2000, 54 étudiantes sur un total de 136 étudiants. À la Faculté de théologie de Montpellier, les femmes sont passées de 5 sur 64 étudiants en 1960, à 95 sur 209 étudiants en 2000. À la Faculté de théologie protestante de Strasbourg, elles sont 9 sur 121 étudiants en 1960, et 82 sur 218 étudiants en 2000. L'É.R.F. compte 5 femmes pasteures et 7 assistantes de paroisse en 1971 ; 17 femmes pasteures et 7 assistantes en 1982, sur un total de 496 postes. À la troisième génération de femmes-pasteures, en 2000, l'É.R.F. compte plus d'une centaine de femmes sur 489 pasteurs en activité ; l'É.R.A.L. a 15 femmes sur 51 pasteurs ; l'É.C.A.A.L. 52 femmes sur 230 pasteurs ; et l'Église évangélique luthérienne de France 18 femmes sur 58 pasteurs en activité. La proportion croît progressivement, pour dépasser les 30 % en 2010.

Sur la centaine de femmes-pasteures que dénombre l'É.R.F. en 2000, un tiers est célibataire, et un tiers mariée avec un pasteur. Le développement du nombre de couples de pasteurs est en effet l'un des corollaires de l'essor numérique des femmes-pasteures. Aucun motif, ni théologique ni ecclésiastique, ne s'oppose à l'engagement de couples dans le ministère pastoral ; mais des difficultés pratiques particulières apparaissent dans ces situations. La nécessaire mobilité des pasteurs exige une gestion plus complexe, pour ne pas séparer ou trop éloigner les conjoints. L'affectation des conjoints dans deux paroisses proches ou dans des ministères non paroissiaux différents est alors favorisée. Le choix de la résidence de la famille pastorale, dans l'un des presbytères susceptibles d'être occupés, s'effectue en concertation avec les Conseils presbytéraux des paroisses concernées.

Les réticences locales, les préjugés tenaces, les rengaines sur l'autorité ont depuis longtemps disparu – même si l'arrivée d'une femme-pasteure continue de susciter la curiosité et l'intérêt dans les paroisses qui n'ont encore jamais connu cela. La presse locale se fait d'ailleurs souvent l'écho de cette « première femme pasteure » dans la commune… L'assemblée du Désert, au Mas Soubeyran à Mialet, invite pour la première fois, en septembre 2001, une femme (Régina Muller, alors pasteure à Uzès) à prêcher lors du culte du matin. Si longtemps les femmes-pasteures se sont orientées – ou ont été orientées – vers des ministères spécialisés (enseignement religieux, aumônerie hospitalière…), elles ont peu à peu investi le ministère paroissial. D'abord dans des paroisses à plusieurs postes, en « complément » d'un pasteur ; puis dans des paroisses à poste unique. Leurs salaires, initialement inférieurs de 30 % à ceux des hommes, ont été réévalués à égalité. Autant d'évolutions qui permettent de constater que la question de la spécificité du ministère féminin ne se pose plus dans l'Église réformée, ni au niveau du statut, ni au niveau des formes du ministère. Par contre, selon certaines enquêtes sociologiques, les femmes revendiqueraient une certaine originalité dans la façon d'exercer le ministère : les femmes-pasteures valorisent elles-mêmes les aspects relationnels, d'accompagnement et d'écoute du ministère pastoral et ont tendance à minorer la dimension d'autorité de ce ministère[31].

LA FÉMINISATION DES CONSEILS PRESBYTÉRAUX

L'une des spécificités du protestantisme est partout de faire cohabiter des clercs et des laïcs au sein de ses instances décisionnelles, depuis la base jusqu'au sommet. Le Conseil presbytéral est l'organe directeur de la vie de l'Église locale dans tous les domaines. Or dès 1905, lors de la mise en place des associations cultuelles après la loi de séparation des Églises et de l'État, les Églises réformées innovent en accordant aux femmes le droit de vote pour l'élection des conseillers presbytéraux : « Les femmes sont admises au même titre et dans les mêmes conditions que les hommes », précise le Synode général évangélique d'Orléans en janvier 1906, repoussant toutes les restrictions demandées par quelques synodes régionaux. Une décision inspirée par les exemples de l'Église réformée de Genève, qui a accordé dès 1891 le droit de vote et d'éligibilité aux femmes, et de l'Église réformée du canton de Vaud qui a suivi en 1899. Une décision précoce dans le contexte français, puisque les femmes n'obtiennent le droit de vote politique qu'en 1944. L'éligibilité des femmes n'est reconnue tout d'abord que par une minorité d'associations : d'après les statuts d'associations cultuelles déposés aux Archives nationales, moins d'un tiers introduisent la possibilité de la mixité dans les conseils presbytéraux en 1905-1906[32]. La mixité se généralise officiellement en 1927, mais très rares sont les femmes qui dans les faits siègent au conseil : les membres du conseil presbytéral étant généralement cooptés par leurs pairs, les femmes ont longtemps continué à voter pour des conseillers presbytéraux masculins. La Discipline de 1938 stipule que les membres

31 Jean-Paul Willaime, « Les pasteures et les mutations contemporaines du rôle du clerc », *CLIO. Histoire, femmes et sociétés*, 15, 2002, p. 69-83.

32 D'après Catherine Storne-Sengel, « 1905 : la Séparation vue et vécue par les paroisses protestantes », *Études théologiques et religieuses*, 82, 2007/1, p. 47.

laïques du conseil paroissial sont élus au scrutin secret par les membres responsables de la paroisse, mais sans préciser que le conseil presbytéral doit refléter la composition des membres de l'Église. La féminisation du conseil presbytéral s'effectue donc au fil du temps à l'image de l'évolution de la place des femmes dans la société.

Or les élections au conseil presbytéral conditionnent la représentation dans toutes les instances régionales et nationales de l'É.R.F. L'examen de la participation de déléguées aux Synodes nationaux donne une idée de la faible féminisation des structures d'autorité de l'Église. Une seule femme participe au Synode national de 1938 : madame Henri de Seynes-Larlenque, née Mathilde-Augusta de Pourtalès (1875-1956), qui siège à nouveau au Synode national de 1945. Deux femmes sont suppléantes au Synode national de 1958. Le Synode national d'Orthez de 1963 compte quatre femmes dans ses rangs, mais une seule y siège au nom de l'É.R.F. (mademoiselle Micheline Boucomont) ; l'autre représente l'É.R.A.L. (mademoiselle L. Richard) et les deux dernières les œuvres protestantes (madame Suzette Duflo et mademoiselle Marguerite Mörch). Au Synode national de Nantes de 1965, une seule femme, Élisabeth Schmidt, est déléguée, tandis que six autres sont suppléantes. Dans la paroisse de l'Oratoire du Louvre à Paris, les deux premières femmes élues au Conseil presbytéral ne le sont qu'en 1961.

On le voit, il n'est pas encore question que les femmes se joignent aux hommes dans la direction de l'Église ou des paroisses. En 1964, le pasteur Pierre Bourguet, président du Conseil national, a la curiosité de faire le compte des membres des diverses commissions nationales de l'É.R.F. : il dénombre 115 laïcs, et seulement 18 femmes parmi eux – soit moins de 16 %. La place des femmes dans l'Église est encore très faible en 1975 (année internationale de la femme), puisque le Synode national note que, sur 156 membres formant les groupes de travail, n'y participent que 13 femmes déléguées par les synodes régionaux, soit moins de 10 %. En conséquence,

> Le Synode invite les Assemblées générales et les Synodes, à l'occasion des prochains renouvellements de Conseils presbytéraux, des délégués aux Synodes régionaux et national, ainsi qu'aux divers conseils et commissions, à élire un nombre équitable de membres féminins de nos Églises susceptibles de siéger à ces instances et d'être éventuellement élus aux Synodes régionaux et national [...] ; demande que l'Église réformée de France trouve les moyens appropriés

> pour affirmer sa solidarité avec les nombreuses femmes qu'elle a formées et qui, militant dans des mouvements de libération des femmes, se trouvent maintenant fréquemment marginalisées[33].

La proportion s'est ensuite peu à peu renforcée, pour tendre vers une parité au sein des conseils locaux. L'enquête franco-suisse de 1985-1986 sur les conseillers presbytéraux montre que les Églises réformées comptent 42 % de conseillères[34]. La proportion de femmes est ici très supérieure à ce qu'elle est dans la plupart des instances dirigeantes des syndicats, partis, associations socio-culturelles : à la même époque, seules 16,5 % de femmes siègent dans les conseils municipaux. Selon les régions de l'É.R.F., la proportion varie sensiblement : 48 % de femmes en Cévennes-Languedoc, contre 43,5 % en Centre-Rhône-Alpes, 41 % en région parisienne[35], et seulement 31,1 % dans l'É.R.A.L.[36] La part des femmes progresse à la faveur du renouvellement des conseils : elles sont en moyenne plus jeunes, mais également davantage célibataires, veuves ou divorcées que les hommes. Mais la même enquête constate que les fonctions de direction (trésorerie, présidence ou vice-présidence, représentation dans d'autres instances) restent très largement masculines : seuls 21 % des conseils presbytéraux ont une présidente. De même, les tâches pastorales du conseiller presbytéral sont plus souvent assurées par des hommes : 31 % d'hommes et 16 % de femmes prêchent dans les Églises de la région parisienne selon l'enquête de 1982 ; 11,5 % d'hommes et 4 % de femmes ont l'occasion de présider la Sainte Cène.

Si les femmes ont conquis les paroisses, la prise de postes à responsabilité s'avère donc plus longue. En 1961, l'É.R.F. choisit deux femmes (Suzette Duflo et Marguerite Mörch) parmi ses 18 représentants au conseil de la Fédération protestante de France. Élisabeth Schmidt est vice-présidente du Synode national en 1972. L'Institut protestant de théologie (I.P.T.) accueille ses premières enseignantes : à la Faculté de Paris, Françoise Smyth-Florentin dans la chaire d'Ancien Testament en 1973, puis Marianne Carbonnier-Burkard dans la chaire d'histoire

33 *Actes du Synode national de l'É.R.F.* (Martigues-Carry-Le-Rouet), 1975 : Décision XVIII, 2° et 4°.

34 Roland Campiche (éd.), *L'Exercice du pouvoir dans le protestantisme. Les conseillers de paroisse de France et de Suisse romande*, Genève, 1990.

35 Gilbert Vincent, *Le Protestantisme et ses cadres laïcs : les conseillers presbytéraux des Églises protestantes de la région parisienne (résultats d'une enquête entreprise en 1982)*, Strasbourg, 1985.

36 Une proportion qui augmentera considérablement par la suite.

en 1986 ; à la Faculté de Montpellier, Danièle Fischer dans la chaire d'histoire en 1980 (« première femme à occuper un poste professoral depuis [la fondation de l'Académie de Montpellier en] 1598 », note alors dans son rapport le président de l'I.P.T.), avant Michaëla Bauks dans la chaire d'Ancien Testament en 1995. Françoise Smyth-Florentin devient la première doyenne de la Faculté de Paris en 1981. Martine Millet raconte, au sujet de son propre parcours de pasteure dans l'É.R.F. depuis 1980 :

> Je suis la première femme partout avec Claudette Marquet [nommée productrice des émissions de télévision protestante sur France 2 en 1990]. Je suis la première femme à être rue de Clichy [à partir de 1994], en poste [au siège de] l'Église Réformée de France, à part les secrétaires. Je n'ai pas voulu spécialement ce poste de responsable de la coordination Édifier-Former. Quand il a été déclaré vacant, on a cherché des tas de gens, hommes ou femmes et c'est tombé sur moi. [...] En 1988, le Conseil œcuménique des Églises a demandé à toutes les Églises d'avoir une réflexion sur « La Communauté des hommes et des femmes dans l'Église » dans cette décennie. Cette même année, à notre synode national à Nantes, il a été décidé de travailler ce thème et puis plus rien[37]...

C'est en Alsace que les esprits évoluent le plus vite et que des femmes accèdent aux plus hautes fonctions. Dans l'É.C.A.A.L., la pasteure Marie-Louise Caron (1932-2015) est nommée inspectrice ecclésiastique en 1975. Thérèse Klipffel (1920-2006) est la première femme élue en 1982 présidente du conseil synodal de l'É.R.A.L. ; réélue en 1985, elle devient également vice-présidente de la Fédération protestante de France. Le 9 octobre 1988, c'est elle – et non le président du directoire de l'É.C.A.A.L., Michel Hoeffel – qui accueille le pape Jean-Paul II en l'église luthérienne Saint-Thomas de Strasbourg. À l'échelle internationale, les années 1990 voient des femmes exercer les plus hautes responsabilités dans nombre d'Églises : dès 1980, Lois Miriam Wilson est élue modératrice de l'Église unie du Canada ; en 1991, Kathleen Richardson devient présidente de la Conférence méthodiste de Grande-Bretagne ; Isabelle Graesslé est élue en 1998 vice-présidente, puis en 2001 modératrice de la Compagnie des pasteurs de Genève... De son côté, la direction de l'É.R.F. demeure masculine. Le changement ne viendra qu'en 2017, à la suite de l'union luthéro-réformée, avec l'élection de la

37 Florence Rochefort, « Interview de Martine Millet, pasteur de l'Église réformée de France », *CLIO. Histoire, femmes et sociétés*, 1995/2.

pasteure Emmanuelle Seyboldt en tant que présidente de la nouvelle Église protestante unie de France (É.P.U.d.F.). Un long chemin où se rejoignent les deux combats pour l'accès des femmes aux responsabilités et au ministère pastoral.

PARLER AU MONDE, AGIR DANS LA SOCIÉTÉ

La guerre et la Libération ont mis en valeur l'esprit d'engagement, y compris dans le protestantisme. Non seulement des fidèles et des pasteurs se sont engagés, au péril voire au prix de leur vie, mais encore les prises de parole publiques du pasteur Boegner au nom de l'É.R.F. ou de la Fédération protestante de France ont marqué les consciences. Retrouvant avec émotion la chaire du temple des Terreaux à Lyon, en octobre 1944 après la libération de la ville, le pasteur Roland de Pury compare significativement l'espérance de ceux qui ont cru au débarquement allié aux chrétiens qui croient au débarquement du Christ : « Ils ont refusé toute collaboration avec les puissances d'injustice, de mensonge ou d'argent… Il faut s'engager au service du Christ aujourd'hui car il sera trop tard, le jour du débarquement pour passer de la milice au maquis. »

Cette résistance spirituelle a estompé les démarcations théologiques à l'intérieur du protestantisme, comme les frontières confessionnelles à l'extérieur. Le devoir de charité s'est affirmé comme inconditionnel, ouvrant la porte à la désobéissance civile et à l'illégalité : la CIMADE est venue en aide aux évacués, puis aux réfugiés, aux internés, aux populations juives pourchassées. La fin de la guerre ne met bien sûr pas un terme à cette compassion sans borne envers le monde et ses misères. L'œuvre de reconstruction semble au contraire légitimer la poursuite de ces collaborations tous azimuts, par-delà les identités et les appartenances. La reconstruction de la République se fait sur les valeurs de la Résistance, dans une mystique de l'unité nationale et de la rénovation de la démocratie qui mobilise fortement ; l'échiquier politique français penche à gauche. Or pour les protestants français, l'engagement à gauche n'est guère une nouveauté : bon nombre d'entre eux considèrent qu'ils ont été à l'avant-garde de la République démocratique et laïque à la fin du XIXe siècle, fournissant à la fois des dirigeants politiques et des théoriciens de la laïcité[38]. La Résistance a rapproché les chrétiens sociaux et les barthiens, qui s'étaient particulièrement opposés au cours des années 1930 : c'est un barthisme de gauche qui s'impose après 1945.

Cet air du temps rejaillit sur l'Église. Elle est à la fois sollicitée du dehors pour donner son nom, ses signatures, son appui puisque la guerre a accru son audience, mais elle est aussi poussée par ses propres fidèles à continuer de s'exprimer. Pourquoi l'Église garde-t-elle le silence ? Quand se décidera-t-elle à faire entendre sa voix en face des tragiques questions qui obsèdent l'esprit et le cœur des hommes ? N'a-t-elle rien à dire sur les problèmes socio-économiques, la décolonisation ou la menace d'une nouvelle guerre mondiale ?

Dans la lignée de la stratégie présentée par le pasteur Pierre Maury en 1945, l'É.R.F. fait acte de « présence au monde moderne », selon l'expression lancée par Jacques Ellul en 1948. Elle cherche les voies pour entremêler « monde chrétien » et « monde moderne ». « Il est capital d'ouvrir sur le monde notre psychologie de ghetto », affirme le pasteur Georges Casalis[39]. C'est la raison pour laquelle l'É.R.F. soutient, avec le Conseil Œcuménique des Églises, le lancement du journal *Réforme* le 24 mars 1945. « On n[e] parlait pas de politique » dans la presse protestante de l'époque, explique le premier directeur du nouvel organe, le pasteur Albert Finet ; « on parlait peu des événements, sauf par rapport à la prédication de l'Évangile. Et nous nous sommes dits qu'il y avait là un créneau… pour un journal qui se voudrait sincèrement protestant, mais qui aurait les yeux ouverts sur le monde et qui serait ainsi un journal d'information[40]. » L'objectif est de rendre un témoignage public, de faire entendre une voix protestante en lien avec l'actualité. Le journal s'assure la collaboration d'une pléiade d'intellectuels protestants d'origines diverses, et espère être lu par les milieux cultivés non protestants aussi bien que protestants. Soixante-dix ans plus tard, une lectrice de la première heure se souvient du bouleversement apporté : « Finet

38 Patrick Cabanel, *Le Dieu de la République. Aux sources protestantes de la laïcité (1860-1900)*, Rennes, 2003.

39 *Assemblée générale du Protestantisme français* (Montbéliard), 1960, p. 80.

40 Interview du pasteur Albert Finet (16 novembre 1977), parue dans *Églises et chrétiens dans la IIe guerre mondiale : 2. La France*, Lyon, 1982, p. 508.

nous a fait nous intéresser au monde extérieur et nous en a même fait un devoir ! Ce fut à la fois une respiration et une mise en route toutes nouvelles. Pour nous, les jeunes de l'époque, c'était passionnant[41]. »

ENCOURAGER L'ENGAGEMENT PERSONNEL

« Devant l'État moderne, l'Église ne peut plus se taire », lance le pasteur Hébert Roux lors du Synode national de 1950. Une fois passée l'euphorie de la Libération, le sentiment de l'effondrement d'un monde est largement partagé au sein de l'É.R.F. Les actes du Synode national de 1945 martèlent une ferme condamnation de « la médiocrité dans laquelle se traîne la vie sociale de la France » :

> Une nation aussi divisée que naguère, aussi incapable de donner à la question une solution vraiment humaine, dans une France cyniquement dominée par la soif du gain, par un égoïsme qui ne recule devant aucune surenchère et finit par accaparer, au profit des possédants, la nourriture même des humbles. Les temps sont revenus du prophète Amos, où l'on achète le pauvre pour une paire de souliers et où l'on vend jusqu'à la criblure du froment [...]. La vie économique et sociale de la France est ainsi faussée par une immoralité qui ne prend même plus la peine de rendre à la vertu l'hommage de son hypocrisie[42].

Dans ce contexte, les délégués synodaux appellent les fidèles à respecter les « devoirs humbles et silencieux de la paix : l'application au travail, la simplicité de la vie, la probité commerciale, le respect du foyer conjugal et de sa fécondité[43] ». Mais à partir de 1952, l'É.R.F. encourage officiellement l'engagement personnel des chrétiens dans la cité. Si l'on en croit les actes des Synodes, l'É.R.F. veut donner des directives d'ensemble mais se garde d'entrer dans la technicité des réalisations, laissant chacun libre de ses opinions et de ses choix. L'É.R.F. dessine les contours du débat politique au sein de l'Église : toutes les positions politiques sont admissibles dans la mesure où elles ne supposent pas d'inféodation aveugle à un État ou à un parti, et où elles ne conduisent pas à juger ou à exclure des frères. « La divergence des opinions et options économiques ou politiques est légitime, affirme le

41 Témoignage de madame Marthe Rioux, à l'occasion du soixante-dixième anniversaire de *Réforme* en 2015.

42 *Actes du Synode national de l'É.R.F.* (Paris-Étoile), 1945.

43 *Actes du Synode national de l'É.R.F.* (Paris-Étoile), 1945.

Synode national de 1952, tant qu'elle ne compromet pas l'obéissance première à Jésus-Christ, l'unité des membres de l'Église scellée dans le sacrement de la Sainte-Cène, et le commandement d'amour du Christ envers tous les hommes. » Dès lors, l'É.R.F. s'engage, avec les risques que comporte toute prise de position :

> Bien entendu, [l'Église] s'attire ainsi les reproches de ceux de ses membres qui lui donnent une autre solution que celle qu'elle leur propose dans la lumière de la Révélation divine, analyse le pasteur Boegner au Synode national de 1950. Elle n'en a pas moins le devoir, tout en sauvegardant jalousement son indépendance spirituelle à l'égard de l'État ou de quelque parti que ce soit, de dire aux chrétiens et au monde les paroles qu'elle a d'abord demandé au Seigneur de lui faire entendre à elle-même.

L'examen des vœux adoptés par l'É.R.F. témoigne d'un champ d'action très large.

L'É.R.F. soutient la mise en place en 1948 d'un Comité luthérien et réformé d'aide aux travailleurs étrangers (CLERATE), composé de sept luthériens et trois réformés : le Comité prend en charge d'anciens prisonniers de guerre, réfugiés baltes notamment. Alors que l'Assemblée nationale autorise à nouveau, en 1951, la vente d'apéritifs à base d'alcool, permettant par exemple à Ricard de lancer son « Pastis 51 » promis au plus bel avenir, l'É.R.F. se prononce contre la levée de cette interdiction ; régulièrement, le Synode national adopte des vœux contre l'alcoolisme, transmis à tous les députés et sénateurs par les conseils régionaux réformés. En 1952, le Synode national encourage la lutte contre le taudis et le soutien aux victimes du désordre social, considérant que le « droit au logement, comme le droit au travail, fait partie du droit à la vie ».

« Alarmé[e] de certains signes d'une renaissance de l'antisémitisme », l'É.R.F. demande à l'État d'interdire les excitations à la haine (1952). En 1953, elle s'adresse directement au président américain Eisenhower, en tant que membre de l'Église presbytérienne des États-Unis, pour lui demander d'user de son droit de grâce après la condamnation des époux Rosenberg, mal comprise en France. En 1959, elle adopte un vœu contre la fraude fiscale et rappelle que la « déclaration exacte des revenus et le paiement exact des impôts » font partie d'une morale civique que tout chrétien doit respecter. De manière générale, l'É.R.F. met sur pied en 1952 une « Commission d'action sociale » pour « signaler toutes les oppressions ».

Mais il ne peut suffire de protester ou de prendre position : l'É.R.F. engage ses membres à s'impliquer dans l'aventure de la mutation économique, sociale et humaine de la société, afin de rejoindre les hommes dans leurs préoccupations quotidiennes. Les laïcs, dotés d'une formation biblique et théologique, doivent assumer leur part de responsabilité dans les structures laïques du monde. Cette redécouverte et réévaluation du sacerdoce universel est aussi, pour l'É.R.F., un espoir de rattraper les protestants disséminés et de faire entendre la voix du protestantisme français.

Tous les espoirs ne sont ici pas couronnés de succès. Les Associations familiales protestantes ne parviennent pas à trouver un nouveau souffle après la guerre : elles sont en pleine déliquescence, sauf en quelques rares endroits. Le syndicat de la presse et du livre protestant est un échec. En revanche, plusieurs initiatives sont des réussites.

Pour contribuer à la reformulation du témoignage de l'Église dans le monde, le pasteur barthien Jean Bosc propose une évangélisation adossée aux professions : il crée avec Jacques Ellul (1912-1994) en 1946 les Associations professionnelles protestantes (APP), pour aider les laïcs à mieux appréhender les rapports entre leur foi et leur métier. Est-on chrétien dans sa profession ? Comment professer sa foi dans son métier ? Comment parler de la foi dans un contexte où elle n'a pas sa place ? En réunissant les fidèles par profession, les APP parviennent à mettre en place des groupes relativement nombreux en région parisienne et dans le pays de Montbéliard. Si la plupart de ces associations ont duré six ans, de 1947 à 1953, les groupes d'enseignants et de médecins se réunissent encore de nos jours[44].

Dans le cadre des APP, une Fédération Protestante de l'Enseignement (FPE) naît en 1948, non seulement dans l'esprit d'opérer un large rassemblement des enseignants protestants, mais encore d'exprimer la voix du protestantisme dans l'espace public[45]. Elle propose « d'étudier, à la lumière de la révélation chrétienne, les problèmes posés aux éducateurs » comme l'indique le titre de sa revue, *Foi Éducation*. La FPE connaît un développement modéré, puisque dix ans plus tard elle ne compte que

44 David W. Gill, « L'importance durable de Jacques Ellul pour l'éthique des affaires », dans Patrick Troude-Chastenet, *Comment peut-on (encore) être ellulien au XXIe siècle ?*, Paris, 2014, p. 131-132.

45 Arnaud Baubérot, « Les associations d'enseignants protestants face à la laïcité scolaire (1929-1959) », *Histoire de l'éducation*, 110, 2006, p. 141-165.

370 membres cotisants répartis en six groupes régionaux : l'objectif de rassembler largement les enseignants protestants n'est pas atteint. Dans un contexte d'intenses débats sur la question scolaire et notamment des subventions accordées à l'enseignement privé catholique, la FPE s'oriente vers un militantisme laïque : elle critique l'adoption des lois Marie et Barangé en 1951, défend l'intérêt de l'enseignement public et entend veiller à une « laïcité ouverte » telle que la définit le philosophe Paul Ricœur, président de la FPE à partir de 1950 :

> L'école laïque, c'est étymologiquement l'école du peuple ; c'est donc l'école où se rassemblent et se confrontent des enfants appartenant à toutes les familles spirituelles de la nation. Si on les rassemble à l'école, c'est bien pour qu'ils se connaissent, n'ignorent rien de ce qui les unit, mais aussi ne méprisent pas ce qui les sépare[46].

L'Association médico-sociale protestante (AMSP) tient son premier congrès à Paris en 1948. Née du mouvement de la Médecine de la personne lancé par Paul Tournier, elle a pour objet la rencontre des professionnels de la santé (médecins, chirurgiens, infirmiers, assistantes sociales, professions para-médicales), autour des problèmes d'éthique sociale et de santé. Les thèmes de ses congrès sont « Foi et médecine » en 1950 à Lyon, « Notre responsabilité » en 1951 à Bordeaux, « Santé et vie spirituelle » en 1953 à Strasbourg, « Le respect de l'homme par lui-même » en 1954 à Montpellier… Elle édite à partir de 1975 une revue intitulée *Ouvertures*.

Sous une forme différente des Associations professionnelles protestantes, les centres de formation pour adultes poursuivent les mêmes buts. Le premier est créé par le pasteur Georges Richard-Molard en 1951 à Nouvion-en-Thiérache (Aisne), le second en 1953 à Glay (pays de Montbéliard). Le Centre de Villemétrie (Oise) est fondé en 1954 à l'initiative d'une famille de notables protestants, les Boissonnas, et du pasteur André de Robert, qui a longtemps été évangéliste itinérant[47] ; le pasteur Jean Bosc s'associe d'ailleurs étroitement à l'aventure. Autour d'un centre d'accueil, de rencontres et de retraite spirituelle, l'objectif

46 Paul Ricœur, « École – Nation – État », Intervention prononcée au Congrès national de la Fédération Protestante de l'Enseignement à Lille (septembre 1952) et publiée dans *Foi-Éducation*, 23, 1953.

47 Jacques Maury, Claire et Pascale Gruson, « Le Centre de Villemétrie, une histoire (1945-2000) », *Libre Sens*, 216, 2014, p. 3.

des créateurs est de permettre de réfléchir aux « exigences de la foi évangélique aux prises avec les conditions de vie et les structures du monde moderne ». Avec le soutien de la bourgeoisie d'affaires parisienne marquée par la prédication de Pierre Maury à la paroisse de Passy, Villemétrie devient un foyer de réflexion foisonnant et publie dès 1957 des *Cahiers* dont le contenu reprend les travaux des divers groupes professionnels participants aux rencontres (groupe de biologistes, de juristes, d'architectes, de fonctionnaires, etc.).

Le Synode national de 1961 recommande aux Conseils presbytéraux et régionaux d'établir tous les liens possibles avec les œuvres protestantes, sans impérialisme mais dans un souci d'ouverture et de coopération fructueuse. La dernière initiative originale de l'É.R.F. que nous mentionnerons ici est la création du Centre protestant d'études et de documentation (CPED). Ses prémices remontent à 1943, lorsque le pasteur Boegner souhaite créer un organe de liaison entre les mouvements de jeunesse, pour collecter et diffuser les informations. En 1947, Claire Jullien (1897-1986), ancienne secrétaire générale de la « Fédé » puis du Conseil protestant de la jeunesse pendant la guerre, organise de manière pérenne cette structure sous le nom de CPED. Elle le conçoit comme une coopérative de lecture, dotée d'une bibliothèque de prêt et d'un service de documentation. Il s'agit tout à la fois de faire connaître le protestantisme aux non-protestants et d'offrir aux protestants un outil de réflexion. Sous la direction de Marie-Louise Fabre, le CPED transforme à partir de 1960 son *Bulletin* en une véritable revue, qui prend en 1991 le nom de *Libre Sens*.

SE DÉFINIR PAR RAPPORT AU COMMUNISME

La conjoncture de l'après Seconde Guerre mondiale impose à l'É.R.F. de se positionner par rapport à un nouveau partenaire-adversaire au fort pouvoir d'attraction : la pensée marxiste.

Au cours de la guerre, dans les stalags, dans la Résistance ou dans la déportation, un brassage d'hommes et d'idées s'est opéré : jeunesse chrétienne et jeunesse communiste ont appris à se connaître. Le parti communiste français, auréolé de son engagement et prompt à s'auto-proclamer le « parti des 75 000 fusillés », devient le premier parti politique de France ; il voit se tourner vers lui les jeunes et les ouvriers en particulier. Le syndicalisme, qui se reconstitue après son interdiction par le régime de Vichy, est lui aussi dominé par le marxisme : la CGT, qui compte 5 millions et demi d'adhérents contre 700 000 pour la CFTC, appelle les chrétiens à rejoindre ses rangs et promet le respect des croyances. La Libération voit l'exaltation du travailleur, invité à retrousser ses manches pour « gagner la bataille de la production » ; l'image magnifiée du « fils du peuple » est incarnée par Maurice Thorez, qui avait proposé la politique de la « main tendue aux catholiques » au moment du Front populaire en 1936.

La réponse catholique, en 1945 comme avant-guerre, reste la même : les condamnations contre le communisme sont renouvelées. Les jésuites, derrière le Père Émile Rideau, dressent en 1946 l'inventaire des *Séductions du communisme*, tandis que le Saint-Office condamne toute collusion entre chrétiens et communistes et frappe en 1949 d'excommunication les fidèles soutenant « la doctrine matérialiste et antichrétienne des communistes ». Dans un contexte de guerre froide naissante, le président américain Truman appelle les Églises à appuyer sa politique d'endiguement pour « préserver une civilisation mondiale dans laquelle la croyance en Dieu puisse survivre ». Les réformés français n'ont pas, pour la plus grande partie d'entre eux, d'affinités politiques particulières avec les communistes : les Cévennes sont la seule terre protestante qui vote communiste. En revanche, la grille d'interprétation marxiste de la réalité sociale ne laisse pas les réformés indifférents.

Les protestants estiment que le succès du communisme tient à son aspect religieux : il apparaît comme une voie de salut et soulève les masses dans une mystique révolutionnaire et eschatologique. Cette connotation religieuse serait due à l'influence évangélique sur l'idéologie communiste : l'Évangile n'est-il pas la source d'inspiration d'un système social où la dignité des pauvres est reconnue ? Les protestants ont également intégré l'accusation d'une collaboration de l'institution ecclésiale avec l'ordre établi. « Le communisme est le fruit des relations coupables du capitalisme et de l'Église », lance le pasteur Élie Lauriol en 1948. L'Église « n'a pas su comprendre la condition faite aux hommes dans la société industrielle et a toléré la fatigue, la misère et l'humiliation du monde des travailleurs, dit à son tour le Synode national de 1959 ; elle a été souvent complaisante aux puissants et respectueuse des situations acquises ; elle a toléré l'injustice sociale, elle a encouragé la résignation quand il aurait fallu agir. » Les chrétiens sociaux en tirent la conclusion que le pouvoir d'attraction du communisme ne pourra être vaincu que par un christianisme vraiment social : « Le communisme est la maladie du christianisme infidèle », conclut le pasteur Maurice Voge.

Cette compréhension du communisme immunise peut-être les réformés contre une vision du monde trop bipolaire : la tentation de l'anti-communisme paraît plus dangereuse encore que celle du communisme. Maurice Voge publie en 1948 une « Lettre aux aveugles » anticommunistes, nourris par la peur, et fustige les mesures arbitraires contre les communistes : « Comment des protestants, exclus à diverses périodes de la communauté nationale, ne comprendraient-ils pas ce langage ? » À l'unanimité, l'É.R.F. proteste en juin 1952 « contre toutes mesures qui pourraient acheminer vers une forme quelconque de dictature policière » : le secrétaire général du Parti communiste français (PCF), Jacques Duclos, vient d'être arrêté après une manifestation non autorisée contre la venue à Paris du général américain Ridgway ; des bruits courent sur une proche dissolution du PCF, sur une épuration de l'administration, sur le vote de lois de circonstances… Pour le Synode national, aucune opinion, même subversive, ne saurait justifier des mesures d'exception, arbitraires et injustes.

Mais dénoncer l'anti-communisme ne signifie pas pour autant adhérer au communisme. Le Synode national de 1959 met en exergue la contradiction inhérente à la mise en œuvre du marxisme, qui dit rechercher la justice et la paix, mais dont la politique « utilise la violence faite aux consciences et aux personnes ». Pour les réformés, aucun parti ne peut aliéner la liberté de la conscience. Quant au fond, le Synode national condamne toute doctrine qui fait « de l'homme son propre Dieu » et prétend « construire une société » et « diriger l'histoire » sur le seul pouvoir humain. Le pasteur Voge, dans la *Revue du christianisme social*, se félicite de la prise de position de l'É.R.F., mais reste dubitatif sur l'impact réel de ces débats :

> Les conclusions des synodes apparaissent, une fois encore et comme il se doit, en avance sur l'opinion générale qui prévaut parmi les protestants « moyens ». […] Seront-elles mises sous le boisseau ? […] Un écart se creuse d'année en année dans le domaine des responsabilités sociales et politiques des chrétiens, entre les synodes et le COE d'une part, et la mentalité du protestant moyen d'autre part[48].

48 Cité par Raoul Crespin, *Des protestants engagés : le christianisme social 1945-1970*, Paris, 1993, p. 72.

Cette dernière remarque du pasteur Voge permet de souligner un fait trop souvent méconnu : l'influence du Conseil Œcuménique des Églises (COE) sur les positions de l'É.R.F. Officiellement institutionnalisé en août 1948 à Amsterdam, le COE rassemble lors de son assemblée fondatrice 147 Églises de 44 pays. Y sont évoqués plusieurs sujets fondamentaux : la nature de l'Église, son témoignage dans le monde, notamment face aux problèmes sociaux et internationaux du moment, autour du thème général « Désordre de l'homme et dessein de Dieu ». Le Synode national de l'É.R.F., qui se tient trois mois auparavant à Grenoble (mai 1948), se place tout naturellement sous les auspices de cette assemblée porteuse de beaucoup d'espoirs : « Nous croyons que l'Assemblée œcuménique d'Amsterdam va offrir aux Églises, comme une grâce et un appel de Dieu, l'occasion de parler en commun. » Dans son rapport, le pasteur Pierre Maury explicite les attentes de l'É.R.F., dont la stratégie de parler au monde entre en résonance avec celle du COE :

> C'est pour dire quelque chose *ensemble* au monde et non pour poursuivre entre elles une discussion contradictoire sur leur existence particulière, leurs confessions de foi, leurs constitutions et leurs disciplines diverses que les cent cinquante Églises participant au mouvement œcuménique envoient leurs délégués à Amsterdam… [Le monde] se soucie fort peu de toute Église, ou même du christianisme, si cette Église ou ce christianisme n'ont *rien à lui dire*, qu'une abstraite invitation à venir voir et partager ce qui se passe dans des sanctuaires clos[49]…

Or l'Assemblée d'Amsterdam est traversée par les clivages idéologiques et géopolitiques du moment : un vif débat oppose le presbytérien américain John Foster Dulles, alors délégué des États-Unis à l'ONU et futur secrétaire d'État de son pays, au pasteur tchèque Josef Hromádka. Le premier défend les valeurs démocratiques occidentales et présente le communisme comme le plus grand obstacle à la réalisation de la paix mondiale ; le second est partisan d'un dialogue avec le communisme, qu'il considère comme une vision de la société que l'Église a perdue. Au terme des échanges, le COE refuse d'être enfermé dans la bipolarité qui voudrait que le capitalisme et le communisme soient les deux seuls systèmes possibles, et appelle à une « société consciente de ses responsabilités ». « Le monde aujourd'hui voudrait réconcilier ou tout au moins

49 *Actes du Synode national de l'É.R.F.* (Grenoble), 1948.

neutraliser les deux colosses : États-Unis d'Amérique et Russie qui se menacent et se défient », résume le pasteur Maury. Le COE s'efforce de maintenir un consensus œcuménique par-delà le fossé de la guerre froide. Si certains accusent le COE d'un alignement politique sur les Occidentaux, notamment après la décision du Comité central du COE d'approuver l'intervention militaire de l'ONU en Corée en 1950, d'autres au contraire le soupçonnent de laxisme envers le communisme et se regroupent dès 1948 au sein de l'*International Council of christian churches* (ICCC), à l'appel du pasteur fondamentaliste américain Carl Mac Intire. Le théologien Karl Barth considère pour sa part que les Églises protestantes n'ont pas à se mêler des débats Est-Ouest et souhaite qu'elles ne s'engagent dans aucun des deux camps ; il semble cependant favorable à une confrontation positive entre christianisme et marxisme, même s'il condamne dans des lettres privées l'attitude procommuniste du théologien hongrois Albert Bereczky et du tchèque Josef Hromádka. Malgré ces vives tensions, le COE parvient à renouer le dialogue avec les Églises orthodoxes des pays communistes et devient un lieu de rencontre entre l'Est et l'Ouest.

AGIR POUR LA PAIX

Dans ce contexte, l'É.R.F. appelle le COE et les Églises « qui se réclament toutes du Prince de la Paix » à concerter leurs efforts et unir leurs prières « pour que la paix de Dieu descende sur les peuples[50] ». En effet, depuis le Synode national de 1948, l'É.R.F. s'affirme résolument neutraliste et pacifiste :

> Nous ne pouvons trancher de façon abstraite et en général le problème de l'usage de la force, mais nous reconnaissons que la guerre est toujours une manifestation du péché des hommes et l'échec de leur justice ; nous déclarons garder la pleine communion de l'Église avec ceux de nos membres qui refusent tout usage de la violence, et nous demandons que l'Église veille à ne pas se laisser séduire par les conformismes nationaux.

Le traumatisme de la Seconde Guerre mondiale, la découverte de l'horreur du génocide et de l'univers concentrationnaire, les bombardements d'Hiroshima et de Nagasaki qui pourraient mener l'homme sur la voie du suicide collectif, ont bouleversé les conceptions rassurantes sur l'avenir de l'humanité. À la fin des années 1940, les aumôniers militaires

50 *Actes du Synode national de l'É.R.F.* (Nîmes), 1950 : Vœu XXIII.

avaient demandé à l'É.R.F. de préciser le message qu'ils devaient apporter à leurs paroisses militaires : quelle était la position de l'Église devant les grands problèmes de la guerre et de la paix ?

Le discours pacifiste se répand : les Synodes nationaux demandent à plusieurs reprises (1949, 1950, 1952, 1963) au gouvernement français de ne plus traiter les objecteurs de conscience comme des « délinquants de droit commun » et de leur accorder un statut légal. Même grossièrement instrumentalisé par Moscou, « l'Appel de Stockholm », pétition contre l'armement nucléaire lancée en mars 1950 par un mouvement pacifiste d'obédience communiste, reçoit le soutien de divers pasteurs barthiens, notamment Roland de Pury et Charles Westphal. Le Synode national réuni à Nîmes en 1950 demande à l'ONU « un désarmement progressif et total, en commençant par les armes bactériologiques et atomiques » ; le Synode national de 1965 sollicite le COE pour qu'il réclame solennellement l'arrêt de la course aux armements. Comme dans cette course aux armements la France n'est pas en reste, l'É.R.F. demande en 1958 au gouvernement français « de reconsidérer tous les problèmes posés par l'utilisation pacifique et militaire de l'énergie atomique » ; puis en 1963, elle lui demande de renoncer purement et simplement à la constitution d'une force de frappe nucléaire. Le Conseil national de l'É.R.F. pousse le pacifisme jusqu'à mettre en garde les pasteurs contre la participation aux comités de célébration du 50e anniversaire de la Première Guerre mondiale en 1964 : les pasteurs « ne sauraient s'associer à la célébration du déclenchement des violences qui ont entraîné tant de sacrifices en vies humaines ; ils ne peuvent dans ces occasions que prier pour la réconciliation des hommes et la paix sur la terre ».

C'est lors de la conférence du COE d'Amsterdam, en 1948, qu'un pasteur français, Marcel Sturm, propose une réunion de délégués protestants français et allemands pour œuvrer à la réconciliation franco-allemande. Alors que les relations entre protestants des deux côtés de la frontière étaient longtemps restées exécrables après la Première Guerre mondiale, l'attitude des Églises est tout à fait différente en 1945. En octobre 1945, en réponse à une visite œcuménique, l'Église évangélique allemande formule la « Confession de culpabilité[51] » de Stuttgart, rédigée

51 Cette déclaration n'a pas officiellement de titre : elle est également appelée « Déclaration de responsabilité » (voir Henry Mottu (éd.), *Confessions de foi réformées contemporaines*, Genève, 2000, p. 80-89).

par des personnalités engagées sous le nazisme dans l'Église Confessante (notamment Hans Asmussen, Otto Dibelius, Martin Niemöller). La portée du texte est considérable puisqu'il réintroduit l'Église évangélique allemande dans la communion œcuménique et ouvre la voie à une réconciliation des peuples.

Côté français, l'importance de cette déclaration est soulignée solennellement dès les jours suivants, lors de l'Assemblée générale du protestantisme à Nîmes réunie du 23 au 29 octobre 1945 : « La reprise des relations normales des Églises d'Allemagne [est] rendue possible dans une mutuelle sincérité et sur la base d'une foi commune. » Le pasteur Pierre Maury, présent à Stuttgart, noue les premières conversations avec les Églises allemandes. Le pasteur Marc Boegner se rend en Allemagne dès janvier 1946 ; le pasteur Georges Casalis devient en février 1946 aumônier des troupes françaises d'occupation à Berlin et joue le rôle d'expert pour les questions religieuses auprès du Conseil de contrôle interallié ; une première rencontre officielle entre l'É.R.F. et les Églises allemandes a lieu en décembre 1946 à Königsfeld, en Forêt Noire. Ces échanges s'inscrivent dans le cadre plus large du développement des rencontres entre intellectuels et écrivains français et allemands, en lien avec la politique active de présence culturelle et de « rééducation » entreprise dans la zone d'occupation française ; mais ils montrent leur originalité au début des années 1950 lorsque les rencontres intellectuelles s'espacent alors que les relations inter-protestantes s'intensifient.

À l'initiative du pasteur Marcel Sturm, ancien aumônier militaire des armées de la Libération de 1943 à 1945 et désormais aumônier général protestant auprès du Commandement en chef français en Allemagne[52], est en effet mis en place un « Conseil fraternel » franco-allemand pour manifester « l'unité organique de l'Église de Jésus-Christ par-delà les localisations nationales ». Alors que le protestantisme français a une bonne image du protestantisme allemand grâce à l'existence de l'Église Confessante, à ses témoins (comme le pasteur Niemöller) et à ses martyrs (comme le pasteur Dietrich Bonhoeffer, exécuté en 1945), le protestantisme allemand se découvre des similitudes avec l'histoire séculaire des Églises françaises elles aussi persécutées ; il pense pouvoir apprendre « une spontanéité et une liberté de témoignage » auprès de

52 Christophe Baginski, *La Politique religieuse de la France en Allemagne occupée (1945-1949)*, Villeneuve d'Ascq, 1997.

l'É.R.F., « séparée de l'État, minoritaire, libre, sans grands moyens financiers, mais aux structures vivantes, forgées dans les difficultés[53] ». La rencontre de Spire (Allemagne), en mars 1950, réunit vingt délégués français et vingt-huit délégués allemands à titre privé, mais elle débouche sur la mise en place du premier « Conseil fraternel ». Celui-ci est composé, côté français, du secrétaire général de l'É.R.F., le pasteur Paul Conord ; du pasteur luthérien Philippe Poincenot ; de Madeleine Barot, secrétaire générale de la CIMADE, et du pasteur Sturm. Agréé par l'É.R.F. et l'E.K.D. (l'Église évangélique en Allemagne, refondée en 1948), le Conseil fraternel se donne pour objectif de rapprocher les Églises de chaque pays, et notamment de développer les échanges officiels et privés entre pasteurs et représentants des Églises, entre groupements de jeunesse, ouvriers et étudiants[54].

En avril 1950, le pasteur Boegner assiste au Synode de l'E.K.D. à Berlin et invite le président de l'Église allemande à prendre part au Synode national de l'É.R.F., qui se tient à Nîmes en juin suivant. Le Conseil fraternel organise dès lors, plusieurs fois par an, des sessions, des voyages et des échanges auxquels participent des pasteurs et des membres d'Églises des deux pays. Associant directement les Églises au rapprochement franco-allemand, le Conseil fraternel a été « une sorte d'infrastructure humaine pour les relations au niveau gouvernemental[55] », avant de cesser ses travaux en 1966. La réconciliation franco-allemande était faite : une nouvelle page des relations entre les Églises pouvait désormais s'écrire.

Mais la paix n'est pas seulement l'enjeu des relations Est-Ouest ou des relations entre les anciens ennemis : elle a également une dimension coloniale, et l'É.R.F. est d'autant plus impliquée qu'elle a sa part dans l'histoire de la colonisation française.

---

53 Xavier Boniface, *L'Aumônerie militaire française (1914-1962)*, Paris, 2001, p. 431.

54 Daniela Heimerl, « Les Églises évangéliques et le rapprochement franco-allemand dans l'après-guerre : le Conseil fraternel franco-allemand », *Revue d'Allemagne*, 21, 1989/4, p. 591-606.

55 Alfred Grosser, *L'Allemagne en Occident. La République fédérale 40 ans après*, Paris, 1985, p. 37-38.

SORTIR DE L'HÉRITAGE MISSIONNAIRE ET COLONIAL

L'héritage missionnaire et colonial fait de l'É.R.F. une Église au territoire plus vaste que la seule métropole[56]. D'une part, les sociétés missionnaires, fondées en dehors des Églises, ont donné naissance à un protestantisme dynamique en Afrique noire, à Madagascar, en Polynésie… D'autre part ont été mises sur pied, pour les populations expatriées, des Églises réformées qui participent elles aussi aux activités de mission et d'évangélisation. Ces Églises réformées françaises sont en général très minoritaires : elles rassemblent quelques centaines, voire quelques milliers de paroissiens tout au plus, dont la mobilité est grande ; les départs définitifs sont en général comblés par de nouvelles arrivées. Lorsqu'une garnison est présente, l'Église est souvent née de l'action de l'aumônier militaire. Les liens avec le protestantisme de métropole sont étroits : la Société d'évangélisation des colonies françaises apporte son soutien financier ; les pasteurs viennent de métropole pour des visites, des prédications, ou pour occuper le poste. Le pasteur Jules Cabantous par exemple, après avoir exercé dans l'Aveyron et en Dordogne, est à la tête de l'Église française de Tunis de 1903 à 1949. À son apogée, l'Église réformée française au Maroc comprend environ 2 500 familles protestantes, accompagnées par 10 pasteurs.

De 1885 à 1945, le nombre d'Églises dressées en Afrique, à Madagascar et en Océanie par la Société des Missions évangéliques de Paris (SMEP) est passé de 150 à 2 933. La mission protestante française est une puissance spirituelle dont les gouverneurs des colonies tiennent compte. Ainsi, en septembre 1945, lors des troubles de Douala (Cameroun), seuls les missionnaires sont consultés ; la première personnalité reçue par le nouveau gouverneur du Cameroun à sa table est le président de la mission protestante. À Madagascar, les gouverneurs s'entourent des avis du missionnaire Charles Bonzon, qui est nommé directeur de la SMEP en 1951. La Société des Missions de Paris jouit partout d'une considération générale.

Ces rapports anciens qu'entretient l'É.R.F. avec les Églises réformées des colonies expliquent le message que leur adresse en 1945 le Synode national, « profondément ému des prodigieux efforts accomplis et des immenses sacrifices acceptés par les populations des territoires français

---

56 Voir Frédéric Fabre, *Protestantisme et colonisation*, Paris, 2011.

d'outre-mer pour la délivrance de la mère-patrie ». Le Synode exprime notamment son « affection particulière » pour les Églises réformées de l'Afrique du Nord et sa solidarité avec « les Églises encore captives » de l'Indochine. En raison de ces liens, l'É.R.F. se trouve surtout particulièrement attentive à l'évolution de la question coloniale, alors même que l'opinion publique française y est très indifférente.

Dès l'automne 1947, plusieurs synodes réformés régionaux (Cévennes-Languedoc, Alpes-Rhône) souhaitent que l'É.R.F. ne garde pas le silence sur les incidents sanglants survenus à Madagascar, en Indochine et en Afrique du Nord. En 1948, le Synode national de Grenoble prend position « devant les conflits qui se poursuivent dans les territoires de l'Union française, conflits dont nous sommes solidairement responsables », et « demande au Gouvernement de veiller aux moyens qu'il emploie et de prendre les risques d'une politique généreuse ». Face au problème de la décolonisation de la Palestine britannique, le même Synode national de Grenoble se prononce en faveur de l'État juif : « Nous sommes spirituellement solidaires du peuple d'Israël [...] sans croire que son établissement en Palestine soit la solution du mystère de son élection, nous sommes révoltés que l'État d'Israël, à peine constitué, ait été attaqué et que ce conflit soit utilisé par les Impérialismes rivaux. »

En 1950, alors que la France modifie profondément ses rapports avec son Empire colonial et crée une vaste « Union française », « composée de nations et de peuples qui mettent en commun ou coordonnent leurs ressources et leurs efforts pour développer leurs civilisations respectives », l'É.R.F. recueille l'héritage de la Société d'évangélisation des colonies et accepte de prendre en charge, spirituellement et financièrement, les Églises françaises d'Afrique, de Tunisie et du Maroc, d'Indochine et de Nouvelle-Calédonie. Elle remplace l'ancienne « Association pour le maintien et le développement du culte protestant dans les Colonies françaises et pays de protectorat français », fondée en 1903, par la « Commission générale des Églises réformées de la France d'Outre-mer » (CGERFOM). Marc Boegner en prend la direction, conservant ainsi une voix délibérative au Conseil national de l'É.R.F. alors qu'il en quitte la présidence cette année-là. Il visite ces Églises en vue de fortifier leur union avec les Églises réformées de métropole qui leur donnent presque tous les pasteurs.

Parmi les réformés français, le mouvement des chrétiens sociaux est celui qui, le premier, prend position en faveur de la décolonisation. La

Revue du christianisme social dénonce les violences, approuve les politiques d'indépendance et prône des rapports nouveaux entre la métropole et ses anciens territoires. Mais les opinions protestantes divergent sur les cas précis de chaque colonie. En février 1953 par exemple, Marc Boegner répond aux questions du journal *Réforme* et estime qu'abandonner l'Indochine, « ce serait manquer à nos engagements envers le peuple du Viêt-Nam ». Dans ce contexte, l'É.R.F. essaie de tenir une position équilibrée. Sur la question d'Indochine, le Synode national se prononce à plusieurs reprises, en 1948, 1950, 1952 et 1953. Il exprime son « angoisse de l'interminable guerre d'Indochine » et dénonce les « horreurs diaboliques de la guerre ». Il adresse un salut fraternel à l'Église évangélique vietnamienne et prie en même temps pour l'Église française d'Indochine, y compris ses aumôniers militaires ; le Synode national s'inquiète par exemple du sort du pasteur Pierre Tissot (1916-2001), volontaire à Dien-Bien-Phu, alors en captivité. En 1952, le Synode national de Paris souhaite des négociations ; en 1954, le Synode national du Havre exprime son espoir d'une « paix juste envers tous » et « d'une solution encore possible » à la conférence de Genève.

En 1954, le même Synode prend position en faveur de la grâce des internés politiques malgaches, dont trois députés internés en métropole depuis 1947. Le Synode national de Royan de 1956 émet un vœu pour soutenir des réformes politiques, économiques et sociales hardies en Afrique noire et à Madagascar : il appuie ainsi le projet de loi-cadre préparé par le ministre d'Outre-mer, le protestant Gaston Defferre. Les protestants sont persuadés que les intérêts de la France et de Madagascar sont de rester ensemble tout en changeant d'attitude, en passant de la position de colonisateurs à celle de conseillers techniques ; dans cet esprit, Marc Boegner favorise l'autonomie de l'Église malgache, accordée en 1958.

En 1963, prenant acte du mouvement de la décolonisation, l'É.R.F. limite ses compétences au seul territoire français. Les anciennes colonies et les départements d'outre-mer sous la compétence de la CGERFOM sont placés sous la responsabilité de la Fédération protestante de France, qui crée en 1964 la « Commission des Églises évangéliques d'expression française à l'extérieur » (CEEEFE). En 1971, une nouvelle étape est franchie, avec la disparition de la vénérable Société des Missions évangéliques de Paris, créée en 1822 ; elle laisse place à la CÉVAA (Communauté évangélique d'action apostolique) et au DÉFAP (Département évangélique français d'action apostolique)[57], installant une nouvelle dynamique et refondant les relations avec les Églises nées de la mission qui accèdent à leur autonomie. Une nouvelle conception de la mission est ainsi portée par une « communauté », ayant un budget réparti en commun, décidant ensemble du placement des hommes et des femmes envoyés et des orientations du travail commun. La disparition du mot « missionnaire » a une valeur hautement symbolique.

Dans ce contexte général, la Guerre d'Algérie a une résonance toute particulière pour le protestantisme français[58]. Les Églises d'Algérie sont en effet directement rattachées à l'É.R.F., dont elles constituent la XVIe circonscription régionale. Celle-ci compte 21 paroisses réformées ; les plus importantes sont celles d'Alger et d'Oran, qui regroupent la moitié des effectifs protestants ; les autres sont disséminées dans toute la campagne algérienne.

L'Algérie connaît une première poussée de fièvre dès 1945 : les émeutes sanglantes de Sétif et de Guelma et leur répression témoignent de la tension croissante entre la majorité des colonisés et les colons européens. L'ordonnance du 17 août 1945 établit une parité en donnant au collège électoral des neuf millions de musulmans la même représentation que le collège du million de citoyens français ; un nouveau statut politique est institué en septembre 1947, mais l'élan réformateur semble alors brisé. Voilà pourquoi l'Algérie est un sujet de préoccupation pour les protestants, avant même le déclenchement des « événements » de la Toussaint 1954.

La revue des étudiants protestants, *Le Semeur*, publie en 1948 les interviews de deux militants de l'indépendance algérienne, Messali Hadj et Ferhat Abbas. En 1953 est créé un *Comité protestant d'études nord-africaines* pour aider au dialogue entre islam et christianisme. Des journées se tiennent sous la présidence de Marc Boegner, rassemblant des délégués des Églises des trois départements algériens. Jean Bichon, professeur dans un collège franco-arabe d'Alger, en est l'un des principaux animateurs : il pense que le problème majeur est celui de la rencontre

---

57 Jean-François Zorn, « L'évolution de la pensée missionnaire protestante des années 1970 aux années 1990 », *Théophilyon*, 1998, p. 137-157 ; *DÉFAP : histoire-convictions-pratiques*, Paris, 1992.

58 Voir le numéro thématique du *B.S.H.P.F.* « Les Protestants et la guerre d'Algérie » (150, 2004/4). Voir aussi *Foi et Vie*, mai 1965.

entre deux cultures, entre deux religions ; il soutient l'idée que la société européenne va apporter la civilisation chrétienne dans un pays dominé par l'islam. Le pasteur Bourguet appelle d'ailleurs, en 1955, l'É.R.F. à définir sa « politique extérieure » à l'égard de l'islam. Au printemps 1954, un groupe d'intellectuels de la métropole mène un voyage d'enquête en Algérie, à l'invitation de personnalités nationalistes : le pasteur Maurice Voge, du Christianisme social, y participe et dénonce « la fiction de l'Algérie département français ». En juin 1954, cinq mois avant le début des hostilités, le Synode national du Havre émet un vœu « inspiré » : l'É.R.F. demande aux protestants d'Afrique du Nord d'agir pour « la justice » et « la réconciliation », pour que « tous les hommes aient part à une vie normale » ; ni les Européens ni les Musulmans ne peuvent être confondus avec les exploiteurs et les criminels, et les haines doivent être surmontées. Cet idéal a été le moteur d'un bon nombre d'engagements, dans l'ombre portée de la Seconde Guerre mondiale : « Je suis partie en Algérie, comme j'étais partie au camp de Gurs en 1941, parce que c'était une terre de souffrance », écrira Élisabeth Schmidt[59], pasteure en Algérie de 1958 à 1963. Éric Westphal, fils du pasteur Charles Westphal, explicite ainsi les raisons qui l'ont poussé à devenir chargé de mission auprès du délégué général en Algérie : « Mon père s'était entremis pour défendre des Juifs. Il existe une sorte de parallélisme : je me suis entremis pour sauver des Algériens ; cela devait procéder de la même conviction[60]. »

De 1954 à 1962, pas moins de 25 textes sont publiés par les diverses instances du protestantisme (Fédération protestante de France et É.R.F.), reflétant à la fois l'engagement des protestants sur certaines valeurs, mais aussi les divisions qui existent en leur sein.

Une ligne directrice se dégage nettement dans l'action de l'É.R.F. : le refus de la torture et des exécutions sommaires. L'É.R.F. s'engage précocement et publiquement, comme le fait l'archevêque catholique d'Alger, Monseigneur Duval, en janvier 1955. Dès le mois de février 1955, la Commission sociale de l'É.R.F. condamne les « méthodes policières » et l'usage de la torture comme forme d'interrogatoire. Les différentes

---

59 Élisabeth Schmidt, *Quand Dieu appelle les femmes. Le combat d'une femme pasteur*, Paris, 1978, p. 149.

60 Laurent Theis, « Deux protestants en Algérie pendant la guerre : Jean Bichon et Éric Westphal », *B.S.H.P.F.*, 150, 2004/4, p. 769.

instances de l'É.R.F. se prononcent dans le même sens au cours de l'année 1956 : le Conseil régional de l'Église réformée d'Algérie, le 10 avril, puis le Conseil national de l'É.R.F. le 17 avril. La Fédération protestante de France s'exprime elle aussi à plusieurs reprises (en octobre 1955, en mars 1957 puis en mars 1958)[61]. Devant la persistance de la torture, le Conseil national de l'É.R.F. s'adresse directement au président de la République, le général de Gaulle, en octobre 1959 ; et le président de la Fédération protestante, Marc Boegner, fait de même en décembre 1959 dans une lettre commune rédigée avec le cardinal Feltin et le grand rabbin Kaplan. Le successeur de Boegner à la tête de la Fédération protestante, le pasteur Charles Westphal, intervient dans le même esprit auprès du préfet de police de Paris, Maurice Papon, le 26 octobre 1961, quelques jours après la répression sanglante de la manifestation des Algériens de la capitale.

Une seconde ligne fait progressivement l'unanimité : la lutte contre la misère et le dénuement. La CIMADE envoie trois femmes, Isabelle Peloux, Claire Menegoz et Suzette Besançon, à Alger à la fin de l'année 1957. Cette première équipe est bientôt rejointe par d'autres, qui s'installent à Médéa et dans les centres de regroupement où s'entassent les populations rurales des zones déclarées interdites par les autorités militaires. En mai 1959, le pasteur Boegner et le cardinal Feltin, archevêque de Paris, lancent un appel conjoint en faveur des Algériens « regroupés » : l'É.R.F. s'associe à cet appel et demande à toutes ses paroisses d'en faire lecture en chaire. Le synode régional d'Algérie s'implique particulièrement, demandant aux fidèles de former des comités de secours et d'aider les équipiers de la CIMADE.

Mais au-delà de cette unanimité dans l'action, il est difficile pour l'É.R.F. d'adopter une position plus précise. Le Synode national de 1959 souhaite « une paix juste et fraternelle » : mais quelle paix ? sur quelles bases politiques ? L'É.R.F. se garde bien d'employer le mot d'indépendance par exemple. En effet, s'est très vite installée en son sein la crainte de scissions, dans les paroisses, entre les Français de la métropole et ceux d'Algérie, et en Algérie entre les Européens et les Musulmans... Les délégués de l'Église réformée d'Algérie, par exemple, ont souvent le sentiment d'être mis en accusation : ils estiment que « les chrétiens [de

61 Yves Parrend, *Histoire de la Fédération protestante de France (1905-1991) à travers les Actes des Assemblées générales*, Thèse de doctorat, Université de Strasbourg, 2019, p. 356-373.

métropole] sont mal informés », « qu'il faut se méfier de l'esprit partisan ou politique ». Le pasteur Bourguet, dès 1955, souligne devant le Synode national que les protestants d'Algérie « souhaitent qu'on essaie de porter une part de leur souci, d'une manière objective ». Certains conseils presbytéraux ou régionaux, désireux de ne pas compromettre l'unité de l'Église, préfèrent un silence prudent... Le synode régional d'Oran demande instamment, en 1960, que « les assemblées d'Église évitent de rédiger à toute occasion des motions sur l'Algérie ».

L'É.R.F. ne reste pas pour autant muette. Le Synode national de 1956 rappelle que « venus d'Arabie ou d'Europe, tous les habitants ont le droit de vivre ensemble avec les Berbères autochtones sur cette terre » ; il invite le gouvernement à tout faire pour arrêter l'effusion de sang et favoriser une coexistence dans la justice ; il incite également les pasteurs à mentionner, dans la prière d'intercession du dimanche, les militaires qui sont en Algérie, les Églises d'Afrique du Nord et « tous ceux, amis et adversaires, qui souffrent actuellement » ; il demande aux conseils presbytéraux de France d'aider les travailleurs musulmans en créant des comités de secours, des cours du soir, des offres de travail, de protester contre les brimades policières ou l'exclusion des étudiants musulmans des universités, etc. Le Synode national incite les Églises d'Afrique du Nord à rendre de leur côté un témoignage évangélique clair. Le pasteur André Chatoney, président du Conseil régional de la circonscription d'Algérie, rend compte de son action : suite à l'appel à la trêve lancé par son synode régional, il a rencontré les responsables religieux européens, mais a échoué dans sa tentative de dialoguer avec les représentants des oulémas et des grands muftis ; il s'inquiète de « l'atmosphère tragique, ressentie en particulier par la population européenne rurale », qui règne en Algérie.

Chaque étape du drame algérien rend plus incertaine encore la manière d'obtenir la paix. En décembre 1957, le pasteur luthérien de Belfort, Étienne Mathiot, est arrêté pour « atteinte à la sûreté de l'État » après avoir aidé un responsable du FLN algérien à passer en Suisse[62]. Le pasteur Boegner proteste auprès du Ministre de la Justice contre cette arrestation ; plusieurs pasteurs et personnalités protestantes (Georges Casalis, Charles Westphal, André Philip et Paul Ricœur) témoignent

62 Pierre Croissant, « L'affaire Mathiot, épisode montbéliardais de la guerre d'Algérie », *Bulletin de la Société d'Émulation de Montbéliard*, 132, 2009, p. 365-390.

lors du procès qui se tient en mars 1958 ; mais le conseil presbytéral de la paroisse algérienne de Boufarik désapprouve l'intervention de Mathiot dans des affaires « qui ne le concerne pas »... Le pasteur Mathiot est finalement condamné à huit mois de prison.

Le journal *Réforme* ouvre ses colonnes aux diverses opinions : il s'efforce de donner la parole aux Français d'Algérie, aux militaires sur le terrain, comme aux intellectuels engagés. *Réforme* n'élude aucune question difficile, celle de l'objection de conscience ou de la désertion, et s'indigne de l'utilisation de la torture. Sur le fond, le journal est favorable à une évolution « libérale » de l'Algérie vers des réformes politiques, économiques et sociales. C'est la raison pour laquelle certains collaborateurs quittent le journal, jugé trop à gauche, pour fonder en juin 1958 *Tant qu'il fait jour*. Ce nouveau journal est créé pour protéger les Européens et les Algériens contre le FLN, pour poursuivre l'évangélisation des musulmans et empêcher l'Algérie de tomber « dans l'escarcelle communiste ». Les rédacteurs de *Tant qu'il fait jour* interprètent en effet les événements de mai 1958 à Alger comme une réconciliation franco-musulmane, le souhait de l'immense majorité des musulmans de demeurer français et le signe de l'acceptation complète par les Européens de l'égalité avec les musulmans. À partir de 1960, le journal devient de plus en plus critique vis-à-vis de la politique du gouvernement français comme vis-à-vis des positions de l'É.R.F. Si les rédacteurs se divisent sur l'OAS, ils partagent un même pessimisme vis-à-vis de l'indépendance : l'abandon des Européens d'Algérie est comparé à la révocation de l'Édit de Nantes, et une nouvelle « Saint-Barthélemy » serait à craindre après la victoire du FLN. À la suite des accords d'Évian en 1962, le journal suspend sa parution.

Constatant que le dialogue est de plus en plus difficile, les délégués du Synode national cherchent à « dépassionner » le débat. Comment rester les témoins du Christ, en ayant le sens aigu de responsabilités humaines et chrétiennes à l'égard des populations d'Algérie mais en évitant « les jugements politiques intransigeants et contradictoires » ? Le rapporteur sur le sujet au Synode national de 1956 ne peut que faire ce constat : des textes divers ont été rédigés par les Églises, et « quoique tous inspirés par la foi chrétienne, ils aboutissent à des conclusions différentes et parfois divergentes ». Quelques synodes régionaux de métropole organisent un jeûne de repentance à propos de la Guerre d'Algérie. Après le bombardement du village tunisien de Sakhiet où se sont réfugiés des soldats de l'Armée de libération nationale algérienne, en février 1958, le comité parisien de la « Post-Fédé » et du christianisme social adressent une lettre de protestation à tous les pasteurs ; le pasteur Bourguet, président du Conseil national, désavoue aussitôt l'initiative : « La circulaire en question n'engage que la responsabilité de ses auteurs. Les conseils presbytéraux de l'É.R.F. n'ont à tenir compte officiellement que des documents qui sont rédigés ou contresignés soit par les conseils régionaux, soit par le Conseil national[63]. »

Après le Synode national de Toulouse de 1960, un livre blanc, intitulé *Plan d'étude sur l'Église et le problème algérien à l'usage de l'Église réformée de France*, est rédigé par une commission de onze membres, sept de métropole et quatre d'Algérie. 8 000 exemplaires sont mis à la disposition des paroisses, de façon à sensibiliser et mobiliser les fidèles. Mais dans son rapport au Synode national de 1961, le pasteur Bourguet ne peut que regretter la démission de quelques membres de l'Église, en métropole et en Algérie : « Quel que soit le sérieux des engagements politiques, ils ne devraient jamais conduire des chrétiens à des ruptures à l'intérieur de l'Église, à des démissions ou à des jugements sur des frères. » Un vœu pieux alors que les clivages se sont de plus en plus nettement affirmés depuis le début de la guerre. Une paroisse algérienne, Boufarik, prend même son indépendance après la révocation de son pasteur, Georges Tartar, par le Synode national de 1961. Orientaliste et arabisant, Tartar espérait servir la cause de la paix en travaillant au rapprochement islamo-chrétien, dans le cadre du maintien de l'Algérie française ; trop politique, son projet est également soupçonné de syncrétisme doctrinal.

L'É.R.F. est en fait critiquée sur ses deux flancs : à sa « droite », certains trouvent qu'elle penche trop du côté « *progressiste* » ; à sa « gauche », notamment au sein du christianisme social, on estime qu'elle reste trop prudente et n'a pas le courage de la Fédération protestante. Car à partir de 1959, la Fédération protestante semble avoir plus de liberté pour affirmer une position nette. En novembre 1960 à Montbéliard, l'Assemblée de la Fédération protestante vote une déclaration particulièrement ferme, dont le retentissement est considérable : « La poursuite de cette guerre accélère inexorablement la détérioration morale et juridique de l'État. » Au sein de l'É.R.F., les débats passionnels et les souffrances grandissantes incitent au contraire à mettre l'accent sur la compassion et la réconciliation ; les

63 Lettre parue dans *Le Christianisme au* XX*e siècle* du 18 avril 1958.

pasteurs en poste en Algérie témoignent tous de leurs difficultés à prêcher : « Toute exhortation humaine est devenue insuffisante, ambiguë, voire irrecevable, écrit le pasteur Max-Alain Chevallier. Nous sommes au temps de la confession de foi et de la prière. » Hormis sur la question de la torture, le souci de préserver l'unité conduit l'É.R.F. à un certain suivisme par rapport à l'opinion française. Seul le synode extraordinaire de la région parisienne de l'É.R.F. ose, en janvier 1962, s'engager sur le terrain proprement politique en condamnant l'OAS : « Tout en comprenant le sentiment douloureux que certains peuvent avoir d'être abandonnés, nous pensons devoir avertir nos frères tentés de participer aux violences de l'OAS qu'ils sont dans l'erreur. »

Avec les accords d'Évian et la fin de la guerre d'Algérie, la question du devenir de l'Église réformée d'Algérie est posée. D'Église régionale (la XVIe région de France), elle devient autonome en 1963 : l'Église réformée en Algérie. Mais ses effectifs ont fondu ; Élisabeth Schmidt évoque « la tristesse des abandons » en quittant l'Algérie. L'action de la CIMADE se poursuit dans le cadre du *Comité Chrétien de Service en Algérie*, créé en 1963 à l'initiative du Conseil Œcuménique des Églises et qui met dès lors en œuvre des projets de développement du pays. Mais la Guerre d'Algérie a d'importantes conséquences sur les esprits : une partie du protestantisme, qui attendait de l'É.R.F. une plus grande audace « prophétique », penche résolument à gauche, à l'image du pasteur Georges Casalis ou du philosophe Paul Ricœur ; l'engagement politique et social est considéré comme la conséquence naturelle de la foi. Un certain nombre d'intellectuels, théologiens, philosophes, adhèrent au Parti Socialiste Unifié (PSU) de Michel Rocard. « Combien de fois n'avons-nous pas entendu cette critique : "On s'occupe dans l'Église de liturgie, du ministère, etc., alors qu'il y a des questions si urgentes comme l'Algérie, la torture…" ? », s'exaspère à l'inverse Jacques Ellul dans *Fausse présence au monde moderne*, paru en avril 1963. Mais sa protestation est alors à contre-courant : la décennie qui s'ouvre place l'É.R.F. sous les auspices d'une « théologie du monde » et d'une politisation croissante.

UNE IDENTITÉ BOUSCULÉE

Depuis 1945, l'É.R.F. a su consolider son unité, parachever ses structures, définir une stratégie de développement. La « vision d'une Église réformée de France où, dans le respect des diversités légitimes, l'unité essentielle s'affirmerait de façon organique », selon les mots de Marc Boegner[64], avait bel et bien pris corps. Mais ces choix internes sont bousculés de l'extérieur : en devenant membre à part entière de l'Église universelle au sein du dialogue œcuménique, l'É.R.F. a pris le risque de devoir redéfinir son identité par rapport à ses nouveaux partenaires.

LE RÉVEIL DES DÉBATS THÉOLOGIQUES : L'É.R.F. FACE AU CONSEIL ŒCUMÉNIQUE DES ÉGLISES

L'É.R.F. fait partie « de cette chrétienté non romaine qui s'organise peu à peu dans le Conseil Œcuménique des Églises chrétiennes », selon la formule utilisée lors du Synode national de 1945. La délégation française envoyée lors des assemblées du COE prend une part active aux débats, et plusieurs responsables de l'É.R.F. ont un rôle de premier plan au sein du COE : Boegner devient en 1948 l'un des six présidents du COE. C'est à la fois révélateur du désir des autorités de l'É.R.F. de désenclaver le petit protestantisme français, mais aussi de l'influence que prend l'É.R.F. au sein du COE.

La Seconde Guerre mondiale avait suspendu la mise en place du COE, amorcée en 1938. La fin de la guerre permet le lancement officiel de l'organisation. La première assemblée du COE réunit en 1948 à Amsterdam 351 délégués de 147 Églises : elle définit plus concrètement la vocation de l'institution, qui ne se veut pas une super-Église, mais un lieu de dialogue et de réflexion entre chrétiens de différentes cultures et traditions ecclésiales, un lieu de travail pour mettre en place une action concertée dans les matières d'intérêt commun. Face au désordre international dû aux conséquences de la Seconde Guerre mondiale et aux prémices de la guerre froide, l'assemblée d'Amsterdam s'efforce de rebâtir la « communauté fraternelle des Églises », mais porte aussi son

64 Marc Boegner dans *Protestantisme français*, Paris, 1945, p. 361.

attention sur les problèmes sociaux et politiques. En 1954, la seconde assemblée du COE, sise à Evanston (États-Unis), choisit pour thème « Le Christ, seul espoir du monde » : les 500 délégués, représentant 179 Églises, s'interrogent sur les liens entre l'espérance eschatologique des chrétiens et leur action dans le monde. La question des tensions raciales et ethniques fait notamment l'objet d'une intense réflexion.

Mais lors de la troisième assemblée, en novembre 1961, les problèmes théologiques reviennent au centre des débats. Pour la première fois, le COE se réunit hors d'un pays occidental, à New-Delhi (Inde) : sous l'influence des Églises d'Afrique, d'Asie et d'Amérique latine, le COE prend une certaine distance à l'égard de son enracinement protestant anglo-saxon et européen[65]. La diversité géographique, culturelle et confessionnelle du COE est renforcée par l'admission des Églises orthodoxes de Russie, de Roumanie, de Bulgarie et de Pologne. L'objectif est d'assurer un dialogue spirituel entre les Églises, par-delà le rideau de fer et le mur de Berlin érigé en août 1961 pour freiner une émigration de plus en plus massive vers l'Allemagne de l'Ouest. Cette entrée des Églises orthodoxes ne va pas sans créer quelques inquiétudes : l'inféodation de l'Église russe au régime soviétique fait craindre un mélange des genres entre politique et religion. Mais elle conduit surtout le COE à modifier l'article premier de ses statuts. Depuis plusieurs années, les quelques Églises orthodoxes orientales déjà membres du COE avaient demandé que la base du COE fût explicitement « trinitaire[66] » ; en raison de leur position numérique très minoritaire, elles n'avaient jusque-là pas été suivies. Mais au cours des discussions avec les orthodoxes russes en 1960, le Comité central du COE décide de proposer à l'assemblée générale une nouvelle formulation de la « Base doctrinale ». L'ancienne définition (« Le COE est une association fraternelle d'Églises qui acceptent notre Seigneur Jésus-Christ comme Dieu et Sauveur ») est élargie :

> Le Conseil Œcuménique des Églises est une association fraternelle d'Églises qui, selon les Saintes Écritures, confessent le Seigneur Jésus-Christ comme Dieu et Sauveur, et s'efforcent de répondre ensemble à leur commune vocation, pour la gloire du seul Dieu, Père, Fils et Saint-Esprit.

65 Jean Baubérot, dans Jean-Marie Mayeur (éd.), *Histoire du christianisme des origines à nos jours, XII*, Paris, 1990, p. 85.

66 Albert Gaillard, *L'Unité des Églises au carrefour : New Delhi*, Paris, 1962, p. 37.

Les membres du COE *confessent* désormais leur foi ; l'article défini « *le* Seigneur » entend mieux exprimer l'universalité de la seigneurie du Christ ; l'expression *selon les Écritures* a été adoptée d'après le vœu de l'Église luthérienne de Norvège pour rassurer les courants évangéliques protestants. Mais surtout, le texte ajoute à la profession de foi la mention de la Trinité et exprime la volonté d'unité des Églises dans le témoignage qu'elles rendent à *la gloire de Dieu, Père, Fils et Saint-Esprit.*

Dès 1960, le barthien Charles Westphal, membre du Comité central du COE, se montre favorable à la nouvelle formule d'adhésion ; mais dans l'É.R.F., celle-ci fait aussitôt débat. Les protestants libéraux sont vent debout contre cette mention du dogme trinitaire, qu'ils considèrent comme tardif et contestable. « Voilà du triste travail, bien dans la ligne d'une époque où les dignitaires ecclésiastiques, en mal d'autoritarisme renforcé, se complaisent aux excommunications et aux exclusions », réagit de façon virulente l'un des rédacteurs du journal libéral *Évangile et Liberté* (5 octobre 1960) dans un article intitulé « Le Conseil œcuménique des Églises va exclure définitivement les Églises unitariennes et libérales » :

> Le durcissement dogmatique du COE, poursuit un autre rédacteur du journal, a profondément ému les Chrétiens protestants [libéraux], qui ne peuvent admettre la « Trinité » comme base essentielle de leur foi. Ce qui est paradoxal, c'est qu'au nom même de cette décision seraient bannis du mouvement œcuménique les promoteurs les plus importants de ce mouvement : les Soderblöm, les W. Monod...

Le mensuel libéral défend l'interprétation christocentrique de l'Évangile contre tout dogme trinitaire, estimé non biblique. De manière plus générale, les rédacteurs du journal craignent l'entrée de l'Église orthodoxe russe au sein du COE, y voyant une menace de division avec « tout son appareil dogmatique » et une perte d'influence des libéraux. Le journal *Tant qu'il fait jour*, de tendance calviniste, estime en revanche que « la nouvelle Base ne contient pas de trace de spéculations métaphysiques » : « La tonalité est celle de la louange et de l'adoration, non celle de la dispute théologique[67]. » Pour *Le Christianisme au XXe siècle*[68]

---

67 Henry Chavannes, « Le dogme chrétien de la Trinité », *Tant qu'il fait jour*, juin-juillet 1961, p. III.

68 *Le Christianisme au* XXe *siècle*, 21 décembre 1961, p. 607.

comme pour *Réforme*[69], l'adoption de la nouvelle Base représente un des événements les plus marquants de l'Assemblée de New-Delhi.

Pour désarmer l'opposition des Églises qui ne professent pas le dogme trinitaire parce qu'elles le considèrent sans fondement scripturaire, le Comité central du COE adresse en 1960 aux Églises-membres une note assez diplomatique, juxtaposant le dogme de la Trinité et l'Écriture en vue de contenter tout le monde. Pour le Comité central, la Base n'a jamais été ni un Credo, ni un exposé complet de la foi chrétienne ; son seul et unique but est fonctionnel, pour « dire ce qui nous lie dans le Conseil Œcuménique, quel est le point de départ de notre conversation et le fondement de notre collaboration ». Aux yeux du secrétaire général du COE, la nouvelle rédaction a l'immense avantage de permettre un rapprochement avec la plupart des Églises orthodoxes orientales et pourrait jouer un rôle important dans l'évolution de l'attitude catholique à l'égard du COE. Mais cette mise au point ne désarme pas les critiques, notamment au sein de l'É.R.F. En effet, l'É.R.F. a adopté en 1938 une Déclaration de foi qui ne mentionne pas expressément la Trinité, pour tenir compte des réticences des libéraux et des réserves des antitrinitaires – ce qui a précisément permis leur adhésion. Le débat est donc vif lors du Synode national de Valence de 1961. Deux positions s'affrontent : faut-il s'abstenir à l'assemblée du COE lors du scrutin sur la modification de la Base doctrinale, ou approuver la nouvelle rédaction du texte ? Significativement, le président du Conseil national, Pierre Bourguet, aborde dans son rapport cette question sous l'angle de « notre unité interne » : il rappelle qu'une minorité libérale dans l'É.R.F., « mais une minorité fidèle depuis la première heure », ne peut accepter le texte du COE ; à ses yeux, « notre unité interne [est] aussi importante que notre désir de comprendre les souhaits de nos frères de Norvège ou de l'Église orthodoxe ». Il propose donc au Synode que la délégation française qui partira à New-Delhi s'abstienne lors du scrutin. « Cela serait, je crois, suffisamment significatif. »

Lors du débat, le pasteur Richardot soutient la proposition de Pierre Bourguet ; le pasteur Jean Cadier et le professeur Roger Mehl estiment en revanche qu'une abstention paraîtrait très négative aux yeux des Églises membres du COE ; quant au pasteur Pierre André, il se fait le

69 *Réforme*, 23-30 décembre 1961, n° 875, p. 10.

porte-parole du « grand nombre de fidèles » qui ne peuvent pas approuver la nouvelle formulation. Mais la question va bien au-delà du simple texte du COE : la modification soumise à l'approbation de l'É.R.F. réveille le débat sur la fameuse formule d'adhésion du préambule de la Déclaration de foi de 1938.

Le Synode régional de Provence-Côte d'Azur prend en effet appui sur le projet de liturgie de consécration pastorale examiné au même moment pour demander une nouvelle rédaction du préambule de 1938 dont « les nouvelles générations de l'É.R.F. ne comprennent plus l'utilité ». Dans un vœu très détaillé, le synode provençal se dit conscient de « la nécessité de respecter le pacte d'unité », mais rappelle aussi que les tenants les plus fermes de la formule d'adhésion, comme André-Numa Bertrand, en reconnaissaient la maladresse. « Vingt-trois ans se sont écoulés », et le synode régional souhaite rouvrir une discussion que le Conseil national s'empresse de refermer : « Néanmoins, il n'apparaît pas indispensable de s'atteler soudain à cette révision qui peut attendre », conclut Pierre Bourguet.

Deux autres synodes régionaux (Cévennes-Bas-Languedoc et Gardonnenque-Vaunage) souhaitent à l'inverse que l'É.R.F. en profite pour affirmer officiellement son « caractère pluraliste ». La proposition provoque un débat houleux au Synode national : le pasteur Jean Cadier rejette le terme « pluraliste », que défend au contraire le pasteur Charles Westphal « au nom de l'union de 1938 ». Le Synode national décide finalement de reconnaître officiellement « le caractère pluraliste de l'É.R.F. » (décision XXII) :

> Le Synode soucieux de respecter le caractère pluraliste de l'Église réformée de France, recommande à ses délégués à l'Assemblée générale du Conseil œcuménique à New Delhi, au moment où ils accepteront la modification de la base théologique de ce Conseil de faire valoir que cette acceptation est comprise dans l'esprit qui a présidé à la promulgation de la Déclaration de foi de 1938 et de son préambule.

La décision est « adoptée à l'unanimité des votants », par 56 voix, mais plus de trente délégués synodaux ne prennent pas part au vote – signe du malaise engendré par le débat. Albert Gaillard, l'un des représentants de l'É.R.F. à New-Delhi, rappelle avec ses propres mots la position prise peu avant par le Synode national :

> L'Église réformée de France a été formée en 1938 par la fusion des Églises réformées, réformées évangéliques, méthodistes et libres. Elle a reconnu alors l'expression de sa foi dans les Symboles œcuméniques et dans les Confessions de foi de la Réforme, notamment celle de La Rochelle. Cependant, elle a admis qu'on puisse adhérer aux grandes affirmations que renferment ces Confessions de foi sans se sentir lié par la lettre de leurs formules, parce que la formulation théologique ne cerne jamais de façon totale le mystère de la Personne divine ni la grâce de sa révélation. L'Église réformée de France tient donc à préciser qu'elle accepte la nouvelle Base dans le même esprit, sans que soit pour autant imposée aux Églises membres aucune théologie particulière de la Trinité[70].

En réponse, le COE précise qu'il ne porte aucun jugement sur la sincérité ou la conviction avec lesquelles les Églises membres acceptent la Base. Et la nouvelle formulation est votée très largement.

Les débats, bien ancrés dans la culture réformée française, sont symptomatiques des tensions théologiques internes, peut-être disproportionnées par rapport à l'intérêt international d'accueillir les Églises orthodoxes au sein du COE. L'apparition, dans un texte officiel, de l'adjectif « pluraliste » pour qualifier l'Église fait en tout cas figure de nouveauté. Une fois refermé, le débat semble aussitôt oublié, sans que l'É.R.F. n'explicite vraiment la définition de son caractère pluraliste. Refoulé, le débat resurgira donc, au Synode national de 1971 puis à intervalles réguliers[71].

L'É.R.F. ET LES CATHOLIQUES : LE RAPPROCHEMENT MANQUÉ

Les rapprochements entre protestants et catholiques opérés dans la « résistance spirituelle » et la lutte contre le nazisme, dans les camps de prisonniers ne peuvent pas rester sans conséquences après la fin de la Seconde Guerre mondiale : « La persécution et l'épreuve auront rapproché tous les chrétiens véritables », écrit en juin 1945 le sulpicien Louis Richard au pasteur Lucien Marchand. La guerre a été une « épreuve tonique » pour les relations œcuméniques, estime l'historien Étienne

70 Albert Gaillard, *L'Unité des Églises au carrefour : New Delhi*, Paris, 1962, p. 42-44.

71 Quarante ans plus tard, le président du Conseil national, le pasteur Michel Bertrand, souligne la difficulté d'un débat explicite : « Je n'aime pas le mot *pluralisme* », dit-il, car ce mot « sous couvert de largeur d'esprit, juxtapose les différences dans l'indifférence réciproque et installe une pseudo-tolérance qui annule la possibilité même d'en débattre » (*Le Cep*, février 2000, p. 12-13).

Fouilloux[72]. Les contacts diffus se multiplient. Avec la communauté des prêtres de la Mission de Paris par exemple, fondée en 1943 par le cardinal Suhard pour l'apostolat des quartiers ouvriers urbains. Avec le groupe des Dombes, créé en 1937 par l'abbé Couturier et le pasteur suisse alémanique Richard Baümlin, qui s'ouvre aux réformés français après la guerre. Des cercles œcuméniques locaux se développent dans une petite élite catholique et protestante. La semaine de prière pour l'unité, organisée au mois de janvier de chaque année, connaît après 1945 un succès croissant, dans les grandes villes et dans les milieux aisés et cultivés. La CIMADE organise à partir de 1949 des cours de formation œcuménique et y invite des théologiens catholiques reconnus comme le Père Daniélou et le Père Congar, même si les équipiers catholiques en son sein sont encore très peu nombreux. Les revues et journaux protestants (*Verbum caro*, *Foi et Vie*, *Réforme*, *Le Semeur*) accueillent avec plaisir des signatures catholiques. Les mouvements de jeunesse (« Fédé » étudiante et éclaireurs unionistes) entretiennent des contacts nombreux avec leurs homologues catholiques. La Fédération protestante de l'Enseignement développe ses échanges avec la « Paroisse universitaire » catholique à partir de 1949. Des rencontres pasteurs-prêtres sont inaugurées à Lyon au cours de l'hiver 1952-1953 à l'initiative de Roland de Pury, Henry Bruston et des dominicains René Beaupère et François Biot. Fondée par Abel Miroglio en 1926 en tant qu'association chrétienne de professeurs, « l'Amitié » est le seul mouvement statutairement œcuménique : elle jouit d'un rayonnement important et connaît une forte expansion après la guerre.

Devant l'ampleur du mouvement de rapprochement, le Vatican publie en 1948 des *Instructiones* qui autorisent l'étude de la Bible et les prières en commun, tout en fixant des limites au dialogue œcuménique. Le COE a par exemple invité quatorze personnalités catholiques pour sa première Assemblée réunie à Amsterdam en 1948, mais le Vatican refuse d'y envoyer des observateurs : l'unité ecclésiale ne peut se faire que par un retour à Rome.

Face à ces signes de dégel œcuménique, l'É.R.F. semble cependant elle aussi marquer un certain retrait. Le pasteur Boegner rédige, au nom du bureau du Conseil national, en décembre 1944, une note restrictive sur la participation des pasteurs aux « Comités chrétiens d'action

72 Étienne Fouilloux, *Les Catholiques & l'unité chrétienne du XIXe au XXe siècle*, Paris, 1982, p. 439.

civique » d'origine catholique[73] ; en décembre 1945, le secrétaire général de l'É.R.F., le pasteur Paul Conord, se montre particulièrement réservé vis-à-vis de la semaine de prière pour l'unité[74] ; les conclusions présentées sur les rapports avec le catholicisme lors de l'Assemblée générale du protestantisme à Nîmes en octobre 1945 ne sont guère encourageantes : « Le catholicisme en son fond ne varie pas », affirme le pasteur Pierre Tirel. Il est vrai qu'une attitude de méfiance à l'égard des institutions catholiques est presque congénitale aux protestants, pour des raisons historiques, doctrinales et sociales. « Face à une situation inédite, les autorités protestantes ne peuvent se défendre d'un mouvement de repli qui authentifie l'essor œcuménique au sein du catholicisme », constate l'historien Étienne Fouilloux[75].

La proclamation du dogme de l'Assomption de la Vierge Marie en 1950 et le développement de la mariologie populaire sont perçus très défavorablement par les protestants, qui ont le sentiment que l'Église catholique s'efforce de creuser le fossé qui les sépare. Les réactions du protestantisme français sont vigoureuses : « Rien dans la Bible ne peut fonder le dogme de l'Assomption », lance le pasteur Pierre Bourguet dans *Réforme*. Les réformés tirent à boulets rouges sur cette « nouveauté », qui semble orienter le catholicisme vers des voies sans rapport avec les origines chrétiennes, à la faveur d'un « papalisme » ahurissant : « Le développement du dogme marial et du culte marial change à nos yeux le caractère fondamental du christianisme et nous met en présence d'une religion différente de celle à laquelle le Nouveau Testament a rendu témoignage », écrit le pasteur Boegner dans *Le Monde*. Quatre reproches majeurs sont faits à la proclamation du nouveau dogme : l'infaillibilité pontificale qui est invoquée ; l'absence de fondement biblique ; le consensus des fidèles retenu comme nouveau critère de la foi ; et le caractère anti-œcuménique de la décision.

L'É.R.F. prend alors soin d'avertir ses fidèles sur les pratiques à adopter en matière d'œcuménisme : les bonnes intentions et l'idéal de

---

73 « *Chrétiens* signifie ici *catholiques* (comme dans syndicats chrétiens). Rien ne permet de supposer qu'il puisse s'agir de groupements interconfessionnels », écrit M. Boegner.

74 « Aucun culte en commun, aucune prière en commun en faveur de l'Unité ne peuvent avoir lieu entre l'É.R.F. et l'Église Romaine, car il ne s'agit pas de la même unité », écrit le pasteur Conord dans une circulaire adressée aux présidents de conseils régionaux le 4 décembre 1945.

75 Étienne Fouilloux, *Les Catholiques & l'unité chrétienne du* XIX*e au* XX*e siècle*, Paris, 1982, p. 521.

réconciliation ne sauraient dispenser d'une analyse lucide du catholicisme. En 1949, le pasteur Jean-Paul Benoît, dans son rapport au Synode national, précise : « Prenons bien garde ne pas laisser soupçonner, dans nos désirs d'évangéliser, l'acceptation d'une sorte de front commun avec Rome, pour je ne sais quelle croisade. Qu'entre nous, il reste bien entendu qu'évangéliser la France signifie lui prêcher Jésus-Christ et le servir Lui seul. » En 1951, le Conseil national rappelle qu'il ne cherche nullement « à enfermer l'É.R.F. dans la tour d'ivoire d'une intransigeance exacerbée », mais « il estime qu'il est une mélodie [catholique] qui captive les faibles, en dépit d'un intégrisme romain officiel en plein essor ». Car l'ouverture vers le catholicisme est souvent doublée d'un attrait paradoxal, comme le souligne alors Georges Crespy, professeur à la Faculté de théologie de Montpellier : « Le catholicisme est en nous comme une tentation », que Crespy définit comme un risque de cléricalisme, de lire la Bible tel un recueil d'oracles, de faire de la foi la condition préalable à l'action de la grâce…

Devant les contacts locaux qui augmentent, le Conseil national croit nécessaire de réaffirmer qu'en matière de doctrine « le Synode national demeure l'inspirateur et le maître après Dieu ». Le Synode national de 1953 juge d'ailleurs très sévèrement l'attitude de l'Église catholique dans l'affaire Finaly – du nom des deux enfants juifs confiés par leurs parents à une institution catholique, mais que leur tutrice ne veut pas rendre à leur famille après la guerre sous prétexte qu'ils ont été baptisés :

> Le Synode national « estime que ce douloureux scandale résulte d'une doctrine de l'Église et du Baptême contraire à la Vérité biblique. Il affirme que la réprobation soulevée par cette affaire ne rejaillit pas sur la foi chrétienne, qui est tenue, par l'amour de Dieu, d'être respectueuse de la personne et de la famille humaines » (décision XLIV).

Dans ce contexte, le Conseil national décide de lancer une vaste réflexion sur « la politique extérieure de l'É.R.F. vis-à-vis du catholicisme ». Dans son rapport au Synode national de 1955, le pasteur Albert Gaillard, bon connaisseur de l'Église romaine, décrit « les visages et tendances du catholicisme français ». Il souligne les divers aspects du renouveau biblique et patristique, depuis l'encyclique *Divino afflante Spiritu* de Pie XII (1943) et la publication de la *Bible de Jérusalem* (1948-1955) ; du renouveau liturgique, avec l'introduction de la langue vulgaire au cours des offices, la création du Centre de pastorale liturgique et la publication de l'encyclique *Mediator Dei* (1948) ; des efforts de promotion du laïcat et de la remise en cause de la distinction prêtres-laïcs à laquelle conduit l'expérience des prêtres-ouvriers. « L'Église romaine qui nous intéresse, complète Roger Mehl lors de ce même Synode, c'est l'Église de la Mission de France, des prêtres ouvriers, de l'Action catholique, c'est l'Église qui a souci d'apostolat. »

Mais l'évolution du catholicisme demeure déconcertante aux yeux des réformés. À côté de ces nombreux changements positifs, l'essence du catholicisme semble toujours identique. « Le catholicisme représente pour nous une hérésie », écrit R. Mehl ; au lieu de se soumettre à la seule autorité en matière de foi, le catholicisme ajoute certaines observances légalistes : à la foi il ajoute les œuvres ; à l'Écriture la tradition ; au culte rendu à Dieu la lâtrie rendue à la Vierge et aux saints… La conception romaine du sacerdoce, la volonté de puissance dans le domaine temporel continuent également de heurter les conceptions protestantes. L'Église catholique demeure l'Église-mère devant laquelle le croyant n'est jamais un adulte. L'article intitulé « Obéissance à l'Église : Pourquoi. Comment », que publie en 1955 dans *Témoignage chrétien* Henri-Irénée Marrou, éminent professeur à la Sorbonne, en serait un éloquent témoignage : « Si l'Église me désavoue, c'est que je me suis trompé ». « Mots effrayants » pour un protestant, commente Roger Mehl. Ainsi, poursuit ce dernier, « toutes les formes de renouveau biblique, exégétique, théologique, toutes les audaces sur le plan politique et social sont et demeurent à la merci d'un coup de frein donné par la hiérarchie et spécialement la curie romaine. Ces coups de frein sont souvent imprévisibles. » Car tout cela coexiste avec un tout autre mouvement, jugé par les réformés rétrograde, intégriste, voire réactionnaire au point de vue théologique comme au point de vue politique et social. Ainsi l'encyclique *Humani Generis* (1950) condamne-t-elle les « opinions et erreurs modernes menaçant de ruines les fondements de la doctrine catholique » ; elle dénonce le relativisme dogmatique, interdit la théologie en dehors des notions du thomisme et rappelle le devoir de soumission au Magistère. Le dogme de l'Assomption, « dont on avoue volontiers qu'il n'a aucun fondement scripturaire » ; l'encouragement donné aux dévotions « les plus superstitieuses » ; la passivité devant la persécution des protestants en Espagne et en Colombie ; les condamnations prononcées par l'Assemblée des cardinaux et archevêques de France contre les mouvements progressistes (en 1953 condamnation du mouvement « Jeunesse de l'Église », fondé par le dominicain Maurice Montuclard et devenu trop proche du marxisme ; en 1954 arrêt de l'expérience des prêtres-ouvriers ; en 1955 condamnation du journal *La Quinzaine* en raison de ses sympathies politiques de gauche)...

Face à ces deux courants contradictoires, l'É.R.F. hésite sur sa ligne stratégique. Doit-elle reconnaître l'Église romaine comme une Église de Jésus-Christ ? Dans l'affirmative, la voie serait ouverte au dialogue ; dans le cas inverse, toute relation œcuménique s'avèrerait impossible... Bien sûr, le temps des anathèmes est révolu, et beaucoup de fidèles n'envisagent pas d'autres relations avec Rome que sur le plan de la fraternité œcuménique. Mais le regard que portent bien des catholiques sur le protestantisme est ressenti cruellement, à l'image du livre du Père Louis Bouyer (1913-2004), ancien pasteur luthérien devenu prêtre : « Il y a une irréconciliable opposition, écrit-il, entre le protestantisme comme mouvement spirituel d'inspiration authentiquement évangélique et le protestantisme comme institution, ou conglomérat d'institutions, hostiles entre elles en même temps qu'hostiles à l'Église catholique » (*Du protestantisme à l'Église*, 1954). « À partir du moment, lui répond Roger Mehl, où l'on professe l'identité entre le corps du Christ et l'Église en tant qu'institution garantie en dernière analyse par la seule continuité de la succession apostolique, on aboutit nécessairement à la conclusion du père Bouyer » !

Le Synode national de 1955 adopte donc une stratégie ferme sur les principes, mais nuancée dans la pratique : « Notre fidélité à l'Église de Jésus-Christ se manifeste par notre fidélité dans l'Église réformée de France. Il nous est impossible d'accepter l'institution romaine, mais nous rencontrons avec humilité les hommes que Dieu place sur notre chemin, et nous acceptons de travailler avec eux pour la seule gloire de notre Seigneur. » L'É.R.F. rappelle donc les « risques d'équivoque », son « refus de la messe », sa désapprobation d'une soumission aveugle au magistère romain, mais elle invite ses fidèles à participer à des rencontres avec les catholiques « avec sagesse et discernement », à la prière en commun « après une loyale explication » et « dans la vérité ».

Cette stratégie combinant ouverture et réaffirmation des principes protestants explique la difficulté qu'éprouve l'É.R.F. à comprendre la constitution de la communauté de Taizé. Fondée en 1944 par le pasteur suisse Roger Schutz dans le village de Taizé (Saône-et-Loire), cette communauté d'inspiration monastique soulève un certain nombre de problèmes théologiques et ecclésiologiques. Sept à l'origine, les « frères » de la communauté sont 12 en 1950, 40 en 1958, et 65 en 1965 (dont 12 pasteurs). La « règle », rédigée en 1951, impose l'engagement dans une communauté de biens, le célibat et l'acceptation d'une autorité, celle du prieur. Les relations de la communauté, créée hors de l'É.R.F. et qui n'en fait pas partie, avec l'Église réformée sont dès l'origine délicates. Aussi l'É.R.F. juge-t-elle utile de rappeler ses principes : il ne saurait y avoir une opposition entre des chrétiens « parfaits » et la multitude de l'autre côté ; un frère qui exerce le ministère pastoral accepte l'autorité première de son Église. Taizé apparaît aux yeux de l'É.R.F. comme une aventure ambiguë, dont l'affirmation de plus en plus nette de sa vocation œcuménique au cours des années 1960 ajoute encore à la confusion.

Alors que Rome annonce en 1959 la réunion d'un concile et constitue l'année suivante un Secrétariat pour l'unité, l'É.R.F. rappelle lors de son Synode de 1961 que ses rapports avec le catholicisme restent régis par la position adoptée en 1955. Les réformés français sont encore loin d'imaginer les bouleversements que vont apporter les décisions du concile Vatican II. Mais les esprits sont préparés : « Si petit que notre protestantisme soit au point de vue de ses effectifs, il offre un interlocuteur valable à l'Église catholique et à ses théologiens sous réserve d'être délivré de préjugés sans lequel le dialogue serait stérilisé », écrit le professeur Jean Bosc dans un numéro de la revue *Foi et Vie* en 1960.

> Une curieuse obsession a pris possession d'un certain nombre de nos coreligionnaires, pense Marc Boegner : aussitôt qu'on parle d'œcuménisme ou du Conseil œcuménique des Églises, ils voient une menace catholique romaine se dresser à l'horizon ; ils oublient totalement qu'il y a un œcuménisme à instaurer de toute urgence à l'intérieur des Églises de la Réforme... Ils font ainsi courir à nos Églises, à l'ensemble du protestantisme, le danger du repliement sur soi-même, d'une introversion qui risque de devenir mortelle[76].

Les inquiétudes de Boegner apparaissent rétrospectivement comme bien exagérées. Au seuil des années 1960, l'É.R.F. n'est nullement guettée par le danger du repliement : la décennie qui s'ouvre va être au contraire celle de toutes les aventures, pour le meilleur et pour le pire.

76 Marc Boegner, *L'Exigence œcuménique*, Paris, 1968, p. 243.

LES « VINGT GLORIEUSES » DE L'É.R.F. (1960-1980)

Les années 1960 marquent une rupture, un tournant, une cassure... Peu importe le mot utilisé : le constat est unanime. Le sociologue Henri Mendras considère que la société a connu une « seconde Révolution française[1] », Danièle Hervieu-Léger analyse une « césure, tant sur le plan idéologique que sur le plan institutionnel[2] », Rémi Fabre y voit un « profond ébranlement[3] », Gérard Cholvy un « raz-de-marée culturel des années 1960[4] », Dominique Borne « quinze ans de remue-ménage[5] »... L'historien Denis Pelletier a donné une interprétation d'ensemble de « la crise catholique » qui a suivi le concile Vatican II, entre 1965 et 1978[6].

Le protestantisme n'a pas à affronter les conséquences d'un concile ni à effectuer un *aggiornamento*, et pourtant il connaît lui aussi une crise semblable à celle que traverse le catholicisme. La période 1960-1980 est marquée par une série de remises en cause et de crises internes, touchant la théologie, les paroisses, le ministère pastoral, les mouvements de jeunesse, l'identité de l'É.R.F... Ces changements n'échappent pas aux observateurs de l'époque qui dès 1972, lors du troisième Congrès de sociologie du protestantisme de Strasbourg, étudient les *Crises et mutations institutionnelles dans le protestantisme français* ; l'année suivante, Jean Baubérot tente également de donner une explication socio-historique à « la crise du protestantisme ». Mais le changement n'est pas univoque.

---

1 Henri Mendras, *La Seconde Révolution française (1965-1984)*, Paris, 1988.

2 Danièle Hervieu-Léger, *Vers un nouveau christianisme ?*, Paris, 1986, p. 274.

3 Rémi Fabre, *Les Protestants en France depuis 1789*, Paris, 1999, p. 84.

4 Gérard Cholvy, *La Religion en France de la fin du* XVIII*e siècle à nos jours*, Paris, 2003, p. 132.

5 Dominique Borne, *Histoire de la société française depuis 1945*, Paris, 1992, p. 56.

6 Denis Pelletier, *La Crise catholique. Religion, société et politique en France (1965-1978)*, Paris, 2002.

Tous ces événements provoquent des convulsions annonciatrices de nouveaux défis pour l'É.R.F., qui justifient une remise en cause de sa vision du monde, de ses responsabilités, un questionnement sur la place à occuper dans une société en pleine évolution sociale et culturelle, une recherche aussi de nouvelles structures mieux adaptées aux circonstances, dans le souci d'un rapprochement œcuménique. L'É.R.F. tente de se penser au miroir des défis socio-culturels et dans cet effort, elle n'en apparaît que plus dynamique et moderne : ce sont les « vingt Glorieuses » de l'É.R.F.

UNE ÉGLISE EN BOUILLONNEMENT THÉOLOGIQUE ET EXÉGÉTIQUE

Si la décennie marque une rupture, c'est d'abord parce qu'elle clôt un cycle, celui de la construction de l'É.R.F. Le retrait de personnalités exceptionnelles, et en particulier du « patriarche » du protestantisme réformé, Marc Boegner, symbolise la fin d'une époque.

En 1961, Boegner quitte en effet la présidence de la Fédération protestante de France après trente ans de « règne ». Il a été le « Président par excellence » : président de la « Fédé » étudiante entre 1923 et 1935, président de la Fédération protestante de France de 1929 à 1961, président du Conseil national de l'É.R.F. de 1938 à 1950, président de la Société des Missions évangéliques de France de 1938 à 1968, président de la CIMADE de 1944 à 1968, président du Comité provisoire puis co-président du Conseil Œcuménique des Églises de 1938 à 1954… si bien que la presse nationale le surnomme « le pape du protestantisme ». Reçu en 1946 à l'Académie des sciences morales et politiques, il est également reçu à l'Académie française en 1962 – seul pasteur à avoir jamais siégé dans cette illustre assemblée. En 1962, il prononce pour la 31e et dernière fois ses célèbres prédications de Carême. Boegner décède quelques années plus tard, en 1970, à l'âge de 89 ans.

Mais plus généralement, c'est toute une génération qui s'en va ou se retire : Pierre Maury (1890-1956), André Philip (1902-1970), André Trocmé (1901-1971), Roland de Pury (1907-1979), Élie Lauriol (1890-1982),

Suzanne de Diétrich (1891-1981)… Le Conseil national de l'É.R.F. enregistre entre 1962 et 1965 le renouvellement des trois quarts de ses membres, et le départ des « fondateurs » de l'unité de 1938.

On pourrait ajouter, dans cette génération qui s'efface, Karl Barth (1886-1968). Avant même sa mort, le plus grand théologien protestant du XXe siècle cesse paradoxalement d'être lu par ses coreligionnaires au moment où les catholiques commencent à le découvrir. Le protestantisme n'est pas épargné par la contestation des « maîtres », qu'il s'agit de « dépasser ». Sans concile ni trompette, le protestantisme assiste à une décomposition du courant barthien.

LA SORTIE DU BARTHISME

Alors que toute une génération de pasteurs avait été formée à son école, la nouvelle génération se montre réfractaire. « Toute une génération de pasteurs et de laïcs avaient répété Barth avec un bel enthousiasme. La nouvelle génération se révéla allergique », note Roger Mehl[7]. Les jeunes pasteurs estiment que le message de Barth ne répond plus aux exigences de la jeunesse et cherchent d'autres voies. L'heure n'est plus aux vastes synthèses doctrinales : la théologie dogmatique semble passée de mode, au profit de la réflexion éthique (éthique sociale ou politique), sous l'influence des sciences sociales et des mutations de la société. Et l'effacement du barthisme est probablement renforcé par la sociologie de sa réception : « Cette barthisation, hors des milieux intellectuels rompus à la dialectique, aux thèses et aux antithèses, a-t-elle réellement atteint en profondeur la vie des paroisses, les pasteurs et les paroissiens de "base" ? », se demandent les historiens Gérard Cholvy et Yves-Marie Hilaire.

On a pu dire que le déclin du barthisme laissait un « vide théologique ». L'expression doit être bien comprise : les pensées totales qui savaient maîtriser tous les problèmes ne sont plus au goût du jour, mais l'activité théologique n'a pas pour autant perdu sa vitalité ; c'est un « nouvel âge de la théologie[8] ». Il n'existe plus désormais de théologie dominante au sein du protestantisme, mais une pluralité d'expressions théologiques, et la relève générationnelle prend des formes heurtées. En

7 Roger Mehl, *Le Protestantisme français dans la société actuelle*, Paris, 1982, p. 92.

8 Pour reprendre le titre de l'ouvrage que publie le théologien catholique Claude Geffré en 1972.

quête de nouveaux fondements philosophiques, la théologie recherche une « actualisation de la Parole de Dieu » et explore des idées nouvelles, perçues comme révolutionnaires tant elles bouleversent la culture biblique commune et les habitudes ecclésiales des réformés français. L'É.R.F. vit ce bouillonnement intellectuel avec intensité, dans une Église plus horizontale que verticale, où le pluralisme théologique a été officiellement déclaré en 1961. Cela conduit à un émiettement théologique et à l'éclatement en « chapelles », marqué parfois par un esprit d'intolérance sur la manière d'interpréter le pluralisme.

L'évolution de la pensée de Barth a d'ailleurs elle-même ouvert la voie à la révision des positions théologiques : le contexte de la Première Guerre mondiale appelait un renversement théologique soulignant la transcendance et l'altérité radicale de Dieu. Mais conscient que sa position d'un Dieu lointain, radicalement différent de l'homme, avait pu aboutir à un Évangile et une foi déshumanisés, Karl Barth module ses propos, réaffirmant en 1956 *L'Humanité de Dieu*, se montrant plus attentif à l'incarnation de la Parole et à l'épaisseur de la condition humaine. Cela permet à ses disciples de sortir d'une certaine « barthériosclérose[9] », comme le reconnaît Georges Casalis, professeur à la Faculté de théologie de Paris : « Barth a construit un formidable système de théologie déductive qui nous a tous envoûtés et éblouis pendant un certain temps… et à certains égards stérilisés[10] ! »

La postérité de Barth devient multiforme[11] : d'une part certaines formes d'orthodoxie, qui insistent sur le nécessaire retour à l'Écriture, sur la référence aux Réformateurs et sur le souci d'organiser de façon systématique la réflexion théologique ; d'autre part un barthisme de gauche, qui se veut prophétique, incarné par exemple par le pasteur Georges Casalis, qui met en avant le nécessaire engagement politique de la théologie. Entre les deux, existent bien des réceptions nuancées.

Le déclin du barthisme ouvre également la voie à un renouveau de la théologie libérale, affaiblie et affadie au sortir de la Seconde Guerre mondiale :

---

9 *Évangile et Liberté*, 1973/9, p. 10.

10 Georges Casalis, « Théologie et socialisme : l'exemple de Karl Barth », *Études théologiques et religieuses*, 49, 1974/2, p. 173.

11 Pierre Gisel (éd.), *Karl Barth, genèse et réception de sa théologie*, Genève, 1987, p. 247-248. Jean-Daniel Causse, « Les barthismes après Barth. Continuités et ruptures », dans Dominique Avon (éd.), *Un nouvel âge de la théologie ? 1965-1980*, Paris, 2009, p. 99-107.

> Pendant vingt ou trente ans, à cause de Barth, à cause de l'autorité de son verbe et de la supériorité de son génie, on s'était fait des illusions, analyse alors le théologien baptiste Henri Blocher. On avait cru la tentation libérale vaincue. [...] Il a fallu déchanter ! La vague barthienne, avec sa néo-orthodoxie, a presque partout reflué. Le libéralisme prend sa revanche[12].

Après la guerre et la découverte des drames d'Auschwitz et d'Hiroshima, la notion même de transcendance entre en crise : elle est accusée de détourner de la réalité concrète. Les théologiens remettent en cause une foi qui dévalorise la vie présente, qui coupe du monde et de ses préoccupations ; le chrétien n'aurait pas à regarder plus haut et plus loin que cette terre où il vit. La transcendance perd ainsi son autorité : l'homme moderne se sent majeur et responsable, et n'accepte plus d'obéir aveuglément. Dieu est devenu impuissant face à la liberté accordée à l'homme. Tel est l'un des messages du théologien allemand Dietrich Bonhoeffer (1906-1945), assassiné en raison de son opposition au nazisme et dont les lettres de prison paraissent en français en 1963 sous le titre *Résistance et soumission*. Sur la Croix, l'impuissance de Jésus-Christ rencontre l'homme au milieu de sa puissance. Le pasteur André Dumas publie en 1968 sa thèse sur Bonhoeffer sous le titre *Une théologie de la réalité* : Dieu ne se pense que dans le concret du monde, parce qu'il a décidé de s'y incarner. Bonhoeffer prévoit également l'avènement d'une ère de l'homme adulte en butte à ses problèmes, et préconise un « christianisme non religieux » dans un monde sécularisé.

Le catholique Pierre Teilhard de Chardin (1881-1955) bénéficie d'un large retentissement lors de la troisième Assemblée générale du COE à New-Delhi, en 1961, avec sa conception d'un « Christ cosmique » exprimant l'universalité de la grâce, comparable au « logos universel » dont parle le théologien germano-américain Paul Tillich (1886-1965). Venue des États-Unis, l'œuvre de Tillich cherche à développer une théologie de la culture, pour ne pas faire de l'homme un être aliéné par une transcendance oppressive. Il affirme que « la transcendance n'est pas l'au-delà, mais la profondeur de l'être ». Sa pensée entend tenir compte du vide existentiel et de la perte de sens caractéristiques de l'après-guerre. Ses idées font l'objet d'une reprise par des théologiens radicaux prônant la théologie de la « mort de Dieu ».

---

12 Henri Blocher, « La (les) théologie(s) néo-libérale(s) », *L'Entente évangélique*, février/mars 1972, p. 4-5.

LES THÉOLOGIENS DE LA MORT DE DIEU

L'expression fait choc et scandalise d'ailleurs bon nombre de chrétiens. Le premier à la populariser est Gabriel Vahanian (1927-2012), dans son livre *La mort de Dieu, la culture de notre ère post-chrétienne*, paru en 1961 et traduit en France en 1962. Né à Marseille de parents arméniens, Vahanian fait ses études de théologie à Paris, puis les poursuit à Princeton (États-Unis) où il obtient son doctorat en 1958. Il occupe alors une chaire à l'Université de Syracuse, dans l'État de New-York, mais revient régulièrement en France donner des conférences ; il est nommé à la Faculté de théologie protestante de Strasbourg en 1984. Son ouvrage-phare crée l'événement théologique, même s'il est souvent mal interprété. Vahanian développe une critique radicale du théisme traditionnel, et affirme que le christianisme n'est pas une religion du salut : « Jésus proclame non le salut, mais le règne de Dieu », écrit-il. Il s'agit donc de réfléchir non plus à la vie après la mort, mais à une « nouvelle terre et un ciel nouveau ». La pensée de Vahanian est d'ordre utopique : la théologie doit « changer *le* monde » et non « changer *de* monde[13] ».

Deux autres ouvrages connaissent peu après un fort retentissement : celui de l'évêque anglican John T. Robinson, *Dieu sans Dieu*, traduit en 1964, et celui d'Harvey Cox, professeur de théologie à la Harvard Divinity School, *La Cité séculière*, qui paraît en français en 1968.

L'interrogation qui structure ces réflexions est celle de la foi dans un monde sécularisé. Face aux souffrances humaines et aux catastrophes de l'Histoire (les camps de la mort, Hiroshima), la représentation traditionnelle de Dieu aurait perdu son sens. Dire « Dieu est mort », c'est constater que la culture s'émancipe des croyances traditionnelles par de multiples phénomènes : les progrès de la science, la philosophie de l'histoire, la compréhension existentielle de l'individu... Plus le monde gagne en autonomie, moins il a besoin de Dieu.

Le concept est pourtant polysémique : soit Dieu n'existe pas, soit il est le Dieu des fausses idées, soit il est une identification de Dieu à l'homme, ou bien encore il est la mort de toute foi vivante. Mais dans tous les cas, dans le sillage des maîtres du soupçon (Marx, Nietzsche, Freud[14]), la mort

---

13 Philippe Aubert, *Gabriel Vahanian, penseur de l'utopie chrétienne*, Lyon, 2016.

14 François Dosse, « Théologie et sciences humaines », dans Dominique Avon (éd.), *Un nouvel âge de la théologie ? 1965-1980*, Paris, 2009, p. 219-238.

de Dieu apparaît comme l'ultime écho de l'émancipation humaine. Dans *La Cité séculière* d'Harvey Cox, essai théologique sur la sécularisation et l'urbanisation, l'homme doit désormais assumer la totalité, la solitude de sa responsabilité historique. Cela signifie donc tout à la fois la mort de la chrétienté, mais aussi la mort de la religiosité post-chrétienne, de cette religiosité dont s'habille la sécularisation et qui se satisfait de la foi en n'importe quoi, de la foi en tant que foi en soi.

Dès lors, comment parler de Dieu dans un langage séculier, dans un monde qui a perdu ses illusions et sa naïveté ? Le théologien franco-italien Ennio Floris (1914-2014), ancien dominicain converti au protestantisme et devenu pasteur, pousse jusqu'au bout la réflexion et revendique un athéisme chrétien : puisque Dieu fait aujourd'hui obstacle pour recevoir l'Évangile, il est nécessaire d'en proposer une interprétation et une traduction athées. Dieu n'existe pas : il n'a été que le nom donné par les hommes à leur expérience du mystère ; le message de Jésus porte sur l'homme, et non sur Dieu ; le christianisme est donc davantage porteur de valeurs que de vérités.

Mais ces théologies de la mort de Dieu provoquent bien des contre-sens. Mal expliquées, elles heurtent les sensibilités chrétiennes, d'autant que les théologiens les plus radicaux prétendent accomplir sur Dieu le « meurtre du père » qu'a mis au jour la psychanalyse.

LES THÉOLOGIES DU MONDE

L'insistance sur l'*humanité de Dieu* qu'avait développée Karl Barth inspire une « théologie du monde » progressiste, autour de pasteurs comme Georges Casalis ou d'intellectuels comme Paul Ricœur[15]. La dimension verticale du message néo-testamentaire est remplacée par une participation au combat que le Christ a mené sur terre pour libérer les opprimés. Le Christ ne révèle plus Dieu : il révèle aux humains quelque chose du sens de leur vie et les pousse à agir dans le monde.

C'est l'une des sources de la théologie politique dite de la Libération, au cours des années 1960-1980. Issue d'Amérique latine, elle est notamment portée par Georges Casalis dans une grande créativité idéologique en 1968. Casalis a été l'un de ces « clercs idéologico-politiques[16] » qui

15 L'itinéraire de Jean Baubérot est à cet égard tout à fait significatif : *Une si vive révolte. Itinéraire hérétique d'un protestant*, Ivry-sur-Seine, 2014.

16 Jean Baubérot, « Les clercs idéologico-politiques », *Les Nouveaux Clercs. Prêtres, pasteurs et spécialistes des relations humaines et de la santé*, Genève, 1985, p. 157-176.

ont, dans ces années de contestation, pensé le politique comme une nouvelle forme d'incarnation : « Il faut avoir la théologie de sa politique et la politique de sa théologie. » L'annonce directe de l'Évangile laisse place à l'engagement politique et social : « Un nouveau "libéralisme" théologique l'a emporté, nourri de cet optimisme séculier caractéristique des *sixties* et des Trente Glorieuses, teinté souvent de marxisme et de freudisme », comme l'écrit Patrick Cabanel[17].

L'apogée de ce souffle révolutionnaire, de ces « utopies politico-religieuses » est le document de travail *Églises et pouvoirs*, publié par le Conseil de la Fédération protestante de France en 1971. Élaboré pour clarifier les rapports des Églises aux pouvoirs économiques et politiques et soumis à la discussion des Églises, le texte présente deux voies, l'une réformiste (défendue par Claude Gruson, inspecteur des Finances et ancien directeur général de l'INSEE), l'autre révolutionnaire (défendue par Georges Casalis) ; mais les conditions de sa parution (un « scoop » publié à la une du journal *Le Monde*) en modifient le statut et en orientent la lecture. Le document acquiert un réel écho, les médias retiennent que la Fédération protestante juge la société actuelle « inacceptable » et appelle les Églises à être le fer de lance d'un christianisme politiquement contestataire. Le *Canard enchaîné* par exemple titre son article (29 décembre 1971) : « Debout, les damnés de Luther ».

Ce bouillonnement théologique laisse bien des fidèles et des pasteurs déboussolés : « La théologie théocentrique est vite qualifiée de verticale et d'impérialiste à l'heure où le paternalisme est voué aux gémonies, tandis que la théologie christocentrique horizontale n'est plus qu'un mythe sublimé du prochain et de l'humanité », constate l'un des rapporteurs du Synode national de 1966[18]. Mais la théologie n'est pas le seul domaine en révolution : le texte biblique est lui aussi abordé de façon renouvelée.

LA MULTIPLICATION DES APPROCHES EXÉGÉTIQUES

Pour les Églises de la Réforme, l'interrogation sur l'autorité de l'Écriture est une préoccupation constante et donne lieu à un débat permanent : la Bible est plurielle et demande à être interprétée. Or le

17 Patrick Cabanel, *Histoire des protestants en France*, Paris, 2012, p. 1132.

18 *Actes du Synode national de l'É.R.F.* (Clermont-Ferrand), 1966, p. 75.

développement des recherches en sciences bibliques renouvelle profondément les perspectives, creusant un fossé entre la lecture commune, souvent littérale, de la Bible et les nouvelles lectures issues des approches scientifiques et théologiques.

Dès les années 1950, ce renouveau des recherches se traduit par des publications marquantes : *L'Ancien Testament, témoin du Christ* (1951) de Wilhelm Vischer ; *Job l'homme révolté* (1955) de Roland de Pury ; *L'Évangile du Royaume. Commentaire sur l'Évangile de Matthieu* (2e édition remaniée en 1956) d'Hébert Roux ; *L'Évangile de la grâce. Commentaire sur l'Évangile de Luc* (1957) de Jean-Samuel Javet… Les éditions Delachaux et Niestlé lancent leur collection de commentaires du Nouveau Testament, puis de l'Ancien Testament, ouvrages plus spécialisés qui sont de précieux outils pour les pasteurs. Les travaux d'Oscar Cullmann (1902-1999) éclairent le Nouveau Testament d'un jour nouveau. Après avoir enseigné à la Faculté de théologie protestante de Strasbourg, Cullmann devient professeur à l'Université de Bâle, puis parallèlement directeur d'études à l'École Pratique des Hautes Études (1948-1972), professeur à la Faculté de théologie protestante de Paris (1954-1968) et chargé de cours à la Sorbonne (1955-1970) : « Il a été, écrit André Gounelle, l'un des maîtres à penser du protestantisme francophone d'après-guerre où son influence a dépassé celle de Barth[19]. » Cullmann montre d'une part l'influence du judaïsme hétérodoxe sur l'origine du christianisme, mais il affirme surtout le rôle central du Christ dans l'histoire du salut (*Christ et le temps*, 1945 ; *Christologie du Nouveau Testament*, 1959). Pour lui, le christianisme étant avant tout religion de l'Incarnation (Dieu fait homme en Jésus-Christ), le Nouveau Testament présente le salut comme une histoire et insère les croyants dans cette histoire « en les inscrivant dans le temps fécond situé entre la résurrection et le retour du Christ[20] ».

Les interprétations bibliques, enrichies des sciences humaines, se multiplient dans le souci de rendre compte de l'Évangile dans le contexte de notre culture. André Malet (1920-1989), théologien catholique converti au protestantisme en lisant Rudolf Bultmann (1884-1976), devient le principal artisan de l'introduction de la pensée de celui-ci en France[21] :

---

19 André Gounelle [avec François Vouga], *Après la mort, qu'y a-t-il ?*, Paris, 1990, p. 37.

20 Matthieu Arnold, *Oscar Cullmann, un docteur de l'Église*, Lyon, 2019, p. 26.

21 Élian Cuvillier, « La réception de Rudolf Bultmann dans la théologie protestante française », dans Dominique Avon (éd.), *Un nouvel âge de la théologie ? 1965-1980*, Paris, 2009, p. 239-248.

il publie en 1962 *Mythos et logos. La pensée de Rudolf Bultmann* et rend ainsi l'œuvre du théologien allemand accessible aux lecteurs francophones. Bultmann insiste sur la nécessité de séparer le noyau central du christianisme de sa « gangue mythique » : « Il faut purger sans pitié le Nouveau Testament de ses mythes inadmissibles à l'homme moderne[22] » et retrouver le sens existentiel du message biblique dans les interrogations de l'homme d'après-guerre. Ernst Käsemann (1906-1998), radicalisant la dialectique de Bultmann, démontre lors de la quatrième Conférence de « Foi et Constitution » à Montréal, en 1963, que le Canon du Nouveau Testament ne présente pas une image uniforme de l'Église, mais une pluralité d'ecclésiologies en tension et conflit les unes avec les autres : c'est cette diversité qui peut éclairer en profondeur l'unité de l'Église du Christ. De son côté, Oscar Cullmann développe une alternative aux thèses de Bultmann : la théologie de ce dernier ne serait pas « une simple transposition du message chrétien dans notre langage moderne », mais bien la construction d'une « foi radicalement différente dans son essence même ». Cullmann refuse de faire de l'histoire du salut un élément « mythique » qu'il faudrait réinterpréter : Jésus-Christ est aussi difficile à admettre pour les contemporains du christianisme primitif que pour l'homme d'aujourd'hui[23].

L'exégèse emprunte également de nouveaux outils et de nouvelles méthodes d'analyse des textes aux sciences humaines : structuralisme de Roland Barthes, psychanalyse de Jacques Lacan, sémiotique d'Algirdas Greimas… Cette dernière méthode est notamment développée à Lyon par le Centre d'Analyse du Discours Religieux (CADIR) à l'initiative de l'abbé Jean Delorme au sein de la Faculté de théologie catholique. Deux ouvrages marquent l'époque : *Sémiotique de la Passion* (1971) de Louis Marin, et *Signes et Paraboles* (1979) du Groupe d'Entrevernes. En 1971, à la Faculté de théologie de Genève, Roland Barthes et Jean Starobinski confrontent leurs analyses à celles des théologiens Franz-J. Leenhardt (1902-1990) et Robert Martin-Achard (1919-1999) : « Un dialogue théologique avec le mouvement structuraliste est non seulement inévitable mais aussi fructueux. […] Le théologien chrétien,

22 Rudolf Bultmann, *Nouveau Testament et Mythologie*, traduction de Jean-Marc Tétaz, Genève, 2013.

23 Matthieu Arnold, *Oscar Cullmann, un docteur de l'Église*, Lyon, 2019. Voir aussi Rosino Gibellini, *Panorama de la théologie au XXe siècle* (traduit de l'italien), Paris, 1994.

qui vit dans le monde, doit donc nécessairement l'affronter. » Le numéro de décembre 1978 des *Cahiers bibliques de Foi et Vie* s'intitule « Lectures en dialogue » autour d'un même récit : lecture historico-critique, lecture matérialiste, analyse structurale, lecture communautaire… Georges Crespy (1920-1976), professeur à la Faculté de théologie de Montpellier, ouvre pour sa part la voie d'une confrontation entre psychanalyse, foi et exégèse.

Pour atteindre un public plus large, la revue *Foi et Vie* inaugure en décembre 1963 une série de « Cahiers bibliques », qui dure jusqu'à aujourdhui. Dans le premier numéro, Françoise Florentin-Smyth lance un appel à la création « d'équipes de recherche biblique ». Divers groupes se constituent autour d'un projet d'étude rigoureuse et scientifique des textes bibliques, et ces « équipes » diffusent ainsi les résultats de la recherche dans un public plus large.

Mais ces approches nouvelles, qui secouent exégètes et dogmaticiens, et tout particulièrement les Églises institutionnelles, ne vont pas sans susciter de sérieuses réserves. Paul Ricœur considère par exemple la « philosophie » du structuralisme comme une forme extrême d'agnosticisme :

> Pour vous, il n'y a pas de message […] au sens kérygmatique ; vous êtes dans le désespoir du sens ; mais vous vous sauvez par la pensée que, si les gens n'ont rien à dire, du moins ils le disent si bien qu'on peut soumettre leur discours au structuralisme. Vous sauvez le sens du non-sens, l'admirable arrangement syntactique d'un discours qui ne dit rien[24].

La sémiologie et la critique du langage, sous prétexte de faire surgir un « surplus de sens » par une lecture au second degré, ne feraient en réalité que disparaître l'objet même étudié… et de tels excès aboutiraient à l'éclatement de toute certitude. Tel est le point de vue de Jean Delumeau dans son livre *Le Christianisme va-t-il mourir ?* (1977). Car la confusion ainsi créée n'est pas sans provoquer une crise de la prédication :

> Entre un Christ enfermé dans une dogmatique interne et un Christ dissout en valeurs, entre une Église qui tend à n'être qu'institution et une foi qui ne serait qu'événement, entre un christianisme qui tend à devenir une religion et un agnosticisme attendant l'intervention de l'Esprit, n'y a-t-il pas une prédication fidèle tout ensemble, comme elle doit l'être, à l'Écriture et à la

24 Paul Ricœur, « Claude Lévi-Strauss, réponses à quelques questions », *Esprit*, 1963, p. 652-653.

présence du Christ dans le monde ?, se demande le pasteur Pierre Bourguet en 1964[25].

Des pasteurs réformés, de fibre évangélique, dénoncent la manière d'« adapter la théologie et la prédication aux conceptions du monde moderne, [et] la justification des athées devenue thème à la mode avec beaucoup d'apparente générosité[26] ». Il faut dire que le vocabulaire utilisé par Bultmann est à l'origine de malentendus dans les traductions : là où Bultmann souhaite *démythologiser* (c'est-à-dire retrouver la foi originelle qui correspond à l'intention du mythe), on comprend souvent une volonté de *démythiser* (c'est-à-dire renoncer au mythe, et pour cela censurer les textes au nom de la raison)…

À l'écoute d'une émission radio en avril 1968 où un prêtre catholique, un pasteur, un rabbin et un pope offrent des réponses indécises sur la résurrection de Jésus-Christ, le pasteur Frank Michaëli constate qu'en voulant parler le langage de tout le monde, les clercs abandonnent le contenu de ce qui fait la vérité de l'Évangile :

> On ne savait plus très bien si Jésus est ressuscité réellement – dans la foi des disciples – sans l'être vraiment – du point de vue scientifique – tout en l'étant pour l'Église et le chrétien. L'auditeur aurait voulu entendre qu'il n'y aurait pas eu de plus grande imposture si l'Église reposait sur un événement imaginaire[27].

Pour le pasteur Max Thurian (1921-1996), membre fondateur de la communauté de Taizé, les théologiens ont perdu le sens pastoral de l'édification spirituelle des chrétiens dans un protestantisme « cérébral ».

---

25 *Actes du Synode national de l'É.R.F.* (Saint-Jean-du-Gard), 1964, p. 62.

26 Pierre-Charles Marcel, « Inquiétudes », *Alliance évangélique française*, juin 1964, p. 1-16.

27 *Le Christianisme au* XXe *siècle* du 18 avril 1968, « Est-il ressuscité ? », p. 241.

JUSQU'OÙ ALLER DANS LE RAPPROCHEMENT VERS L'ÉGLISE CATHOLIQUE ?

La décennie 60 a marqué une rupture considérable dans l'histoire de l'œcuménisme. Le mot apparaît dans la langue française en 1927, à l'occasion de la Conférence « Foi et Constitution » de Lausanne, pour désigner l'ensemble des efforts et des manifestations visant à promouvoir l'unité entre les chrétiens, la réunion des Églises chrétiennes. Mais c'est avec le concile Vatican II que le public francophone apprend véritablement à connaître cette réalité nouvelle.

Jusque-là, le mouvement est resté largement d'inspiration protestante et anglicane. Initié par la création de l'Alliance évangélique universelle en 1846, il s'élabore tout naturellement selon un modèle d'universalité protestante : le rassemblement volontaire de chrétiens professants, par-delà leurs Églises et leurs pays. Après avoir mis sur pied une fédération universelle des Unions chrétiennes de jeunes gens (1844), puis de jeunes filles (1894), et un Conseil international des Missions (1921), le processus s'incarne dans deux mouvements, l'un pratique (« Vie et Action », 1925), l'autre doctrinal (« Foi et Constitution », 1927) qui s'ouvre aux Églises non protestantes, orthodoxes et vieilles-catholiques. Les deux courants s'unissent au sein du Conseil Œcuménique des Églises à partir de 1938, rassemblant 147 Églises protestantes, anglicanes et orthodoxes lors de la conférence d'Amsterdam en 1948. Mais l'Église catholique est restée à l'écart, déclinant fermement les invitations et rappelant en 1928, dans l'encyclique *Mortalium animos*, que « l'union des chrétiens ne peut être procurée autrement qu'en favorisant le retour des dissidents à la seule et véritable Église du Christ, qu'ils ont eu jadis le malheur d'abandonner ».

La naissance de « l'œcuménisme catholique » dans les années 1930 ne change pas la donne, comme l'a montré Étienne Fouilloux[28], et le terme même continue de susciter la suspicion de la hiérarchie catholique. Ainsi, lorsqu'en 1950 le Vatican définit le dogme de l'Assomption, celui-ci apparaît comme une machine de guerre contre l'œcuménisme : les contacts officiels seraient désormais inutiles… Et la reconnaissance

28 Étienne Fouilloux, *Les Catholiques & l'unité chrétienne du* XIXe *au* XXe *siècle*, Paris, 1982, p. 199.

au même moment par le Vatican du bien-fondé du mouvement œcuménique semble contradictoire. Le concile Vatican II et le décret sur l'œcuménisme, *Unitatis redintegratio*, constituent donc un changement de paradigme : le « petit » protestantisme français devient un partenaire recherché du « géant » catholique, selon l'expression de l'historien Rémi Fabre[29], ce qui oblige l'É.R.F. à redéfinir sa stratégie.

FACE AU CONCILE VATICAN II

L'initiative du pape Jean XXIII (1881-1963), le 25 janvier 1959, de convoquer un concile fait l'effet d'une surprise, non dépourvue d'ambiguïtés. Convaincu de la nécessité d'un *aggiornamento* dans l'Église catholique, le pape veut aussi réagir à l'ampleur du mouvement œcuménique qui se développe en dehors de Rome. Bien peu d'évêques sont alors informés des travaux du COE, et beaucoup en restent aux principes de l'œcuménisme catholique du « retour des frères séparés », tels que rappelés en 1928. Or les textes de 1959 évitent soigneusement l'utilisation du terme « retour ». Un Secrétariat pour la promotion de l'unité des chrétiens est institué en 1960 pour préparer le concile et « montrer aussi notre amour et notre bienveillance envers ceux qui portent le nom de chrétiens, mais sont séparés de ce siège apostolique et afin qu'eux aussi puissent suivre les travaux du concile et trouver plus facilement la voie conduisant à cette unité pour laquelle Jésus adressa au Père une si ardente prière ».

2 500 pères conciliaires se réunissent à compter de 1962. Des observateurs non catholiques sont invités : le pasteur Hébert Roux, de l'É.R.F., assiste aux deux premières sessions du concile en tant que représentant de l'Alliance réformée mondiale, puis aux sessions suivantes comme représentant de la Fédération protestante de France ; Max Thurian, sous-prieur de la communauté de Taizé ; Oscar Cullmann, qui enseigne à la Faculté de théologie de Paris en même temps qu'à l'Université de Bâle et à l'École Pratique des Hautes Études, est invité à titre personnel par Jean XXIII puis Paul VI ; Marc Boegner est invité par le cardinal Béa et est reçu en audience privée par Paul VI[30]. La présence de ces observateurs suscite en France une vague d'intérêt pour le protestantisme au niveau du clergé et des milieux laïques catholiques ; ces rencontres demandent

29 Rémi Fabre, *Les Protestants en France depuis 1789*, Paris, 1999, p. 82.

30 Pierre Bolle, « Marc Boegner, pionnier de l'œcuménisme », dans *Montagnes, Méditerranée, Mémoire. Mélanges offerts à Philippe Joutard*, Aix-en-Provence, 2002, p. 149-156.

cependant une solide formation sur les principes de la Réforme[31] ; elles supposent également une compréhension théologique des documents sur « l'œcuménisme catholique », leur logique et leur terminologie.

Face aux craintes exprimées dans les milieux réformés, Hébert Roux justifie sa présence :

> Il est nécessaire de dénoncer les illusions chimériques d'un faux œcuménisme naïf et ignorant qui fait bon marché des exigences doctrinales [...]. On ne peut laisser dire et soupçonner que la recherche des conditions d'un vrai dialogue avec l'Église catholique romaine constitue [...] une trahison de la foi évangélique pour laquelle ont souffert et sont morts nos pères [...]. Ceux-là même qui se réclament de la foi des pères autrement que pour s'en glorifier, ceux qui, par conséquent, éprouvent *la patience et consolation qui viennent des Écritures*, ceux-là peuvent vraiment se réjouir et s'engager dans le dialogue [...] qui est *combat de la foi*[32].

Loin du fixisme de Vatican I, le concile Vatican II ouvre des pistes vers des directions inattendues pour « une Église dans le monde de ce temps[33] ». À travers les textes qui émanent du concile, souvent ambigus, se manifestent tout à la fois un renouveau réel, mais aussi une opposition à ce renouveau. « Tout est devenu nouveau et tout est resté ancien », analyse le réformé italien Paolo Ricca[34]. Le lecteur des textes conciliaires, en fonction de ses propres convictions, pourra donc donner plus de poids à telle ou telle accentuation... Comment interpréter le rôle de la vierge Marie et de son culte, présenté à la fin de la constitution dogmatique *Lumen gentium* (21 novembre 1964) ? Comme la plus grande hérésie catholique, hissée désormais au sommet de la constitution dogmatique, ainsi que le pense Karl Barth – ou au contraire comme une atténuation de la mariologie de par sa situation dans le dernier chapitre du texte, et peut-être même comme une mise en garde contre les excès de la piété mariale populaire, selon l'interprétation d'Oscar Cullmann[35] ?

Dans l'enthousiasme du moment, la plupart des théologiens réformés français[36] voient dans les textes du concile la marque d'une

---

31 *Actes du Synode national de l'É.R.F.* (Saint-Jean-du-Gard), 1964, p. 188-189.

32 *Réforme*, 22 septembre 1962.

33 Selon les mots du titre de la constitution pastorale *Gaudium et Spes* (8 décembre 1965).

34 Paolo Ricca, *Catholicismo del Concilio*, Turin, 1966, p. 119.

35 Oscar Cullmann, *Vrai ou faux œcuménisme*, Neuchâtel, 1971, p. 19.

36 Qui s'expriment par exemple dans l'ouvrage collectif *Vatican II. Points de vue de théologiens protestants*, Paris, 1968.

« protestantisation » du catholicisme : la question de la liberté religieuse, la revalorisation de l'Écriture et d'une liturgie en langue vernaculaire, déjà amorcées dans les années 1950 par Pie XII mais maintenant clairement affirmées, ne rapprochent-elles pas l'Église catholique des positions protestantes ? Parmi les seize documents conciliaires, le plus marquant est aux yeux des réformés le *Décret sur l'œcuménisme* (*Unitatis redintegratio*), promulgué le 21 novembre 1964. Déjà, de façon concrète, de petits pas sont accomplis : le Secrétariat pour l'Unité des chrétiens créé à la veille du concile est érigé en commission conciliaire lors de la première session, ce qui ouvre une possibilité de dialogue sous forme d'interpellation réciproque ; l'Église catholique participe pour la première fois aux conférences du COE en 1963 à Montréal, sur le thème de l'ecclésiologie œcuménique ; elle instaure un groupe de liaison entre elle et le COE en 1965…

Vittorio Subilia, professeur à la Faculté vaudoise (protestante) de théologie de Rome et observateur de l'Alliance réformée mondiale, croit comprendre que le catholicisme est « résolu à maintenir l'Église en état de concile permanent[37] » ; Oscar Cullmann constate qu'il se met en marche « tourné vers un avenir lointain[38] ». Pour les co-fondateurs de la communauté de Taizé, Max Thurian et Roger Schutz, le concile a cherché à surmonter les obstacles restés sans issue dans le passé ; il est salué comme une soumission de l'Église catholique à la Parole de Dieu et « une tentative de dépassement œcuménique et inclusif des positions exclusives du passé[39] ».

Le philosophe Paul Ricœur s'interroge sur les raisons de l'enthousiasme manifesté par certains réformés à l'égard de Vatican II : s'ils se laissent impressionner par l'influence qu'ont les études bibliques et la théologie protestante sur les catholiques d'avant-garde, leur attitude vis-à-vis du catholicisme relève surtout, selon lui, d'un profond désir de restauration d'unité[40]. Marc Boegner n'évoque-t-il pas, dans son dernier livre paru en 1968 *L'Exigence œcuménique*, la fermeture des « parenthèses » ?

---

37 Vittorio Subilia, *Le Nouveau Visage du catholicisme. Une appréciation réformée du concile Vatican II* (1967), traduit en français en 1968, Genève, p. 330.

38 Oscar Cullmann, *Vrai ou faux œcuménisme*, Neuchâtel, 1971, p. 34-35.

39 Max Thurian, « Un acte œcuménique : le vote de la constitution dogmatique sur la révélation », *Verbum Caro*, XIX, 1965, p. 6 ; Roger Schutz et Max Thurian, *La Parole vivante au Concile. Texte et commentaire de la Constitution sur la révélation*, Taizé, 1966, p. 65-184.

40 Paul Ricœur, « La critique de la religion et le langage de la foi », *Bulletin du Centre protestant d'études*, 1964, XVI, p. 9.

> Ne devons-nous pas considérer que la Réforme ouvre, dans l'histoire de l'Église, une immense parenthèse ne pouvant être fermée, par la grâce de Dieu, que lorsque sera restaurée l'unité visible du corps du Christ "afin que le monde croie" ?

et deux pages plus loin :

> L'Église catholique devra, elle aussi, avoir fermé sa parenthèse : non pas seulement celle de la Contre-Réforme à laquelle le Concile a entendu mettre un terme, mais celle ouverte par sa prétention à l'exercice d'un magistère s'affirmant l'organe infaillible de la vérité révélée dans le Christ, et attendant dans son inconsciente bonne conscience le "grand retour" de tous les frères séparés[41].

Le concile clos en 1965, l'ampleur des rapprochements ne doit pas être sous-estimée.

Le 4 décembre 1965 à Rome, en la basilique de Saint-Paul-hors-les-murs, le pape prend part pour la première fois à une célébration liturgique commune avec les observateurs non catholiques : une célébration comprise comme étant de « type protestant » dans ce contexte catholique semble dire pour certains, mieux que les textes et de façon toute symbolique, les capacités de cette Église à emprunter à la spiritualité de ses « frères séparés », marquant l'acceptation de l'ouverture. « L'Église catholique est définitivement entrée dans la vie de l'œcuménisme, commente alors le dominicain Yves Congar, qui commence au moment où l'on admet de ne plus penser et vivre comme si les autres n'existaient pas[42]. »

La décennie semble dès lors se caractériser par une explosion œcuménique. L'instruction d'avril 1964 de la Commission biblique pontificale sur l'interprétation des Évangiles invite à une émulation entre exégètes. Dans le bouillonnement spirituel et culturel des années 1960, des projets fusent : la vaste entreprise de la *Traduction Œcuménique de la Bible* (TOB)[43] est lancée en 1965, dont les infatigables chevilles ouvrières sont le pasteur Georges Casalis et le Père François Refoulé. Le Nouveau Testament est achevé en 1972 et l'Ancien en 1975. Ce projet semble signer – provisoirement en réalité – l'acte de décès des Bibles dites « protestantes » et « catholiques ». Le travail biblique commun, initié par la TOB, se poursuit avec la publication de la *Bible en français courant* en 1982.

---

41 Marc Boegner, *L'Exigence œcuménique*, Paris, 1968, p. 314, 316.

42 Yves Congar, *Le Concile de Vatican II*, Paris, 1984, p. 98.

43 *L'Aventure de la TOB : Cinquante ans de traduction œcuménique de la Bible*, Paris, 2010.

Les expériences œcuméniques se multiplient et ouvrent des perspectives inédites. La communauté monastique protestante de Taizé accueille un premier frère catholique en 1969. L'entreprise de dialogue entre théologiens protestants et catholiques initiée à l'abbaye de Notre-Dame des Dombes (Ain) en 1937 se poursuit dans un climat renouvelé. En 1967, la vingtaine de membres catholiques du « Groupe des Dombes[44] » peut assister à la célébration protestante de la Sainte Cène et, en 1972, les catholiques invitent à communier les protestants qui le souhaitent. Se réunissant en alternance aux Dombes et à Taizé, où de nombreux jeunes se rencontrent et sont confrontés à la question de l'intercommunion sans forcément comprendre ce qui fait problème et ce qui peut être concilié, le Groupe décide de se pencher sur le sujet. Plusieurs ouvrages synthétisent ses points de vue et ses recommandations en matière œcuménique : *Vers une même foi eucharistique ?* (1972) ; *Pour une réconciliation des ministères* (1973) ; *Le Ministère épiscopal* (1976) ; *L'Esprit Saint, l'Église et les sacrements* (1979)…

Des groupes de rencontre œcuméniques se mettent en place et se développent entre paroisses réformées et catholiques, notamment en région parisienne et dans la région Sud-Est, avec une pointe notable des activités entre 1976 et 1986. Relations personnelles entre pasteurs et prêtres, échanges de chaire de plus en plus fréquents entre paroisses protestantes et catholiques voisines, groupes de foyers mixtes, groupes œcuméniques inter-paroissiaux, groupes bibliques… La Semaine annuelle de prière pour l'Unité connaît à cette époque une forte affluence. Certaines villes ont vu naître des engagements paritaires durables : les centres œcuméniques de Sept Mares (dans les Yvelines), de Poitiers, d'Orléans-La Source ou de Villeneuve d'Ascq ; les conseils chrétiens locaux, comme le Conseil des Églises de Bastia ou le Bureau œcuménique de Rennes. À Lyon, diocèse où se fait encore sentir l'influence du Père Paul Couturier (1881-1953), pionnier de l'œcuménisme catholique, de nombreuses rencontres œcuméniques s'organisent, ainsi que des émissions communes sur Radio-Fourvière. Le point de départ est souvent le partage occasionnel

44 Le nom initial est resté même si les rencontres ont lieu en alternance (jusqu'en 1971) à l'abbaye des Dombes et dans un lieu protestant. Du côté protestant y participent les pasteurs Jean de Saussure et Roland de Pury, le frère Max Thurian (de Taizé), puis les pasteurs Henry Bruston, Alain Blancy, Jean Tartier, Jean Bosc, Hébert Roux, Daniel Atger, Maurice Ferrier-Welti, Georges Appia et André Benoît.

d'une activité qui permet de dépasser l'ignorance mutuelle : la « semaine de prière pour l'unité entre les chrétiens » (initiative née en 1908) ou le travail commun fait pour une exposition sur la Bible, notamment grâce à celle réalisée par l'Alliance biblique en 1984. Un groupe caritatif ou un groupe d'étude biblique, d'importance et de durée de vie très variables, permettent de tisser des liens ; ils réunissent en général une majorité de catholiques, en raison tout simplement du déséquilibre numérique entre les paroisses ; ces groupes ont une visibilité plus grande dans les paroisses protestantes où le nombre d'activités régulières est souvent plus réduit. Se sont également mises en place des actions communes de type diaconal et social, autour de l'aide au tiers-monde ou des radios locales par exemple. L'Action des chrétiens pour l'abolition de la torture (ACAT) est créée en 1974 ; la CIMADE et le Comité catholique contre la faim et pour le développement (CCFD) collaborent activement.

Des commissions œcuméniques régionales (réformées) ou diocésaines (catholiques) sont instituées : leurs délégués se rencontrent régulièrement en sessions nationales, tenues d'abord tous les deux ans à Bièvres, puis à partir de 1974 tous les trois ans à Chantilly. Véritables « assises nationales de l'œcuménisme en France », ces sessions de trois jours rassemblent près de 200 participants (deux-tiers de catholiques, un tiers de protestants, avec la participation de quelques délégués orthodoxes et anglicans) et développent une réflexion théologique approfondie. Les services de l'épiscopat et de la Fédération protestante de France se rapprochent et sont en contact quasi-permanent : le *Bulletin d'information protestant* travaille avec le Secrétariat national de l'opinion publique (catholique) ; la Commission sociale, économique et internationale (protestante) avec la Commission Justice et paix (catholique) ; le texte sur « le commerce des armes » élaboré par ces deux commissions en 1973 est d'ailleurs le seul texte commun publié sous la double responsabilité du Conseil permanent de l'Épiscopat et du Conseil de la Fédération protestante de France…

Les autorités ecclésiales ont créé en 1968 une instance de dialogue permanent, le Comité mixte catholique-protestant, seul lieu officiel de décrispation théologique entre l'Église catholique et les Églises luthéro-réformées. Composé de deux délégations, chacune de six membres mandatés et des deux secrétaires nationaux (le chargé des relations œcuméniques du Conseil permanent luthéro-réformé et le secrétaire national de la

Commission épiscopale pour l'Unité), le Comité mixte a pour mission de « permettre périodiquement une formation et une consultation réciproques entre les organismes directeurs des Églises qui le constituent ; de dresser l'inventaire des questions que pose aujourd'hui l'ensemble des relations entre catholiques et protestants de France ; de mettre à l'étude des questions qui lui sont posées par les organismes directeurs des Églises ; éventuellement de soumettre à ces organismes directeurs des textes exprimant des recommandations à faire aux Églises sur un point doctrinal ou pastoral controversé ». À partir de 1978, l'épiscopat français décide de consacrer une journée entière à l'œcuménisme lors de son assemblée plénière à Lourdes ; en 1980 est instaurée une rencontre annuelle des délégations du Conseil permanent de l'épiscopat et du Conseil permanent luthéro-réformé.

Mais la recherche d'occasions d'intercommunion se heurte à des obstacles institutionnels.

L'EUCHARISTIE COMMUNE DANS LE SILLAGE DE MAI 68

Lors de la Pentecôte 1968, « l'Eucharistie des 61 » réunit, contre les normes de leurs Églises, un groupe de laïcs, prêtres et pasteurs, autour d'une célébration commune après un mois de combat politique partagé[45]. Participent à cette fête liturgique du 2 juin 1968, dans un appartement de la rue de Vaugirard, 70 chrétiens, catholiques pour les deux tiers et protestants pour un tiers (comme le philosophe Paul Ricœur, Théodore Monod, sept pasteurs dont Georges Casalis et Jacques Beaumont…). Désireux de vivre un « œcuménisme de base », 61 d'entre eux communient sous la forme du pain et du vin partagés. Dans un contexte de paroles qui se libèrent, juste après Mai 68, il est alors moins question de contester systématiquement les autorités ecclésiastiques respectives que de rendre compte du débat en cours dans les Églises sur la question de l'eucharistie.

Une lettre d'information est aussitôt diffusée, adressée à l'archevêque de Paris, Monseigneur Marty, et au président de la Fédération protestante de France, le pasteur Charles Westphal, affirmant qu'une unité réelle

45 Yann Raison du Cleuziou, « L'intercommunion de la Pentecôte : une subversion religieuse », dans Denis Pelletier (éd.), *À la gauche du Christ. Les chrétiens de gauche en France de 1945 à nos jours*, Paris, 2012, p. 317-319.

des chrétiens dépasse les frontières confessionnelles. Le cardinal Marty réagit dès le 5 juin, ne condamnant pas cet acte sacramentel mais le désapprouvant parce qu'il risque de donner naissance à des communautés œcuméniques en marge des Églises. Le Père Marie-Joseph Le Guillou s'étonne de voir des protestants inviter des catholiques à poser un acte infidèle et parle d'un « geste ambigu » dans une apparente unité. Le pasteur Jean Bosc comme le frère de Taizé Pierre-Yves Émery disent également un « non résolu » à toute démarche équivoque d'intercommunion[46]. Ces attitudes sont approuvées par le pape. Mais à différer les études sur l'eucharistie en liaison avec le ministère de présidence qui s'y exerce, les Églises risquent de laisser foisonner les intercommunions « sauvages ».

Ayant participé à l'eucharistie de Pentecôte, Georges Casalis nie que les protestants aient invité les catholiques et affirme qu'au contraire *tous spontanément* ont répondu à un acte de fidélité à l'Évangile[47]. Hébert Roux revendique cette contestation dans l'Église : la liberté chrétienne supplante l'ordre, la transgression est interpellatrice pour provoquer une réponse ; elle possède du reste ses lettres de noblesse : la réforme de l'Église au XVIe siècle[48]… Paul Ricœur, dans le journal *Réforme* (8 juin 1968), évoque la nécessaire « portée révolutionnaire de l'Évangile pour notre temps » quand certains « ne sont pas des fidèles de nos assemblées et d'autres quittent l'Église en silence… ». La Fédération protestante de France invite alors ses Églises-membres à poursuivre avec le groupe lui-même la réflexion sur les questions soulevées par cet acte de transgression.

La presse s'empare du sujet et l'opinion se passionne pour une question qui était restée jusque-là affaire de spécialistes. *Le Figaro* parle de « lame de fond », de « geste prophétique », de « témoins de la laïcisation qui se perd en de vastes couches chrétiennes » (4 juin 1968). Le rédacteur en chef de *La Croix*, le Père Antoine Wenger, pose la question du « fixisme de l'Église » (5 juin). *Le Monde* signale un « cri d'alarme » et « des pratiques religieuses bien trop éloignées des besoins spirituels des contemporains » (7 juin). *Témoignage chrétien* y voit « un signe de santé » et la preuve qu'« il n'y a pas entre le monde et l'Église une pure

---

46 *La Croix* du 19 juin 1968.

47 Georges Casalis, « Un geste risqué : une eucharistie de Pentecôte en 1968. Documents et réflexion », *Christianisme social*, 1968, nº 7-10, p. 460 ; « Réponse au R.P. Le Guillou », *La Croix*, 1968.

48 *Réforme* du 22 juin 1968.

extériorité, agrémentée de quelques relations de bon voisinage ». 268 chrétiens, dont 90 prêtres, religieux ou diocésains, 25 pasteurs, 53 membres de la paroisse réformée de Palaiseau (Essonne), rédigent le 8 juin une déclaration de soutien, suivie d'un abondant courrier.

Interrogé en juillet 1968, le théologien catholique allemand Hans Küng, ami d'Hébert Roux, met « l'affaire » en perspective :

> Il faut voir la célébration eucharistique de Paris dans un contexte international. Dans les lieux les plus divers d'Europe, d'Amérique et du Moyen-Orient, de telles célébrations communes de l'eucharistie ont eu lieu [...], expression de la *découverte d'une unité nouvelle* entre chrétiens de confessions différentes [...]. Elle regarde comme secondaires bien des différences dans les disciplines ecclésiastiques [...]. Le nombre croissant des expériences d'intercommunion charismatique sont un avertissement pressant aux dirigeants des Églises ; s'ils ne font pas progresser plus énergiquement la compréhension œcuménique, ils seront de plus en plus dépassés par les charismatiques[49].

Au même moment en effet, lors de la conférence d'Uppsala du COE, le théologien réformé suisse Jean-Jacques von Allmen s'alarme de la lassitude et de l'incompréhension qui gagnent tant de laïcs et effrayent tant de pasteurs : « La division chrétienne, dont l'attestation la plus grave était l'impossibilité de communier ensemble [explique] l'impatience grandissante des jeunes contre le tabou de l'intercommunion[50]. » Si les délégués du COE trouvent un consensus sur la dimension trinitaire de l'eucharistie, ils ne parviennent pas à un accord, la question de l'eucharistie étant intimement liée à celle de l'ordination et de la nature des ministres chargés de la présidence de celle-ci dans le cadre de la doctrine de l'Église...

Aussi la recherche de célébrations communes est-elle l'objet récurrent de tensions, voire de sanctions. Au sein de l'Action des chrétiens pour l'abolition de la torture (ACAT)[51], fondée en 1974 par deux protestantes, Hélène Engel et Édith Le Gall du Tertre, mais dans une perspective résolument œcuménique, le problème de l'intercommunion se pose dès 1977. Les premiers groupes se forment, et le nombre d'adhérents passe

49 Le texte cité a été traduit de l'allemand par Georges Casalis.

50 Jean-Jacques von Allmen, dans *Assemblée de Foi et Constitution* (Upsal), juillet 1968 : Section V (le culte).

51 Christophe Grannec, *Histoire de l'Action des chrétiens pour l'abolition de la torture, 1974-1990*, Thèse de doctorat, École Pratique des Hautes Études, Paris, 1996.

de 250 en 1975 à 15 000 en 1990. Si des cas d'intercommunion avec l'accord des prêtres et pasteurs sont signalés un peu partout, le cardinal Lustiger s'oppose en 1982 à ce que les catholiques participent à la Sainte Cène lors d'une réunion de l'association au temple des Batignolles (Paris). Estimant qu'elle ne peut ignorer les appareils ecclésiastiques car son action implique une reconnaissance des Églises, l'ACAT choisit de ne pas aller plus loin dans cette voie. En mars 1983, un coup d'arrêt est officiellement marqué par la *Note de la Commission épiscopale pour l'unité aux prêtres et aux fidèles catholiques concernant l'hospitalité eucharistique avec les chrétiens des Églises issues de la Réforme en France* : si l'épiscopat envisage « certains cas exceptionnels d'hospitalité eucharistique », il réaffirme qu'il ne peut pas « approuver la participation d'un catholique à la Sainte Cène ». Durement ressentie par les protestants, cette note vise à contrôler l'œcuménisme local, un œcuménisme « sauvage » prompt à s'affranchir des interdits institutionnels et à vouloir aller plus vite que le dialogue entre les autorités des Églises[52].

Des difficultés du même ordre se posent aux couples mixtes, dont les premiers groupes apparaissent en France en 1962-1963.

L'É.R.F. ET LES COUPLES MIXTES

Il faut remonter au début du siècle pour mesurer ici le chemin parcouru entre l'Église réformée et l'Église catholique. En 1918, l'Église catholique, en position dominante, utilise lors des mariages une formule d'engagement que les conjoints non catholiques doivent signer :

> Je soussigné… m'engage, par le présent acte, sous la foi du serment, à faire baptiser et à élever dans la Religion catholique, apostolique et romaine, sans distinction de sexe, tous les enfants à naître de mon mariage avec X… Je promets que, conformément aux instructions du Saint-Siège, le mariage célébré devant le prêtre catholique ne sera ni précédé, ni suivi, d'un autre mariage devant le ministre non-catholique[53].

Les deux Unions d'Églises réformées, pour leur part, s'inquiètent de la multiplicité des mariages mixtes, qu'elles expliquent par la dispersion

52 Françoise Lautman, « L'œcuménisme ordinaire », dans Jean-Paul Willaime (éd.), *Vers de nouveaux œcuménismes*, Paris, 1989, p. 97-116.

53 *Actes du Synode national de l'É.R.F.* (Marseille), 1957 : Émile Lauriol, « Rapport sur les mariages mixtes », p. 107-124, notamment p. 108.

protestante, l'attiédissement de la foi et l'ignorance des exigences de Rome : elles établissent chacune, en 1922 et 1923, un règlement marquant le refus d'une double bénédiction. Elles cherchent parallèlement à favoriser l'endogamie protestante : les É.R.É. demandent à leurs pasteurs de mettre en garde la jeunesse, dès le catéchuménat, contre le péril que de telles unions font courir à la foi évangélique et à la tradition protestante, et de faciliter les mariages entre protestants. L'enjeu n'est pas mince : sur les 1 801 mariages célébrés dans les temples au cours de l'année 1943, 914 sont des mariages mixtes. Dans les É.R., le conjoint non-protestant reçoit l'assurance d'un accueil cordial dans un souci d'ouverture, avec ce bémol cependant : le pasteur doit attirer l'attention des futurs époux sur la gravité des engagements imposés par l'Église catholique et sur l'indifférentisme souvent consécutif à la situation ; si par contre la bénédiction nuptiale est demandée à la seule Église protestante, aucun engagement ne doit être imposé.

Le sujet semble réglé et ne revient plus devant les synodes avant 1957. Le Synode national de l'É.R.F. réuni alors à Marseille adopte, non un règlement, mais des recommandations, et c'est la position « libérale » qui l'emporte[54].

À partir du « Cercle œcuménique de la banlieue sud de Paris » (de la paroisse réformée de Montrouge), pionnier en la matière, un groupe de ménages mixtes se réunit, après avoir averti en juin 1962 le pasteur Hébert Roux et le Père Marie-Joseph Le Guillou sans pour autant vouloir être « contrôlés » de trop près. Le pasteur André de Robert organise de son côté, dès décembre 1962, des rencontres au Centre de Recherche et d'Études de Villemétrie (Essonne) en présence du pasteur Jean Bosc. Ces réunions précédent de peu les rencontres de Taizé avec le frère Pierre-Yves Émery, puis celles de l'abbaye de Ligugé (Vienne) avec dom Lefebvre et le pasteur Jacques Maury. Des rencontres sont organisées à Poitiers avec des foyers mixtes qui ont vécu des expériences douloureuses et sont de plus en plus impatients de vivre l'intercommunion. À Lyon, en 1962 également, des groupes de couples mixtes se forment autour du pasteur luthérien Henry Bruston et du dominicain Maurice-René Beaupère… La constitution de ces groupes informels spontanés peut être analysée comme une mise en garde contre toute ecclésiolâtrie.

---

54 *Actes du Synode national de l'É.R.F.* (Marseille), 1957 : Décision VIII, p. 26-27.

« Prêtres, pasteurs, foyers mixtes se trouvaient à la jonction de l'institutionnel et du vécu[55] », placés dans une position-clef de l'œcuménisme. La base, concernée au premier chef, est désireuse de voir l'œcuménisme avancer vers des solutions pratiques pour pouvoir vivre un « œcuménisme ordinaire » et apaisé ; les clercs sont aussi soucieux de conserver leurs fidèles car une interrogation commence à se faire jour : les groupes de foyers mixtes, de par leur spécificité, ne risquent-ils pas de constituer une « troisième » Église ?

Soucieux de s'adapter à la société moderne pluraliste et ouverte, le concile Vatican II ne peut ignorer un sujet devenu d'une brûlante actualité. En novembre 1964, à la suite du décret sur l'œcuménisme, l'assemblée conciliaire est saisie d'un vœu sur les mariages mixtes qui rencontre une forte opposition d'un groupe important d'évêques, notamment des pays anglo-saxons, qui jugent le texte trop libéral. L'étude de la question est donc reportée et résolue par une instruction émanant de la Congrégation de la Doctrine de la Foi, en date du 18 mars 1966, *Matrimonii sacramentum*. Signée par le cardinal Ottaviani, celle-ci vise moins à garantir l'unité spirituelle du couple qu'à préserver les « droits » de l'Église catholique sur les enfants à naître. Or les dispositions extrêmement restrictives de l'instruction déçoivent : elles interdisent les mariages de catholiques avec des non-catholiques baptisés, condamnent le conjoint catholique marié dans un temple protestant à être considéré comme non-marié – or ce rejet est souvent vécu comme une blessure profonde. L'Église catholique réaffirme ses doutes sur la doctrine et la pratique du mariage protestant, non reconnu comme sacrement : les prêtres doivent donc avertir les fidèles des difficultés et des dangers des mariages mixtes ; pour obtenir une dispense, les parents doivent s'engager à faire baptiser et élever tous leurs enfants dans la religion catholique, le conjoint non-catholique promettant de ne faire aucun obstacle « à l'accomplissement de ce devoir ».

Le pasteur Georges Richard-Molard, dans les colonnes de *Réforme* (26 mars 1966), veut certes y voir « un léger espoir » : l'excommunication qui atteint les mariages célébrés devant un ministre non-catholique est levée ; par dérogation, le mariage pourra se tenir à l'intérieur de l'église, et le ministre non-catholique pourra dire « quelques paroles de

---

55 Jean-Paul Willaime, « L'œcuménisme écartelé », dans Jean-Paul Willaime (éd.), *Vers de nouveaux œcuménismes*, Paris, 1989, p. 37.

félicitations et d'exhortation » une fois la cérémonie terminée… Mais la déception se lit sous toutes les plumes.

Le synode réformé de la région Cévennes-Bas-Languedoc-Roussillon souhaite une clarification de la position de l'É.R.F. sur les mariages mixtes, car la dispense des « cautions » (promesse explicite du conjoint non-catholique) ne signifie pas que l'Église catholique accepte que les enfants soient protestants ; dans le diocèse de Montpellier, par exemple, sur plus d'une centaine de demandes de dispense de caution adressées à Rome, aucune n'a reçu de réponse… Le synode de la région Nord demande au Conseil national de l'É.R.F. de déclarer nuls les engagements imposés par l'Église catholique, comme contraires à la liberté du croyant, du couple et des parents désireux de vivre pleinement leur vie spirituelle. Le Conseil national ne juge pas opportun de durcir les avertissements en 1965, mais l'année suivante, le Synode national de Clermont-Ferrand prend la décision suivante :

> Il appartenait aux pasteurs consultés par des protestants d'attirer leur attention sur les conséquences de tout engagement relatif au baptême et à l'éducation catholique de leurs enfants, qui mettait en péril leur liberté de témoigner de leur foi dans leur foyer et les exposer à un recours éventuel auprès du Siège romain[56].

Et en l'état actuel de la législation romaine, les pasteurs sont invités à s'abstenir de toute participation à une célébration de mariage catholique.

Mais les expériences menées à la base font évoluer lentement l'appréhension de la question par les autorités ecclésiales. Hébert Roux et le Père Beaupère rédigent un vade-mecum sur la pastorale commune des foyers mixtes à l'usage des pasteurs et des prêtres : ces recommandations sont officiellement adoptées en 1968 par les Églises catholique, luthérienne et réformée[57]. De ces discussions naît le « Comité Mixte catholique-protestant », constitué le 15 mars 1968 par le Conseil permanent de l'épiscopat français et le Conseil permanent luthéro-réformé, comprenant six délégués catholiques et six délégués protestants. Un soutien spirituel se met en place, et des publications, comme la revue trimestrielle *Foyers Mixtes*, sont éditées par le Centre Saint-Irénée de Lyon.

---

56 *Actes du Synode national de l'É.R.F.* (Clermont-Ferrand), 1966 : Décision V, p. 17-18.

57 *La Pastorale commune des foyers mixtes*, publié par le Centre Saint-Irénée de Lyon, en juin 1968.

À la suite des vœux du premier Synode des évêques tenu à Rome en 1967, Paul VI publie au printemps 1970 un *motu proprio* sous le titre *Matrimonia mixta*, qui assouplit la discipline des mariages mixtes tout en les déconseillant fortement, compte tenu de la mise en question de la réalité sacramentelle du mariage, de la fragilité de la cellule familiale (participation au culte, éducation religieuse des enfants) et du risque de voir les conjoints et leurs enfants verser dans l'indifférence religieuse. La dispense reste requise, mais le conjoint catholique promet de « faire tout son possible » pour que ses enfants soient catholiques ; c'est là un pas considérable vers une plus grande tolérance. À la fin de l'année 1970, le Conseil national de l'É.R.F. adresse donc aux pasteurs de *Nouvelles recommandations pour les mariages mixtes*[58] : prenant acte des nouveaux éléments positifs contenus dans les textes catholiques, l'É.R.F. insiste sur le discernement pastoral qui doit accompagner chaque cas particulier, dans le respect de la liberté des couples.

Les témoignages de couples mixtes soulignent la rupture ainsi opérée : c'est la fin des mariages célébrés à la sauvette dans la sacristie et la possibilité de surseoir au choix imposé de l'éducation catholique des enfants. Certaines paroisses, portées par ce souffle œcuménique, cherchent à mobiliser les foyers mixtes comme acteurs du changement : la paroisse de Paris-Annonciation, sous la direction du pasteur Daniel Atger, met tout en œuvre afin que le conjoint non-protestant se sente accueilli comme « membre-hôte » et adhère à l'Église ; le culte se « catholicise », avec le port de la robe blanche pour les pasteurs, la célébration de la Sainte Cène tous les dimanches (et non plus quatre fois par an comme traditionnellement), des liturgies très ordonnées, le refus de prédicateurs laïques[59] ; les conjoints catholiques sont invités à partir de 1979 à participer à toutes les activités de la paroisse (catéchisme, entraide, études bibliques…). Si les non catholiques sont accueillis à la Cène, l'hospitalité n'est pas de règle pour la participation à l'eucharistie des protestants, surtout après la *Note de la Commission épiscopale* de mars 1983.

Le *motu proprio* pontifical de 1970 est complété par une *Déclaration commune sur le baptême* et un *Accord sur le mariage* du Comité Mixte

58 *Actes du Synode national de l'É.R.F.* (Dijon), 1970 : Décision XXXIV.

59 Brigitte et Julien Vielle, « Vatican II : 50 ans, un foyer mixte : 42 ans de mariage… Quel rapport ? », *Le Lien de l'Église réformée de l'Annonciation*, 2012, n° 291. D'autres exemples pourraient être cités dans toute la France : Jean-Paul Willaime (éd.), *Vers de nouveaux œcuménismes*, Paris, 1989, p. 106-113.

catholique-protestant français en décembre 1972, par une *Note sur la célébration œcuménique du baptême* en 1975, puis par une nouvelle édition en 1977 de la *Pastorale commune des foyers mixtes*[60]. Ces documents permettent la double inscription sur les registres baptismaux, comme signe d'une double prise en charge des enfants dans une catéchèse œcuménique et par une pastorale commune. Et la « coresponsabilité éducative » des parents dans l'éducation chrétienne des enfants est reconnue dans le respect mutuel des consciences. La perspective a considérablement évolué : le mariage mixte n'est plus considéré comme un danger pour l'harmonie du couple, mais comme une « saine émulation spirituelle ».

UNE CATÉCHÈSE ŒCUMÉNIQUE EST-ELLE POSSIBLE ?

Une réflexion critique sur une catéchèse œcuménique est entreprise dès 1968 pour sortir des enfermements culturels et institutionnels. Après mai 68, les responsables protestants de la catéchèse sont convaincus de la nécessité de revoir de fond en comble le mode d'enseignement livresque de l'Écriture, l'enseignement biblique magistral étant jugé désormais dépassé. En juin 1968 est créée l'équipe œcuménique de recherche catéchétique « Nathanaël », autour de l'abbé Jean-Pierre Bagot, du pasteur Jacques Lugbull, président de la Commission catéchétique de l'É.R.F., du pasteur Pierre Chrétien, directeur de la Société des Écoles du Dimanche, et du père orthodoxe russe Stéphanos. Se réunissant deux fois par an, travaillant sur les productions d'enfants et de jeunes des différents groupes qu'animent les uns et les autres, l'équipe s'efforce d'articuler dans la catéchèse les textes bibliques et les expériences des enfants afin que ceux-ci puissent trouver, dans les épisodes bibliques, le reflet de leur histoire.

Mais la tentative de publication catéchétique œcuménique tourne court devant l'opposition du président de la Commission catholique œcuménique : l'équipe a beau en appeler à l'épiscopat catholique en octobre 1972, en affirmant que « ce problème [d'une catéchèse commune] est ressenti comme vital et urgent pour les enfants. C'est une nécessité qui concerne l'Église dans son ensemble[61] », rien n'y fait. Le Père Bagot

---

60 *Recommandations de l'Église catholique et des Églises luthérienne et réformée de France : Pastorale commune des foyers mixtes.*

61 Abbé Jean-Pierre Bagot, « Catéchèse – catholiques et protestants », *Revue trimestrielle de pastorale catéchétique*, 54, janvier 1974, p. 51-66.

se résout à publier sous son seul nom le premier volume, *Royaume, trésor caché* (1971) ; le second volume, *Vous serez un peuple libre*, destiné aux élèves de 5e, paraît par contre sous le nom de « Nathanaël », mais l'ouvrage est condamné par les circonstances à être marginalisé et à sombrer dans l'oubli. L'équipe se dissout, même si le Père Bagot continue à travailler de façon très riche, en Alsace, avec le pasteur de Munster, Michel Hoeffel.

Localement, certains groupes de foyers mixtes qui veulent dépasser le clivage imposé à leurs enfants favorisent des tentatives de catéchèse œcuménique. À Paris, la paroisse réformée de l'Annonciation travaille en ce domaine à partir de 1971 en lien avec la paroisse catholique de Notre-Dame de l'Assomption : des catéchistes catholiques et protestants s'impliquent dans les deux types d'enseignement pour mieux expliquer à leurs enfants et mieux vivre les différences confessionnelles. À Lyon, au Centre Saint-Irénée, à partir de 1975 des catéchètes, pasteurs, prêtres et parents se rencontrent chaque année pour échanger leurs expériences. À Oullins (Rhône), le pasteur Michel Bonneville et le Père Daniel Vandenbergh mettent en place un catéchisme commun à leurs deux paroisses au printemps 1974, avec 50 enfants catholiques et 50 enfants protestants – une aventure qui n'a par la suite jamais connu d'interruption.

Mais ces projets se heurtent à un obstacle institutionnel : l'exhortation apostolique *Catechesi tradentae* (1979) de Jean-Paul II reprend l'idée du cardinal Willebrands, alors président du Secrétariat pour l'unité des chrétiens, selon laquelle une catéchèse commune, si elle est possible, reste forcément limitée : la collaboration œcuménique en matière de catéchèse « est de par sa nature même limitée » et nécessite un enseignement catholique en complément.

Ce faisant, et quels que soient leurs résultats, ces rapprochements posent des questions propres aux foyers mixtes : dans quelle Église l'enfant recevra-t-il le baptême ? faut-il choisir au moment du baptême à quelle Église rattacher l'enfant – ou bien laisser l'adolescent opter lors de sa confirmation ou profession de foi ? N'y a-t-il pas alors un risque « d'entretenir l'enfant dans une situation de pure indétermination » ?

De plus, l'Église catholique permet aux enfants de foyers mixtes de participer à l'eucharistie : cela ne manque pas de provoquer une réflexion au sein de l'É.R.F. sur les expériences vécues dans certaines paroisses par des enfants accueillis à la Sainte Cène. Les cultes parents-enfants de l'École biblique ont en général lieu un dimanche de Sainte Cène ; par ailleurs, l'évolution des mœurs éducatives tend à donner aux enfants le « droit » d'avoir accès à tout : les enfants « ne sont pas habitués à être tenus à l'écart », comme le relève en 1981 Thérèse Hammel, longtemps présidente de la Commission de catéchèse de l'É.R.F. Dès 1980, le Consistoire supérieur de l'Église de la confession d'Augsbourg d'Alsace-Lorraine décide de l'admission, sous certaines conditions, des enfants à la Sainte Cène. Le Synode national réformé de 1983 décide d'autoriser les enfants à la Sainte Cène, mais « à titre temporaire », soucieux de ne pas survaloriser le sacrement. Cet accueil est officialisé en 2001.

Mais les succès de l'œcuménisme engendrent paradoxalement une certaine déception dès la fin des années 1970, du fait que les espoirs, peut-être un peu irraisonnés, ne se sont pas réalisés aussi vite qu'on l'escomptait. L'impact identitaire des groupes mixtes a été peu perceptible même si leur nombre est allé grandissant ; les Églises n'ont pas traduit au plan ecclésial ce qu'elles admettaient au plan pastoral. Car derrière le même mot se développent des modèles bien divergents : s'agit-il de mettre en œuvre une universalité fondée sur le rassemblement volontaire en relativisant les institutions (perspective protestante), ou bien une réintégration progressive de communautés au sein d'une seule Église (perspective catholique) ? Or ce second modèle de dynamique unificatrice suscite de véritables résistances chez les réformés français : « Nous sommes nombreux à ne pas être prêts à dire : "Je me réunis !" comme n'ont pas voulu le dire nos Anciens qui ont souffert dans les prisons et sur les galères », s'exclame André Chamson lors de son allocution à l'Assemblée du Désert de septembre 1975.

L'œcuménisme, que l'on envisage spontanément au singulier, est en fait écartelé entre des réalités très différentes : œcuménisme doctrinal des théologiens, œcuménisme pastoral des clergés sur le terrain, œcuménisme des institutions ecclésiales, œcuménisme des mouvements et des associations, œcuménisme local des paroisses, œcuménisme des foyers mixtes… chacun de ces niveaux obéissant à des logiques qui lui sont propres. Au niveau des pratiques ecclésiales, l'œcuménisme semble viser moins la réunification des Églises que l'aménagement pacifié et fructueux de leurs relations, alors même que les foyers mixtes rêvent de « baptême œcuménique » et d'hospitalité eucharistique réciproque.

Le thème d'une « protestantisation » du catholicisme, qui devient un sujet de débat public après la parution en 1976 des ouvrages d'Alain Peyrefitte (*Le Mal français*) et de Robert Beauvais (*Nous serons tous des protestants*), vient d'ailleurs ajouter à la confusion. L'étude du sociologue Roger Mehl en 1977 confirme une évolution de l'Église catholique, mais le terme induit en erreur lorsqu'il sous-entend qu'elle serait le résultat d'une influence protestante : cette « protestantisation » est d'abord la conséquence d'une acculturation des catholiques à la société moderne, à la culture individualiste et pluraliste dominante.

De manière réciproque, le rapprochement avec l'Église catholique bouscule les positions de l'É.R.F. Dans une intervention remarquée lors de l'Assemblée générale du protestantisme français de 1975, le responsable catholique des relations œcuméniques, Monseigneur Le Bourgeois, met les protestants devant leurs contradictions : « Les catholiques ont parfois l'impression que vous attendez qu'ils vous rejoignent là où vous êtes [...]. Vous ne pouvez faire comme si ces gestes d'ouverture [concernant l'hospitalité eucharistique] entérinaient purement et simplement vos propres positions doctrinales et disciplinaires[62]. » L'œcuménisme pousse l'Église réformée à évoluer et met en lumière certaines lignes de faille qui paraissaient jusque-là normales. Comment s'enraciner dans un protestantisme qui est tout à la fois ouvert sur l'œcuménisme et cloisonné ?, se demande par exemple un ancien prêtre devenu pasteur. Le monde protestant a « deux visages », « concélébrant avec des "romains" [alors que] des divergences dogmatiques séparent encore "réformés" et "luthériens" sur le plan de la communion[63] ».

62 Intervention de Mgr Le Bourgeois, *Assemblée générale de la Fédération protestante de France*, 1975, p. 56.

63 Georges Casalis, « Un geste risqué, l'eucharistie de Pentecôte 1968 », *Le Christianisme social*, 1968, n° 7-10, p. 443.

S'UNIR AVEC LES AUTRES PROTESTANTS ?

Si la constitution de l'É.R.F. en 1938 a marqué une étape importante dans la restauration de l'unité protestante, celle-ci n'est pas pour autant complète ni achevée. Une Église réformée importante est restée à l'écart du processus, celle d'Alsace-Lorraine (dite É.R.A.L.).

En effet les trois départements d'Alsace (Bas-Rhin, Haut-Rhin) et de Moselle ont connu, après la défaite de 1870 dans la guerre franco-prussienne, une trajectoire différente de celle de la « France de l'intérieur ». Intégrés à l'Empire allemand en 1871 par le traité de Francfort, repris par la France en 1918, ils sont une nouvelle fois annexés par l'Allemagne de 1940 à 1944. Cette histoire mouvementée posa par exemple, à chaque changement de régime, le problème délicat de l'adaptation de la législation locale : comment appliquer les lois laïques de la Troisième République, et notamment la loi de 1905 ? Les autorités alsaciennes furent soucieuses d'éviter toute précipitation, les gouvernements français ne furent pas empressés de régler ces questions épineuses, et lorsque le « Cartel des gauches » tenta de le faire en 1924, l'opposition déterminée d'une grande majorité des catholiques et des protestants le fit reculer. L'Alsace-Lorraine conserva donc après 1918 le système concordataire de cultes reconnus par l'État. À la Libération, toutes les lois hitlériennes furent annulées, y compris la séparation des Églises et de l'État : la « légalité républicaine » fut rétablie et la législation en vigueur avant 1940 « provisoirement » maintenue. Ainsi, le système napoléonien fut remis en vigueur et jamais aboli, à l'exception de quelques aménagements.

En raison de son statut juridique particulier d'établissement public du culte, l'É.R.A.L. reste donc en dehors du mouvement de réunification en 1938 : elle met simplement en place avec l'É.R.F. un échange de délégués dans leurs Synodes respectifs.

C'est pourquoi, dès 1950, Marc Boegner évoque un possible rapprochement entre les deux Églises en cherchant à dépasser l'obstacle de la différence des régimes juridiques. En 1952, dans le message qu'elle adresse à l'É.R.F., l'É.R.A.L. reconnaît une expression de sa propre foi dans la Déclaration de foi de 1938 et manifeste le souhait d'un échange de documentation sur le thème principal des synodes. En 1961, le Synode national de l'É.R.F. vote « à mains levées et dans l'enthousiasme » l'augmentation du nombre de délégués de l'É.R.A.L. après la décision de celle-ci d'abandonner une part de sa souveraineté au profit d'un rapprochement organique. En 1987, l'É.R.A.L. adopte la Déclaration de foi de l'É.R.F. de 1938, formulant de la même manière que l'É.R.F. l'adhésion à ce texte dans sa liturgie de reconnaissance des ministères.

SOUS L'ÉGIDE DE LA FÉDÉRATION PROTESTANTE DE FRANCE ?

Mais à l'heure où se constitue le Conseil Œcuménique des Églises, un autre rapprochement apparaît comme souhaitable et possible : avec les luthériens.

Comme les réformés, les luthériens français sont organisés en deux Églises : l'Église Évangélique Luthérienne de France (É.É.L.F.) et l'Église de la Confession d'Augsbourg d'Alsace-Lorraine (É.C.A.A.L.). L'É.É.L.F. est née des conséquences de la guerre de 1870 et de la séparation des luthériens de France de ceux d'Alsace ; son premier Synode a lieu à Paris en juillet 1872 et sa Constitution est reconnue par la loi du 1er août 1879 ; elle est principalement implantée en région parisienne, à Lyon, à Nice et dans la région de Montbéliard. Depuis 1950, les deux Églises sont liées au sein de l'Alliance Nationale des Églises Luthériennes de France. Mais le contraste numérique est fort avec les réformés, puisque les luthériens de Paris et de Montbéliard forment une « petite » communauté ; l'É.É.L.F. rassemble à cette époque environ 40 000 membres, quand l'É.R.F. en dénombre 350 000[64].

C'est tout naturellement au sein de la Fédération protestante de France (F.P.F.), seule instance réunissant alors les diverses Églises protestantes[65], que le dialogue en vue d'un rapprochement se développe.

La F.P.F. met en place en 1950 une Commission théologique pour la recherche de l'unité, présidée par le pasteur Charles Westphal, dont le rapport en 1954 fait le point sur les nombreux accords doctrinaux existants entre luthériens et réformés. En 1955 une Commission d'études œcuméniques prend le relais, dont le rôle est à la fois d'étudier les

64 Chiffres donnés en 1953 par Émile-G. Léonard (*Le Protestant français*, p. 81).

65 Outre les deux Églises réformées et les deux Églises luthériennes citées, la F.P.F. rassemble alors l'Union des Églises évangéliques libres, l'Union des Églises réformées indépendantes (depuis 1948) et la Mission populaire évangélique (depuis 1963).

documents provenant du COE et de promouvoir en France l'unité entre protestants ; son travail aboutit à la publication, en novembre 1958, d'un rapport intitulé *Luthériens et réformés*, sorte de livre blanc faisant un certain nombre de propositions concrètes.

La pratique d'invitation réciproque de délégués dans les Synodes est facilement mise sur pied. Un texte liturgique commun de consécration-ordination des pasteurs, réclamé par l'Association des pasteurs de France, est élaboré par le réformé Jean Bosc et le luthérien Albert Greiner en 1961. Mais c'est lors de l'assemblée de la F.P.F. de 1960 à Montbéliard qu'est véritablement esquissé le projet d'une union du protestantisme français en vue de constituer une « Église évangélique unie de France » :

> Tout en reconnaissant qu'en matière de doctrine, de discipline et de liturgie le pouvoir de décision appartient aux Églises, [l'assemblée de la F.P.F.] les supplie de répondre à la volonté du Seigneur en poursuivant inlassablement et en multipliant entre elles, soit dans le cadre de la Fédération protestante de France, soit sur leur initiative propre, des contacts qui leur permettent d'avancer sur la voie d'une unité enrichie de leur diversité.

La F.P.F. se réorganise : elle intègre la plupart des institutions, œuvres et mouvements du protestantisme et adopte de nouveaux statuts en 1961 ; l'article premier de ceux-ci inclut la pratique de l'intercommunion entre les Églises-membres.

Enthousiaste, le pasteur Pierre Bourguet, président de l'É.R.F., déclare être disposé à « l'abandon joyeux d'une part de notre souveraineté propre [...] en vue d'une unité organique plus précise lorsque nous ne risquerons pas d'être trop en flèche par rapport à nos compagnons de voyage[66] ». Mais cette perspective est loin de faire l'unanimité : l'Union des Églises Libres, craignant que les nouveaux statuts ne soient une première étape sur la voie de l'unification institutionnelle, décide de quitter la F.P.F. en 1962 car « des divergences sérieuses de doctrine, de notion de l'Église et de la notion de l'unité chrétienne demeurent ». Le pasteur méthodiste William-Henri Guiton, favorable à l'autonomie des Églises locales, réagit vigoureusement le 30 janvier 1961 dans les colonnes du *Christianisme au XXe siècle*, dans un article intitulé « Le protestantisme en danger » :

---

66 *Actes du Synode national de l'É.R.F.* (Valence), 1961 : Rapport du président du Conseil national, p. 53-54.

> Le pasteur Boegner a servi le plan papal en demandant à Montbéliard lors de la récente assemblée, la réunion des diverses dénominations en une seule Église : L'EGLISE EVANGELIQUE DE FRANCE. Cette Église unique formerait un bloc facile à prendre par Rome, heureuse de voir disparaître les termes qui l'offensent (« luthérienne » – « réformée ») qui, de son côté, serait prête à supprimer le terme « Romaine » qui déplaît à tous les protestants : prête aussi à d'autres concessions de surface, mais nullement de doctrine ni de méthode. Il n'y aurait plus pour l'Église Évangélique Protestante qu'à s'unir à l'Église Évangélique Catholique : pour préparer ainsi l'unité complète de la chrétienté mondiale au profit du Vatican. Le tour serait joué !
>
> Cette unification romanisante et proromaine est grandement aidée par les « moines » de Taizé, vedettes du jour : lesquels ont organisé un Colloque de 8 évêques avec 65 pasteurs et, peu après, une entrevue très importante entre le Cardinal Gerlier, primat des Gaules, et le pasteur Boegner, président de la Fédération protestante de France [...] ; de plus la récente « Semaine de prière pour l'Unité » a fortifié ces funestes démarches et multiplié les études, les réunions, les cultes entre pasteurs et prêtres.

Pour faire avancer les choses se constitue un organe officieux, le « Conseil des quatre bureaux », formé des bureaux des quatre principales Églises membres de la F.P.F. (É.R.F., É.R.A.L., É.É.L.F. et É.C.A.A.L.).

La F.P.F., lors de son assemblée de Colmar en 1966, recommande aux Églises et aux œuvres protestantes de se rencontrer au sein d'équipes régionales en vue de favoriser l'unité. À la demande de Charles Westphal, successeur de Marc Boegner à la tête de la F.P.F. à partir de 1961, une étude est programmée en vue de la formulation d'une Confession de Foi commune. La *Commission d'études et de recherches théologiques* de la F.P.F., présidée par le pasteur luthérien Henry Bruston, travaille à partir de 1962 à éclaircir les points doctrinaux, et une ébauche de confession de foi est présentée en 1966 ; mais elle ne reçoit qu'un accueil médiocre et ne permet pas de servir de base à un rassemblement. La commission Bruston poursuit cependant ses travaux, qui aboutissent en octobre 1968 à un accord dit des « Thèses de Lyon » : les Églises membres de la F.P.F. liquident les contentieux théologiques et approuvent trois textes d'accord sur des sujets centraux (*Parole de Dieu et Écriture sainte* ; *Sainte Cène* ; *Baptême*) exprimant de manière actuelle ce qu'est la foi de l'Église.

Mais il apparaît cependant que la F.P.F. ne pourra pas aller plus loin dans le domaine de l'unité : les « quatre bureaux » décident donc de continuer seuls sur ce chemin.

L'ESQUISSE D'UNE ÉGLISE UNIE LUTHÉRO-RÉFORMÉE

En février 1968, un projet intitulé *Esquisse pour l'union des Églises évangéliques en France* est adopté par le conseil des quatre bureaux. Le titre en apparaît aujourd'hui assez curieux, car l'adjectif « évangélique » est assez peu utilisé en français au sens général de « protestant », contrairement à l'usage allemand du mot. Le préambule du projet met l'accent sur la perspective missionnaire et constate que, tant au sein de la F.P.F. qu'entre elles, ces Églises ont collaboré depuis un demi-siècle dans nombre d'activités, parmi lesquelles les missions outre-mer, la diaconie, le travail parmi la jeunesse, la formation des pasteurs… Plus récemment, avec la collaboration active des Institutions, Œuvres et Mouvements protestants, elles ont contribué à mettre en place les « départements » de la F.P.F.[67] ; leurs Commissions d'études ont entrepris maints travaux de réflexion en commun, qui ont abouti notamment à une liturgie commune d'ordination des pasteurs et à des sessions de formation pastorale ; elles ont soumis simultanément à leurs Synodes les mêmes sujets préparés en commun. Il semble donc opportun « d'avancer dans la voie de l'union en dépassant le stade actuel des liens fédératifs ». Cette union est présentée comme « le point de départ d'une recherche dynamique », d'autant plus nécessaire que les mêmes débats théologiques affectent toutes les Églises.

L'esquisse présente un projet original d'unité, non pas à partir de structures nationales, mais à partir des régions. Elle prévoit une unification progressive sur la base d'Églises régionales qui pourraient être luthériennes, réformées ou mixtes selon les cas de figure, réunies par un Synode et un Conseil national communs. Chaque paroisse pourra ainsi conserver son appartenance ecclésiastique avec sa tradition, son identité confessionnelle, son existence légale et la propriété de ses biens. Mais le projet est conditionné par un accord sur l'ecclésiologie et sur une confession de foi commune – deux points qui sont précisément apparus comme délicats lors des travaux de la « commission de Lyon » de la F.P.F. La réception de l'esquisse par les synodes régionaux des quatre Églises, loin de témoigner d'un enthousiasme général, révèle les réserves.

---

67 Ont été créés les départements « Jeunesse », « Mouvements d'études et de recherches » et « Recherches communautaires ».

L'É.É.L.F., en novembre 1968, rejette explicitement le projet. La position de l'Inspection luthérienne de Paris surprend d'autant plus les réformés qu'elle reconnaît, pour de simples raisons topographiques, la présence dans ses propres paroisses d'un tiers de réformés. Mais les paroisses luthériennes de Paris « coexistent » alors simplement, sans davantage de liens, avec les paroisses réformées. Les pasteurs luthériens sont dans leur majorité jeunes, enthousiastes pour le travail paroissial et guère touchés par les théologies du monde qui traversent l'É.R.F. ; ils redoutent dans cette unité la disparition des « trésors » doctrinaux et spirituels de la tradition luthérienne. Le Synode particulier de Paris demande que les « thèses de Lyon » préparées par la F.P.F. soient formellement adoptées comme accord doctrinal minimum par les Églises réformées. Le Synode de l'Inspection ecclésiastique de Montbéliard est moins explicite dans son rejet, mais il exprime sa préférence pour une période préparatoire et limitée, au cours de laquelle seront expérimentés des liens structurels entre Églises luthérienne et réformée dans sa région.

Les réticences de l'É.C.A.A.L. sont encore plus nettes. Les différentes assemblées d'inspection alsaciennes s'émeuvent de voir ainsi écartées les autres Églises membres de la Fédération protestante de France et s'inquiètent d'une centralisation des structures et d'une absorption par l'É.R.F. L'élaboration d'une stratégie d'ensemble, dans le cadre souple offert par la F.P.F., leur semble préférable à la recherche de structures unifiantes qui risquent de porter atteinte à la diversité régionale. L'É.C.A.A.L. se prononce en faveur de formules fédératives locales et régionales. Enfin se manifeste la crainte que le pluralisme doctrinal remette en cause un accord fondamental sur la confession de foi – ce qui rejoint l'insistance de l'É.É.L.F. sur l'acceptation formelle des « thèses de Lyon » par les synodes réformés.

Du côté réformé, on approuve d'une façon générale l'esquisse, mais les réserves sont pour ainsi dire inverses. Bien des synodes régionaux estiment le projet trop timoré et ne le considèrent que comme une étape vers une unité plus totale. Le synode de la XIIIe région regrette par exemple que « l'esquisse soit plus un projet de fédération particulière au sein de la Fédération protestante de France que d'union ». Le Synode de l'É.R.A.L. constate de même que le projet reste bien en deçà de l'attente d'un grand nombre des membres de l'Église et demande au Synode national de l'É.R.F. de reconnaître clairement sa foi dans les « thèses de Lyon ».

Le projet avorte donc d'abord en raison des résistances des Églises luthériennes, soucieuses de défendre leurs particularismes régionaux et leur indépendance face à une structure centralisatrice et à une Église réformée bien plus importante numériquement. Mais ont surtout pesé dans la balance les réticences face à une É.R.F. secouée par la crise des mouvements de jeunesse et par les événements de mai 1968, tentée par un engagement politique plus prononcé. « Aux yeux des modérés et des conservateurs, tant théologiques que politiques, note Roger Mehl, l'Église réformée de France donnait l'impression qu'elle était une Église en pleine aventure, sinon en désagrégation. Était-ce le moment de signer avec elle un pacte d'union[68] ? » Et comme s'ils souhaitaient confirmer ces craintes, certains réformés estiment « sans intérêt une union fondée sur le règlement d'un contentieux du passé, sans projet d'avenir, sans volonté de transformer le monde[69] »...

L'abandon officiel de l'esquisse en mai 1969 soulève l'amertume du pasteur Charles Westphal : « L'histoire des colloques luthéro-réformés, de celui de Montbéliard en 1586 à la rencontre de Leuenberg en mars 1969, est l'histoire humiliante de l'éternel recommencement sans résultat », se désespère-t-il[70].

LA RELANCE DU DIALOGUE LUTHÉRO-RÉFORMÉ PAR LES DISCUSSIONS EUROPÉENNES

Pourtant, si cet échec marque la fin des tentatives d'union, il ne signifie pas celle du rapprochement qui se poursuit sous l'impulsion du dialogue mené entre luthériens et réformés au niveau européen. Les discussions luthéro-réformées ne sont en effet nullement spécifiques à la France. Aux Pays-Bas sont adoptées dès 1956 dix thèses communes sur la Sainte Cène ; en 1957, les huit thèses dites d'Arnoldshain sont le résultat de dix années de travail entre théologiens allemands ; en 1959, les Églises de Westphalie concluent que les différences confessionnelles ne justifient plus leur séparation. Parallèlement, un dialogue européen s'est engagé à partir de 1955 : il aborde successivement la question de

---

68 Roger Mehl, *Le Protestantisme français dans la société actuelle*, Paris, 1982, p. 66.
69 Roger Mehl, *Le Protestantisme français dans la société actuelle*, Paris, 1982, p. 66.
70 Roger Mehl, *Le Protestantisme français dans la société actuelle*, Paris, 1982, p. 68.

l'autorité de l'Écriture Sainte (1957), de la présence du Christ (1958), du baptême (1959) et de la Sainte Cène (1960). Ces rencontres, si elles rapprochent les points de vue, ne débouchent pas sur des textes d'accord, à la différence des entretiens de Schauenburg qui leur succèdent de 1964 à 1967 et aboutissent à des thèses sur la Parole et la présence de Dieu, la loi et la confession de foi.

Dans cette lignée, entre 1969 et 1973 se réunissent à Leuenberg (Suisse) des délégués des Églises luthériennes, réformées, unies, vaudoises et moraves d'Europe. Ils rédigent un projet de consensus sur la « compréhension de l'Évangile » ; ce texte, appelé *Concorde en vue d'un modèle de communion ecclésiale*, est définitivement adopté en mars 1973. Il affirme que les condamnations exprimées dans les confessions de foi à l'époque de la Réforme ne concernent plus la doctrine dans son état actuel et que les différences importantes qui subsistent dans les rites, la piété et la discipline des Églises signataires n'entraînent pas une séparation. Dès lors, la « Concorde de Leuenberg » établit la reconnaissance de la « communion de chaire et d'autel », c'est-à-dire l'intercélébration et l'intercommunion. Elle offre ainsi la possibilité du passage d'un pasteur d'une institution à l'autre, dans un accord commun sur la prédication de l'Évangile (annonce de la libre grâce de Dieu) et sur l'administration des sacrements (lieu où la justification en Christ est accordée aux humains).

Revenant sur les dissensions du passé pour régler les vieux contentieux à propos de la Cène, de la christologie et de la prédestination, le texte incite les Églises à réaffirmer de façon forte les convictions réformatrices, sans toutefois absolutiser leur propre identité afin de ne pas les rendre imperméables aux autres traditions issues de la Réforme. Ce faisant, la communion ecclésiale ainsi élaborée ne suppose ni structures ni confessions de foi communes : luthériens et réformés conservent une compréhension différente du rôle herméneutique d'une confession comme des ministères (les luthériens penchent pour l'unicité du ministère, tandis que les réformés sont attachés à la pluralité des ministères).

La Concorde n'envisage pas la création d'une Église protestante européenne, même si elle se double de la constitution d'un « Comité de continuation » de structure légère[71]. Mais ses conséquences ne sont pas négligeables : en Allemagne fédérale, elle est ressentie comme une

71 Devenue trente ans après, en 2003, « Communion des Églises protestantes d'Europe » (C.É.P.E.).

clarification de la notion de membre d'Église ; un fidèle de l'Église évangélique d'Allemagne E.K.D. qui change de lieu de résidence devient automatiquement membre de l'Église (luthérienne, réformée ou unie) du *Land* où il s'est établi. En France, les pourparlers de Leuenberg incitent les « quatre bureaux » à se transformer en 1972 en une instance plus formelle, qui prend le nom de Conseil permanent luthéro-réformé (C.P.L.R.).

Ce Conseil permanent, où chacune des quatre Églises est représentée par quatre délégués, se réunit trois fois par an et organise tous les quatre ans une « assemblée commune » élargie. La raison d'être du C.P.L.R. français est de manifester la pleine communion des Églises-membres, et son action est orientée dès la création dans deux directions : les relations internationales et œcuméniques d'une part (avec les Alliances mondiales luthérienne ou réformée, avec le Conseil Œcuménique des Églises, avec le catholicisme), la formation continue des pasteurs d'autre part.

La stratégie des petits pas a instauré une collaboration de plus en plus intense entre luthériens et réformés, particulièrement en Alsace où les deux Églises publient en mai 1980 un document d'étape important, intitulé *Éléments d'une mission commune pour l'É.C.A.A.L. et l'É.R.A.L.* « Le degré d'activités communes auquel nous sommes arrivés, le consensus théologique que nous constatons, la diversité que nous retrouvons dans chacune de nos Églises, ainsi que les nombreux défis de la société moderne, tout nous incite à envisager notre avenir en fonction d'une mission commune », affirment les deux Églises alsaciennes qui assument désormais, non plus seulement une concertation ou une entraide, mais bien l'exercice d'un même ministère pastoral autour de la mise en commun de leurs ressources humaines. Conformément aux engagements pris dans la Concorde de Leuenberg, la C.P.L.R. se lance dans une nouvelle réflexion théologique, qui conduit à une compréhension commune de la Sainte Cène et à l'adoption des thèses dites du Liebfrauenberg en mars 1981.

Les deux décennies 1960 et 70 ont donc considérablement modifié les rapports entre luthériens et réformés, mais les quatre Églises semblent pour l'heure être allées au bout de la logique de rapprochement. La marche vers l'union reprendra vingt ans plus tard.

DANS LES TURBULENCES DES ANNÉES 1960

Au-delà même de la question œcuménique, le parallèle avec le catholicisme est particulièrement intéressant pour les années 1960. En effet, alors que le protestantisme n'a pas convoqué de concile pour se réformer, il est étonnant de constater qu'il connaît pourtant une période critique semblable à la « crise catholique[72] ». Une crise faite de remises en cause et de contestations internes : l'É.R.F. est prise dans les turbulences des bouleversements des années 1960.

LA CONTESTATION DES MOUVEMENTS DE JEUNESSE

La première crise à laquelle est confrontée l'É.R.F est celle de ses mouvements de jeunesse. La jeunesse estudiantine se trouve en porte-à-faux avec « la société bloquée », selon l'expression du sociologue Michel Crozier[73]. « Elle a le désir de vivre intensément l'aujourd'hui[74] » et s'interroge sur la validité de la société de consommation dans laquelle elle grandit.

Dès 1963 « l'Alliance des équipes unionistes », qui regroupe la plupart des mouvements de jeunesse protestants, est l'objet de tensions. La direction de l'Alliance et le président de la « Fédé » étudiante, le pasteur Georges Casalis, souhaitent faire évoluer la structure en une « Alliance intégrée » qui ferait disparaître les mouvements traditionnels (scouts, étudiants...) dans une unité globale divisée selon les tranches d'âge ou les catégories socio-professionnelles (enfants, adolescents, étudiants, ruraux et jeunes travailleurs) ; la réforme serait aussi l'occasion d'engager l'ensemble de la jeunesse dans la théologie du monde. Mais des étudiants de la « Fédé » ont d'autres aspirations, plus proches d'une « théologie de la Parole » qui rejette toute norme imposée ; ils tolèrent de moins en moins d'être encadrés par des « anciens » qui ont parfois largement la quarantaine (Georges Casalis a alors 46 ans ; le président de l'Alliance est Pierre Bruneton, directeur général d'une multinationale, âgé de 60 ans).

---

72 Denis Pelletier, *La Crise catholique*, Paris, 2002.

73 Michel Crozier, *La Société bloquée*, Paris, 1970.

74 Jean Baubérot, *Le Pouvoir de contester*, Paris, 1983, p. 36.

Ainsi, un processus d'incompréhension est en train de se creuser entre les étudiants et leurs « anciens », entre la « Fédé » et l'É.R.F. de manière plus générale. Le scandale éclate en décembre 1963 lorsque la revue des étudiants protestants, *Le Semeur*, fait paraître un « numéro zéro » contestataire et provocateur qui développe une critique virulente du protestantisme établi. Les rédacteurs entendent dénoncer la bonne conscience et le conformisme d'une morale protestante « centriste », c'est-à-dire ni vraiment conservatrice ni vraiment novatrice, et remettent en question la morale sexuelle de l'époque[75]. La polémique engendrée suscite des réactions radicales : l'équipe de rédaction est démise de ses fonctions par G. Casalis ; parmi elle, les étudiants en théologie sont convoqués devant la Commission des ministères pour s'expliquer, et plusieurs préfèrent renoncer à devenir pasteur plutôt que de se soumettre. La direction de l'É.R.F. n'arrive cependant pas à dégager une position unanime. Certains, comme le président du Conseil national Pierre Bourguet ou le président de la Commission des ministères Éric Barde, souhaitent que des mesures soient prises ; d'autres, comme le secrétaire général Albert Gaillard ou André Dumas, enseignant à la Faculté de théologie de Paris, désirent un dialogue avec cette jeunesse qui interpelle l'Église : il « faut chercher une discussion sur le fond » et non « tuer deux ou trois têtes brûlées », estime A. Dumas.

Mais les sanctions tombent : la « Fédé » se retrouve marginalisée, perd ses soutiens financiers et institutionnels, vole en éclats et disparaît pour un temps ; l'É.R.F. décide de créer ses propres aumôneries universitaires et de ne plus subventionner l'Alliance, qui disparaît elle aussi. Une crise parmi tant d'autres d'ailleurs, qui annonce celle de mai 68. La comparaison avec la crise que traversent les mouvements étudiants catholiques ou communistes au même moment est frappante[76] : la JEC (Jeunesse Étudiante Chrétienne) perd la moitié de ses membres en dix ans (de 20 000 à 10 000 adhérents) ; de même, les Scouts et Guides de France catholiques perdent la moitié de leurs effectifs sur cette période.

75 Voir Jean Baubérot, « Un exemple de mise en question des institutions ecclésiastiques, la revue *Le Semeur* et la "crise" de "L'Alliance des Équipes Unionistes" », dans Roger Mehl (éd.), *Crises et mutations institutionnelles dans le protestantisme français*, Paris, 1972, p. 37-60. Voir également *Depuis cent ans... la Fédé 1898-1998*, numéro hors série de *Libre Sens*, CPED, 1998.

76 Claude Prudhomme, « Les jeunesses chrétiennes en crises (1955-1980) », dans Denis Pelletier (éd.), *À la gauche du Christ*, Paris, 2012, p. 323-349.

Mais « vu les dimensions réduites du monde protestant, l'hémorragie se révèle encore plus dramatique et peut entraîner une quasi-disparition », note Gérard Cholvy[77]. Les travaux sur le scoutisme protestant[78] et sur les Unions Chrétiennes de Jeunes Gens[79] convergent en effet pour décrire des mouvements qui apparaissent à la fois de plus en plus éloignés de leurs instances de tutelle ecclésiales et de moins en moins en phase avec les attentes juvéniles. On s'interroge sur la légitimité religieuse des associations de jeunes. Les mouvements protestants de jeunesse en Alsace ne font pas exception, même si la baisse des effectifs y est moins forte que dans le reste de la France. Les transformations pédagogiques et structurelles, la mise en œuvre de la mixité n'y changent rien. En 1970 les deux branches masculine et féminine du scoutisme protestant fusionnent au sein de la Fédération des éclaireuses et éclaireurs unionistes de France (FEEUF), mais les réformes engagées depuis 1965 ne font qu'entretenir une crise longue et une chute des effectifs. Même les titres de la presse enfantine sont touchés, à l'exemple du journal *Grain de Sel* qui disparaît en 1965. Le « temps des copains » se substitue au temps des mouvements.

Cette remise en cause des institutions ecclésiastiques soulève surtout, pour les étudiants de la Fédé, deux débats éthiques : outre la question de la libération de la sexualité, le groupe du *Semeur* reproche aux Églises, après la guerre d'Algérie, leurs compromissions.

En effet, certains membres de la « Fédé » et du mouvement « Jeunes Femmes » affirment la possibilité de vivre autrement leur sexualité. Les brochures publiées par l'É.R.F. à destination des adolescents et des jeunes adultes, *Avant le mariage* (1957) ou *Amour et fiançailles* (1960), paraissent bien obsolètes[80]. L'un des articles du fameux « numéro zéro » propose par exemple « une éthique sexuelle relationnelle subordonnée à la réussite du couple, qui n'implique pas forcément une exclusivité des

77 Gérard Cholvy, *Histoire des organisations et mouvements chrétiens de jeunesse en France (XIXe-XXe siècles)*, Paris, 1999, p. 333.

78 Arnaud Baubérot, « Le protestantisme malade de sa jeunesse », *Études théologiques et religieuses*, 76, 2001, p. 247-264 ; « Le scoutisme est-il soluble dans le protestantisme ? », *B.S.H.P.F.*, 154, 2008, p. 289-295 ; « La jeunesse protestante, entre Églises et mouvements », dans Sébastien Fath (éd.), *La Nouvelle France protestante*, Genève, 2011, p. 181-193. Alain Morley, *L'Aventure du scoutisme unioniste : 1909-1970*, Paris, 1999.

79 Bernard Charles, *Les Unions chrétiennes de jeunes gens 1855-2005*, Lyon, 2009.

80 Jean Baubérot, « Éthique sexuelle : consensus ou pluralisme ? » dans *Églises et groupes religieux dans la société française*, Strasbourg, 1977, p. 168.

relations sexuelles ». Georges Casalis n'y voit qu'un « désir adolescent de scandaliser le bourgeois, une obsession sexuelle envahissante… ».

Mais cette contestation au sein des mouvements de jeunesse, et plus particulièrement en ce qui concerne les étudiants, n'est pas sans lien avec le contexte politique[81]. « Cette crise a en grande partie son origine dans les événements qui ont marqué la fin de la guerre d'Algérie », écrit Jean Baubérot[82]. La Guerre d'Algérie et l'envoi du contingent ont en effet laissé une profonde empreinte sur les jeunes générations, cristallisant souvent un engagement à gauche. On attendait des Églises une plus grande audace prophétique : bien des appelés en Algérie ont ressenti un « isolement très éprouvant », notamment par rapport à la communauté de l'Église ; la « Fédé » prend position en faveur de l'indépendance algérienne, ce qui dégrade ses relations avec l'É.R.F. ; mais la très large approbation du référendum de 1962 sur l'indépendance de l'Algérie conforte les positions engagées : les générations des pasteurs et laïcs au pouvoir s'en trouvent « discréditées ».

Un double éloignement se produit : pour les autorités de l'É.R.F., il faut attendre l'émergence d'une nouvelle génération de jeunes pour remplacer la « génération perdue de la Guerre d'Algérie » ; pour les jeunes étudiants des années 1960, la prise de distance vis-à-vis des Églises les conduit vers d'autres engagements politiques. Un clivage profond s'établit et la tension entre l'É.R.F. et les mouvements de jeunesse est perceptible pendant près de trente-cinq ans. Entre 1966 et 2002, aucun Synode national n'adopte de texte portant sur la jeunesse, de moins en moins encadrée[83]. À la sécularisation progressive des mouvements (la FEEUF ne se dit plus que d'inspiration chrétienne et d'origine protestante), répond le silence, voire le désintérêt croissant, des Églises et des pasteurs.

81 *Les Protestants et la Guerre d'Algérie*, éd. André Encrevé, numéro thématique du *B.S.H.P.F.*, 150, 2004. Voir aussi Geoffrey Adams, *The Call of conscience. French protestant responses to the Algerian War, 1954-1962*, Waterloo (Ontario), 1998 ; Pierre Bolle, « Le protestantisme français et la guerre d'Algérie », dans François Bédarida (éd.), *La Guerre d'Algérie et les chrétiens*, Paris, 1988, p. 117-150.

82 *Depuis cent ans… La Fédé*, 1998, p. 91.

83 Arnaud Baubérot, « La jeunesse protestante, entre Église et Mouvements », dans Sébastien Fath (éd.), *La Nouvelle France protestante*, Genève, 2011, p. 191.

PENSER L'ÉVOLUTION DE L'ÉTHIQUE SEXUELLE ET FAMILIALE : UNE POSITION ORIGINALE

L'É.R.F. est également bousculée par la grande mutation des comportements. Les années 1960 marquent la fin du *baby-boom* et des familles telles qu'elles ont été vécues depuis la guerre : des familles agrandies, des mariages plus nombreux, une famille hiérarchisée selon le modèle bourgeois. Or le centre de gravité de la famille se déplace et le conformisme moral qu'exerçait la société sur les mœurs se relâche. Le droit de la famille est profondément réformé à compter de 1965 pour ce qui touche le mariage, la filiation, le divorce. La loi de 1966 sur l'adoption accorde le droit à une personne seule, en quête de bonheur, d'adopter un enfant sans que l'enfant puisse savoir qui sont sa mère et son père biologiques pour la paix des familles. La contraception est autorisée par la loi Neuwirth en 1967, même si les couples savaient depuis longtemps limiter les naissances par des méthodes naturelles. L'interruption volontaire de grossesse est autorisée par la loi Veil en 1975. Séparant procréation et plaisir, ces lois deviennent l'instrument de libération de la femme qui peut librement disposer de son corps. Le couple n'est plus destiné à la reproduction, il est d'abord fusion de deux êtres qui n'envisagent pas de s'engager définitivement. Le Code Napoléon établissant la puissance maritale et paternelle est réécrit, et la loi sur le divorce de 1975 introduit le consentement mutuel. À partir de 1972, le nombre de mariages et de naissances diminue ; le concubinage et la cohabitation se développent ; le nombre d'enfants nés hors mariage augmente.

Le théologien André Dumas[84] fait figure de pionnier en ces domaines éthiques, regrettant que la réflexion théologique soit trop souvent en retard sur les mœurs et les connaissances : limitation des naissances, avortement thérapeutique, accouchement sans douleur, différence entre homme et femme, pénétration technique des consciences, euthanasie, peine de mort… le chrétien n'aurait-il rien à dire ? A. Dumas estime qu'au contraire « le christianisme lui-même offre, croyons-nous, un antidote à ces concrétions moralistes, qui transforment continuellement la liberté, l'actualité, l'humanité de ses exigences en un système d'observances

84 Pierre-Yves Kirschleger, « Le moment André Dumas », dans Dominique Avon (éd.), *Un nouvel âge de la théologie ? 1965-1980*, Paris, 2009, p. 257-269.

intouchables, substituant ainsi à la foi la religion ». Il intervient dans les débats sur la sexualité, sur la contraception, sur le planning familial : en 1965, il publie *Le Contrôle des naissances, opinions protestantes*. Aux yeux de Dumas, aujourd'hui l'homme est libre, bien davantage que dans les siècles précédents où la continuité des règles et des mœurs, la stabilité des vertus et des institutions masquaient la liberté et le choix éthique. L'époque appelle donc une morale proprement humaine de la responsabilité.

Tandis que l'Église catholique interdit en 1968 la contraception chimique par l'encyclique *Humanae vitae*, refusant une sexualité sans reproduction, l'É.R.F. laisse une marge d'appréciation à ses fidèles selon le principe d'une éthique de conviction et de responsabilité. En 1956 et 1964, l'É.R.F. admet la légitimité « d'un certain contrôle des naissances » pour les couples mariés. Le mariage est précisément le thème choisi pour le Synode national de 1967 : le but du mariage n'étant pas seulement la procréation, le couple peut en conscience utiliser des méthodes contraceptives. « On ne se marie pas en vue d'une fin, d'un but commun. On ne se marie pas pour avoir des enfants, ni même pour s'aimer. On se marie parce qu'on s'aime », selon les termes du rapport présenté au Synode. Lors de la création du Planning familial en 1960, la majorité des hôtesses d'accueil sont d'ailleurs des protestantes, en raison de la condamnation catholique et des réserves de certaines féministes. L'É.R.F. ne s'oppose pas aux procréations médicalement assistées en cas de stérilité. En 1972, la Fédération protestante de France décide d'ailleurs d'alerter l'opinion publique sur les retards de publication des décrets d'application de la loi Neuwirth. À deux reprises, en 1971 et 1973, la Fédération protestante de France prend position en faveur de la libéralisation de l'avortement « dans des cas limités » : la dissociant clairement de la question de la contraception, elle estime que l'avortement peut être un moindre mal devant des grossesses « qui seraient soit menaçantes pour la santé physique et psychique de la mère, soit menacées dans leur propre viabilité future ». Pour faire avancer le projet législatif, la Fédération protestante transmet ses deux déclarations au Garde des sceaux. Pour approfondir la réflexion en ces domaines, elle publie en 1975 une brochure sur *La Sexualité. Pour une réflexion chrétienne*. Et en 1977, l'É.R.F. choisit comme thème synodal *L'Éthique sexuelle et familiale*.

Marqués par un esprit individualiste, les couples ne se marient plus, même s'ils ont un ou des enfants. Le mariage n'étant pas un sacrement, l'É.R.F. admet le divorce, accueille même les concubins (décision du Synode national de 1983). La question de la reconnaissance de l'homosexualité commence à se poser.

L'É.R.F. accompagne donc l'évolution de la société française en matière de mœurs, tout en s'efforçant de développer une réflexion originale. Ces positions contribuent d'ailleurs à attirer certains catholiques, alors que leur propre Église défend la morale traditionnelle. Car le protestantisme marque bien ici une rupture avec le passé, avec l'austérité « puritaine ». Mais cela ne se fait bien sûr pas sans débats. D'un côté, le mouvement « Jeunes Femmes », souhaitant aller plus loin, rompt toute attache avec le protestantisme et devient en 1969 un mouvement d'éducation permanente totalement indépendant des Églises ; seule une branche du mouvement, sous le nom de « Groupe Orsay », poursuit son compagnonnage avec le protestantisme. De l'autre, la déclaration d'avril 1979 de la Faculté de théologie réformée d'Aix-en-Provence s'insurge contre ce qui est perçu comme une dérive, sur la pente d'un relâchement des mœurs : ce texte réaffirme ainsi que « de la conception à la naissance, l'enfant est l'objet de la providence particulière de Dieu qui le prépare à son existence post-natale » et que « l'avortement est un meurtre ». Or, parmi les signataires se trouvent quelques personnalités-phares de l'É.R.F. : le pasteur Pierre Courthial, le philosophe Jean Brun, professeur à l'Université de Dijon, et l'historien Pierre Chaunu, professeur à la Sorbonne.

Mais les turbulences que doit affronter l'É.R.F. ne se limitent pas aux questions d'éthique sexuelle : dans le domaine politique également, les années 1960 apportent leur lot de changements.

À GAUCHE TOUTE ?

Depuis les affrontements avec le pouvoir totalitaire nazi (symbolisés par la déclaration de Barmen en Allemagne et celle de Pomeyrol en France) et la fin des empires coloniaux, l'É.R.F. estime devoir témoigner dans le champ politique, notamment face aux abus des pouvoirs qui aliènent l'homme. La politisation du christianisme semble irrésistible dans une époque de foisonnement des idéologies.

Dès 1960, le pasteur Georges Casalis souligne l'inflexion, à l'Assemblée générale du protestantisme français réunie à Montbéliard, dans son rapport sur les « tâches d'avenir des Églises protestantes en France » en vue « d'apporter un témoignage commun dans la nation » :

> Il est capital de crever le cercle de l'individualisme piétiste, d'ouvrir sur le monde notre psychologie de ghetto, de prêcher et d'enseigner qu'on est chrétien dans toute sa vie. [...] Aussi bien les questions de la justice, de la vérité, de la liberté, de la paix, sont-elles directement en rapport avec la Parole. [...] Nous sommes en train de découvrir qu'un témoignage systématique apolitique n'est pas vraiment évangélique[85].

La Fédération protestante de France choisit, significativement, des thèmes « engagés » pour ses assemblées générales : « Une Église pour le monde » (1963), « À la recherche de formes nouvelles d'une Église pour les autres » (1966), « Quel développement et pour quel homme ? » (1969). Dans l'É.R.F., on parle de « présence au monde ».

Membre du COE, l'É.R.F. est influencée par celui-ci : à son contact, elle découvre la solidarité avec le tiers-monde, le soutien aux luttes des peuples colonisés et la critique de l'Occident colonialiste et capitaliste, la dénonciation de l'impérialisme américain, la recherche d'autres modèles de développement. La conférence missionnaire tenue en 1962 à Mexico sous l'égide du COE met davantage l'accent sur l'aide au développement que sur l'évangélisation. Le COE crée en 1966 un département « Église et société » qui, après le choc de la décolonisation, met en exergue la « théologie de la Révolution » contre le néo-capitalisme. La première conférence organisée par ce département a pour titre : « Les chrétiens dans les révolutions techniques et sociales de notre temps ». Les délégués de l'É.R.F., André Philip, André Dumas, Jacques Ellul et Claude Gruson, y côtoient les délégués des Églises du tiers-monde qui forment la moitié de l'assemblée et découvrent la vitalité des Églises non occidentales. La presse protestante française se fait largement l'écho de cette conférence.

Lors de l'assemblée de la Fédération protestante de France de 1969, un groupe composé essentiellement d'invités des jeunes Églises d'Afrique et d'Océanie fait adopter une motion encourageant les Églises françaises « à s'interroger sur les rapports de fait qu'elles entretiennent avec les pouvoirs économiques et politiques en place, et qu'elles se demandent quelles relations correspondraient réellement à leur mission ». La Fédération protestante confie alors à une commission le soin de rédiger un document

85 *Assemblée générale du Protestantisme français* (Montbéliard), 1960, p. 70-71.

de réflexion ; cette dernière est composée de six personnes : deux laïcs et quatre pasteurs, qui se répartissent du point de vue des appartenances confessionnelles en quatre réformés, un luthérien et un membre de la Mission populaire. Ce sont Claude Gruson, ancien directeur général de l'INSEE et membre du directoire de la Compagnie bancaire, Pierre Bruneton, directeur de L'Air liquide, Jacques Lochard, secrétaire général du *Christianisme social* et chargé de mission en milieu urbain, Georges Velten, pasteur de la Mission populaire puis de la Mission de l'industrie de la région parisienne, le pasteur Georges Casalis et le pasteur luthérien Albert Frey.

Le texte intitulé *Églises et pouvoirs*, envoyé en novembre 1971 pour étude aux paroisses, œuvres et mouvements protestants, devient dans l'opinion publique un « événement » : perçu comme une « encyclique » protestante, un énoncé normatif, il semble marquer la politisation de l'Église[86]. Son retentissement s'étend à la presse internationale et des traductions sont aussitôt faites en allemand, en anglais, en japonais même. Jamais un document ecclésial protestant n'a eu autant d'écho. Lors du Synode national de 1972, le président du Conseil national de l'É.R.F. et vice-président de la Fédération protestante, Jacques Maury, en tire un bilan positif :

> J'y vois le signe que nous ne prenons guère garde d'ordinaire à ce que nous disons [...] ; ce qui a mobilisé l'attention de nombre de nos concitoyens, c'est l'impact que ce texte pouvait avoir dans le jeu politique des forces en présence dans notre pays. Mais quelle force politique représentons-nous ! [...] Fallait-il publier ce texte ? Je réponds oui.

Qu'affirme donc ce texte pour soulever un tel écho ?

« Le système et l'idéologie qui structurent la société dans laquelle nous vivons sont inacceptables dans leur état actuel. » « L'Église doit refuser radicalement la société telle qu'elle se présente actuellement, car son système et son idéologie sont incompatibles avec l'Évangile. » Les Églises « sont prisonnières du statu quo et ne prêtent qu'une oreille paresseuse au Dieu de la justice ». « Nous avons à retrouver le nerf de l'Évangile. »

86 Jean Baubérot, *Le Pouvoir de contester*, Paris, 1986. Yves Parrend, *Histoire de la Fédération protestante de France (1905-1991) à travers les Actes des Assemblées générales*, Thèse de doctorat, Université de Strasbourg, 2019, p. 528-533.

Exceptionnellement contestataires, ces thèses développent une critique radicale de la société, contre les puissants et contre les Églises. Puisque l'économie se situe « dans la sphère de la vigilance et du témoignage chrétien », les Églises devraient marquer leur solidarité avec les pauvres, œuvrer pour une plus grande justice et pour le maintien de la paix dans le monde… Le protestantisme semble bien vouloir se positionner « à la gauche » du Christ.

Églises et pouvoirs provoque un débat passionné. Le grand public n'a guère perçu la réflexion théologique implicite sous-tendant la critique du pouvoir politique et économique. Mais au sein du protestantisme, les clivages sont plus clairs. Les paroisses, qui sont alors à dominante piétiste ou évangélique, y sont peu favorables ; les œuvres et mouvements en contact avec les déshérités sont plus perméables au ton du texte. Dans le numéro spécial de *Foi et Vie*, Jacques Ellul, directeur de cette revue de tendance barthienne, approuve le document, estimant que le combat spirituel ne saurait être un désengagement, mais regrette l'absence de mention du quatrième « pouvoir », celui des *mass media*, et surtout de la « technique » en perpétuelle évolution. La revue *ICHTUS*, organe des évangéliques, rappelle dans un numéro spécial de 1972 que pour elle l'unique mission de l'institution est l'annonce de la Parole de Dieu ; le pasteur Pierre Courthial y présente une étude théologique insistant sur la distinction entre l'Église invisible « sans tache » et l'Église visible cléricalisée à réformer sans cesse.

Jean Baubérot a bien montré que cette stratégie révolutionnaire n'avait pas grande chance de réussir[87]. D'une part les études sur les orientations politiques des protestants indiquent qu'ils ne sont pas massivement de gauche, et même si les protestants votent alors majoritairement à gauche[88], il ne s'agit aucunement d'un vote pour un socialisme radical : les protestants ne sont pas révolutionnaires. Une crainte du politique s'inscrit durablement dans une partie des esprits réformés : lors de l'un de leurs colloques de Fontevraud au cours des années 1980, les Associations familiales protestantes lancent l'idée d'un moratoire de trois ans pendant lesquels les Églises et la Fédération protestante de France s'abstiendraient de toute déclaration dans le domaine politique ou socio-économique !

---

87 Outre le livre précédent, voir Jean Baubérot, *Le Protestantisme doit-il mourir ? La différence protestante dans une France pluriculturelle*, Paris, 1988.

88 Voir Patrick Cabanel, *Les Protestants et la République, de 1870 à nos jours*, Bruxelles, 2000.

On peut se demander s'il n'y eut pas alors une forte coupure entre les dirigeants et la base[89]. L'échec du journal *Horizons protestants* en est probablement une illustration. Le journal est en effet perçu comme porteur d'une idéologie politique de gauche ; Jacques Terme conteste ce point de vue des lecteurs mais le constat est sans appel : « Les orientations de l'équipe de rédaction étaient en porte à faux par rapport aux lecteurs[90]. » D'autre part, même les mouvements comme *Le Christianisme social*, dont Raoul Crespin a retracé l'histoire et le déclin[91], ne sont pas portés par ce courant : ils sont eux aussi touchés par la dispersion des adhérents et la désaffection vis-à-vis des organisations religieuses.

Affaiblie dans les années 1950 par l'exode rural et la dissémination géographique, l'É.R.F. subit de plein fouet la sécularisation qui touche toute la société française au cours des années 1960. Église de multitude qui se maintenait d'abord par héritage, elle doit affronter la crise de la transmission au sein des familles, l'individualisation des croyances et des pratiques qui fragilise les communautés, de même que la montée de l'indifférence religieuse. En favorisant le report des engagements hors des institutions ecclésiales vers le monde associatif, humanitaire ou politique, la prédication a peut-être aussi contribué à vider les Églises…

L'É.R.F. FAIT SA MUE : COMMENT ADAPTER SES STRUCTURES ?

Les hommes les plus influents de l'É.R.F. ont voulu changer le visage de leur Église, la rendre plus ouverte et participative, se tourner vers le monde et être à l'écoute de la société. Tout en restant un groupe

---

89 Comme le reconnaît Jacques Maury, interrogé par Jean-Pierre Richardot (*Le Peuple protestant français aujourd'hui*, Paris, 1980, p. 302). Pour un exemple local, voir Séverine Pacteau de Luze, *Les Protestants et Bordeaux*, Bordeaux, 1999, p. 210-218.

90 Jacques Terme, *Mutations et crises dans l'Église réformée de France*, Lyon, 2007, p. 98, 117. Jacques Terme associe en partie l'échec d'*Horizons protestants* à l'échec de *L'Illustré protestant*, son prédécesseur : John Garrett conteste cette analyse et souligne la bonne santé financière de *l'Illustré* en 1969-1970 (John Garrett, « Parole et image : *L'Illustré protestant.* Un témoin de l'évolution du protestantisme français au XXe siècle », *B.S.H.P.F.*, 151, 2005/2, p. 299-322.

91 Raoul Crespin, *Des protestants engagés, le Christianisme social 1945-1970*, Paris, 1993.

différencié, les réformés ont voulu s'engager dans la cité, dans un dialogue exigeant avec les marxistes et les non-croyants par exemple. Ce faisant, l'Église est amenée à s'interroger sur les formes de sa présence : la question de la diversité des ministères et plus généralement de la diversité des structures ecclésiales, posée dès les années 1950, s'affirme avec force dans la nouvelle décennie.

DE NOUVELLES STRUCTURES POUR UNE MEILLEURE « PRÉSENCE AU MONDE » ?

La Fédération protestante de France met sur pied en 1961 une Commission de sociologie religieuse avec la volonté d'inscrire les recherches faites dans une stratégie d'Église : elle lui fixe pour objectif de « connaître le peuple protestant », d'« étudier les comportements des groupes paroissiaux, l'évolution de leurs institutions, de leurs structures et de leur vie religieuse », mais aussi de « proposer des solutions et apporter aux paroisses des lignes directrices[92] ». Mais au sein de l'É.R.F., où la réflexion stratégique est engagée depuis 1945, le moment est venu de traduire cette dernière en décisions pratiques. Le Synode national de Valence en 1961 décide la mise en place de « ministères de formes nouvelles (pastoraux ou laïques, paroissiaux, extra-paroissiaux ou régionaux) » et de « formes nouvelles et diverses d'Églises locales ». La Pastorale nationale de Sète, l'année suivante, prend pour thème « La paroisse de demain », et le professeur Georges Crespy se demande : « Le protestantisme a-t-il un avenir ? » Cet avenir semble passer par la remise en question de la notion de paroisse territoriale.

Lors de l'assemblée générale de 1966 de la Fédération protestante de France, Paul Keller (1927-2015), pasteur de l'Église réformée de Grenoble, présente le rapport sur le thème *À la recherche des formes nouvelles d'une Église pour les autres*. Keller dresse d'abord un constat : il existe au sein du protestantisme deux courants qui l'ont longtemps structuré : le « courant paroissial traditionnel », le plus ancien, le plus organisé, mais qui s'est rétréci du fait de la sécularisation et n'arrive

92 Jean-Paul Willaime, « La sociologie du protestantisme en France. Des premières recherches aux travaux actuels », *Archives de sciences sociales des religions*, 43, 1977/1, p. 103-118. La Commission est supprimée en 1969 en raison, note Jean-Paul Willaime, de désaccords en son sein entre ceux qui veulent inscrire la recherche sociologique dans un projet pastoral et les autres, en raison peut-être aussi de la méfiance de certains pasteurs et fidèles craignant que la sociologie ne devienne normative dans l'Église.

plus à atteindre qu'une mince fraction de la population ; le « courant des Mouvements au sens large », dynamique, inventif, fluctuant, celui des mouvements d'adultes et des œuvres sociales. Keller propose alors un nouveau modèle, articulant des groupes multiples aux engagements divers, à partir d'une nouvelle relation entre l'Église et le Monde : l'Église est une réalité seconde, qui est là pour les autres, au service de la mission de Dieu. « L'Évangile est pour le monde, pour les peuples proches et lointains, pour les déshérités, pour la culture et la politique. » Le Synode national de 1968 s'inscrit dans cette ligne en affirmant qu'il faut sans doute « nous débarrasser de la notion de paroisse identifiée à l'Association cultuelle destinée à assurer les services d'un pasteur à la population protestante d'un endroit donné ».

Ce sentiment de l'insuffisance du régime paroissial s'accompagne de la recherche de nouvelles structures[93], plus souples, pour permettre une meilleure insertion dans la société. Le témoignage chrétien ne sera-t-il pas précisément mieux porté par des laïcs engagés et des clercs mieux inscrits dans la vie professionnelle et sociale ?

Les premiers centres régionaux ont souhaité répondre à cette évolution. D'abord orientés vers la formation des laïcs, ils s'ouvrent très vite aux non-chrétiens, sous l'appellation de « centres protestants de rencontres et de recherches ». Pour Isabelle Grellier, qui a consacré sa thèse à ces centres, ils sont « une tentative d'adaptation des paroisses à une société laïcisée[94] ». Si le premier du genre est le « Centre du Nord », créé dès 1951, c'est le Centre de Villemétrie, en région parisienne, qui va servir de référence. Animé par la figure charismatique du pasteur André de Robert jusqu'à son départ à la retraite en 1969, Villemétrie contribue au développement d'une réflexion théologique et éthique très riche, que reflètent les 75 numéros des *Cahiers* du centre publiés entre 1957 et 1969. Une seconde génération de centres locaux est créée à l'initiative de

93 Anne Dollfus, *L'Évolution des églises locales de Paris intra-muros dans l'Église réformée de France de 1970 à 2003*, Mémoire de maîtrise, Faculté de théologie protestante de Paris, 2005 ; Michel Wagner, « La stratégie de l'Église réformée depuis vingt ans », dans *Colloque sur l'évolution de l'É.R.F. dans la Région parisienne*, Paris, 1987, p. 24-30.

94 Isabelle Grellier, *Les Centres protestants de rencontre. Une tentative d'adaptation des paroisses à une société laïcisée*, Thèse de doctorat, Université des Sciences Humaines de Strasbourg, 1988. Voir aussi Daniel Galland, « L'évolution des Centres Régionaux au cours des vingt dernières années : du centre de formation des laïcs aux Centres de Rencontres et de Recherches », dans Roger Mehl (éd.), *Crises et mutations*, Paris, 1972, p. 18-36.

paroisses dans les années 1960 : le Liebfrauenberg (Bas-Rhin) en 1960, le Centre protestant de l'Ouest (à La Celle-sur-Belle) et Recherches et rencontres protestantes du Midi en 1961, Storckensohn (Haut-Rhin) en 1962, Études et rencontres Rhône-Alpes en 1964, le Centre protestant de rencontres de Pau en 1968, Centre Huit à Versailles en 1970.

Ils se définissent comme des centres de rencontres et de recherche rassemblant, non à partir d'une préoccupation religieuse et d'une appartenance confessionnelle, mais à partir de préoccupations sociales, culturelles ou professionnelles, et d'une interrogation sur le sens. Lieux de « libre parole », ils pratiquent une culture du questionnement et du débat, dans la confrontation entre une parole théologique et les interrogations contemporaines. Autogérés par les animateurs et les participants, ouverts à tous, les centres dessinent « une nouvelle figure de communauté-charnière entre l'Église et la société[95] ». Souvent marqués par la personnalité charismatique de leur animateur, les centres cristallisent une attente sociale, marquée par la vive conscience des mutations en cours, un désir de communication et une dimension d'utopie.

Mais des tensions, parfois vives, émergent entre les centres et les paroisses. Déclarés sous le régime de la loi de 1901 sur les associations, les centres ont en effet des structures différentes, un comité directeur propre, des activités spécifiques, et il peut se révéler difficile d'articuler leur présence avec les intentions de la paroisse, d'autant plus que certains d'entre eux sont portés vers une radicalisation politique, comme le Centre du Nord ou le Centre protestant de l'Ouest[96]. Pour dépasser ces difficultés, le Synode national de 1977 « exhorte » les entreprises nouvelles et les paroisses à développer « un vrai dialogue qui les fasse sortir de l'indifférence mutuelle » ; toute la vie de l'Église doit être repensée dans la perspective de l'évangélisation : « Ses cultes, ses liturgies, sa catéchèse [...] doivent être réévalués en sorte qu'ils soient autant d'occasions possibles de partager la bonne nouvelle de l'Évangile avec des hommes et des femmes n'en ayant pas encore fait la découverte[97]. » Le souhait est louable, mais n'est-ce pas précisément parce que ceux qui n'ont pas rencontré l'Évangile ne franchissent pas les murs des

95 Gérard Delteil, « Du rapport Keller au rapport Delteil », *B.S.H.P.F.*, 160, 2014/4, p. 860.

96 Jean-Pierre Charpie, « Le Centre Protestant de l'Ouest de 1961 à 1977. Lieu de recherche et de confrontation », *Parole et Société*, 1977, n° 3-4, p. 205-381.

97 *Actes du Synode national de l'É.R.F.* (Angers-La Pommeraye), 1977, p. 22-23.

communautés ecclésiales, ne participent pas à leurs cultes et catéchèses, que des lieux nouveaux de rencontres ont été fondés ? C'est l'une des difficultés que pointait le pasteur Keller dans son rapport de 1966 : les actions des paroisses sont le plus souvent orientées vers l'intérieur de l'Église, ne s'adressant qu'indirectement aux incroyants.

Outre dans ces centres de rencontres, les ministères spécialisés se font de plus en plus nombreux : dans les aumôneries universitaires, hospitalières ou carcérales, comme dans le monde de l'industrie (les Équipes ouvrières protestantes sont créées en 1963). Le Conseil national définit en 1966 trois priorités : la présence en milieu universitaire, l'évangélisation dans le secteur des loisirs et du tourisme, et la formation théologique, ce qui se traduit par la création de postes spécialisés. Ce développement se fait d'autant plus facilement qu'il répond aux aspirations des jeunes pasteurs et candidats au pastorat, qui cherchent d'autres voies que celles du ministère de paroisse. Selon les jeunes délégués présents à l'Assemblée générale de la Fédération protestante de France en 1963, l'Église reste introvertie et trop préoccupée d'elle-même… Sur 403 pasteurs ou assistants reçus comme tels dans l'É.R.F. de 1950 à 1965, 231 seulement exercent le ministère paroissial traditionnel en 1966. Jean Theis, ancien conseiller juridique de l'É.R.F., commente alors ces chiffres :

> Les 172 autres se livrent à des activités évidemment très intéressantes et très utiles mais cette situation n'en justifie pas moins le propos d'un pasteur cité dans le rapport présidentiel : « Paradoxalement, pour un pasteur en tout cas, le commencement de l'évangélisation, c'est de s'occuper des chrétiens. Car la première condition du témoignage, c'est qu'il y ait des témoins. » Que l'on soit obligé de rappeler une telle évidence dans un Synode national, commente Jean Theis, permet de mesurer l'actuel étiage de l'Église réformée de France. […] À se vouloir partout présente au monde, l'Église ne risque-t-elle pas de cesser de l'être aux chrétiens[98] ?

Cette interrogation révèle en effet le délicat problème de l'adaptation des structures d'une Église minoritaire en France, mais surtout morcelée, disséminée sur tout le territoire national, et désormais mouvante. Car la répartition démographique et géographique du protestantisme réformé est en train de se modifier considérablement. Les vieux terroirs protestants perdent leurs réserves humaines. C'est ce que le journaliste Jean-Pierre

98 Jean Theis, « Où va l'É.R.F. ? », *Tant qu'il fait jour*, juin 1966, p. VI.

Richardot, dans son livre *Le Peuple protestant français aujourd'hui* (1980), a appelé « le phénomène de Camarès ». Comment un village de l'Aveyron, qui était au début du XXe siècle à moitié protestant (700 protestants sur 1400 habitants), est-il en quelques décennies devenu entièrement catholique (9 cotisants à l'É.R.F. en 1980, soit 30 protestants en tout et pour tout en comptant les enfants) ? Des provinces entières jadis fortement ou partiellement protestantes se sont dépeuplées. Un roman raconte cela mieux que de longs discours : *L'Épervier de Maheux* de Jean Carrière. Prix Goncourt en 1972, l'un des romans les plus célèbres et les plus vendus de toute l'histoire de ce prix littéraire (plus de 2 millions d'exemplaires, des traductions en quatorze langues), le livre met en scène, du côté de Barre-des-Cévennes (Lozère), au-dessus du hameau de Mazel-de-Mort, la fin pathétique d'une famille, d'une civilisation paysanne et d'un terroir huguenot…

Or la difficulté pour mener à bien les adaptations nécessaires est que celles-ci doivent articuler deux plans différents : d'une part la question de la répartition des forces, c'est-à-dire des hommes et des charges financières ; d'autre part une réflexion théologique sur les définitions de l'Église locale, du ministère pastoral et du ministère laïque. Pour avancer plus sûrement sur cette voie et permettre à l'Église de « remplir son rôle de témoignage et d'évangélisation » mais « dans sa situation actuelle et réelle », le Synode national de 1961 décide de créer une « Commission de la stratégie », pour traduire en décisions « pratiques » la réflexion stratégique entreprise de manière informelle depuis plusieurs années déjà[99].

Est-ce la fin des Églises de clocher ? « La desserte des Églises locales devra donc être souvent élargie au plan cantonal ou consistorial », propose le pasteur P. Conord, rapporteur sur cette question, en tenant compte bien sûr de l'étendue, du relief, des moyens de communications, de la prédominance de disséminés ou de vacanciers, de sanatoriums, de l'existence de points de rassemblement… Bref, il faudra « de l'invention et de la souplesse ».

Pour mettre en œuvre cet élargissement de la notion de paroisse, le Synode national de 1962 réuni à Mulhouse décide d'expérimenter les « Églises consistoriales », pour faire évoluer les consistoires en unités stratégiques. En permettant la coordination de plusieurs paroisses et postes pastoraux, l'Église consistoriale se veut également une réponse

99 *Actes du Synode national de l'É.R.F.* (Valence), 1961 : Décision XL, p. 35.

à l'affaiblissement des Églises rurales : le travail en équipe offre une complémentarité des ministères et une mutualisation des moyens. Mais quatre ans plus tard, le pasteur B. du Pasquier fait le constat du silence des synodes régionaux sur la question : « Une omission sans doute volontaire mais regrettable, peut-être parce que l'expérience est en cours », laisse-t-il espérer. L'idée défendue par le pasteur Paul Keller dans son rapport à l'assemblée générale de la Fédération protestante de France en 1966 est proche : le lieu de l'Église locale ne devrait plus être défini par la population protestante à desservir sur un territoire donné ; il devrait correspondre à la notion économico-sociologique de *zone humaine*, puisque il s'agit de « mieux permettre à des chrétiens de servir de façon responsable la vie d'un secteur humain tel qu'il est donné ».

Rien ne semble se cristalliser autour de ces Églises consistoriales… L'É.R.F. s'oriente donc vers une autre piste, celle des régions. La réflexion nouvelle, lancée autour du thème synodal « Dévolution de l'autorité et autorité régionale » s'inscrit dans la perspective de réduire le nombre de régions ecclésiales (alors au nombre de quinze), pour constituer de « grandes régions ». L'objectif affiché est celui d'un rééquilibrage entre les zones urbaines et rurales, mais aussi d'une meilleure décentralisation de l'É.R.F. grâce à une définition plus claire du rôle des synodes et des conseils régionaux. Seule la région Provence-Côte d'Azur-Corse est maintenue à l'identique : les autres régions fusionnent et leur nombre total est ramené à huit lors du Synode national de 1969 (Nord-Normandie ; Région parisienne ; Ouest ; Sud-Ouest ; Cévennes-Languedoc-Roussillon ; Centre-Rhône-Alpes ; Est).

Mais une telle réforme ne va pas sans susciter des craintes et des critiques. Alors que la Discipline de 1938 confère au Synode régional le soin de « veiller à tous les intérêts de sa circonscription », les textes d'orientation de 1964 accordent au Conseil régional « la charge d'exercer collégialement le gouvernement de l'Église dans sa circonscription ». Certains craignent que les synodes régionaux ne soient plus que des organes de contrôle, et les Églises locales réduites à un rôle d'exécution…

En augmentant la charge de travail du président du Conseil régional, la décision rend nécessaire une décharge totale par rapport au ministère local. Président à temps plein, doté d'un secrétariat, associé à la direction nationale à travers la conférence des présidents, le pasteur qui assume cette charge n'est plus président *en* son Conseil : il exerce un pouvoir personnel, celui de « manifester dans un ministère personnel le caractère pastoral de l'autorité dans sa Circonscription ».

Lorsque le Synode national de 1964 approuve une motion d'« orientation » favorable à une structure hiérarchique de l'autorité régionale, le vote est acquis par 64 voix contre deux, mais avec 44 abstentions. Des voix s'élèvent pour s'alarmer de la mise en place d'un « épiscopat » protestant. Jean Kreitmann, délégué au Synode et vice-président de la Commission générale d'évangélisation de l'É.R.F., demande, provocateur : « L'É.R.F. sera-t-elle bientôt gouvernée par des évêques ? »

> Nos fidèles de nos Églises suivent généralement d'une oreille distraite les délibérations de leurs Synodes. Ils font confiance à ces doctes assemblées qu'ils estiment pleines de sagesse. Peut-être aussi l'intérêt de ces débats, qui se déroulent parfois dans un langage ésotérique, ne leur apparaît-il pleinement. Cette douce quiétude n'est pourtant pas sans risques. Elle peut conduire les héritiers spirituels des huguenots à se retrouver un jour sous la houlette d'évêques dans des Églises dotées d'une hiérarchie à la romaine[100].

Le rôle de « pasteur de pasteurs » est-il compatible avec l'égalité des pasteurs ? La *Confession de foi de La Rochelle* n'affirmait-elle pas que « tous les pasteurs, en quelque lieu qu'ils soient, ont même autorité et égale puissance » (article 30) ? Bernard du Pasquier, président du Conseil régional de la VIe circonscription (Aquitaine-Pyrénées), s'inquiète des dérives possibles d'un régime catholicisant : « Le président n'est pas "président de Région" mais seulement *président du Conseil régional* [...]. Il n'est qu'un pasteur de paroisse que le Synode régional a élu au Conseil régional et que les membres du Conseil régional ont appelé à leur présidence. Il ne serait pas bon qu'il soit déchargé de paroisse (comme c'est le cas dans certaines régions) car alors il aurait tendance à devenir évêque[101]. »

Loin de voir dans ces mutations un pas vers la décentralisation, certains redoutent une remise en cause du régime presbytérien-synodal, car les réformes de structures ont une dimension ecclésiologique : combien seront les délégués aux synodes des nouvelles régions ? La représentation de toutes les Églises locales sera-t-elle conservée, au risque de siéger avec deux cents délégués dans les grosses régions, ou les paroisses seront-elles représentées à tour de rôle, ce qui créerait une inégalité entre elles ?

---

100 Conférence donnée le 16 novembre 1965 au temple de Paris-Étoile.

101 *Le Christianisme au XXe siècle*, 14 mars 1957, p. 113.

Aucune modification ne sera apportée sur ce point, mais plusieurs constatent pourtant une centralisation de plus en plus pesante :

> Une grande partie du corps pastoral – dont je suis –, écrit en 1965 le pasteur François Gonin, a fait le gros dos sous cette dégelée de réformes, attendant que l'orage passe. [...] On a l'impression que tout se décide « en haut-lieu » et que les Synodes, chambres d'enregistrement, sont surtout l'occasion donnée aux opposants de se défouler, sans pouvoir influencer l'issue des débats, solidement tenus en mains par des rapporteurs et des modérateurs choisis de manière à éviter toute surprise. J'ai grande peur que, mieux la machine fonctionne, et plus la conscience huguenote s'abaisse[102] !

Le Synode national de 1967, tenu en trois jours, donne « l'impression de participer à un *marathon* tellement les heures étaient comptées pour aller au fond inépuisable de sujets si vastes », relève Frank Michaëli, professeur d'Ancien Testament à Paris. Il est vrai que l'activité d'un Synode national est soutenue : avant tout l'examen des rapports d'activité du Conseil national et des diverses commissions, puis l'approbation des comptes et du budget ; éventuellement l'examen d'un grand sujet ; enfin l'adoption de vœux divers. Les grands thèmes abordés au cours des Synodes nationaux se partagent en cinq catégories : les textes disciplinaires ; les questions théologiques fondamentales ; les questions ecclésiologiques (telle la diversité des ministères) ; la politique extérieure de l'É.R.F., notamment dans ses relations avec le catholicisme ; enfin les questions éthiques (l'Église à l'ère nucléaire, la sexualité...).

Rendant compte des débats pour les lecteurs du *Christianisme au* XXe *siècle*, Frank Michaëli pointe deux défauts majeurs du fonctionnement synodal : d'une part le juridisme « étonnant » des protestants, qui se laissent emporter dans des discussions de détails sur un mot ou une phrase ; d'autre part le silence de l'immense majorité des délégués, les discussions n'étant engagée que par une quinzaine de personnes, professeurs et théologiens. « Comment le porte-parole du simple fidèle ne se sentirait-il pas quelque peu gêné de faire entendre sa voix après l'audition de tels *ténors* et comment la tonalité générale des séances ne serait-elle pas marquée par un certain *intellectualisme*[103] ? »

Jean Theis, ancien conseiller juridique de l'É.R.F., se demande en juin 1966 « Où va l'Église réformée de France ? ». Le Synode national siège en

102 François Gonin, « Confession pastorale. À usage privé », document inédit.

103 Frank Michaëli, « Le Synode national », *Le Christianisme au* XXe *siècle*, 11 mai 1967, p. 250.

effet en session extraordinaire et non publique, à la suite de la découverte d'une irrégularité de toutes les décisions synodales prises depuis 1962, à commencer par l'admission avec voix délibérative (et non pas consultative) de représentants de l'É.R.A.L. et des œuvres protestantes sans mandat, ainsi que d'associations cultuelles en période d'essai de cinq ans.

> [Ces procédures, écrit Jean Theis,] rappellent fâcheusement celles de feue la Sacrée congrégation du Saint-Office. Le Conseil national a décidé : huguenots français, inclinez-vous. [...] Cela témoigne, encore qu'on s'en défende sans cesse, du glissement vers le cléricalisme de notre vie ecclésiale. Preuve en est aussi l'importance que prennent les pastorales. [...] Ces rassemblements pastoraux périodiques en sont venus à devenir des organes de décision. Combien de fois, dans les conseils presbytéraux, n'entendons-nous pas dire : il a été décidé en pastorale que... Ainsi disparaît peu à peu le régime presbytérien : il devient celui des clercs[104].

Certains s'inquiètent notamment de la « procédure prioritaire » à la disposition du Conseil national qui ouvre la possibilité d'enlever aux conseils presbytéraux le droit de choisir leurs pasteurs. François Gonin décèle lui aussi un cléricalisme larvé, qui tend à donner un esprit « fonctionnaire » aux pasteurs et de démission aux responsables locaux, qui crée un fossé entre les initiés à la vie ecclésiastique et le peuple des fidèles.

Dans le domaine de l'information, le journal *Horizons protestants* créé en décembre 1971 témoigne de la même tendance à la centralisation. Si l'objectif était de développer un lien de communication entre les régions de l'É.R.F. à travers un journal commun pour la partie générale et un supplément régional pour les chroniques spécifiques, *Horizons protestants* est dès sa naissance perçu comme un magazine « national » développé au détriment des journaux régionaux existants. Deux des huit régions n'adhèrent d'ailleurs pas au projet (Cévennes-Languedoc-Roussillon et Nord-Normandie). Au lieu d'apparaître comme un organe de presse populaire et de proximité, le nouveau journal est identifié à l'Église, « porte-parole officieux de l'É.R.F. » et de ses engagements : le contenu est jugé, d'après les réactions des lecteurs, trop intellectuel, trop orienté théologiquement et politiquement sous l'influence de la théologie du monde alors en vogue. Dès lors, la greffe d'*Horizons protestants* sur les journaux régionaux ne prend pas : le tirage s'effrite, chutant à 33 200 exemplaires en janvier 1975 ; la

104 Jean Theis, « Où va l'É.R.F. ? », *Tant qu'il fait jour*, juin 1966, p. VI.

décision est prise de liquider le magazine, dont le dernier numéro sort en décembre. Les mensuels régionaux reprennent leur autonomie.

Ayant perçu ce sentiment de malaise quant au renforcement de l'Église-institution, le pasteur Albert Gaillard rédige une *Note confidentielle pour le seul usage des membres du Conseil national* en octobre 1967. Il pointe de manière précise « la crainte viscérale de l'arbitraire du "pouvoir central" », conséquence d'une survalorisation historique du régime presbytérien-synodal. Mais le paradoxe est que Gaillard fait pour sa part, au contraire, le constat d'une « paralysie » de l'É.R.F. :

> Notre système de conseils et de commissions est trop complexe et trop lourd à manier dans le cadre restreint d'une Église qui n'a que 500 ministères professionnels et guère plus de 30 000 membres communiants. Quand on compare la situation actuelle avec celle d'il y a 30 ans, on est obligé de constater que la structure de l'É.R.F. est beaucoup plus lourde que celle des anciennes unions nationales d'avant 1938 et qu'elle s'est alourdie progressivement depuis 1938. [...] La consommation d'hommes qui en résulte – sans parler des frais de fonctionnement, la lourdeur de l'appareil [...], tout cela conduit à une dilution des responsabilités et une paralysie progressive de l'exécutif[105].

Pour A. Gaillard, le Synode national se trouve aujourd'hui dans l'incapacité d'exercer des fonctions de contrôle, d'arbitrage et même de décision en raison du « manque d'information et de l'encombrement des sessions ». Il préconise, pour remédier à cette situation, de confier une tâche de contrôle permanent à une Commission des affaires générales totalement indépendante, où ne pourraient siéger ni les membres des commissions synodales ni les présidents des conseils régionaux.

De manière plus générale, A. Gaillard s'inquiète des structures vieillies et inadaptées, qui desservent l'É.R.F. plus qu'elles ne la servent désormais en bloquant les évolutions nécessaires.

COMMENT ADAPTER LE MINISTÈRE PASTORAL ?

Les structures ne sont pas le seul pilier de l'É.R.F. à être bousculé. Le ministère pastoral est lui aussi secoué par les mutations des années 1960.

La décennie est d'abord marquée par une participation croissante des fidèles aux responsabilités. La présidence des conseils presbytéraux,

105 Fonds Albert Nicolas (O 28 Y/5), Bibliothèque de la Société de l'histoire du protestantisme français, Paris.

jusque-là réservée aux pasteurs, est ouverte aux laïcs : les statuts-types des associations cultuelles membres de l'U.N.A.C.E.R.F. adoptés en 1969 actent officiellement cette ouverture. La mesure se répand d'ailleurs très vite : presque tous les conseils presbytéraux sont, quarante ans plus tard, présidés par les laïcs. La place grandissante des prédicateurs laïques est non seulement le signe d'une nouvelle implication des fidèles, mais aussi la réponse à la vacance des postes pastoraux et à la dissémination des communautés. Le Synode national de Saint-Jean du Gard, en 1964, marque la reconnaissance du ministère des prédicateurs laïques, bénévoles, qui peuvent assurer les cultes, les enterrements, la célébration des sacrements avec un mandat. En découle naturellement l'essor des sessions de formation des prédicateurs laïques.

Le premier bouleversement qui à proprement parler touche le ministère pastoral est, comme nous l'avons vu plus haut, celui du ministère féminin. En 1964, l'É.R.F. ne compte qu'une femme-pasteure, consacrée en 1949 à titre exceptionnel. Des écoles d'évangélistes forment pourtant depuis 50 ans plusieurs centaines de femmes : beaucoup ont épousé des pasteurs, d'autres ont été missionnaires, évangélistes, assistantes de paroisse, secrétaires ou directrices d'œuvres ; elles ont accompli des ministères complets non reconnus par l'Église. Le corps pastoral n'est alors pas habitué à travailler en équipe, et les postes féminins sont temporaires et instables, les délégations pastorales étant accordées pour un an.

Mais l'É.R.F. peut-elle rester à l'écart du mouvement de promotion de la femme ? Une Commission d'études, constituée par le professeur Pierre Prigent et les pasteurs Jean-Jacques von Allmen, André Dumas, auteur d'un rapport destiné au COE, et Georges Casalis, mène en 1962 une réflexion sur la nature du ministère de l'Église et son mode d'existence dans le contexte contemporain. Le Synode national de 1962 décide de mettre à l'ordre du jour des prochains synodes régionaux la question du pastorat féminin. Le pasteur Éric Barde juge cette réflexion d'autant plus nécessaire que l'É.R.F donne l'impression d'être en retard par rapport aux Églises du COE et que le fait même de limiter l'exercice du ministère de la femme à un rôle auxiliaire serait une cause du tarissement des vocations féminines[106].

106 Éric Barde, « Le point de vue de la CDM », *Le Christianisme au* XX*e* *siècle*, 22 octobre 1964, p. 536-537.

Les débats révèlent des positions difficilement conciliables : le mouvement d'origine protestante « Jeunes Femmes » milite en faveur de l'accession des femmes au pastorat féminin dans l'É.R.F. Le pasteur Pierre Marcel, de tendance calviniste, dénonce non seulement l'entreprise hardie du COE de vouloir « transformer les mentalités » et notamment de vouloir libérer la femme, mais également de déformer arbitrairement le contenu des Écritures. Le professeur Jacques Ellul, membre du Conseil national de l'É.R.F., est pour sa part favorable au pastorat féminin dans la mesure où le ministère doit être envisagé sous un angle professionnel et non ontologique, mais Ellul exclut néanmoins toute possibilité pour les femmes d'un « ministère de direction, d'autorité et de coordination »...

Finalement, le Synode national de 1965 prend la décision d'ordonner des femmes au ministère pastoral « avec toutes ses attributions ». Le Synode précise qu'il ne peut être question que de ministère partagé dans les Églises urbaines ou consistoriales : c'est donc souvent par les ministères extra-paroissiaux que les femmes sont entrées dans le pastorat. La décision a une valeur éminemment symbolique et ne fait vraiment sentir ses effets que quarante ans plus tard. Cette rupture suscite surtout les craintes de voir s'accentuer les divergences avec l'Église catholique au moment même où un rapprochement commence à s'opérer – ce qui n'est pas sans réjouir certains, satisfaits de voir l'É.R.F. se démarquer une fois de plus du catholicisme...

Le second bouleversement révélateur est le malaise qui s'exprime au sein du corps pastoral, particulièrement intéressant car il est à l'intersection de plusieurs lignes de force : la crise théologique, une contestation des institutions ecclésiales et des évolutions sociales majeures.

Dès 1954, une enquête souligne le recul des vocations pastorales en milieu rural, ainsi que celui des vocations de fils de pasteurs, dont la proportion passe de 57 à 19 %. L'usure pastorale, la frustration, la faiblesse du salaire sont autant d'éléments saillants du malaise des pasteurs ; l'augmentation de la part des épouses de pasteurs qui cherchent une activité professionnelle en est un autre indice. Les candidats au pastorat cherchent d'autres voies que celles de pasteur de paroisse, alors même que la solution principale qui leur est proposée est la revalorisation du ministère traditionnel : le rapporteur du Synode national de 1957 s'étonne ainsi de « l'évasion » vers les ministères extra-paroissiaux nouvellement créés. C'est précisément la décennie 1960 qui va inverser la perspective : les ministères extra-paroissiaux (aumônerie, animation, communication) se multiplient, ne sont plus considérés comme marginaux mais comme un indice d'adaptation à la civilisation industrielle contemporaine (Synode national de 1970). Le modèle du pasteur comme « prédicateur-docteur » s'affaiblit au profit de « l'animateur », dont le rôle est moins l'affirmation que l'écoute et l'accompagnement[107].

Face à ce souci des jeunes pasteurs de mieux atteindre les hommes dans leur vie quotidienne, les paroisses sont perçues comme des lieux fermés d'autoconsommation : repliées sur elles-mêmes, elles sont le plus souvent réfractaires aux engagements socio-politiques. Aussi, devant cette divergence d'options socio-politiques, un certain nombre de pasteurs finissent-ils par abandonner le ministère avec le sentiment de mieux remplir leur mission en rejoignant des œuvres pédagogiques, médico-sociales ou des associations. Le statut social du pastorat s'est effondré et « la spécialisation des pasteurs, explique alors Jean Ansaldi, professeur à la Faculté de Montpellier, est souvent une fuite dans laquelle ils cherchent à se dérober à un statut social de *non productifs*[108] ». Même si les statistiques sont difficiles à établir, Jean-Paul Willaime[109] estime qu'une centaine de pasteurs de l'É.R.F. renoncent à l'exercice de leur ministère entre 1950 et 1974, dont une cinquantaine pendant la seule période 1968-1974. Leurs raisons sont principalement une crise de la foi, la remise en cause du système paroissial, le sentiment d'être en marge de la vie sociale. Une grande partie de ces ex-pasteurs avaient eu en charge un ministère spécialisé, d'aumônerie ou de jeunesse ; de même, la moitié des dix pasteurs travaillant dans l'équipe du journal *Horizons protestants* vont quitter le ministère pastoral dans les mois qui suivent l'arrêt de la publication. Les ministères spécialisés apparaissent ainsi comme des sas de sortie discrets pour des pasteurs découragés par un ministère traditionnel et qui ont par la suite quitté le pastorat.

De manière plus générale, et sans quitter le pastorat, beaucoup ont alors le souci de décléricaliser le ministère : cela se traduit notamment par l'abandon de la robe pastorale lors du culte et la revendication d'une

---

107 Voir Jean-Paul Willaime, *Profession : pasteur. Sociologie de la condition du clerc à la fin du XXe siècle*, Strasbourg, 1986.

108 Jean Ansaldi, « Ministère pastoral en paroisse », *Études théologiques et religieuses*, 49, 1974/3, p. 324.

109 Jean-Paul Willaime, *Les ex-pasteurs : les départs de pasteurs de 1950 à 1975*, Strasbourg, 1979 ; du même, *Les Pasteurs de France (sauf Alsace-Moselle)*, Strasbourg, 1982.

professionnalisation. Bien des pasteurs aspirent à la « fin du presbytère », avec une séparation claire des temps et espace de travail avec les temps et espaces privés.

En juillet 1968, huit pasteurs-proposants font savoir à la Commission des ministères de l'É.R.F. leur refus d'être consacrés[110]. Cette lettre dite de Pomeyrol, lieu symbolique de protestation depuis la Seconde Guerre mondiale, dénonce l'incohérence d'une cérémonie qui apparaît dans la pratique comme contraire à la conception du sacerdoce universel : la consécration « solennelle et exclusive » attachée au ministère pastoral paroissial, et qui s'accompagne d'ailleurs d'avantages économiques, semble manifester et entretenir un cléricalisme bien éloigné de l'esprit du protestantisme. Ces jeunes pasteurs posent ainsi le problème d'une articulation entre le ministère paroissial et les autres ministères dans leur grande diversité, de l'engagement à vie, des conditions de leur exercice et du déroulement des études dans les facultés de théologie…

La crise de Mai 68 débute en effet dès le mois de mars dans les facultés de théologie : dans les deux facultés de l'É.R.F., à Montpellier puis à Paris, et dans la Faculté de Strasbourg, intégrée à l'université publique.

> Les étudiants en théologie du boulevard Arago se laissèrent en bon nombre gagner par le mouvement révolutionnaire et anarchique du moment, raconte un témoin. Ils placèrent sur le fronton du portail, et du séminaire, des drapeaux rouges, et même noirs, si je me souviens bien… Ils allèrent, un dimanche de mai, rue Madame au moment du culte prendre la Bible sur la Table afin de la partager avec d'autres dans la rue…

La chute des effectifs est brutale : à Montpellier, on enregistre 80 % d'étudiants en moins entre 1968 et 1974 (de 83 à 18 inscrits)[111]. L'École Préparatoire de Théologie Protestante, qui recrute les candidats au ministère pastoral ne remplissant les conditions de diplôme nécessaires à l'entrée directe en faculté, connaît elle aussi une phase descendante[112].

---

110 La Commission des ministères a accordé pour l'année 1968 2 autorisations de consécration à des assistants de paroisse et 13 autorisations de consécration à des proposants parvenus au terme d'un stage validé en avril (*Actes du Synode national de l'É.R.F.* (Avignon), 1969, p. 121).

111 Sylvie Lavondes, *Des futurs pasteurs pour l'Église ? Les étudiants de la Faculté de théologie protestante de Montpellier de 1945 à 1981*, Mémoire de maîtrise, Université Paul-Valéry Montpellier III, 1989.

112 Jean-François Zorn, *Une école qui fait date : l'École préparatoire de théologie protestante (1846-1990)*, Lyon, 2013.

Le sujet de l'intégration ecclésiale des facultés de théologie, à l'étude depuis 1945, a fait l'objet de 32 rapports restés sans suites concrètes. 1968 va être le catalyseur d'une réforme attendue : « De futurs pasteurs en grève, on n'avait jamais vu cela[113] ! » Une délégation de douze étudiants invitée au Synode national de Royan en mai 1968 met en cause les programmes et une pédagogie inadaptée à leurs ministères futurs, souhaitant un décloisonnement des disciplines, une participation active de leur part aux cours, une confrontation entre les cours magistraux et une formation pratique non ecclésiastique durant les études faisant une large place aux sciences humaines (psychologie et sociologie notamment). Les gouvernements des facultés de leur côté, tendant vers plus d'autonomie, posent la question de la place des facultés au sein de l'Église et de l'autorité des instances nationales vis-à-vis d'elles.

1968 marque donc une inflexion. Une nouvelle génération accède aux responsabilités, dont l'élection de Jacques Maury à la présidence du Conseil national est le symbole. Au niveau institutionnel, un rôle nouveau est donné à la Commission générale d'évangélisation et la nécessité d'une réforme des études de théologie s'impose dans les esprits. En 1970, le Synode national demande la désignation d'une commission *ad hoc*, dirigée par le professeur de droit Jacques Ellul, aux fins de réorganiser l'enseignement[114]. Le rapport Ellul se veut ambitieux : il s'agit d'introduire une pluridisciplinarité, une plus grande créativité théologique dans le corps professoral « appartenant à des familles confessionnelles, spirituelles et théologiques différentes[115] ». Trois axes définissent le projet :

– la réunion des deux facultés en un seul Institut, avec spécialisation de l'une et de l'autre ; la Faculté de Paris assure le premier cycle jusqu'à la licence, la Faculté de Montpellier prenant le relais pour le cycle ministériel spécialisé, la préparation de la maîtrise.
– une nouvelle perception de la théologie, qui doit s'élaborer au travers de la confrontation avec les réalités culturelles et sociales ; l'objectif est une « déclericalisation[116] » de la théologie, qui doit

113 Henri de Saint-Blanquat, « Un Synode entre deux mondes », *Tant qu'il fait jour*, mai 1968, p. 12.

114 Jacques Ellul, « Réflexions sur le changement des études de théologie », *Études théologiques et religieuses*, 49, 1974/4, p. 489-497.

115 *Actes du Synode national de l'É.R.F.* (Strasbourg), 1985, p. 102.

116 *Actes du Synode national de l'É.R.F.* (Pau), 1971, p. 165.

être ouverte à tous ceux qui s'y intéressent sans avoir pour autant le désir de se mettre au service des Églises.

- une nouvelle orientation de la formation, avec une nouvelle définition des enseignements et des stages ; la place importante des stages en vue d'une « pratique sociale » au cours du premier cycle, puis en vue d'une « pratique ecclésiale » au cours du second cycle, reflète la volonté d'une confrontation entre le pensé et le vécu. La réforme doit comprendre une spécialisation professionnelle et une formation continue adaptée à la diversification des ministères.

Même si le projet de réforme élaboré par Jacques Ellul n'a été que partiellement appliqué, il aboutit en 1972 à la mise en place de « l'Institut protestant de théologie » (I.P.T.) qui unit les deux Facultés de Paris et de Montpellier, à la fois universitaire et ecclésiastique. Mais le vote du Synode national est acquis sans enthousiasme : les professeurs des facultés ont souligné la difficulté d'articuler l'expérience du stage et le travail proprement théologique, le tout sans couper leur enseignement de la foi ; sur 72 délégués, nombreux sont ceux qui s'abstiennent parce qu'ils ne se sentent pas compétents, le projet ne recueillant que 47 voix pour.

Paradoxalement, l'une des conséquences de cette réforme des études est la création d'une faculté concurrente, la Faculté libre de théologie réformée d'Aix-en-Provence, dont la naissance est révélatrice de la cristallisation de clivages au sein, puis en dehors, de l'É.R.F.

CONTRE LES « DÉRIVES » DE L'É.R.F, L'OPPOSITION ÉVANGÉLIQUE S'ORGANISE

Commentant en 1974 la création de cette « faculté ultra-réformée », le professeur Michel Bouttier, alors président de l'Institut protestant de théologie, y voit « l'inquiétude qui saisit nombre de chrétiens sur l'avenir et qui se traduit par un regain de fondamentalisme ». Le philosophe et sociologue Roger Mehl parle pour sa part d'un « intégrisme protestant », qu'il oppose au « progressisme ». Ces expressions sont trop connotées pour être utilisées ici : le courant évangélique ainsi désigné n'a rien à voir avec le fondamentalisme américain ni avec l'intégrisme catholique auxquels ces termes font spontanément penser. Mais il est exact que ce courant se développe en réaction : ce sont les mutations de l'É.R.F. au cours des années 1960 qui vont pousser le courant évangélique réformé à se manifester et à s'organiser.

Dès 1963, le barthien Jacques Ellul construit une analyse critique de l'Église contemporaine et dénonce la *Fausse présence au monde moderne*[117] du courant progressiste au sein du protestantisme français. Très critiqué, Ellul voit son influence faiblir au sein de l'É.R.F. entre 1965 et 1968[118], mais son livre aura en revanche une forte influence sur nombre d'évangéliques français[119]. Dans *L'Espérance oubliée* (1972), Ellul critique la lecture psychanalytique des textes bibliques, estimant qu'il s'agit avant tout d'une imposture : « Je n'arrive pas à saisir pourquoi Freud doit être considéré comme une autorité sans conteste, et pourquoi sa parole doit être reçue par les théologiens comme péremptoire et impliquant une certaine herméneutique[120]. »

Face aux évolutions que des « groupes de pression[121] » impulsent dans l'É.R.F., une « fronde » s'organise. En 1965, le pasteur François Gonin décide de créer le mouvement É.P.É.É. (Équipe de Prière, Écriture sainte, Évangélisation). Déclarée sous le régime de la loi de 1901, l'association se dit composée d'une centaine de pasteurs réformés et de plusieurs centaines de fidèles ; elle se fixe trois objectifs prioritaires : la mission intérieure par des réunions de réveil, l'évangélisation et le rapprochement avec les frères d'autres Églises (É.R.É.I., Églises Libres, Églises baptistes, etc.), en liaison étroite avec l'*Alliance Évangélique de France* et la *Société calviniste de France*. Soucieux de faire reconnaître l'autorité des Écritures en matière de foi et de vie et de travailler à la « restauration de l'Église », les « équipiers » souhaitent peser dans les débats synodaux : en 1964, ils défendent une position conservatrice en rappelant les « normes rigoureuses de la Bible en matière d'Éthique sexuelle » ; en 1966, ils défendent le régime presbytérien-synodal contre le renforcement de l'autorité régionale… À partir de 1970, le mouvement édite la revue *Perspectives réformées*.

En juin 1968, en contrepoint du Synode national de Royan, se tient à Paris, à la paroisse de Passy-Annonciation, un congrès de théologie

117 Jacques Ellul, *Fausse présence au monde moderne*, Paris, 1963.

118 *À temps et contretemps, Entretien avec M. Garrigou-Lagrange*, Paris, 1981, p. 78-81.

119 Sébastien Fath, *Du ghetto au réseau*, Genève, 2005, p. 347.

120 Jacques Ellul, *L'Espérance oubliée*, Paris, rééd. 2004, p. 145. Voir aussi Frédéric Rognon, *Jacques Ellul*, Genève, 2007, p. 300-301.

121 Selon l'expression du pasteur François Gonin (*L'Église réformée de France de 1938 à 1975*, Aix-en-Provence, 1975, p. 25).

en présence de Pierre Marcel (É.R.F.), secrétaire général de l'Alliance biblique française, du théologien baptiste Henri Blocher, professeur à la Faculté évangélique de Vaux-sur-Seine, des universitaires Pierre Chaunu (É.R.F.) et Jacques Ellul (É.R.F.), tous voulant que les questions de leurs contemporains soient examinées à la lumière de la Bible.

Mais plus encore que l'éthique ou les réformes de structure, l'enjeu majeur est, pour les réformés du courant évangélique, celui de l'évangélisation que l'É.R.F. semble avoir « mis en sommeil ». Le mode de témoignage public est modifié. Sous l'influence des théologies du monde et du marxisme, la Mission populaire s'engage de manière profane au service de la justice : l'ancienne méthode d'évangélisation individuelle sur le mode revivaliste avec un volet social est abandonnée au profit du témoignage par une action sociale collective, politique et syndicale, « dont on estime qu'elle réalise en fait la dimension éthique et diaconale de l'Évangile sans qu'il soit nécessaire quelquefois d'indiquer la référence explicite à l'Évangile[122] ». Et le Mouvement d'Action Rurale protestant connaît une évolution parallèle[123].

En 1968, la Société Centrale d'Évangélisation (S.C.E.) est intégrée à la Commission générale d'évangélisation (C.G.E.) de l'É.R.F., relayée localement par les commissions régionales d'évangélisation (C.R.E.). En transférant les tâches de la S.C.E. à la C.G.E., l'É.R.F. souhaite créer un « laboratoire ecclésiologique » destiné à provoquer les mutations de l'Église pour que l'Évangile soit mieux annoncé aux contemporains : le Synode national de 1968 souhaite encourager les expériences nouvelles « qui visent à une meilleure insertion dans la société d'aujourd'hui » et confie à la C.G.E. le soin « de les stimuler et de les coordonner ». Les Églises sont appelées à un témoignage renouvelé et un Livre blanc des expériences nouvelles est publié dès 1971 sous la direction de Georges Crespy, professeur à la Faculté de théologie de Montpellier. Mais les Synodes nationaux de 1971 et 1974 restreignent un peu le mandat confié à la C.G.E. : si elle continue de prendre en charge spirituellement et financièrement les entreprises d'évangélisation, elle doit « soutenir plus que susciter » les actions par les Églises locales. Il s'agit d'éviter tout

122 Jean-François Zorn, « Le monde professionnel : nouveau lieu de la mission ? », *Histoire & Missions chrétiennes*, 9, 2009, p. 137-147.

123 Dany Nocquet, « Présence protestante au monde rural », *Autres Temps*, 20, 1988-1989, p. 31-36.

dirigisme de la part des institutions nationales. La C.G.E. est par contre chargée de susciter la réflexion biblique et des colloques spécialisés.

À partir de 1976, la C.G.E. opère un changement radical et s'oriente vers la militance politique sous l'impulsion de son nouveau président, Georges Casalis. Pour Casalis, il ne s'agit pas *d'évangéliser*, ni *d'annoncer*, de *communiquer* ou de *transmettre* l'Évangile, mais de le *manifester*. Le terme « évangéliser » rappelant trop l'impérialisme missionnaire, celui d'« annoncer » réduisant trop l'Évangile à un discours, celui de « transmettre » sous-entendant un rapport de dépendance vis-à-vis d'un maître disposant d'un savoir, c'est le terme de « manifester » qui est choisi par la C.G.E. comme étant le plus approprié pour répondre de son engagement à vivre dans des solidarités concrètes, attestant ainsi la présence de Dieu dans l'Histoire. « Notre lecture de l'Évangile nous conduit à voir dans l'insurrection des pauvres un des signes précurseurs du Royaume », explique Casalis. La nouvelle « évangélisation » se met à l'unisson de la théologie du monde. Sous l'influence du COE et de la théologie de la libération empruntée aux théologiens latino-américains, africains ou asiatiques, la lecture de la Bible faite par les membres de la C.G.E. conduit à voir dans Jésus-Christ une figure libre et contestataire de toutes les formes de pouvoir politique et religieux. L'évangélisation est considérée comme un acte de conscience chargé d'interpeller l'Église sur ses solidarités militantes. Ainsi, du milieu des années 70 au début des années 80, la C.G.E. se pense-t-elle comme « la conscience critique de l'Église », manifestant l'Évangile subversif dans une solidarité active avec les démunis et les exclus. En 1981 par exemple, la C.G.E. organise deux rencontres nationales sur le sujet synodal « Pour qui ? pour quoi travaillons-nous ? », en axant sa réflexion sur l'importance du message de libération et d'espérance de l'Évangile face aux défis des mutations technologiques, face à l'incapacité des États à maîtriser la crise économique et la montée du chômage, face à la course aux armements quand 50 millions d'hommes meurent de faim... La réflexion sur les rapports des Églises avec les pouvoirs économiques et politiques pousse la C.G.E. à rechercher des solidarités avec les peuples ou les groupes opprimés dans des situations concrètes, telles que les pratiquent la Mission populaire, les Missions industrielles, les Équipes ouvrières protestantes ou le mouvement « Jeunes Femmes ». Dotée de cinq permanents itinérants, la C.G.E. s'efforce d'accompagner et de former des communautés dans divers lieux. Le bilan dressé au Synode de 1982 témoigne du caractère éclectique des lieux d'interventions de la C.G.E. :

- le tourisme, le thermalisme, le développement des loisirs ;
- la pédagogie ;
- l'œcuménisme, et notamment le suivi de groupes d'œcuménisme contestataire face à un œcuménisme de spécialistes ecclésiastiques ;
- les « Grands ensembles » et les migrants, en collaboration avec la CIMADE ;
- le travail et le chômage, en partenariat avec les Missions industrielles, les Équipes ouvrières protestantes, la Mission populaire, l'Association Réflexion Action Prison et Justice (ARAPEJ), suite à la crise économique des années 1970 ;
- l'animation rurale, en lien avec le Mouvement d'Action Rurale (MAR) ;
- la radio-télévision ;
- enfin l'international, notamment dans le domaine du nucléaire et de la famine...

Ces entreprises nouvelles sont relativement nombreuses mais relèvent davantage, aux yeux du courant évangélique, de l'animation socioculturelle. En réaction est créée en 1974 une nouvelle S.C.E. : la *Société des Compagnons de l'Évangile*, présidée par le pasteur André Vinard (É.R.É.I.). Un tract signé par des pasteurs É.R.F. tel Pierre Courthial et adressé aux pasteurs de l'É.R.F. annonce la naissance de la nouvelle association dans l'intention de reprendre à son compte le programme de la Société Centrale d'Évangélisation, qui existe encore mais dont l'activité n'est plus limitée qu'à une gestion comptable ou immobilière des propriétés qu'elle détient. Le Conseil national de l'É.R.F. réagit immédiatement contre ce qu'il estime être une récupération « abusive » de l'acronyme S.C.E. et met en garde contre une « évangélisation fondamentaliste » :

> Ayant pris connaissance des documents diffusés au début d'octobre 1975 par la Société des Compagnons pour l'Évangile, le Conseil national est péniblement surpris de constater que cette société, en usant consciemment d'un sigle dont l'emploi ne peut que jeter la confusion dans l'esprit d'un grand nombre de protestants, utilise un procédé peu honorable. [...] Le Conseil national considère le projet annoncé comme une entreprise de division. [...]

> Il ne peut que s'étonner de voir au bas des textes diffusés la signature de pasteurs de l'Église Réformée de France, en activité ou ayant demandé avec insistance leur maintien au rôle de ses pasteurs[124].

Les rares études dont nous disposons sur la transformation de la S.C.E. (celle de son ancien président, Léon Mistral, démissionnaire lors du tournant de 1968, ou celle de Roger Mehl, professeur à la Faculté de théologie de Strasbourg, en 1980)[125] sont plutôt critiques, mais la question serait à examiner en profondeur.

En octobre 1973, les pasteurs Édouard Œchsner de Coninck, Gaston Ramseyer et Charles Schinkel lancent un « Appel aux chrétiens » demandant aux Églises « de demeurer inébranlablement fondées sur la Bible » et « de revenir à la vraie évangélisation ». À la suite de cet appel est fondée en avril 1974 l'association ANCRE (ActioN pour le Combat et le Réveil de l'Église), qui édite un courrier bimestriel à partir de 1975[126].

En 1977, deux historiens universitaires, Pierre Chaunu et François Bluche, publient une *Lettre aux Églises*, un manifeste pour attirer l'attention sur les « dangers » que représenteraient les théologies politiques. À leurs yeux, « l'Église réformée de France s'est installée, au niveau de la majorité de ses responsables, dans une joyeuse apostasie » manifestée par les positions prises en matière d'éthique sexuelle et par la politisation de l'Évangile. Lors de sa rencontre avec le Conseil national en juin 1976, le pasteur Pierre Courthial reproche « l'éviction systématique depuis une vingtaine d'années des calvinistes lors du pourvoi des chaires » des Facultés de théologie[127] ; le Conseil national reconnaît qu'il « est vrai qu'une certaine tendance théologique avait cessé d'être représentée dans le corps professoral de l'É.R.F. », mais il conteste formellement avoir voulu créer ou perpétuer une telle situation.

Dans ce contexte, François Gonin quitte l'É.R.F. après vingt ans de ministère en son sein et entre au service des É.R.É.I. à Aix-en-Provence

---

124 *Actes du Synode national de l'É.R.F.* (Creil), 1976, p. 154.

125 Léon Mistral, *Et le Seigneur ajoutait à l'Église. Leçons à tirer de la Société Centrale d'Évangélisation de France*, Antony, 1980. Roger Mehl, *Le Protestantisme français dans la société actuelle*, Paris, 1982, p. 135-142.

126 L'association ANCRE est dissoute en octobre 1983.

127 Le compte-rendu de la rencontre entre le Conseil national et le pasteur P. Courthial, rédigé par Paul Viallaneix, est inséré dans les *Actes du Synode national de l'É.R.F.* (Angers-La Pommeraye), 1977, p. 130-132. Voir aussi Pierre Courthial, « La Foi réformée en France, la Faculté réformée d'Aix. Raisons d'être et origines », *Revue Réformée*, 46, 1995/2-3.

en 1969 ; il intègre le corps professoral de la nouvelle Faculté libre de théologie réformée en 1974, en compagnie de Frank Michaëli, non reconduit l'année précédente dans ses fonctions à la Faculté de Paris, et de Pierre Courthial qui démissionne de la paroisse de Paris-Annonciation (É.R.F). Libre de toute Union d'Églises, la Faculté d'Aix se veut résolument *réformée* dans la stricte tradition calviniste[128], théocentrique, avec un corps professoral « homogène[129] » qui adhère à la Confession de La Rochelle, quand la Faculté libre de théologie évangélique de Vaux-sur-Seine fondée en 1965 est *évangélique* et quand l'Institut protestant de théologie s'affirme *pluraliste.* « Si l'É.R.F. n'avait pas modifié sa conception de l'enseignement théologique, estime le pasteur Jacques Terme en 2007, la faculté d'Aix-en-Provence n'aurait pas vu le jour[130]. »

La notion de pluralisme est en effet l'un des enjeux majeurs de la rupture. Elle surgit une première fois lors du Synode national de 1961 à l'occasion du débat sur la modification de la Base théologique du Conseil Œcuménique où il est désormais fait mention du dogme de la Trinité et des Saintes Écritures. Les libéraux font valoir qu'ils ne peuvent pas « par motif de conscience, accepter le dogme trinitaire dans son sens ontologique ». Pour préserver le « pacte de l'unité » de 1938, le Synode national charge donc ses délégués auprès du COE de voter la Base du COE tout en rappelant « le caractère pluraliste de l'É.R.F. ». C'est dix ans plus tard, lors du Synode national de Pau (1971), que la question réapparaît. Le groupe de travail sur « la recherche théologique » remet son rapport sur les conditions d'une telle recherche dans une « Église pluraliste ». Il définit les caractères d'une Église « authentiquement pluraliste » (« quand on a conscience de la relativité de son propre absolutisme ») ; il met en valeur la dimension théologique de la pluralité, qui « découle du pluralisme même de l'Évangile au sein de l'Église et des communautés chrétiennes » ; il souligne également la portée pratique et l'unité d'une Église pluraliste (« composée de celles et ceux qui se réclament librement et responsablement de l'Évangile en s'acceptant différents dans l'interprétation qu'ils en donnent »).

128 Elle prendra en 2010, significativement, le nom de *Faculté Jean-Calvin.*

129 Paul Wells, « Une Faculté de théologie réformée : Pourquoi ? », *Études théologiques et religieuses*, 49, 1974/4, p. 501.

130 Jacques Terme, *Mutations et crises dans l'Église réformée de France*, Lyon, 2007, p. 66.

La décision finale adoptée par le Synode sur ce rapport a beau avoir été amendée (l'expression « la reconnaissance du pluralisme nécessaire » est devenue « la reconnaissance de la pluralité légitime des expressions [de la recherche théologique], notamment dans le domaine de la prédication, du culte, de la catéchèse et de la diaconie »), le débat se crispe. Certes, le président Jacques Maury affirme qu'il n'est pas question de faire de ce rapport « la nouvelle confession de foi de l'É.R.F. » ; le pasteur Gérard Delteil tente de dépasser la controverse en rappelant qu'il « ne faut pas escamoter les affrontements mais les vivre dans le souci de la communion ». Mais le pasteur Philippe de Robert s'inquiète d'un pluralisme érigé en « idéologie » qui rendrait l'Église « intolérante ». Or c'est précisément sur cette ligne de fracture que se fonde la Faculté d'Aix : « C'est la prise de conscience de l'antithèse entre la Confession de foi [de La Rochelle] et le dogme pluraliste qui a conduit les réformés confessants des Églises réformées et réformées évangéliques à établir la Faculté d'Aix-en-Provence », explique Pierre Courthial[131]. Paul Wells note pour sa part en 1974 : « Nous devons aujourd'hui rejeter tout pluralisme noyant la révélation scripturaire dans une quelconque synthèse, dans un quelconque amalgame, avec ces fausses conceptions. » Ainsi Pierre Courthial se défend-il de tout séparatisme vis-à-vis de l'É.R.F. dans la création de la Faculté d'Aix, les calvinistes ayant simplement « repris leur liberté » de parole : « En combattant une idéologie appelée *pluralisme*, qui stérilise les contradictions de l'Église parce qu'elle se contente de les entériner, [la Faculté d'Aix] ne conteste ni la pluralité de fait des choix théologiques, ni l'autorité du Conseil national [de l'É.R.F.]. » N'étant liée à aucune Union d'Églises, la Faculté d'Aix laisse en effet l'entière possibilité à ses étudiants d'intégrer ensuite le corps pastoral de l'É.R.F. Dès 1978, quatre étudiants sollicitent la Commission des ministères de l'É.R.F. pour leur agrément : conformément à la décision du Conseil national de 1975, il leur est demandé d'effectuer un second cycle à l'I.P.T. La naissance de la Faculté d'Aix est, de manière plus globale, l'un des indices de l'affirmation évangélique en France à partir de la décennie 1960. « Insatisfaits face à l'abandon de l'évangélisation directe et au triomphe, dans les années 1960 et 1970, des "théologies du monde", des dizaines de milliers de protestants, réformés et luthériens,

131 Cité par Pierre Berthoud, « La Faculté libre de théologie réformée, rétrospective et prospective », *Revue réformée*, 208, 2000/3, p. 57.

ont rejoint les rangs évangéliques », constate Sébastien Fath[132]. Le pasteur Gérard Dagon, formé à la Faculté de théologie de Strasbourg, exerce son ministère dans l'Église réformée d'Alsace-Lorraine mais quitte la sphère réformée en découvrant l'abandon de l'annonce explicite du salut chrétien par la S.C.E. ; il participe alors en 1969 à la fondation de la « Fédération Évangélique de France », qu'il présidera pendant un temps. Le pasteur Pierre Marcel, fondateur et directeur de la *Revue réformée* depuis 1950, est sollicité par la Faculté libre de théologie évangélique de Vaux-sur-Seine pour assurer un cours d'homilétique, entre 1975 et 1984. Un relatif dynamisme intellectuel s'est construit autour de l'axe Vaux-sur-Seine / Aix-en-Provence, relève précisément Sébastien Fath. Les revues *ICHTUS* et *HOKHMA* sont fondées respectivement en 1970 et 1976. La première imprimerie évangélique, créée en 1965 sous l'impulsion de la Mission Alpine, doit dès 1970 déménager à La Bégude-de-Mazenc (Drôme) pour s'installer dans des locaux plus grands. Le protestantisme évangélique prend position dans la sphère médiatique avec le lancement de *Radio Évangile* en 1961 et grâce aux campagnes d'évangélisation de l'Américain Billy Graham[133]. Il prend également position dans le paysage ecclésial. Une « Association des Églises de professants » est fondée dès 1957. Discrètement, les Églises pentecôtistes s'implantent en profondeur, passant de 80 lieux de culte en 1948 à près de 600 à la fin des années 1970, lançant leur propre Action missionnaire en 1957. La Mission Évangélique Tzigane, fondée en 1954 par le pasteur breton Clément Le Cossec, prend en 1968 son autonomie par rapport aux Assemblées de Dieu suite à son fort développement. Le pasteur Yvon Charles crée en Bretagne le Centre missionnaire de Carhaix en 1967. Les effectifs baptistes sont multipliés par quatre dans la seconde moitié du XXe siècle. L'Union des Église Libres renoue elle aussi avec la croissance, réaffirme sa « vocation particulière » et prend même la décision osée de quitter la Fédération protestante de France en 1963. Les É.R.É.I., qui adoptent une direction nettement « confessante », connaissent également un réel renouveau. De nouveaux mouvements de jeunesse d'envergure nationale émergent, tels les Flambeaux et Claires

132 Sébastien Fath, *Du ghetto au réseau*, Genève, 2005, p. 194.

133 Sébastien Fath, « La réception de Billy Graham en France (1954-1986) », dans Sébastien Fath (éd.), *Le Protestantisme évangélique, un christianisme de conversion. Entre ruptures et filiations*, Turnhout (Belgique), 2004, p. 81-106.

Flammes au sein du scoutisme à partir de 1964, Jeunesse Ardente en 1965 et Campus pour Christ en 1972, sans oublier le lancement en octobre 1960 du journal pour enfants en bande dessinée *Tournesol* édité par la Ligue pour la Lecture de la Bible.

Les Églises françaises s'affilient selon leurs affinités à l'un des deux courants qui se structurent au niveau international au cours des années 1970 : d'un côté, les réseaux et les Églises évangéliques membres de l'*Alliance de Lausanne* (en lien avec le Congrès de Lausanne réuni en 1974) qui déclarent avoir pour mission de proclamer l'Évangile à l'humanité toute entière pour faire des nations des disciples ; de l'autre, les Églises membres du Conseil Œcuménique des Églises, dont la mission est influencée par la théologie contextuelle socio-politique de la libération, comme en témoignent les conférences de Bangkok en 1973 et de Melbourne en 1980.

LA « CRISE DE L'AVENIR »

Si certains tournants sont faciles à identifier pour les historiens lorsqu'ils prennent l'allure de ruptures ou de révolutions, d'autres peuvent prêter à discussion car il n'est pas toujours aisé de leur attribuer une date précise. L'année 1978 proposée ici relève de cette deuxième catégorie : il s'agit d'un repère, qui sert de révélateur aux évolutions en cours.

Cette année-là en effet, l'É.R.F. décide de ne pas célébrer le quarantième anniversaire de sa constitution, tant le malaise identitaire est grand ; seul est organisé un colloque universitaire, un an plus tôt, à la Faculté de théologie de Montpellier sur l'histoire de la réunification de l'É.R.F.[1]. Lors des Synodes reviennent, de façon récurrente, les demandes de révision de la Déclaration de foi ou de son Préambule, posant la question de la pertinence de son expression dans une société dépourvue de mémoire chrétienne.

C'est également en 1978 que le professeur Max-Alain Chevallier prononce son premier message en tant que président du Conseil national de l'É.R.F. Il a été élu l'année précédente en remplacement du pasteur Jacques Maury qui, après neuf ans à la tête de l'É.R.F., a lui-même été élu à la présidence de la Fédération protestante de France. Les itinéraires des deux hommes sont très similaires : nés à deux ans d'intervalle (1920 et 1922), fils de pasteur, ils ont assuré chacun à leur tour le secrétariat général de la « Fédé » étudiante. L'expérience de la guerre va les marquer : Jacques Maury est aumônier de la 2e Division blindée en 1944-1945, et Max-Alain Chevallier en poste en Algérie et président de la région É.R.F. correspondante pendant toute la durée du conflit algérien. Mais Chevallier s'oriente ensuite vers la recherche biblique, devenant en 1963 enseignant à la Faculté de théologie de Strasbourg, professeur de Nouveau Testament et même président de l'Université de sciences humaines pendant deux ans. Aussi la tonalité de leurs messages aux

1 Jean Baubérot (éd.), *Vers l'unité pour quel témoignage ?*, Paris, 1982.

Synodes est-elle nettement différente : en 1978, l'heure n'est plus aux prises de positions éthiques d'une Église qui doit s'impliquer partout, y compris dans des interventions politiques au loin… Chevallier assume son regard neuf de « naïf » qui a campé depuis 14 ans « sur les bords de l'Église réformée de France », paroissien de l'Église réformée d'Alsace et de Lorraine, formateur de « futurs pasteurs en majorité luthériens ». L'une des priorités du Conseil national est de « faire le point » pour regarder au-delà des problèmes de gestion.

Pour pouvoir se projeter dans l'avenir, l'É.R.F. semble éprouver le besoin de faire le bilan de ses évolutions internes, d'autant qu'elle a enregistré un effritement de ses communautés, souvent désorientées par les prises de positions socio-politiques de la décennie écoulée. En moyenne, l'É.R.F. perd un millier de foyers cotisants par an entre 1977 et 1989 (de 60475 à 48873 selon les chiffres du trésorier général). Le thème synodal choisi pour 1979 est un « inventaire des lieux où se vit l'Église ». « L'Église réelle » ne paraît plus coïncider avec « l'Église légale », selon le diagnostic de Max-Alain Chevallier, qui pointe les difficultés majeures de l'É.R.F. : crise de la référence aux Écritures d'une part, et donc désorganisation de la prédication et la catéchèse ; crise de la mise en pratique quotidienne d'autre part, et donc crise du ministère pastoral comme de l'engagement en politique. « Ce qui me paraît caractériser en tout cas notre Église réformée de France, écrit alors le pasteur Hébert Roux, c'est plutôt un émiettement et une carence théologique, une multiplicité de discours discordants qui se traduisent dans la prédication, la catéchèse, la liturgie et l'évangélisation, laissant dans le désarroi et le doute aussi bien le peuple des "fidèles" que "ceux du dehors" qui n'attachent guère de crédit aux gestes et aux discours chrétiens[2]. »

Après quarante ans d'existence, l'É.R.F. doit faire son introspection pour relever les défis qui s'esquissent : le maintien de son « unité plurielle », l'effritement de la spiritualité protestante ou les relations avec les autres Églises et religions…

---

2 *Actes du Synode national de l'É.R.F.* (Calais), 1979, p. 137 : Annexe E au rapport de gestion.

UNE SANTÉ PRÉCAIRE ?

Face au maquis des décisions et réflexions synodales qui, depuis 1938, ont revu et corrigé plus ou moins profondément les pratiques ecclésiales, l'É.R.F. estime nécessaire de faire le point et de revenir sur les années passées à propos des thèmes essentiels à la compréhension de l'Église. Lors de l'Assemblée générale de la Fédération protestante de France de 1975, le responsable catholique des relations œcuméniques, Monseigneur Le Bourgeois, souligne précisément que « certaines décisions récentes nous semblent plutôt conditionnées par la conjoncture qu'inspirées par une réflexion en profondeur à partir de l'Évangile » ; le protestantisme serait plus prompt à se démarquer de l'Église catholique qu'à exprimer son identité propre : « Au plan de la doctrine et de la vie, où sont vos Églises ? Quelle est votre ecclésiologie ? Comment dialoguer avec des frères et des sœurs, dont l'Église donne parfois l'impression d'être impuissante, faute de consensus doctrinal, à dire ce qu'elle croit et professe[3] ? » Les dossiers ne manquent pas pour l'É.R.F. : évolution des ministères, des liturgies, de l'enseignement religieux, des structures d'évangélisation.

LE MALAISE DES PASTEURS FACE À L'EXIGENCE DE PROFESSIONALISME

Après le temps des contestations vient celui des interrogations : « Quels ministères pour quelle Église ? », demande le pasteur Guy de Dadelsen en 1979.

Au sortir des années 1970, l'Église souffre d'une pénurie pastorale. La crise des mouvements de jeunesse et celle de mai 68 ont fait fléchir le recrutement des étudiants en théologie ; nombre d'entre eux ont abandonné leurs études et plusieurs dizaines de pasteurs ont quitté le ministère. Entre 1970 et 1978, l'É.R.F. a supprimé plus d'une soixantaine de postes pastoraux, dont le nombre officiel s'établit désormais à 498 en 1979. Une quarantaine d'Églises locales restent sans pasteur. L'agglomération lilloise, par exemple, affiche cette année-là trois postes sur cinq vacants et ne reçoit aucune candidature…

---

3 Intervention de Mgr Le Bourgeois, *Assemblée générale de la Fédération protestante de France*, 1975, p. 56.

Deux régions (Provence-Côte d'Azur-Corse et Centre-Alpes-Rhône) ne souffrent pas de pénurie, tandis que trois manquent de pasteurs avec un taux de vacance supérieure à la moyenne nationale de 14 % (en 1987) : 21 % en Nord-Normandie, 20 % en Cévennes-Languedoc-Roussillon et 17 % dans la région Est. La mobilité Sud-Nord est quasi-nulle dans le mouvement pastoral, alors même que chaque année un quart du corps pastoral opère une mutation géographique. Les postes libres qui ne trouvent pas de candidats sont pour la plupart ruraux : dans les zones de grande dissémination dont le territoire correspond parfois à un département (27 départements ne comptent qu'un seul pasteur, en majorité dans l'Ouest et le Sud-Ouest), les postes sont jugés plus difficiles, voire épuisants. Des considérations personnelles entrent également en jeu dans le choix des pasteurs : climat, scolarité des enfants, proximité familiale, résidence secondaire non loin de là (puisque 42 % des pasteurs de l'É.R.F. en possèdent une[4]), ou emploi professionnel de l'épouse… Car de plus en plus de candidats assument un service non partagé avec leur conjoint, contrairement à la tradition qui faisait de l'épouse du pasteur la première assistante du ministère de son mari. L'enquête menée par Jean-Paul Willaime en 1979 précise que 47 % des femmes de pasteurs de l'É.R.F. exercent un emploi. Cela représente une difficulté accrue pour procéder aux affectations, y compris lorsque les époux forment un couple pastoral où chacun des deux veut légitimement exercer un ministère à part entière.

Les postes spécialisés créés au cours des années 1960 et 1970 ont d'ailleurs eux aussi du mal à être pourvus. Après l'engouement des commencements, les difficultés propres à ces nouveaux ministères apparaissent : postes mal définis ou mal étudiés, inadéquation avec la formation théologique initiale de la plupart des pasteurs, réticences devant l'ampleur de la tâche pour succéder au créateur de l'œuvre qui ne comptait ni ses heures ni son énergie. Ces postes spécialisés sont également l'objet d'un certain nombre de critiques[5] : risques de marginalisation par rapport à l'Église, de coupure avec les paroisses, de technocratie, d'isolement du pasteur… Quand de nombreuses paroisses n'arrivent pas à trouver de pasteur, ces postes non paroissiaux paraissent

4 Selon les données de l'enquête de Jean-Paul Willaime menée en 1978-1979 (*Profession : pasteur*, Strasbourg, 1986).

5 Jean-Paul Willaime, *Profession : pasteur*, Strasbourg, 1986, p. 237-243.

à beaucoup un luxe que l'Église ne peut se permettre ou qui devrait être assumé par des laïcs. Les constats dressés lors du Synode national de 1979 sont convergents : Guy de Dadelsen, rapporteur de la Commission des ministères, note « un accroissement de la demande de ministères paroissiaux », et Jean-Marc Kieffer souligne : « L'engouement de l'après mai 1968 est tombé. Les paroisses classiques, mais à un degré moindre les rurales, offrent aujourd'hui plus de motifs de satisfaction que les postes spécialisés, sauf sans doute dans certains postes. »

À ces difficultés s'ajoute l'augmentation progressive du nombre de départs à la retraite. Entre 1986 et 1990, le cinquième des pasteurs en activité atteint l'âge de 65 ans ; l'année 1990 compte par exemple 42 départs et retraites. Le système de pourvoi des postes pastoraux au sein de l'É.R.F. ne facilite pas les choses. Il n'existe en effet aucune politique commune de gestion ou d'affectation des pasteurs : un pasteur est libre d'aller ou de rester dans l'Église locale de son choix, comme l'Église locale est libre de recevoir ou de garder le pasteur de son choix. Cette pratique congrégationaliste est pondérée par deux exceptions (les pasteurs-proposants, c'est-à-dire stagiaires, fraîchement issus des facultés de théologie, sont nommés à un poste après accord du conseil presbytéral ; un pasteur ne peut pas quitter son poste avant cinq ans) et par une régulation institutionnelle (le pourvoi d'un poste est confirmé par les instances régionales et nationales, et ratifié officiellement par le Synode national). Au XIXe siècle, certains pasteurs pouvaient accomplir toute leur carrière pastorale en un seul et même lieu. Si la pratique se raréfie au XXe siècle, il arrive encore de voir des pasteurs conserver leur poste plusieurs décennies : le pasteur qui quitte la paroisse de Paris-Saint-Esprit en 1993 prend sa retraite après 25 ans de bons et loyaux services dans cette communauté ; la paroisse de Paris-Luxembourg n'a connu en 36 ans, de 1961 à 1997, que deux pasteurs, restés successivement 18 et 19 ans. En 1989, huit pasteurs occupent leur poste depuis plus de vingt ans (à Aubervilliers, Aurillac, Vézenobres, Nîmes, Lyon, Grenoble…).

Le pourvoi des postes relève donc de pratiques souples et discrètes davantage que d'une procédure formalisée : une liste des postes à pourvoir est établie et lorsqu'un poste est déclaré vacant, un pasteur peut poser sa candidature, tout comme une Église locale peut prendre contact avec un pasteur. Commence ainsi une phase de recherche, le plus souvent par réseaux, de tractations et de négociations parfois, de recommandations, jusqu'à ce qu'une Église locale et un pasteur tombent d'accord sur leur future collaboration. La pratique des listes de postes dits prioritaires ayant été abandonnée au cours des années 1970, tout comme celle de la première affectation des jeunes pasteurs par la Commission des ministères, les desiderata des pasteurs, les pesanteurs paroissiales, les impossibilités géographiques tiennent alors souvent lieu de stratégie. Les paroisses qui ne trouvent pas de candidats en sont parfois réduites à passer une petite annonce.

Aussi le Synode national de 1980 propose-t-il quelques suggestions pratiques immédiates : instituer une solidarité inter-régionale pour répartir plus équitablement la pénurie, faire respecter une année de vacance lorsqu'un pasteur quitte un poste, confier à des laïcs le ministère d'assistant de l'Église ou favoriser la mise en place de nouvelles formes d'organisation des ministères… La pénurie pousse à imaginer des solutions plus ou moins faciles à mettre en œuvre : une itinérance du pasteur en fonction des compétences (catéchèse ou animation biblique par exemple) ; la pratique de « 15 jours pour les autres », pendant lesquels un pasteur se met au service d'une autre communauté… Au début des années 1990, cette dernière opération est relancée sous le nom de « Solidarité-Postes vacants » : plusieurs pasteurs se sont rendus disponibles au service des Églises sans pasteur, pour trois semaines ou plusieurs séjours plus courts, relève le secrétaire général de l'É.R.F. dans son rapport de 1990. En 1992, une expérience originale est tentée dans la région Cévennes-Languedoc-Roussillon, intitulée « Apollos[6] en Cévennes » : une sorte de brigade pastorale volante, composée de plusieurs ministres aux compétences diverses, dessert ensemble et de manière itinérante cinq secteurs paroissiaux aux Églises locales déclinantes depuis plusieurs années (Val de Lasalle, Vallée française, Vallée longue, Saint-Germain de Calberte et Pont-de-Montvert).

La tension s'accentue donc entre les Églises locales qui estiment qu'elles ont toutes « droit » à un pasteur mais n'ont pas les mêmes avantages à faire valoir : certaines peuvent mettre en avant la présence d'autres collègues, celle de lycées et d'universités qui permettent aux enfants de pasteur de poursuivre leur scolarité dans les meilleures conditions, une bonne desserte par les transports, des ressources financières plus

---

6 Mentionné dans les *Actes des apôtres*, la *Première épître aux Corinthiens* et l'*Épître à Tite*, Apollos est un collaborateur très actif de Paul, prédicateur et missionnaire.

élevées... Ces réalités matérielles ne sont pas négligeables et sont sources de grandes disparités. Aucun pasteur n'a de souci de logement, mais il est difficile de comparer un presbytère de campagne à un appartement parisien. En raison de l'inflation immobilière, un pasteur travaillant à Paris est logé comme un cadre supérieur ; un presbytère de village peut au contraire cumuler de nombreux désavantages : vieillissement immobilier, surveillance sociale, tâches implicites d'accueil et de gardiennage du temple.

Les synodes doivent rappeler que les pasteurs ne sont pas la propriété des Églises locales mais qu'ils sont au service de l'Union des Églises et devraient se montrer disponibles pour tout poste, en France ou à l'étranger (car le DÉFAP et la CÉVAA ont eux aussi des difficultés de recrutement). Pour augmenter la mobilité des pasteurs est proposée une réduction de la durée des ministères : l'évaluation par laquelle le conseil presbytéral décide avec le pasteur de mettre fin à son ministère dans ce lieu ou de le poursuivre est prévue au bout de sept ans. Le Synode national de 1988 puis celui de 1991 invitent très vivement les Églises locales à vivre volontairement une année de vacance après le départ d'un ministre ; cette décision ne pouvant être imposée aux Églises qui demeurent autonomes dans le système presbytérien-synodal, les Conseils régionaux sont chargés d'insister sur cette invitation. En certains endroits, lorsque le président du Conseil régional parvient à centraliser davantage les offres et les demandes, il aide à « boucher les trous » et oriente les choix en insistant sur l'indispensable solidarité entre les Églises locales.

Cela explique également l'accueil accru de ministres venant d'autres Églises et surtout de l'étranger : entre 1981 et 1990, l'É.R.F. accueille ainsi 55 pasteurs étrangers venus d'une douzaine de pays, même si le plus grand nombre sont issus d'Allemagne et de Suisse. La proportion continue d'augmenter : en 2015, sur 460 pasteurs et proposants de l'Église unie luthéro-réformée, 104 sont d'origine étrangère, soit plus de 22 %. Si la majorité d'entre eux sont européens, 24 viennent d'Afrique et 9 de Madagascar. La France connaît ainsi, ces dernières années, une multiculturisation inédite du corps pastoral.

Parallèlement, des mesures sont prises pour assurer une meilleure participation des Églises locales privées de pasteur au système synodal, puisque la règle jusque-là établie était qu'une association cultuelle était représentée dans les synodes par *un pasteur occupant un poste permanent* et *un délégué avec voix délibérative pour chaque poste de pasteur titulaire ou assimilé*. En cas de vacance du poste pastoral, un laïc peut être désigné pour compléter la délégation ; et lorsqu'une Église locale n'a pas de poste pastoral, elle a désormais la possibilité d'être représentée par un délégué ayant voix délibérative.

La pénurie se double surtout d'une incertitude sur le contenu et la visée du ministère. Quelle est la place du pasteur dans une Église locale ? Quelle est sa relation au conseil presbytéral ? L'É.R.F. a-t-elle besoin d'autant de pasteurs qu'elle le prétend ?, se demande même le pasteur Jean-Paul Sauzède en 1991. Or la réflexion sur les ministères n'est pas simple, tant il semble impossible au protestantisme d'établir une frontière nette entre les ministères et le sacerdoce universel des croyants. S'il rejette toute conception sacerdotale du ministère, le protestantisme peine à caractériser son identité spécifique.

La réflexion sur la diversité des ministères, évoquée depuis 40 ans, semble s'être enlisée. En 1943, le pasteur P. Lestringant présentait déjà un rapport sur « la restauration des ministères dans l'Église Réformée de France » ; les Synodes nationaux de 1957, 1960, 1961, 1962 et 1973 l'avaient reprise sous diverses approches. « Voici des années qu'on en rêve – comme d'une issue salvatrice face au monopole du pastorat paroissial », notait Michel Bouttier en 1973. Le Synode national de 1974 a certes clarifié les rôles existants en distinguant quatre ministères (pasteurs, pasteurs-proposants, assistants de l'Église et desservants bénévoles avec délégation), mais la distinction relève davantage du statut personnel ou de la formation des individus, plutôt qu'elle ne met en place une réelle diversification en fonction de charges et d'activités précises. Cette « fausse diversité des statuts ministériels » (selon l'expression de Jean-Pierre Monsarrat au Synode national de 1984) est donc revue en 1986 : le statut de desservant bénévole est supprimé, n'ayant jamais été utilisé…

Le sujet est d'autant plus embarrassant que la pluralité des interprétations des Écritures et des ecclésiologies freine tout consensus, mais surtout parce que cette notion de ministère rend plus difficile le dialogue œcuménique. Le Comité de continuation de la Concorde de Leuenberg souligne par exemple l'incapacité de l'É.R.F. à définir la spécificité du ministère pastoral autrement que de manière générale dans le texte de sa Discipline : l'É.R.F. doit donc s'expliquer sur sa conception du ministère.

Pour surpasser les divisions qui paralysent l'Église, une grande réflexion est lancée en 1983 autour de trois axes d'ordre doctrinal (la diversité des ministères, la reconnaissance des ministères, le rôle et le statut des ministres), en se basant sur la diversité des enseignements bibliques relatifs aux ministères (Éphésiens 4,11 et 1 Corinthiens 12,28 notamment) et sur la pluralité des convictions ecclésiologiques au sein de l'É.R.F. Il s'agit de reconnaître comme ministres non seulement les pasteurs, mais aussi tous ceux qui à l'échelon local pratiquent l'évangélisation, exercent la diaconie, accomplissent des missions confiées par l'Église au service d'organismes ou institutions, enseignent la théologie, contribuent à la recherche biblique, ainsi que tous les membres élus à des charges collégiales de l'É.R.F. (Conseils presbytéraux, régionaux et nationaux, Synodes et commissions synodales). L'É.R.F. s'emploie à établir des distinctions plus claires entre ministères de l'Union, ministères collégiaux et ministères locaux : les ministères locaux (tels les catéchètes ou les visiteurs), plus mouvants, parfois plus collégiaux que personnels, sont sous la responsabilité des conseils presbytéraux ; les ministres de l'Union sont pour leur part agréés par la Commission des ministères ou le Conseil national. Les pasteurs assument un ministère à titre personnel, à la différence des conseillers presbytéraux qui exerce un ministère collégial.

Dans les faits, la question se cristallise pendant plus d'une décennie autour d'un problème concret, celui de l'ordination-consécration.

Le protestantisme n'envisageant pas le ministère sous un angle simplement utilitaire, une reconnaissance liturgique semble nécessaire pour exprimer un engagement pluri-dimensionnel : l'engagement de Dieu qui inspire l'Église et ses membres, l'engagement de celui qui choisit de servir en tant que ministre, l'engagement de l'Église qui accueille le ministre et assume avec lui une responsabilité collective. Mais aussitôt des écueils théologiques apparaissent : il est impensable de faire une différence fondamentale entre les ministres de la Parole et des sacrements (qui seraient en quelque sorte les « vrais » pasteurs) et les autres ministères. S'ils sont premiers, les ministres de la Parole ne sont en aucun cas supérieurs. Une reconnaissance liturgique particulière pourrait cléricaliser les ministères en les éloignant du sacerdoce universel des fidèles ; mais à l'inverse, l'absence de tout rite banaliserait le ministère. L'enjeu est donc de préserver la spécificité de chacun des ministères en l'exprimant par des variantes liturgiques.

Quel nom donner alors à cet acte liturgique ? Le Synode national de 1961 avait hésité entre l'appellation de consécration et celle d'ordination. La première est l'expression de Jean Calvin lui-même dans *L'Institution de la religion chrétienne*, utilisée dans les Églises réformées de France depuis le Synode de La Rochelle en 1571 ; mais le complément (« consécration au saint ministère ») a disparu au cours du XXe siècle, et l'expression introduit désormais dans les esprits l'idée de sacré et suggère une différence entre le ministre et les fidèles… La seconde appellation, même si elle est utilisée dans le luthéranisme, renvoie dans son sens habituel à l'usage de l'Église catholique, à l'entrée dans un clergé ; il serait donc impossible d'en faire (au sens du mot voulu par le Synode de 1961 de « mettre à sa place dans l'ordre de l'Église ») un usage typiquement réformé sans introduire une certaine confusion. Pour exprimer cet entre-deux, l'É.R.F. utilise alors, faute de mieux, l'appellation de consécration-ordination pastorale.

Le débat est finalement tranché en 1984 et l'expression retenue celle de « reconnaissance des ministères ». Une liturgie est adoptée en 1988 : la pratique de « l'imposition des mains », en usage à Genève dès 1556 est maintenue, malgré les critiques exprimées à l'égard de ce geste qui pourrait donner l'impression d'un acte magique ou signifier une transmission de pouvoir. Pour éviter ici tout glissement clérical, il est préconisé d'associer à ce moment les représentants de divers ministères ainsi que des membres de l'Église locale, et de pratiquer ce geste dans d'autres circonstances (confirmation ou bénédiction de mariage) comme le recommandait déjà le Synode national de 1958. Sont prévus également les cas particuliers d'une « liturgie d'accueil » et d'une « liturgie d'envoi » pour un ministre qui arrive ou qui part pour exercer le même ministère dans un autre lieu.

La décennie 1990 est celle de la pleine mise en pratique de la diversité des ministères au sein de l'É.R.F., qui modifie progressivement la vie ecclésiale. Le nombre de ministères spécifiques (animateurs biblistes, animateurs de centres ou aumôniers) hors des Églises locales s'accroît. Mais les évolutions sociétales – plus que théologiques – ont contribué à fragiliser le ministère pastoral : nombreux sont les pasteurs à parler de leur malaise. En 2008, l'Union des Églises luthérienne et réformée d'Alsace-Lorraine a réalisé une enquête à laquelle 83 % des pasteurs ont répondu : 54 % d'entre eux trouvent leur métier passionnant, 45 %

se disent heureux de l'exercer, 33 % se déclarent satisfaits et 32 % le trouvent de plus en plus difficile. L'écart des taux de réponse entre les femmes et les hommes est significatif : 10 % seulement des pasteures se déclarent satisfaites (contre 43 % des hommes) ; 40 % d'entre elles trouvent le métier de plus en plus difficile (contre 29 % des hommes) ; 4 % seulement des hommes déclarent que « si c'était à refaire, [ils] ne choisiraient pas ce métier » alors que 10 % des femmes souscrivent à cette proposition. Le regard des conjoints est assez souvent assez dur : 43 % des pasteurs répondent que leur conjoint trouve que cette profession prend trop de temps et empiète sur la vie de famille ; 23 % disent que leur conjoint trouve le pastorat de plus en plus difficile ; 27 % des conjoints sont fiers que leur époux – ou épouse – exerce ce métier.

Les résultats ne peuvent pas être extrapolés au reste de la France et une enquête élargie serait aujourd'hui fort intéressante pour renouveler les travaux menés par Jean-Paul Willaime en 1978-1979. Parmi les 156 ministres entrés en fonction dans l'É.R.F. entre 1992 et 2001, 16 ont arrêté ou sont en congé en 2002, soit plus de 10 %. Le malaise d'une partie des pasteurs est d'abord dû au sentiment d'être peu valorisés dans leur profession. Le ministère pastoral est fragilisé par la diversification des compétences attendues, qui dépasse le cadre de ce qu'un pasteur peut assumer : prédication et enseignement bien sûr, mais aussi théologie, écoute, accompagnement, animation, catéchèse, communication, administration, gestion, etc. L'autorité que conférait autrefois a priori la fonction pastorale a disparu. Les contraintes de la vie privée s'ajoutent à ces contraintes professionnelles croissantes. Si bien que l'identité professionnelle et sociale du pasteur n'est aujourd'hui plus évidente. Chaque pasteur doit inventer sa propre manière d'exercer le ministère. Les attentes des fidèles, souvent très grandes, ne tiennent pas compte de ces réalités et sont parfois sources d'incompréhensions, de ressentiments, et d'un déficit de reconnaissance du travail pastoral, souvent solitaire. L'émergence depuis quelques années du phénomène d'épuisement professionnel, de « burn out » pastoral est significative. Au-delà du succès général du projet « Débat 2000. 2000 débats », le rapport de synthèse publié en 2002 pointe le fait que « là où des communautés sont restées en marge du processus, le pasteur en est le premier responsable, soit par manque d'intérêt personnel, soit par négligence ou indifférence, soit par rétention d'informations ».

La prise en compte de ce malaise a contribué à le résorber, à défaut de le surmonter entièrement[7]. L'autorité des pasteurs bousculée par les évolutions de la société est une chance pour l'Évangile, affirme Isabelle Grellier en 2003, parce qu'elle oblige le pasteur à « renoncer à un idéal de perfection pour mieux apprendre à vivre de la grâce de Dieu[8] ». L'orientation vers un recentrage sur le cœur de leur métier, sur le ministère de la Parole dans une perspective de témoignage, semble très largement partagée. « Il nous faut certainement réenchanter la fonction de pasteur, que nous avons eu tendance à banaliser depuis une vingtaine d'années », souligne le professeur Raphaël Picon en 2010[9] lors du lancement par l'É.R.F. de la campagne en faveur des vocations pastorales. Le site *devenirpasteur.fr* présente les témoignages de pasteurs accomplis dans leur métier. « Il existe des pasteurs heureux », titrait dès 2002 la tribune libre du pasteur Gilles Vidal dans *Réforme*[10].

Malgré ces évolutions, deux invariants demeurent : la figure du pasteur continue d'être un élément central de l'identité protestante et, au cœur de ce métier, la fonction de prédicateur reste la mesure de la valeur et de l'attrait du ministère.

LE PROJET AVORTÉ D'ÉTATS GÉNÉRAUX DU PROTESTANTISME

L'É.R.F. s'interroge également sur les grands principes qui animent son organisation. « Périodiquement, comme le monstre du Loch Ness, ironise en 1984 le président du Conseil national Jean-Pierre Monsarrat, l'idée d'un "grand synode ecclésiologique", au cours duquel une explication générale nous permettrait de retrouver un projet commun, refait surface » : à l'occasion de ce synode, les réformés s'interrogeraient notamment sur ce que sont l'Église et le membre d'Église. Dès les années 1960, le pasteur Alphonse Maillot appelait de ses vœux ce « synode ecclésiologique » ; mais en raison des incertitudes et des discordances

---

7 « Actuellement, il semble que ce malaise est plutôt surmonté dans l'É.R.F. », estime en 2003 le professeur Fritz Lienhard (« Le pasteur : identité sociale et libération évangélique », *Études théologiques et religieuses*, 78, 2003/3, p. 387).

8 Isabelle Grellier, « L'autorité des pasteurs bousculée par les évolutions de la société : une chance pour l'Évangile ? », *Études théologiques et religieuses*, 78, 2003/3, p. 367.

9 *La Vie*, 2 février 2010.

10 *Réforme*, 9-15 mai 2002.

parce que « nos convictions demeurent diverses », l'É.R.F. ne parvient pas à avancer sur ce point depuis les discussions de 1958.

La réflexion sur ce qu'est l'Église est rendue difficile par trois éléments : d'une part les très nombreuses relations nouées avec les autres Églises de la Réforme, et particulièrement avec les Églises luthériennes au sein du Comité permanent luthéro-réformé (C.P.L.R.), ne permettent plus de penser l'É.R.F. comme si elle était seule, sans tenir compte de son environnement ecclésial. D'autre part la montée en puissance des régions depuis 1970 à l'intérieur même de l'É.R.F. a modifié l'équilibre traditionnel du système presbytérien-synodal. Certains s'inquiètent de l'effacement de tout projet de vie d'Église nationale alors que les régions prennent de plus en plus de responsabilités. Jusqu'où les instances nationales peuvent-elles aller dans leurs initiatives et leurs incitations ? Comment coordonner les responsabilités des diverses instances nationales et régionales (Conseil national / conseils régionaux ; commission générale d'évangélisation / commissions régionales d'évangélisation ; commission nationale de catéchèse / commissions régionales de catéchèse...) ? Enfin, une certaine unanimité se fait dans le constat de dysfonctionnements du système synodal : défaut de communication entre le « haut » et le « bas » de l'Église, disparités entre les régions, faiblesse de l'entraide et de la solidarité ; parallèlement se développe une méfiance vis-à-vis des appareils ecclésiaux et de leurs stratégies : les soupçons de centralisme, de dirigisme, de volonté de puissance, de reprise en main ne sont jamais loin.

Aussi l'idée d'une réunion « d'États généraux du protestantisme » émise en 1975 par le pasteur Georges Richard-Molard fait-elle lentement son chemin. À l'occasion de la commémoration du tricentenaire de la Révocation de l'Édit de Nantes en 1985, le professeur Jacques Ellul appelle solennellement au lancement de ces États généraux. Soutenu par plusieurs personnalités comme le président des Associations familiales protestantes, Pierre-Patrick Kaltenbach, le projet ne se veut « en rien polémique ni contestataire » : il a pour objectif d'ouvrir un large débat sur le fonctionnement des institutions protestantes en donnant la parole à tous hors des canaux institutionnels habituels. « Il s'agit [...] de réveiller et d'intéresser l'Église, ce qui ne peut se faire que si nous partons de la base, si nous la consultons et lui donnons la parole[11]. » Pour ce faire,

11 Jacques Ellul, « Propositions pour des États généraux du protestantisme français », dans *Protestantisme & liberté*, Paris, 1986, p. 150.

des groupes paroissiaux pourraient rédiger des cahiers de doléances, qui seraient ensuite étudiés par les États généraux eux-mêmes : l'issue des débats devrait permettre de « faire des propositions nouvelles et [...] prendre position sur les divers problèmes, religieux, ecclésiologiques, théologiques ou politiques[12] ». L'ambition de J. Ellul est d'insuffler une nouvelle dynamique, de redonner « la priorité à l'évangélisation active par la base sur la routine ecclésiastique », de recentrer « toute la vie de l'Église sur les fidèles, sur les participants placés devant un impératif d'invention et d'innovation ».

Le projet a été confronté à une assez forte résistance des autorités ecclésiales et des synodes et n'a pas abouti. Une large consultation n'est en effet pas sans risques. J. Ellul souligne lui-même qu'un tel processus remet en question « beaucoup de nos habitudes » et que le système presbytérien-synodal pratiqué par l'É.R.F. est « incroyablement désuet et fictif » : les conseillers presbytéraux ne sont pas « vraiment élus » et l'Église est dirigée par un système « de notables », « parfaitement aristocratique », où la base « n'a aucun pouvoir, ni de contrôle ni de révocation ». S'ils peuvent faire naître un projet innovant, les débats peuvent également réveiller des oppositions ; or après les fractures des années 1970, les autorités préfèrent un recentrage théologique et cherchent à consolider les structures ecclésiales plutôt qu'à les réinventer. « L'É.R.F. reste partagée entre deux attitudes contradictoires, analyse la pasteure Sylvie Gambarotto : la tentation de se replier sur un passé qui est connu, valorisant et sécurisant, mais n'encourage pas le changement, et le désir de s'orienter avec plus de détermination vers un avenir qui suscite inquiétude et crainte du fait des risques à prendre pour des résultats imprévisibles[13]. » Les États généraux du protestantisme ont-ils été une occasion manquée pour l'É.R.F ? « On peut aujourd'hui regretter qu'Ellul n'ait pas été vraiment entendu », estime pour sa part S. Gambarotto au terme de son étude sur les Églises locales[14].

À défaut de lancer la vaste consultation proposée, l'É.R.F. va tenter de répondre de manière plus traditionnelle aux problèmes soulevés par le projet d'États généraux. Pour mieux s'adapter aux évolutions du profil des fidèles, une réflexion approfondie est lancée sur le « membre de l'Église ».

12 Jacques Ellul, *Réforme*, 12 octobre 1985, p. 14.

13 Sylvie Gambarotto, *Pour une croissance de l'Église locale*, Paris, 2001, p. 23.

14 Sylvie Gambarotto, *Pour une croissance de l'Église locale*, Paris, 2001, p. 103.

Le projet de la Réforme a été de bâtir une Église dans laquelle les laïcs sont pleinement associés ; la gestion originale du pouvoir partagé entre clercs et laïcs mise en œuvre par le protestantisme dépend donc étroitement de l'affirmation et de la formation de cadres laïques motivés. Là où le problème se révèle complexe, c'est que la définition du membre d'Église est le reflet de choix théologiques : elle a été en 1938 l'une des questions majeures dans les débats préparatoires à la constitution de l'É.R.F. en raison de l'affrontement des deux traditions multitudiniste et professante. D'un côté les Églises réformées libérales ne soumettaient le droit de vote aux élections presbytérales qu'à un minimum de conditions ; d'un autre les Églises réformées évangéliques établissaient en revanche une distinction entre les membres *paroissiens* et les membres *électeurs* (ces derniers se devant de fréquenter le culte, d'accepter les statuts, de s'engager à maintenir les principes fondamentaux, d'être attachés à l'Église et de vivre des principes de l'Évangile) ; enfin les Églises libres et les Églises méthodistes étaient pour leur part des Églises de professants, ne reconnaissant pour membres que des *convertis*. Après de longs débats, les diverses unions d'Églises se sont mises d'accord en 1938 sur les conditions de l'électorat à partir de la triple distinction entre *membre baptisé*, *membre de paroisse* et *membre responsable*. Les membres de paroisse n'ont pas à adhérer à la Déclaration de foi de l'É.R.F. puisque le préambule précise que seuls les ministres sont soumis à cette obligation, mais des conditions religieuses sont exigées des *membres responsables* (une confession de foi définie et personnelle et la disponibilité à accepter des responsabilités pour le service de l'Église).

C'est à la fin des années 1950, avec la révision de la Discipline aux Synodes de Poitiers (1958) et de Paris (1959), que la notion de *membre responsable* est supprimée. La distinction entre les catégories de membres est abandonnée au profit d'une compréhension unitaire de l'engagement que prend un catéchumène lorsqu'il déclare : « Jésus-Christ est le Seigneur ». Cet engagement est « annoncé » dans le baptême, « précisé » lors de la confirmation du catéchumène et « répété » lors de l'accession à une charge ecclésiastique, sans autre confession de foi plus détaillée. Le Synode national de 1960, à propos de la liturgie du baptême des catéchumènes, précise ainsi que « sont membres de l'É.R.F. tous les baptisés reçus à la Cène par son ministère, une demande explicite n'étant nécessaire que pour les chrétiens venus d'une autre Église issue de la Réforme ». Si l'É.R.F. confesse sa foi, elle n'exige de ses membres aucune déclaration préalable : elle est une Église de multitude, fondée sur l'élection divine, la Parole et les sacrements, mais non pas explicitement sur la foi de ses membres qui décident en conscience s'ils peuvent s'engager. En 1963, l'É.R.F. fait un pas supplémentaire en affirmant dans sa liturgie de Sainte Cène : « L'Église se réjouit d'accueillir à la communion du Seigneur tous ceux, membres ou non de l'É.R.F., qui veulent s'approcher de la table, en discernant dans la Cène le corps et le sang du Christ. » François Méjan, dans son analyse détaillée de *L'Église locale* en 1974, en tire la conclusion qu'un membre d'une autre Église issue de la Réforme peut être en même temps membre d'une association cultuelle de l'É.R.F., mais il exclut toute double appartenance pour un membre d'une Église chrétienne non issue de la Réforme, ou a fortiori d'un culte non chrétien.

Mais vingt-cinq ans plus tard, l'ouverture œcuménique et la pratique quotidienne d'implication de couples mixtes protestants-catholiques, notamment dans la participation au culte, la catéchèse ou l'entraide, font émerger une demande d'inscription en tant que membres de l'association cultuelle de conjoints catholiques, désireux de s'inscrire pleinement dans la vie de l'É.R.F. sans pour autant rompre avec leur Église d'origine. L'augmentation du nombre de mariages mixtes et de conjoints engagés dans les deux Églises réformée et catholique, dans une double appartenance « affective et spirituelle[15] », révèle désormais toutes ses implications ecclésiologiques. Apparue une première fois au Synode national de 1987, la question est reprise par deux synodes régionaux en 1989 qui proposent un amendement de la Discipline. Mais ouvrir à un catholique la possibilité d'être membre de l'Église locale, inscrit sur les listes électorales, lui ouvrirait également celle d'être membre du conseil presbytéral : certains s'inquiètent discrètement de ce qu'il en serait si une assemblée générale se trouvait un jour composée d'une majorité d'électeurs catholiques… Dans l'évolution de sa compréhension du membre d'Église, l'É.R.F. doit répondre en même temps à trois enjeux qui peuvent sembler contradictoires : s'ouvrir aux conjoints catholiques pour leur permettre d'être inscrits sur les listes électorales en ne retenant que le critère baptismal et une déclaration de foi simplifiée ; répondre

15 Selon l'expression du pasteur Jacques Maury et du Père René Beaupère (*Revue Foyers Mixtes*, septembre 1993).

à ceux qui souhaitent une Église confessante en proposant que tout membre d'une Église locale s'engage à approfondir sa foi et à participer à la mission de l'Église ; ne pas imposer des conditions impossibles à remplir pour ceux qui s'abstiennent des sacrements ou sont réfractaires à toute confession de foi. Loin d'être un point de détail administratif, la question du membre d'Église est pour l'É.R.F. un point de cristallisation des tensions : l'É.R.F. se veut une Église multitudiniste, avec la volonté d'accueillir des personnes aux modes d'appartenance extrêmement diversifiés, d'accompagner tous les « distancés de l'Église » porteurs de demandes parfois bien ambiguës ; mais elle se veut aussi confessante, dans la cohérence de son témoignage et dans la fermeté de ses convictions.

Le Synode national de Paris de 1995 adopte une nouvelle rédaction des statuts-types des associations cultuelles : l'Église locale accueille comme membres, avec leur accord, ceux qui reconnaissent que « Jésus-Christ est le Seigneur », sans plus d'exigences. L'orientation est nouvelle : le membre de l'Église ne se définit plus par les sacrements reçus (le baptême et l'admission à la Sainte Cène jusqu'à présent), mais par sa foi personnelle. L'É.R.F. s'écarte ainsi de la pratique des trois autres Églises multitudinistes (Église évangélique luthérienne, É.C.A.A.L. et É.R.A.L.) pour se rapprocher des Églises confessantes : l'É.R.F. demande à ses membres une affirmation de foi personnelle, christologique, mais dont la concision extrême laisse ouvertes toutes les interprétations dogmatiques. Ainsi s'affiche nettement l'originalité de l'É.R.F. dans le paysage protestant.

L'association cultuelle, qui est la traduction juridique et légale de l'Église locale, exige cependant une démarche : les paroissiens qui désirent être membres de l'association cultuelle (et ainsi avoir le droit de vote dans les assemblées générales) doivent en faire la demande écrite au Conseil presbytéral, qui décide de leur inscription sur la liste des membres ; ceux qui sont inscrits ont les devoirs de « participer fidèlement au service de l'Évangile et à la vie matérielle et financière de l'Église ainsi qu'à son gouvernement ».

LITURGIE, RITES ET CATÉCHÈSE : À LA RECHERCHE D'UNE UNITÉ INTERNE

Soucieuse de renforcer sa cohésion et sa vie communautaire, l'É.R.F. s'efforce au cours des années 1980 et 1990 de trouver une unité dans ses pratiques.

La liturgie des cultes a été fortement bousculée par les changements intervenus dans les deux décennies précédentes. « La grande détresse de notre protestantisme actuel, estime le professeur Roger Mehl, c'est que beaucoup de fidèles et beaucoup de pasteurs ne savent plus ce qu'est l'acte de prêcher l'Évangile ». Dès 1977, le synode de la région Centre-Alpes-Rhône demande une nouvelle réflexion sur les pratiques liturgiques, et notamment sur les « gestes » liturgiques (comme l'imposition des mains) qui risquent de perdre leur sens au fur et à mesure que les raisons théologiques de leur institution s'effacent. Constatant l'importance croissante de la Sainte Cène dans la vie des paroisses et la multiplication des célébrations parents-enfants, le synode régional de l'Ouest pose pour sa part le problème de l'accueil des enfants à la Cène. Pour remédier à la désaffection du culte dominical, on cherche à en renouveler la forme (jugée trop triste, dans un espace clos et un langage hermétique), pour lever les freins à la participation des jeunes ménages, des adolescents et des enfants. Culte eucharistique, culte biblique, culte d'information et d'intercession, culte traditionnel ou kérygmatique… L'enjeu est retrouver le sens du culte, qui joue un rôle décisif dans l'ecclésiologie protestante : le culte représente en effet un témoignage et doit permettre une meilleure visibilité de la foi des réformés, dans son unité et sa diversité.

Mais si les initiatives locales et la recherche liturgique sont légitimes, la liberté en ce domaine ne peut être entière puisque la liturgie du culte engage l'unité de l'Église. Selon la Discipline de l'É.R.F., la liturgie relève de la responsabilité du Synode national. Le culte est une cérémonie avec sa logique interne et sa rigueur théologique. Constatant, en 1980, que de nouvelles variantes des textes liturgiques pour les cultes dominicaux avec baptême et Sainte Cène soulèvent des « réserves sur la théologie sous-jacente à certaines formulations », le Synode national propose de réviser la liturgie commune de l'É.R.F. pour mieux encadrer les évolutions nécessaires. Pour remplacer la « liturgie verte » de 1963, la Commission nationale de liturgie élabore en 1982 un projet de liturgie du culte dominical, dite « liturgie orange », destinée à être expérimentée par les paroisses avant de recueillir leurs réactions.

Le projet insiste sur la dimension communautaire du culte, en proposant la participation des fidèles au déroulement de la liturgie ; sur sa dimension festive également, à travers les couleurs, les fleurs, la beauté des lieux. Le déroulement du culte connaît quelques modifications : la Loi ne figure plus avant la confession des péchés, mais est reportée dans l'envoi final ; la confession de foi suit la prédication. Même si la « liturgie orange » ne fait l'objet que d'un nombre très limité de retours de la part des Églises locales, certains de ses textes sont fortement critiqués pour ne pas respecter la tradition réformée. N'étant pas jugé représentatif de la pluralité et de l'unité de l'É.R.F., ne répondant pas aux attentes des Églises locales, le projet est abandonné sans être soumis à l'appréciation des synodes. Son échec conduit à reprendre au fond la question du sens du culte à partir de 1989.

Une nouvelle Commission de liturgie, composée de fidèles et de ministres représentant les différentes sensibilités de l'É.R.F., est mise sur pied avec pour mission première de récolter des textes proposés par les commissions de liturgie locales, consistoriales et régionales, venant également d'autres traditions (DÉFAP, Mission populaire), dans le respect de la diversité des personnes (âge, sexe, milieu social ou culturel) et du sacerdoce universel. Ces travaux débouchent en 1996 sur une nouvelle « liturgie commune », rédigée dans « le respect des diverses options théologiques et des sensibilités liturgiques plurielles ». Cette liturgie commune doit être comprise comme un texte de référence : elle signifie l'unité de l'Église et fait partie des textes constitutionnels de l'É.R.F. même si elle n'a pas valeur normative. Elle rend l'É.R.F. « visible » ; ce texte dit aux fidèles et aux visiteurs de passage la foi de l'Église et le message de l'Évangile tels que l'É.R.F. les comprend, insistant sur la grâce première de Dieu (le culte commence avec la proclamation de grâce et s'achève par la bénédiction), la louange par le chant, la prière (en particulier la prière avant la lecture de la Bible pour demander l'assitance du Saint-Esprit afin que les Écritures deviennent Parole de vie pour l'assemblée), l'écoute de la Parole dans le respect de la pluralité théologique.

Un ensemble de textes est adopté : deux propositions de culte dominical avec Cène, une liturgie de culte avec baptême d'enfant, de culte pour petite assemblée, une liturgie de culte thématique composée de textes bibliques, de culte avec présentation d'un enfant, une liturgie d'annonce de l'Évangile aux familles en deuil. Les textes sont traduits en plusieurs langues (anglais, néerlandais, allemand et espagnol) pour être utilisés dans les villes touristiques. Des projets complémentaires sont mis en chantier (baptême d'adultes, confirmation des catéchumènes, accueil des nouveaux membres, cultes pour divers temps de l'année liturgique…), accompagnés d'un effort de recherche hymnologique. Car la liturgie commune n'exclut pas une certaine créativité, laissant une place à l'initiative du président du culte.

Diffusée sous forme de fascicules utilisables dans toutes les paroisses, incluant en introduction la Déclaration de foi de 1938 et spécifiant les enjeux théologiques et pédagogiques de sa rédaction, la nouvelle liturgie est le reflet des tensions inhérentes à la position de l'É.R.F. : le respect de la pluralité théologique, qui est vue comme « une des richesses de l'Église » ; le souci œcuménique, qui relie le culte réformé à l'Église universelle ; l'héritage de l'histoire et la nécessaire adaptation au langage actuel ; un mélange de psaumes traditionnels, de cantiques connus et de chants contemporains ou issus d'autres traditions. La nouvelle liturgie recherche l'équilibre entre le respect de la tradition et l'actualisation nécessaire. Les variantes ont l'autorité que leur confère leur cohérence avec la « liturgie commune ». Deux questions font malgré tout débat : la place de la Loi et la fréquence de la Cène.

La Loi fait en effet l'objet de compréhensions divergentes. Dans la perspective luthérienne, la Loi rappelle notamment que tout effort humain pour se justifier devant Dieu est voué à l'échec ; cette compréhension dite « pédagogique » de la Loi explique qu'elle soit située dans la liturgie avant la confession des péchés et l'annonce de la grâce et du pardon. Mais dans la perspective calvinienne, la Loi de Dieu exprime une exigence éthique : son rôle n'est pas d'amener à la repentance, mais d'être une règle de vie selon les valeurs évangéliques ; la Loi trouve alors sa place dans la liturgie après la confession des péchés et l'annonce du pardon. Pour tenir compte de ces deux conceptions, la liturgie de 1996 propose donc deux ordres du culte. De même elle propose pour chaque culte ordinaire une liturgie avec ou sans célébration de la Cène, puisque la pratique des Églises locales a évolué à ce sujet. La Discipline de l'É.R.F. recommande la célébration de la Cène au moins une fois par mois, mais nombre d'Églises la célèbrent deux fois par mois, voire chaque dimanche.

Le second point sur lequel l'É.R.F. tente de consolider son unité est celui de l'autorité des Écritures. « Comment comprenons-nous et vivons-nous aujourd'hui l'autorité souveraine des Saintes Écritures comme règle de la foi et de la vie ? », se demande le Synode national de 1981. « Comment utilisons-nous l'Écriture pour fonder nos convictions et nos comportements dans l'Église et dans la société ? », cherche à savoir le Synode national de 1982. Quatre ans plus tard, le thème est longuement traité, et toujours exprimé sous forme interrogative : « Notre référence à l'Écriture : comment ? pourquoi ? ».

Dans son message au Synode national de 1979, le professeur Max-Alain Chevallier relève qu'« aujourd'hui nous sommes de nouveau dans un temps de particulière vulnérabilité de la référence aux Écritures ». Non pas que la référence au texte biblique soit abandonnée, mais « ce sont les moyens de l'expliciter qui paraissent manquer au milieu des bouleversements culturels que nous connaissons. Nos mentalités personnelles ou les mentalités de ceux avec qui nous parlons ont été tellement ébranlées ou changées que nous ne savons plus bien transcrire la référence au Christ des Écritures de façon à la fois rigoureuse et adaptée ». « Il est difficile en 1980 d'exprimer clairement le sens de *l'autorité souveraine des Écritures*, admet le pasteur Albert Nicolas. Et l'usage de la Bible s'en ressent ! Pour nous-mêmes, nos partenaires chrétiens et nos contemporains, il serait certainement nécessaire d'oser dire où nous en sommes[16]. »

Se côtoient en effet à l'intérieur de l'É.R.F. toutes les exégèses : celles qui renoncent par principe à toute interprétation ; celles qui confrontent l'Évangile aux situations sociales, politiques ou ecclésiales ; celles qui appliquent des grilles d'interprétation venues des sciences humaines ; celles qui ont une lecture liée aux théologies contemporaines… Dans ce grand bouillonnement, les uns estiment la prédication et la catéchèse traditionnelles toujours aussi pertinentes, les autres les voient comme inintelligibles, voire choquantes en raison des notions de justice, de péché, de salut qui auraient perdu toute pertinence… Pour ne pas vivre une nouvelle forme de la querelle des Anciens et des Modernes, l'enjeu est, pour une Église pluraliste comme l'É.R.F., de faire cohabiter ces lectures diverses dans la reconnaissance par chacun de la légitimité

16 *Actes du Synode national de l'É.R.F.* (Viviers), 1981, p. 112.

d'autres tentatives de traduction de l'Évangile, quitte à les critiquer : l'exclusivisme serait en effet plus grave pour le témoignage de l'É.R.F. que le pluralisme, avertit Max-Alain Chevallier.

Et la question est d'autant plus urgente qu'elle n'est pas seulement de théologie abstraite. Dans les années 1980, l'Église est agitée par d'importants débats éthiques desquels il est souvent difficile de faire la part des options idéologiques, des motivations personnelles d'ordre affectif ou de la réflexion proprement théologique et biblique, au risque de sombrer dans des discussions confuses. En présence des problèmes culturels, moraux, sociaux et politiques qui appellent des prises de position et des engagements, l'É.R.F. se doit de préciser comment s'exerce l'autorité de la Bible.

Plutôt que d'entrer dans un débat de théologie fondamentale sur la fidélité au témoignage scripturaire, la méthode choisie pour préparer le thème synodal de 1986 (« Notre référence à l'Écriture : comment ? pourquoi ? ») a consisté à partir des pratiques. Le dossier préparatoire du Synode prend la forme d'une large enquête dont l'objectif est d'analyser les pratiques de l'É.R.F., d'exercer une réflexion critique sur la manière d'interpréter la Bible dans les domaines de la lecture personnelle, de la catéchèse, de la prédication, de la liturgie, et de réfléchir aux conditions de fidélité au témoignage biblique dans le domaine de la foi et de la vie. Mais le sujet est vaste, trop vaste sans doute pour être bien appréhendé : sur les 202 réponses individuelles reçues, le plus souvent typiques d'une piété protestante avec une coloration plus ou moins spirituelle ou intellectuelle, 90 réponses parlent de ressourcement, de paix intérieure, de réconfort… mais peu d'actualisation.

Les réponses révèlent la difficulté d'une réflexion sur la mise en pratique, et leur faible nombre témoigne surtout d'un abandon de la lecture régulière de la Bible. Un constat s'impose : celui d'une crise de la lecture de la Bible, du développement de « l'ignorance biblique de nos contemporains, même membres d'Église ». Cette crise s'insère dans une crise plus générale de la lecture, mais elle est accentuée par les difficultés propres aux textes bibliques : l'exégèse scientifique a discrédité les lectures naïves, subjectives, qui pouvaient en être faites et a semé le trouble dans les esprits. « La lecture de la Bible par tout le peuple est possible, malgré les difficultés culturelles ; c'est une des convictions les plus profondes que la Réforme nous a transmises », affirme le Synode national de 1986. Mais le corpus biblique présentant souvent des affirmations différentes, voire contradictoires, il est impossible d'utiliser la Bible comme un recueil de réponses toutes prêtes. La lecture biblique est une lecture exigeante. Elle nécessite « une démarche d'interprétation » qui suppose « d'écouter ses questionnements, ses interpellations et de nous laisser déranger par elle », selon les expressions utilisées par le Synode. Ce désenchantement de la lecture de la Bible marque une rupture d'autant plus profonde qu'elle remet en cause la représentation traditionnelle des protestants, et qu'elle s'accompagne, hors de l'É.R.F., par la découverte de l'importance du travail biblique au sein du catholicisme et par le maintien d'une étroite relation de lecture du texte biblique parmi les protestants évangéliques. Le *Sola scriptura* constitue-t-il encore une spécificité du protestantisme réformé ? Même les cadres de l'É.R.F. ne font pas exception : au début des années 2000, une Église locale estime nécessaire de rappeler que « chaque conseiller presbytéral doit posséder une Bible ». « Nous ne pouvons prendre notre parti de cette passion biblique endormie, mais nous devons tout mettre en œuvre pour faire découvrir et lire la Bible au plus grand nombre », affirme en 1998 le président du Conseil national, le pasteur Michel Bertrand. Mais comment refaire du peuple protestant des lecteurs de la Bible ?

Le Synode de 1986 délivre un mode d'emploi de la lecture de la Bible à travers quelques recommandations simples : « prendre l'habitude de lire des livres entiers plutôt que des extraits ; largement utiliser les travaux des spécialistes ; la lire à plusieurs. La lecture de la Bible demande du travail, exige du temps et implique un engagement du lecteur. Cet effort vaut la peine d'être fait. » Le Synode national propose surtout de développer la formation permanente, et notamment celle des catéchètes, par des animateurs bibliques. Il suggère de rendre accessibles des outils d'analyse par des publications en liaison avec les Équipes de Recherche Biblique, l'Institut protestant de théologie, le Centre protestant d'étude et de documentation (CPED) et la maison d'édition protestante « Les Bergers et les Mages ». Il encourage la création de comptoirs de librairie ou de bibliothèques dans les paroisses. « Je fais le pari qu'une certaine convergence peut s'établir entre une lecture savante, soucieuse de signifiance, et une lecture pieuse, soucieuse de devenir une lecture instruite, pour le bien de l'intelligence de la foi », affirme Paul Ricœur lors du colloque *Protestantisme & Liberté* qui commémore la révocation de l'Édit de Nantes (1985). Les initiatives se multiplient pour faire redécouvrir la Bible : expositions (et notamment l'exposition *La Bible patrimoine de l'humanité*, réalisée par l'Alliance biblique française), lectures, spectacles. À la fin des années 1990, une autre approche est tentée : « La Bible n'est pas un conte, mais elle se raconte. » À défaut d'être un lecteur, le paroissien a la possibilité de devenir un écouteur de la Bible…

Les sacrements et les rites constituent le troisième débat majeur au sein de l'É.R.F. Il s'agit d'une réflexion dont les enjeux touchent à l'identité réformée, mais également à l'unité de l'Église et à son témoignage. S'inscrivant dans la continuité des travaux synodaux sur le culte (en 1989) et sur la liturgie (en 1996), le Synode national programme en 1999 l'étude des « Gestes qui parlent. Baptême, Cène, Signes ».

La thématique est bien entendu appréhendée à l'aune de la pluralité des pratiques, qui renvoient à des orientations fondamentales de la foi protestante puisque derrière les gestes symboliques sont véhiculées des options théologiques. L'É.R.F. se retrouve en tension entre le refus de banaliser ses pratiques religieuses et le refus de les sacraliser, entre le souci de préserver l'identité protestante et celui de s'adapter à la culture environnante. Pour éviter de déclencher des affrontements théologiques, la question de la spécificité et du sens des sacrements n'est pas posée directement, mais sous l'angle des problèmes pratiques et des expériences locales. Le baptême doit-il être pratiqué par aspersion ou immersion ? La Sainte Cène doit-elle être prise plus fréquemment ? Avec une coupe commune ou des gobelets individuels ? Doit-elle évoluer sous l'influence de l'œcuménisme et imiter les pratiques catholiques d'intinction (le pain trempé dans le vin) et d'accès des enfants à l'eucharistie ? L'accueil facilité des enfants à la Cène ne risque-t-il pas au contraire d'entraîner une ouverture trop large qui galvauderait ce sacrement ?

Au-delà des sacrements se pose la question des signes qui sont souvent considérés comme des marqueurs identitaires du protestantisme : la robe pastorale, la croix huguenote, la chaire, la Bible ouverte, le cercle de communion, le cadeau d'une Bible à l'occasion de la première communion des catéchumènes ou des mariages, les versets bibliques inscrits sur les murs du temple… Certains pasteurs les contestent au nom de l'égalité, en refusant par exemple de porter la robe ou de prêcher du haut de la chaire. Des critiques s'expriment de manière plus générale contre l'instauration de rites institutionnalisés, donc figés et jugés incompatibles avec une parole vraie et vivante. Certains n'y voient que des formules magiques (baptiser au nom de…) ou des éléments de superstition (telle l'ambiguë imposition des mains). Les contemporains semblent surtout ne plus disposer des clés pour comprendre les liturgies, les chants, la prédication : faut-il alors garder les mêmes pratiques et former les personnes extérieures afin qu'elles puissent mieux s'intégrer, ou réformer l'Église pour la rendre plus accessible ?

Le Synode national de 1999 prend tout d'abord acte du désir de repères théologiques et liturgiques communs à l'ensemble de l'É.R.F. : les pratiques locales engagent l'Église dans son ensemble et ne devraient pas être modifiées sans concertation, au risque de désorienter des fidèles ou des visiteurs de passage qui se retrouveraient confrontés à des situations fort diverses en fonction des endroits où ils séjournent. Le Synode souligne ensuite la nécessité de mettre en scène les principes et les convictions protestants : les gestes symboliques peuvent être des vecteurs de la foi, des signes forts pour annoncer l'Évangile, à condition d'éviter tout hermétisme et en reconnaissant l'ambiguïté de signes susceptibles d'interprétations multiples.

L'É.R.F. réaffirme qu'elle baptise les enfants en bas âge, manifestant ainsi la grâce première de Dieu et « la passivité du croyant dans le mouvement par lequel Dieu sauve », mais le Conseil national est autorisé à accorder des dispenses aux pasteurs anti-pédobaptistes. L'accueil à la Sainte Cène se fait sans aucune exclusion : l'invitation s'adresse à ceux qui « discernent les signes de la présence du Christ dans le pain et le vin partagés » et tout adulte peut donc communier, même sans être baptisé ; l'accès des enfants, expérimenté dans certaines paroisses sur autorisation temporaire du Conseil national depuis 1983, est officialisé par le Synode de 2001. La variété des parcours individuels justifie, aux yeux du Synode national, cette diversité des pratiques d'accueil et rend parallèlement d'autant plus importante la tâche catéchétique.

Le sujet de la catéchèse avait été abordé par le Synode de 1968. Le temps des catéchismes doctrinaux qui faisaient l'objet d'un large consensus paraissait alors révolu : près de la moitié des paroisses utilisaient des catéchismes locaux ou expérimentaux divers pour répondre aux nouveaux défis pédagogiques, œcuméniques et culturels du monde environnant. Parce que les chemins divergeaient de plus en plus, les autorités de l'É.R.F. ont eu le souci, à partir de 1976, de faire de la

Commission nationale de catéchèse (CNC) un ministère collégial efficace de transmission de l'Évangile.

Cette Commission est chargée d'organiser en 1980 un colloque commun avec l'Église évangélique luthérienne, les Églises d'Alsace-Lorraine (É.C.A.A.L. et É.R.A.L.) et la Société des Écoles du Dimanche (S.E.D.), afin de créer des relations entre les diverses niveaux de pratiques (national, régional, consistorial, local) de la catéchèse. Une enquête de 1982 dirigée par Jean-Paul Willaime vient confirmer les premiers constats faits en révélant que les objectifs des pasteurs de l'É.R.F. divergent nettement dans les objectifs assignés au catéchisme. Si 73 % estiment qu'il faut offrir aux jeunes un lieu d'interrogation sur le sens de la vie, 61 % pensent que le but est de préparer les jeunes chrétiens à exercer des responsabilités dans la société, 53 % espèrent convertir les jeunes gens à Jésus-Christ, 41 % veulent leur apprendre à prier et à méditer, 32 % leur montrer les implications socio-politiques de l'Évangile, et 16 % leur donner une formation doctrinale. Ainsi, dans une Église pluraliste comme l'É.R.F., toute production catéchétique semble vouée à ne satisfaire qu'une partie des pasteurs. Si aux yeux des deux tiers des pasteurs et des catéchètes les documents proposés par la S.E.D. semblent satisfaisants pour la tranche d'âge des 7-12 ans, il est loin d'en être de même pour la tranche d'âge des 13-16 ans, jugée plus exigeante.

La catéchèse semble souffrir de deux maux principaux : une mauvaise articulation entre la S.E.D. et l'Église explique qu'un tiers des catéchètes n'utilisent pas le matériel proposé par la S.E.D. mais se tournent vers du matériel suisse, baptiste, de la Ligue pour la Lecture de la Bible ou créent leur propre matériel ; de plus, au sein des paroisses, les catéchètes hésitent entre les trois finalités possibles d'un parcours catéchétique (religieuse, sociologique ou éthique). S'agit-il de donner aux enfants et adolescents une connaissance biblique et doctrinale qui les structure comme chrétiens ? de leur permettre de prendre conscience de leur appartenance à une paroisse et à l'É.R.F. ? ou de faire d'eux des « êtres-au-monde » capables de vivre et d'assumer librement des choix éthiques ? La catéchèse relève-t-elle d'un affermissement de la foi, d'une transmission ou d'un appel à la foi dans un monde sécularisé ?

C'est pourquoi, face à l'atomisation persistante de l'enseignement catéchétique, est affirmé au Synode national de 1985 le souhait de voir émerger un projet catéchétique commun pour l'ensemble des paroisses de l'É.R.F. prenant en compte les expériences interconfessionnelles, les situations de dissémination et les catéchèses spécialisées. Le sujet est alors inscrit à l'ordre du jour des Synodes nationaux de 1987 et 1988.

Les enquêtes régionales effectuées selon des méthodes très variées témoignent d'une réelle mobilisation autour du thème synodal : il faut dire que la catéchèse est le service de l'Église assuré par le plus grand nombre de bénévoles et de ce fait intéresse davantage que d'autres thèmes synodaux souvent jugés pointus ou obscurs. La catéchèse est, de façon paradoxale, à la fois l'affaire de « spécialistes » et l'affaire de tous. Une diversité dans tous les domaines est constatée dans les régions : qu'il s'agisse des âges, des horaires et des rythmes, des durées, des matériels, des objectifs… chaque Église locale fait ce qu'elle veut. Selon les milieux de vie (athées, disséminés, foyers mixtes), la catéchèse ne peut être que différente ; les attentes des parents sont d'ailleurs parfois en décalage par rapport aux réponses des catéchètes. Le bilan de dix années de catéchèse œcuménique, réalisé à Francheville en octobre 1984, souligne les lignes de tension qui traversent celle-ci : la catéchèse œcuménique doit-elle être biblique et déconnectée des appartenances confessionnelles, ou bien sacramentelle et conditionnée à l'appartenance confessionnelle ? Face à la diversité des documents, des théologies et des pédagogies, il y a bien nécessité d'un matériel et d'un programme communs pour l'Église réformée, aussi bien en raison de la mobilité des familles que dans un souci d'homogénéisation destinée à mieux faire ressortir la « spécificité protestante ».

À la suite de cette réflexion collective, le Synode national définit alors un cadre général :

> La catéchèse, dans la tradition réformée, est construite autour du dialogue avec les textes bibliques, dans une relation ouverte qui prend en compte les âges, les situations de la vie, les outils culturels, les questionnements du temps et la conjoncture œcuménique. Elle a pour but de conduire à la liberté de croire, penser, agir sur la base de la gratuité du salut.

Après dix ans de réflexion pour reconstruire sur les ruines des anciens modèles catéchétiques, l'É.R.F. publie en 1989 une « proposition de contenu de base en catéchèse ». Ce texte affirme que, sans revenir aux traditionnelles questions-réponses, les adolescents doivent recevoir un contenu fidèle à l'héritage de la catéchèse : des dossiers sur la Cène, la prière, le baptême, la confession de foi sont mis en chantier. Dans le cadre du Comité permanent luthéro-réformé, les deux Églises réformée et luthérienne se mettent d'accord sur un *Texte d'orientations communes pour la catéchèse* et confient à la S.E.D. la mise en place d'une plate-forme catéchétique commune et la production d'un matériel insistant sur les références bibliques et théologiques.

Grâce à un travail synodal approfondi, l'É.R.F. parvient ainsi à renforcer son unité en adoptant des cadres communs renouvelés, dans des domaines aussi variés que la liturgie, les rites et la catéchèse. Mais le débat s'avère plus complexe en ce qui concerne l'annonce de la « Bonne nouvelle » aux non protestants.

LE SERPENT DE MER DE L'ÉVANGÉLISATION

« Toute la vie de l'Église doit porter la marque de l'évangélisation et doit être constamment repensée dans cette perspective », affirmait le Synode national de 1977. « C'est beau !, commente trente ans plus tard le président du Conseil national, le pasteur Marcel Manoël. Mais ça ne donne pas grand-chose. [...] On s'aperçoit de nos manques, et comme on est plein de bonne volonté, on prend une bonne résolution... dont on n'a guère les moyens[17] ! » La stratégie de l'É.R.F. en effet se définit d'abord par la négative. L'É.R.F. sait ce qu'elle ne veut pas : ni une évangélisation par proclamation massive (comme peuvent le faire les Églises évangéliques), ni une évangélisation par enfouissement (comme cela s'est pratiqué dans les années 1960). Mais comment l'Église peut-elle évangéliser ? Au-delà des intentions unanimes, les avis et les postures divergent grandement dans une Église réformée marquée par la diversité. L'évolution de la politique de l'É.R.F. en la matière se traduit par des logiques institutionnelles mouvantes et une véritable inflexion à partir de 1989.

Depuis 1968, toutes les actions d'évangélisation ont été confiées à la Commission Générale d'Évangélisation (C.G.E.). Mais en 1983, après neuf ans d'engagement politique sous la présidence du pasteur Georges Casalis, la C.G.E. fait le constat de sa marginalisation croissante par rapport au reste de l'É.R.F., et notamment au Conseil national et aux

17 *De la parole aux actes. Actes du Forum Évangélisation (30 juin-1er juillet 2006)*, Allauch, 2006, p. 82.

conseils régionaux. Le Synode national de Valence en 1982 donne de nouvelles directives à la C.G.E. : l'accent est mis sur la prédication et le contenu du message à apporter. À la faveur du renouvellement d'équipe en 1983, la C.G.E. entre dans une logique plus fonctionnelle : elle devient le partenaire privilégié des Églises locales et de leurs projets et recentre ses activités sur cinq axes principaux :

- La dissémination, pour soutenir les communautés placées face à cette situation, les aider à se former et à prendre leur autonomie ;
- Le tourisme, pour l'animation culturelle et cultuelle des lieux touristiques,
- Le monde du travail et le service des plus pauvres,
- Les Centres de Recherche et Rencontre ou les entreprises nouvelles, pour créer des liens entre le monde ecclésial et le monde socio-culturel,
- L'audiovisuel, dans le soutien aux radios libres protestantes récemment créées notamment.

Grâce à ses membres permanents itinérants, la C.G.E. répond à toute demande régionale ou locale : elle apporte un accompagnement humain, spirituel ou théologique aux initiatives locales ; elle noue une coopération plurielle avec les Églises locales, les Centres de Recherche et Rencontre, les associations protestantes ; elle fournit également des subventions, pour plus de 400 000 francs en 1984 par exemple. La C.G.E. fait circuler l'information, stimule les imaginations pour inventer de nouvelles formes d'évangélisation et surtout ouvrir de nouveaux horizons aux différentes régions de l'É.R.F. qui ont tendance à vivre en circuit fermé. Ces nombreuses activités sur le terrain n'empêchent pas la C.G.E. de développer une analyse de fond, sociale, culturelle et théologique : elle présente ainsi en 1986 un important dossier sur le tourisme et les loisirs, en 1988 sur la dissémination. Mais la diversité des relations établies par la C.G.E. montre à la fois son dynamisme et un foisonnement tournant à l'éparpillement.

La campagne française de l'évangéliste américain Billy Graham en septembre 1986 pousse l'É.R.F. à s'interroger sur le sens même de l'évangélisation. Des voix réformées prennent nettement position contre cette campagne d'évangélisation « étrangère », aux moyens financiers considérables et au style américain jugé excessif : « Il ne faut pas confondre l'Évangile avec un produit importé des États-Unis », écrit le président du Conseil national, le pasteur Monsarrat, en mai 1986. Un dossier réalisé par la région É.R.F. de l'Île-de-France explicite les objections soulevées : « Une intervention de music-hall avec écran géant, chorales géantes et traduction simultanée, sur fond de discours US. Des cantiques, des mains qui se lèvent, un discours stéréotypé, une manipulation éprouvée des foules, relevant de la science américaine du marketing[18]. » Le pasteur Michel Leplay relève pour sa part que le fond du message de Billy Graham pose problème : « La déclaration de foi, à laquelle tout responsable de cette campagne doit souscrire, est d'une raideur pointue qui ne rend compte ni de la diversité des témoignages bibliques ni d'un pluralisme doctrinal légitime dont se réclament les Églises issues de la Réforme[19]. » Mais au-delà de ces arguments de forme et de fond, la campagne de Billy Graham révèle une ligne de faille au sein de l'É.R.F. : l'organisme « Mission France » chargé de la mise en place s'est adressé directement aux Églises locales de l'É.R.F., sans passer par l'institution nationale. Certaines paroisses participent à l'entreprise tandis que d'autres, « sans doute plus nombreuses » aux dires du pasteur Jean-Pierre Monsarrat, s'en abstiennent. Car, unanimes à proclamer la vocation missionnaire de l'Église, les réformés divergent sur la manière de la vivre et de la mettre en œuvre. Faut-il affirmer des certitudes ou privilégier l'écoute ? Faut-il se tourner vers l'intérieur de l'Église ou sortir vers « ceux qui ne sont pas de la maison » ? Faut-il recherche le nombre ou se contenter de la gratuité de l'annonce ? 100 000 personnes ont écouté Billy Graham dans l'enceinte du palais omnisports de Bercy et 200 000 par satellite dans les divers lieux de retransmission. L'É.R.F. peut-elle sérieusement « refuser toute pertinence aux chiffres » ?, se demande le pasteur Monsarrat : « N'est-ce pas nous consoler trop facilement de nos insuffisances, de notre timidité à dire notre foi, de notre difficulté à nous faire entendre[20] ? »

Les remous provoqués incitent l'É.R.F. à repenser les structures de son évangélisation : la C.G.E. n'apparaît plus comme la réponse la plus

18 Bernard Cassen, « Billy Graham à l'affiche de Bercy », *Le Monde diplomatique*, 1er septembre 1986, p. 11. Voir aussi Daniel Alexander, Jean Baubérot, Françoise Champion, Jacques Gutwirth et Agnès Rochefort-Turquin, « La campagne d'évangélisation de Billy Graham », *Esprit*, 1987/1, p. 67-81.

19 Michel Leplay, « Réserves réformées sur la campagne Billy Graham », *Ensemble* (mensuel protestant du Sud-Ouest), mai 1986.

20 *Actes du Synode national de l'É.R.F.* (Chantilly-Gouvieux), 1986, p. 68.

appropriée et le Synode national d'Orthez en 1991 décide de ne pas procéder à la réélection de ses membres l'année suivante. La C.G.E. cède sa place à deux « coordinations » nationales dont les prémices sont jetées dès 1988. Le point de départ est un retour aux fondements du sacerdoce universel : la mission de l'Église de témoigner de sa foi et de servir « est confiée à tous les membres de l'Église » et « nul ne peut la déléguer à d'autres » ; il faut donc que « chacun soit équipé pour cette mission, formé ("techniquement" et spirituellement), prêt à rendre compte de son espérance, bref, que chacun soit édifié » (Décision VI du Synode national de 1989). Il s'agit de repenser l'organisation du travail d'évangélisation en trouvant un nouveau mode de travail et de relations au service de la mission de l'Église. La vie locale est fortement privilégiée : les instances nationales n'ont pas pour but de réguler ou de coiffer les initiatives locales et régionales, mais d'être à leur service et de les compléter à l'échelle du pays. L'É.R.F. met ainsi en place deux « axes de travail », deux « courants », deux « flux » : Édifier & Former et Témoigner & Servir. La terminologie hésitante pour désigner ce projet montre le caractère dynamique de la réflexion, avant même toute institution. Les axes de travail sont définis de manière précise, non pas dans le sens habituel des verbes utilisés pour les nommer mais dans une finalité ecclésiale :

- l'édification passe par l'action citoyenne et l'engagement dans les évolutions de la société ;
- la formation vise les modalités d'intervention et les techniques, non les contenus ;
- le témoignage consiste à encourager les initiatives et les innovations ;
- enfin le service est l'implication dans le domaine social, où l'Église doit « critiquer et proposer des alternatives d'espérance aux souffrances humaines[21] ».

Pour favoriser une organisation décentralisée, non pyramidale, l'É.R.F. structure ces courants en deux « pôles de services », appelés par la suite « coordinations » nationales. Les coordinations, élues par le Synode national, ont pour but d'insuffler une vie nouvelle dans l'Église réformée. En mettant en réseau les Églises locales, les consistoires, les régions et

21 *Actes du Synode national de l'É.R.F.* (Orthez), 1991, p. 14-15.

les groupes aux marges, elles doivent établir des relations transversales, nouvelles entre les différents acteurs, renforcer le vivre ensemble sans organisation hiérarchique. Comme le système lymphatique d'un corps[22], les coordinations contribuent au brassage et au drainage. Même si le cahier des charges approuvé lors du Synode national de 1992 est très semblable à celui de l'ancienne C.G.E., l'esprit et la méthode de travail sont clairement modernisés : les coordinations doivent permettre de créer des « réseaux ».

Une phase d'expérimentation de trois ans est lancée. Le Synode national de 1996 ajoute une équipe nationale « Mission », qui doit veiller à ce que la responsabilité missionnaire de l'Église soit présente au sein de la coordination *Témoigner & Servir*. Se réunissant trois fois par an, cette équipe développe l'information, le dialogue et la concertation entre les réseaux-missions, les instances régionales et nationales, le Service protestant de mission (le DÉFAP), la CÉVAA et l'Équipe de recherche missionnaire. L'évangélisation devient une préoccupation quasi-permanente de l'É.R.F. : le thème est inscrit à l'ordre du jour du Synode national de Reims de 1997 puis revient de manière récurrente dans les années suivantes ; six Synodes nationaux vont réaffirmer que l'évangélisation est une priorité. Il ne s'agit pas seulement d'une incantation, mais d'une véritable inflexion de la politique de l'É.R.F. : la charge de l'évangélisation devient celle de toute l'Église, et non plus celle d'organes institutionnels spécialisés. Le programme « Débat 2000. 2000 débats » lancé au moment du passage au nouveau millénaire est conçu comme une occasion de débattre, mais surtout de rencontrer un public inhabituel et de témoigner dans le foisonnement de quelques 700 manifestations organisées partout en France. « Je crois que nous nous sommes longtemps laissé paralyser par des débats stériles sur les modalités d'évangélisation opposant explicite et implicite, parole et acte, conversion personnelle et transformation de la société », affirme le pasteur Michel Bertrand au Synode national de Lyon en 2000 : face à « l'urgence de l'évangélisation », la complémentarité des différentes méthodes apparaît désormais comme une évidence. Lors du Synode national de 2004 dont le thème est « pour une Église en mission », l'É.R.F. affirme plus clairement le rôle des pasteurs et des ministres spécialisés dans l'annonce

22 Selon l'image de la pasteure Corinne Akli, dans *Qui le leur dira ? Actes du Forum Évangélisation (29-30 juin 2007)*, Allauch, 2007, p. 22.

explicite de l'Évangile, définie comme une priorité. L'objectif est de dire la foi chrétienne de manière simple et pédagogique. En vue de créer une dynamique missionnaire, il est recommandé d'évaluer les Églises locales, afin de prendre en compte les réalités socio-économiques, de définir les priorités concrètes et les moyens à mettre en œuvre, de gérer et de diversifier au mieux les postes. Montrant l'exemple, le synode de la région Ouest propose cette année-là de définir le « plan de vie » de chaque Église locale comme un plan d'actions prioritairement tournées vers l'évangélisation.

Pour passer « de la parole aux actes », deux forums sur l'évangélisation se tiennent à Paris en juin 2006 et juin 2007. Les ateliers organisés proposent de partager les questionnements, les expériences, et surtout de développer des compétences pour témoigner de sa foi au quotidien (au sein de la famille, dans un entretien à deux, auprès des autorités, etc.). « Le terme *évangélisation* était tabou jusqu'à une époque récente », notent en introduction les organisateurs du Forum ; « aujourd'hui, on en parle dans les synodes[23] ». Les coordinations nationales sont reconduites jusqu'en 2007, puis réorganisées. Deux instances les remplacent : la Coordination inter-régionale pour l'évangélisation et le Pôle national de formation. Ce changement de dénomination marque une nouvelle étape. Après la coordination des expériences locales d'évangélisation, il s'agit d'en assurer plus explicitement la communication, mais aussi de susciter un élan en aidant les paroisses à franchir le cap, à « oser l'évangélisation ». Le Pôle national de formation a pour mission de renforcer la production des outils de témoignage et de formation nécessaires aux paroisses. Après le succès des publications de la coordination Édifier & Former (*La Prédication*, en deux volumes en 1996 et 1999 ; *Vademecum* sur l'organisation des camps de jeunesse, 1998 ; *Le Conseil presbytéral*, 1999 ; *Ministères*, 2000 ; *La Catéchèse*, 2003) et de la collection créée sous ce même nom par les éditions Olivétan (*La Mort, le deuil, la promesse*, 2005 ; *La Bénédiction du mariage*, 2006 ; *Ré-enchanter le ministère pastoral*, 2007 ; *L'Art de prêcher*, 2008), le Pôle national de formation met notamment en place un service de notes bibliques et de prédications rédigées, pour aider les prédicateurs occasionnels ou habituels à construite leurs sermons. Après 2013, les deux instances continuent leurs actions rassemblées au sein d'une seule et même Coordination nationale Évangélisation et Formation.

23 *Qui le leur dira ? Actes du Forum Évangélisation*, Allauch, 2007, p. 3.

Depuis les années 1980, l'É.R.F. affronte donc une situation paradoxale : les critiques internes sont nombreuses sur ses insuffisances, sa santé institutionnelle, son avenir incertain ; et cependant l'É.R.F. parvient à renforcer son unité, à dépasser le malaise de ses pasteurs, à innover dans ses structures pour renouveler son dynamisme… À force de se remettre en cause l'É.R.F. aurait-elle réussi à conjurer la « crise de l'avenir » que certains lui prédisaient ? La réflexion de l'É.R.F. sur ses évolutions internes s'accompagne d'une autre prise de conscience : l'Église réformée de France est la partie d'un plus grand tout, l'Église universelle.

DANS LA COMMUNION DE L'ÉGLISE UNIVERSELLE

L'organisation nationale du protestantisme français ne doit en effet pas faire oublier qu'il s'inscrit dans un cadre plus large. Depuis la seconde moitié du XIXe siècle, les protestants français sont engagés dans des mouvements internationaux, mais ce qui n'était que des engagements individuels est devenu un engagement ecclésial depuis la seconde moitié du XXe siècle.

LES ENGAGEMENTS INTERNATIONAUX DE L'É.R.F.

À travers ses engagements internationaux, l'É.R.F. entend s'inscrire pleinement dans la communion de l'Église universelle. Sa vocation universelle s'est concrétisée dans la part active prise dans le mouvement œcuménique. L'É.R.F. est ainsi parmi les Églises fondatrices du Conseil Œcuménique des Églises (COE) officiellement mis sur pied en 1948 ; le pasteur Marc Boegner devient alors l'un des cinq co-présidents du COE.

Elle appartient à l'Alliance réformée mondiale (ARM). Fondée en 1875 sous le nom d'Alliance des Églises réformées pour réunir réformés et presbytériens, l'ARM fusionne en 1970 avec le Conseil congrégationaliste international, puis en 2010 avec le Conseil œcuménique réformé, pour devenir la « Communion mondiale d'Églises réformées », composée de 230 Églises membres provenant de 108 pays, regroupant plus de 80 millions de personnes.

L'É.R.F. est un membre actif de la Conférence des Églises européennes (KEK). Née officiellement en 1959, la KEK a pour but, dans le contexte de la guerre froide, de rapprocher les Églises de l'Europe divisée par des systèmes politiques, économiques et sociaux différents ; elle rassemble 115 Églises protestantes, anglicanes, orthodoxes et vieilles-catholiques de tous les pays d'Europe.

L'É.R.F. appartient encore à d'autres organismes :

- la Conférence des Églises protestantes des pays latins d'Europe (CEPPLE), créée en 1950 pour rassembler les Églises protestantes de l'Europe latine (Belgique, Espagne, France, Italie, Portugal, Suisse), la plupart en situation très minoritaire dans leur contexte national ;
- la CÉVAA (Communauté évangélique d'action apostolique), qui a succédé à la Société des Missions évangéliques en 1971 regroupe 35 Églises protestantes réparties dans 24 pays en Afrique, en Amérique Latine, en Europe, dans l'Océan Indien et dans le Pacifique.

À travers la Fédération protestante de France, l'É.R.F. est représentée dans la Commission Œcuménique Européenne pour Église et Société (EECCS), à l'origine de laquelle se trouve un groupe de fonctionnaires européens engagés ; dans la Commission des Églises évangéliques d'expression française à l'extérieur (CEEEFE), communauté d'Églises qui revendiquent leur identité réformée et qui utilisent la langue française. À travers la CÉVAA, l'É.R.F. est représentée dans la Conférence des Églises de Toute l'Afrique (CETA) ; à travers les Églises francophones, l'É.R.F. est représentée dans la Conférence des Églises du Moyen-Orient (CEMO). Prenant conscience de l'importance de ces engagements et de leur suivi, l'É.R.F. se dote en 1994 d'un ministère permanent chargé des relations internationales : il est assuré successivement par les pasteurs Yo Ludwig, Raphaël Picon et Didier Crouzet.

Grâce au COE, l'É.R.F. est engagée dans des débats politiques comme celui sur l'apartheid. À la suite du message publié en 1968 par le Conseil des Églises d'Afrique du Sud (SACC), membre du COE, le COE dénonce les justifications bibliques de l'apartheid : il évoque, pour la première fois en 1969, un programme de lutte contre le racisme. Le président de l'É.R.F, Jacques Maury, s'en fait l'écho au Synode national de 1974 ; la Fédération protestante de France, lors de son Assemblée générale en

1975, publie un dossier sur la question. Le Conseil national de l'É.R.F. adresse en 1983 une lettre de soutien à Monseigneur Desmond Tutu, métropolite de l'Église anglicane d'Afrique du Sud, menacé en raison de ses prises de position. En 1985 le Synode national envoie un message fraternel au nouveau secrétaire général du Conseil des Églises d'Afrique du Sud, Beyers Baudé, pour le soutenir dans sa lutte contre l'apartheid. La même année, lors de la Conférence du COE à Harare, 150 théologiens appartenant à une vingtaine de dénominations chrétiennes, dont le président de l'É.R.F. Jean-Pierre Monsarrat et Roger Mehl, professeur à la Faculté de théologie de Strasbourg, publient le *Kairos Document*, qui prophétise la fin de l'apartheid et appelle les chrétiens à s'engager dans la lutte contre l'oppression. Ainsi l'Église sort-elle de la sphère pastorale pour s'engager dans une lutte politique non violente. En 1986, pour le dixième anniversaire du drame de Soweto, le Synode national recommande aux Églises locales de participer à la journée mondiale de prière et de jeûne du 16 juin organisée à la demande du Conseil des Églises d'Afrique du Sud[24]. L'Alliance réformée mondiale, engagée elle aussi dans la défense des droits de l'homme, condamne lors de sa conférence de Séoul en mars 1990 l'apartheid sud-africain.

Mais ce virage politique est loin de faire l'unanimité au sein de l'Église. Jacques Ellul estime que la « mauvaise conscience » de l'Occident l'empêche de voir bien d'autres situations intolérables d'oppression : Tibétains, Kurdes, Harkis abandonnés par la France et massacrés en Algérie, minorités ethniques d'Union soviétique…, l'Afrique du Sud servant en quelque sorte de bouc-émissaire. J.G.H. Hoffmann, ancien enseignant de la Faculté de théologie de Paris, adresse le 6 juin 1986 une lettre aux pasteurs des Églises de France, pour souligner les réformes déjà mises en œuvre par le gouvernement de Peter Botha et dénoncer la position du SACC, qui refuse l'évolution par la réforme, lui préférant « la libération politique » par la révolution conformément à l'idéologie des « théologiens de la Libération ».

En 1992, suite au référendum mettant fin à l'apartheid, le Conseil national de l'É.R.F. écrit au Conseil des Églises d'Afrique du Sud désormais engagées dans une action de réconciliation nationale.

À travers ces institutions, l'É.R.F. prend part à des dialogues doctrinaux de plus en plus nombreux et divers. Le COE est par principe

24 *Actes du Synode national de l'É.R.F.* (Chantilly-Gouvieux), 1986 : Décision XXII, p. 48.

un lieu de dialogue multilatéral entre Églises protestantes, anglicanes et orthodoxes ; depuis 1968, l'Église catholique participe aux travaux menés dans le cadre du département « Foi et Constitution » du COE. Mais existent également des dialogues bilatéraux, entre deux « familles » religieuses ; se concentrant sur l'approfondissement et la clarification théologiques, ces derniers permettent souvent d'aller plus loin que les dialogues multilatéraux. Les dialogues bilatéraux sont menés au niveau international (à travers l'Alliance réformée mondiale), au niveau européen ou au niveau national. Les fruits de ces dialogues sont naturellement aussi divers que les enjeux portés par chaque rencontre : certains permettent de dépasser des oppositions doctrinales héritées de l'histoire, d'autres d'établir un consensus, d'autres encore dressent l'inventaire actualisé des convergences et des divergences.

Mais la multiplication de ces dialogues engendre ses propres difficultés : assurer la cohérence de l'ensemble de ces dialogues, coordonner le travail effectué dans les différentes instances, éviter la pluralité stérilisante des rencontres, veiller à ce que les Églises nationales et locales s'approprient les résultats.

Par l'intermédiaire du COE, l'É.R.F. participe aux importants dialogues théologiques internationaux. En 1982, après de longues années de travail, le COE met un point final à un texte « de convergence » intitulé *Baptême. Eucharistie. Ministère.* Discuté par la Commission de « Foi et Constitution » lors de ses rencontres plénières à Accra (1974), à Bangalore (1978) et à Lima (1982), le texte a été progressivement élaboré par un Comité de travail présidé par le pasteur Max Thurian, frère de la Communauté de Taizé. Dans le souci d'aller plus loin que le constat des différences, le document de 1982 fait ressortir les convergences dans son texte principal, tandis que les commentaires indiquent soit des différences historiques surmontées, soit des points encore controversés.

Éclairé par l'examen approfondi qu'a fait le Conseil permanent luthéro-réformé de ce document, le Synode national de l'É.R.F. se prononce en 1985 sur le texte : il y voit « un jalon important de la démarche œcuménique », dans le mouvement de reconnaissance des Églises les unes par les autres « en vue de la manifestation de l'unité de l'Église ». Pour autant, le Synode national demande au COE d'apporter des précisions sur trois points :

- le rapport entre les Écritures et la tradition : l'É.R.F. ne peut pas accepter que la tradition soit l'interprète autorisé du message biblique ;
- la place respective de la Parole et des sacrements : l'É.R.F conteste que la « place première » de la Parole soit minorée au profit d'une priorité donnée aux sacrements ;
- le rôle de l'Église : l'É.R.F. refuse que l'Église et les ministères puissent apparaître comme dispensateurs ou maîtres de la grâce divine, réaffirmant qu'ils ne peuvent être qu'au service de Dieu et de son œuvre de grâce.

Mais la participation au COE ne va pas sans soulever un certain nombre de problèmes. En 1991 l'É.R.F. se penche longuement, lors de son Synode national, sur son engagement au sein du COE. Elle réaffirme sans ambiguïté son plein engagement et reconnaît l'apport du COE à sa propre réflexion et à ses évolutions : le COE a par exemple donné des impulsions décisives sur la question de la place des femmes dans l'Église et dans la société, sur celle des droits de l'Homme, sur celle de la formation des adultes et bien sûr de l'importance des dialogues interconfessionnels ; il a également favorisé la création de la CÉVAA après la décolonisation. L'É.R.F. soulève cependant quelques questions sur le fonctionnement et le rôle même du COE. Le COE a en effet très fortement développé ses structures et son appareil, ses programmes, et donc ses besoins financiers : on s'inquiète, du côté français, de cette hypertrophie de l'organisation genevoise et de ses programmes. On y voit une des causes de la distance toujours plus grande qui s'instaurerait entre des Églises membres, peu informées et se reconnaissant mal dans les déclarations générales de l'organisation, et le COE au visage toujours plus multiforme et au sein duquel la théologie occidentale n'est pas le cœur des débats. L'intervention de la théologienne presbytérienne sud-coréenne Chung Hyun Kyung lors de la septième Assemblée du COE à Canberra, en 1991, a été jugée trop « syncrétiste ». Certaines Églises auraient plus de poids que d'autres : le COE serait sous l'influence de certains groupes de pressions ou de certaines personnalités. Le processus « Justice, Paix et Sauvegarde de la Création » encourage les engagements sociaux, politiques, éthiques des chrétiens, mais il soulève du même coup le problème de l'articulation de la foi et des œuvres, et celui de la pluralité des convictions dans le domaine socio-politique. Certaines conceptions du COE laissent penser qu'il soutiendrait une entreprise de rechristianisation, de propagation des « valeurs morales chrétiennes » dans un rejet de la sécularisation des sociétés.

L'É.R.F. éprouve ainsi le besoin de réaffirmer son identité chrétienne à travers la foi seule (*Sola fide*) et d'interpeller le COE sur la pluralité des convictions éthiques, afin de ne pas « absolutiser » les engagements pris : « Nous devons rappeler sans cesse que le COE [est] au service des Églises locales. [Son] rôle n'est pas de formuler un discours théologique et éthique universel, valable partout, pour tous et dans tous les domaines. »

L'É.R.F. pose également la question de la nature et du fonctionnement du COE : compte tenu de l'extrême diversité des traditions des Églises-membres, le COE ne doit pas seulement juxtaposer les Églises, mais les faire dialoguer et cheminer ensemble, selon le modèle d'une « unité dans une diversité réelle ». Ne faudrait-il pas alors privilégier les dialogues bilatéraux, avec la KEK, la CEPPLE ou les Églises signataires de la Concorde de Leuenberg, plus féconds sur le plan de représentations confessionnelles et sur le plan de l'approfondissement et de la clarification des dialogues théologiques ? Le Synode national de 1991 émet le vœu que les Églises protestantes unitariennes d'Europe de l'Est rejoignent le COE.

En 1997, le Synode national s'inquiète de la perte d'influence de la France dans les lieux internationaux : il donne priorité à l'engagement de l'É.R.F. au sein du COE, considérant que la multiplicité des institutions à vocation œcuménique et internationale et de leurs programmes ne sert pas la visibilité du projet œcuménique. En 1999, deux Français sont élus dans les instances du COE, l'un au Comité central, Marcel Manoël (É.R.F.), l'autre à la présidence de « Foi et Constitution », André Birmelé (É.C.A.A.L.). En application de la décision du Synode de 1997, l'É.R.F. se fait représenter par d'autres Églises réformées étrangères : ainsi est-ce un délégué de l'Église évangélique espagnole qui représente l'É.R.F. à la 24e assemblée générale de l'ARM, à Accra en 2004.

L'É.R.F. ET L'ÉGLISE CATHOLIQUE : JE T'AIME, MOI NON PLUS ?

Une fois passés le temps de l'enthousiasme et « la phase étonnante de rencontre[25] », dès la fin des années 1970 les relations avec l'Église catholique semblent plus paradoxales. « Il est de bon ton de dire que l'œcuménisme bat de l'aile », affirme Paul Guiraud au Synode national de 1978. Le constat n'est pas tout neuf : le journal *Le Monde* titrait déjà en 1973 « L'œcuménisme ne passionne plus les chrétiens[26] ». Le Comité mixte catholique-protestant, après avoir produit plusieurs textes théologiques et pastoraux sur le mariage, le baptême et l'intercommunion, n'a plus rien publié depuis 1975. L'œcuménisme s'est-il enlisé ?

La compréhension qu'a chacun de l'œcuménisme influe sur le jugement porté. Les pionniers de l'œcuménisme valorisent le chemin parcouru. Mais certains s'inquiètent de voir la vérité doctrinale obscurcie ou trahie ; d'autres redoutent une tolérance molle. Les uns regrettent que les évolutions n'aillent pas plus vite et plus loin ; les autres voudraient voir la fin des divisions. Certains se satisfont des relations locales tissées et entretenues ; d'autres se désintéressent des questions institutionnelles. Certains préfèrent s'unir dans l'action en laissant de côté les séparations confessionnelles ; d'autres estiment que l'œcuménisme n'est plus la préoccupation première, face au défi du renouveau des Églises…

Les difficultés à évaluer l'évolution des relations œcuméniques proviennent de l'ambiguïté de la définition même du mouvement : l'unité du « Corps du Christ » doit-elle être vie en communion ? Unité de la foi ? Unité organique ? Unification des Églises ? Quel modèle d'unité doit-il être recherché ? L'É.R.F. a acquis une conviction : elle ne peut plus vivre comme si elle était à elle seule l'Église du Christ, mais le chemin œcuménique à suivre est par contre beaucoup moins facile à discerner pour elle.

L'œcuménisme vécu à la base l'est parfois de manière très audacieuse, par le témoignage commun des Églises locales en certains endroits par exemple[27]. Mais le constat demeure que seul un petit nombre de fidèles

25 Pasteur Albert Nicolas, dans *Actes du Synode national de l'É.R.F.* (Nancy), 1983, p. 128.

26 Robert Solé, *Le Monde*, 11 janvier 1973.

27 Voir Françoise Feyrabend-Lautman, *L'Œcuménisme local. Catholiques et protestants en France 1976-1986 et 2002-2012*, thèse de doctorat, Université de Strasbourg (ED de théologie et sciences religieuses), 2014.

se trouvent directement engagés dans le dialogue œcuménique : la plupart des communautés font plutôt preuve d'attentisme, par indifférence, méfiance ou nonchalance. Les relations officielles entre l'É.R.F. et l'Église catholique semblent quant à elles faites d'une alternance « d'avancées » et de « reculs », de chaud et de froid.

L'élection du pape Jean-Paul II en 1978 trouble les esprits protestants, qui ont du mal à comprendre ses prises de position : celui-ci adhère pleinement à l'engagement œcuménique du Concile, mais sa dévotion personnelle ranime également mariologie et culte marial. En décembre 1983, à l'occasion de la commémoration de la naissance de Luther, Jean-Paul II fait une prière dans une église luthérienne de Rome, mais il décrète cette même année *Année sainte* pour les catholiques. En 1987, il publie la lettre encyclique *Redemptoris Mater : la bienheureuse Vierge Marie dans la vie de l'Église en marche* et promulgue une année mariale. S'agit-il d'émulation ou de provocation ? « Un tel regain d'assurance, plus sensible chez le simple pratiquant que parmi les clercs ou les militants, alimente de nouveau le complexe anti-romain », relève l'historien Étienne Fouilloux[28]. Les protestants s'offusquent de la réaffirmation du magistère du pape mais n'hésitent pas de leur côté à mettre en avant leur conception non sacerdotale du ministère ou leurs positions éthiques ne correspondant pas aux normes catholiques…

Le voyage de Jean-Paul II à Paris en 1980 est le reflet de ces relations complexes. Le 31 mai, le pape rencontre les représentants des Églises non-catholiques françaises. Le professeur Max-Alain Chevallier prononce au nom des protestants une allocution qui se veut un exemple de l'identité « retrouvée » après des siècles d'hostilité. Cette rencontre de Paris est en effet, selon lui, « à la fois une grâce et un péril » : grâce d'un dialogue parce qu'en dépit des séparations les chrétiens sont « membres de l'unique peuple des baptisés », mais péril de voir ces conversations mal comprises. L'évolution des relations permet la liberté d'interpellations réciproques, comme ce fut le cas en 1975 à l'Assemblée du Protestantisme et en 1978 à la Conférence des évêques à Lourdes. Chevallier peut ainsi souligner les réserves que catholiques et protestants ont sur la doctrine de la Cène/Eucharistie ; il exprime également la crainte que l'opinion française ne voit dans les engagements communs des chrétiens qu'une volonté

28 Étienne Fouilloux, *Au cœur du* XX*e siècle religieux*, Paris, 1993, p. 91.

de contre-pouvoir politique, et non le témoignage que ceux-ci veulent rendre à l'Évangile. Il conclut son discours en rappelant le désaccord des protestants sur la conception romaine traditionnelle du pontificat mais espère que Jean-Paul II pourra apporter une contribution théologique et pratique au dialogue.

En 1981, des théologiens protestants sont officiellement invités au symposium théologique de Toulouse, dans le cadre du Congrès eucharistique international organisé par l'Église catholique : le message final souligne le contre-témoignage que constituent des célébrations eucharistiques séparées entre protestants et catholiques. Mais à peine un an et demi plus tard, en mars 1983, la Commission épiscopale publie une note fortement restrictive sur l'hospitalité eucharistique... En 1984, le Synode national de l'É.R.F. exprime ses regrets « de voir la hiérarchie catholique engagée à un tel degré » dans le grand débat sur les lois scolaires[29].

À partir de 1985, l'É.R.F. entre dans un cycle commémoratif, après les luthériens qui ont commémoré en 1980 le 450e anniversaire de la Confession d'Augsbourg et en 1983 le 500e anniversaire de la naissance de Luther. Mais le tricentenaire de la révocation de l'Édit de Nantes embarrasse les réformés français car, s'il est l'occasion d'un témoignage de la survie du protestantisme grâce à sa vitalité, il est aussi le rappel d'un passé brutal et conflictuel ; or le rappel des persécutions ne peut que nuire aux dialogues œcuméniques : « Une commémoration est un enjeu dans la lutte des significations, note l'historien Jean Baubérot. Certains protestants français voulaient réduire au minimum les manifestations [...] de peur qu'elles troublent les bonnes relations entre catholiques et protestants[30]. » Certains auraient préféré attendre 1987 pour célébrer de façon positive et œcuménique le bicentenaire de l'Édit de tolérance...

C'est pourquoi le choix est finalement fait de « célébrations actualisantes », moins axées sur le passé et les opprimés de 1685 que vers le présent et les nouvelles « victimes » (immigrés et victimes du racisme) : protestants et non protestants peuvent ainsi s'unir dans la défense des

29 *Actes du Synode national de l'É.R.F.* (Dourdan), 1984 : Décision XVIII.

30 Jean Baubérot, « Stratégie œcuménique et mémoire conflictuelle. Le tricentenaire de la Révocation de l'Édit de Nantes comme analyseur des relations interconfessionnelles en France », dans Jean-Paul Willaime (éd.), *Vers de nouveaux œcuménismes*, 1989 ; du même, « Le tricentenaire de la commémoration de l'Édit de Nantes, historiographie et commémoration », *Archives de sciences sociales des religions*, 62, 1986/2, p. 179-202.

Droits de l'homme. La commémoration est également l'occasion de réaffirmer l'identité réformée afin que le protestantisme français ne soit pas sans cesse dans l'ombre du catholicisme : « Il s'agit, selon le journaliste de *France-Culture*, d'effacer toute frontière entre catholiques et protestants, et pour le journal *Réforme*, de rappeler les grandes affirmations de la Réforme et de demander aux speakers de la Radio que les protestants ne soient plus méconnus[31]. » Enfin, pour contrebalancer les visites très médiatisées de Jean-Paul II en mai 1980 à Paris et le 15 août 1983 à Lourdes où le pape a été reçu par le président de la République, les autorités protestantes souhaitent associer officiellement l'État français à ces fêtes commémoratives : le 11 octobre 1985, l'événement est célébré au palais de l'UNESCO, avec une allocution du président de la République François Mitterrand.

Mais de fait, l'Église catholique est en retrait : « Je ne pense pas être le seul à avoir regretté, note l'historien catholique Marc Venard, en ce tricentenaire, l'absence de l'Église catholique en tant que communauté hiérarchisée. Sans s'abîmer dans la mauvaise conscience, on pouvait imaginer quelque manifestation publique de repentance et de réconciliation. Les responsables n'ont pas jugé qu'elle fût opportune[32]. » La seule prise de position catholique officielle se fait à travers le Comité mixte catholique-protestant qui publie une déclaration sous le titre *La Révocation de l'Édit de Nantes : trois siècles après*. Ce texte, sans occulter une histoire douloureuse, se veut un jalon sur le chemin de la réconciliation : pour cela il insiste moins sur les événements que sur leurs interprétations, présentées comme différentes du côté protestant et catholique.

Par deux événements, l'année 1986 reflète bien l'avancée des relations entre l'É.R.F. et l'Église catholique. L'É.R.F. signe un protocole d'accord avec la communauté du Chemin neuf, communauté catholique à vocation œcuménique : elle reconnaît la vie en fraternité et accepte qu'un pasteur stagiaire soit engagé au sein du Chemin neuf. À l'automne de la même année, après un long dialogue théologique, le Comité mixte catholique-protestant publie l'aboutissement de ses réflexions dans un texte dense intitulé *Consensus œcuménique et différence fondamentale*. Le consensus doctrinal atteint sur les points essentiels de la foi fait désormais clairement

31 Jean Baubérot, *Le Protestantisme doit-il mourir ?*, Paris, 1988, p. 143-144.

32 Marc Venard, « 1685-1985. L'édit de Nantes est révoqué », *Revue d'histoire de l'Église de France*, 72, 1986, p. 125.

apparaître que le désaccord indépassable entre les deux parties se situe dans leur ecclésiologie, c'est-à-dire dans leur compréhension du rôle de l'Église. Quelle est la nature précise du rôle de l'Église ? L'Église est-elle sanctifiée de manière à devenir elle-même sujet sanctifiant ? Pour les protestants, l'Église est témoin du salut ; pour les catholiques, l'Église a un rôle de médiatrice dans le salut. Cette dissymétrie ecclésiologique empêche donc la pleine communion ecclésiale.

L'une des conséquences de cet éclaircissement est la naissance, le 17 décembre 1987, du « Conseil d'Églises chrétiennes en France », formé par l'Église catholique, la Fédération protestante de France, les Églises orthodoxes et arménienne. Le nom choisi de « conseil d'Églises » souligne symboliquement la reconnaissance mutuelle des Églises membres. Si de nombreux conseils de ce genre existent alors à travers le monde, rares sont les pays où l'Église catholique en situation majoritaire a accepté de siéger : la situation particulière de la France, pays fortement sécularisé et comptant une forte proportion d'athées, a encouragé l'expression d'un témoignage commun au sein de la société.

Mais la satisfaction née de cette création est aussitôt gâchée par une « série de déclarations fracassantes et malheureuses », selon les termes mêmes du chargé des relations œcuméniques du Conseil luthéro-réformé, le pasteur Michel Freychet. L'année mariale décrétée par le pape Jean-Paul II, de la Pentecôte 1987 à la fête de l'Assomption 1988, comme la célébration du 350e anniversaire de la consécration de la France à la Vierge par Louis XIII réveillent l'allergie protestante à l'égard du culte de Marie. L'annonce de la conversion au catholicisme du pasteur Max Thurian, frère de Taizé, et de son ordination secrète en tant que prêtre crée la polémique et des tensions avec la communauté de Taizé... Si bien qu'en 1989 deux synodes régionaux de l'É.R.F. s'inquiètent de ces manifestations d'intransigeance et d'emprise de l'Église catholique qui se dit « Église de France », susceptibles de « réveiller des sentiments d'anti-catholicisme » ; l'un des synodes demande d'intervenir auprès des médias afin qu'ils ne présentent plus les déclarations de la hiérarchie catholique comme celles des « chrétiens » ou celles des « Églises ».

Les encycliques pontificales, par leur diffusion et leur écho médiatique, retiennent particulièrement l'attention des autorités et des théologiens réformés mais suscitent souvent des réactions très critiques. En 1995 le pape promulgue une encyclique appelant à l'unité, *Ut unum sint*, incitant à une « purification de la mémoire historique » ; Jean-Paul II y affirme que l'engagement œcuménique est l'une « des priorités pastorales » de son pontificat, soulignant qu'« en tant qu'Église catholique, nous avons conscience d'avoir reçu beaucoup du témoignage, des recherches et même de la manière dont ont été soulignés et vécus par les autres Églises et Communautés ecclésiales certains biens communs aux chrétiens ». Mais le pape évoque également les « déficiences des Églises et Communautés séparées [...], non dépourvues d'éléments de grande valeur » : « l'Église du Christ est présente dans l'Église catholique, gouvernée par le successeur de Pierre et par les évêques en communion avec lui ». En 1998, la bulle d'indiction *Incarnationis mysterium* et les *Dispositions pour l'obtention de l'indulgence* du jubilé programmé pour l'an 2000 rappellent aux réformés les origines mêmes du geste de protestation de Luther en 1517 : l'É.R.F. souligne la contradiction entre « le désir du pape de marquer le caractère œcuménique du jubilé et ce décret de don d'indulgence », cette théologie des mérites et des œuvres humaines. La Déclaration *Dominus Jesus*, publiée durant cette année jubilaire 2000 par le cardinal Ratzinger, président de la Congrégation pour la doctrine de la foi, heurte à son tour les esprits réformés qui ne peuvent admettre que l'Église « continue à exister en plénitude dans la seule Église catholique » et entendre que leurs communautés ne sont pas des Églises au sens propre du terme. « Attention, virage dangereux ! », s'exclame le secrétaire général de l'É.R.F., Marc Richardot :

> Le document de la Congrégation pour la doctrine de la foi nous rappell[e] douloureusement que les routes les plus paisibles peuvent comporter des accidents de parcours pas toujours très bien signalés. Réactions indignées, souffrances et tristesses exprimées de tous côtés, incompréhensions quant à l'opportunité de réaffirmer maintenant des différences qui blessent plus qu'elles ne permettent d'avancer, tous les éléments d'une crispation durable se trouvent brusquement réunis[33].

Le Conseil national de l'É.R.F. s'élève « fermement » contre certaines affirmations de cette déclaration et rappelle qu'« aucune Église ne peut prétendre délimiter l'Église de Jésus-Christ ».

En juin 2007 à nouveau, la Congrégation pour la doctrine de la foi publie un document de *Réponses à des questions concernant certains aspects de*

33 Marc Richalot, « Attention, virage dangereux ! », *Information-Évangélisation*, 2000/6, p. 1.

la doctrine sur l'Église, rappelant « la pleine identité de l'Église du Christ avec l'Église catholique ». À propos des Églises issues de la Réforme, elle précise que « ces Communautés n'ont pas la succession apostolique dans le sacrement de l'ordre. Il leur manque dès lors un élément essentiel constitutif de l'Église. Ces Communautés ecclésiales, qui n'ont pas conservé l'authentique et intégrale réalité du Mystère eucharistique, surtout par la suite de l'absence de sacerdoce ministériel, ne peuvent être appelées Églises au sens propre selon la doctrine catholique ». Les réformés réagissent par la voix de la Communion protestante luthéro-réformée, qui « regrette profondément » la publication de ce texte écrit « sans doute pour essayer de préserver ou retrouver une unité interne ». Insistant sur le décalage de ce document par rapport au témoignage nécessaire dans la société, les réformés encouragent « tous ceux qui vivent l'œcuménisme au quotidien (foyers mixtes, groupes d'études bibliques, groupes de dialogues, etc.) à ne pas baisser les bras, mais au contraire à poursuivre avec audace et persévérance leur engagement ».

« L'hiver œcuménique » qui règne au sommet n'est en effet pas de saison à la base. Le mouvement œcuménique se poursuit dans les Églises locales, même si le nombre des initiatives tend peut-être à diminuer. Il est plus facile pour l'É.R.F. de vivre un œcuménisme respectueux au niveau local que de faire partager ses convictions ecclésiologiques à l'Église catholique.

Dans ce contexte, chacune des Églises profite des commémorations historiques pour réaffirmer sa présence et son identité. La célébration en 1996 par l'Église catholique du 1500e anniversaire du baptême de Clovis reprend le thème de la « France fille aînée de l'Église », pour affirmer le rôle central du catholicisme dans l'histoire du pays. Pour les réformés, cette commémoration entretient le « mythe » de la christianisation de la France ; elle conforterait en outre une ferveur nationaliste dangereuse. Le Synode national de l'É.R.F. signale le malaise ressenti au sein du protestantisme français et recommande aux paroisses de conserver une distance par rapport à l'événement.

Deux ans plus tard, la commémoration du 400e anniversaire de l'Édit de Nantes est pensée au contraire comme une célébration consensuelle autour du drapeau de la tolérance, valeur suprême de la société contemporaine. Le 18 février 1998, lors de la séance solennelle autour du président de la République et du directeur général de l'UNESCO, le président du Conseil national de l'É.R.F., le pasteur Michel Bertrand, souligne que la commémoration, au-delà des effets d'image ou des regards complaisants sur le passé, doit être surtout « un temps privilégié d'approfondissement de la foi ». Le 500e anniversaire de la naissance de Jean Calvin en 2009 suscite, dans cet esprit, un grand nombre de manifestations permettant une compréhension actualisée de l'œuvre du réformateur. Les publications occasionnées par l'événement (dont un volume de la prestigieuse collection de la Pléiade) permettent la redécouverte de la pensée, de l'action et de la personne de Calvin, qui demeurent largement inconnues non seulement par les catholiques ou les milieux non chrétiens, mais aussi souvent par les protestants eux-mêmes. Dressant le bilan de la commémoration, Jérôme Cottin voit quatre aspects majeurs de la pensée de Calvin révélés au grand public : l'expérience de Dieu ; la foi inscrite dans la culture ; une pensée économique et sociale ; enfin une éthique personnelle et communautaire[34]. Les trois jours de « Protestants en fête » (du 30 octobre au 1er novembre) organisés à Strasbourg à l'initiative de la Fédération protestante de France sont un succès populaire : l'événement a contribué à dépoussiérer l'image d'un protestantisme qui a redécouvert les vertus de la visibilité pour exister dans l'opinion publique.

Ces inflexions témoignent au fond de l'évolution de la nature même de l'œcuménisme au cours des dernières décennies. Les confessions, qui ne se traitent plus en adversaires, ont apaisé leurs principaux différends doctrinaux à travers un intense débat théologique. Mais cet œcuménisme théologique a eu des conséquences paradoxales : il a pu encourager la valorisation de l'identité propre de chaque famille, dans une logique de reconfessionnalisation ; en ramenant les débats au domaine ecclésiologique (la querelle des ministères), il a pu les faire apparaître comme déconnectés du religieux vécu ; enfin, il a pu renforcer le sentiment des différences, sur le plan anthropologique et sociologique[35]. Catholicisme et protestantisme représentent deux sensibilités, deux façons différentes d'appréhender les rapports de l'humain et du divin, mais également deux types d'organisation et de fonctionnement du pouvoir à l'intérieur des communautés.

---

34 Jérôme Cottin, « La redécouverte de Calvin en France en 2009 : un premier bilan », *Information-Évangélisation*, 2009/5.

35 Voir les analyses de Jean-Paul Willaime, « L'ultramodernité sonne-t-elle la fin de l'œcuménisme ? », *Recherches de science religieuse*, 89, 2001/2, p. 177-204.

L'É.R.F. ET SES RÉSEAUX EUROPÉENS

En Europe, les Églises protestantes sont nationales, indépendantes les unes par rapport aux autres et totalement dépourvues d'un centre de décision commun : le Conseil Œcuménique des Églises, à Genève, n'a rien de commun avec le Vatican et n'est pas exclusivement protestant. Mais c'est dans le sillage du COE, après la Seconde Guerre mondiale, que les Églises protestantes européennes créent entre elles des réseaux plus ou moins efficients.

La Conférence des Églises européennes (KEK) trouve ses origines dans la volonté de ne pas se laisser enfermer dans les séparations imposées par la Guerre froide.

Au sortir de la guerre, l'Occident se montre en effet assez indifférent aux persécutions des chrétiens dans les goulags. Lors d'un synode régional de l'É.R.F., les délégués refusent par exemple une prière d'intercession pour les chrétiens d'Union soviétique sous prétexte qu'il s'agit de « politique », d'« anti-communisme », et pour motif qu'ils manquent d'informations. C'est pourquoi en 1959 les représentants de plus de 40 Églises, orthodoxes et protestantes, dont l'É.R.F., se réunissent à Nyborg Strand (Danemark) pour la première Assemblée de la KEK, cherchant à démontrer qu'il n'y a pas de rideau de fer entre les Églises de l'Ouest et de l'Est, et qu'elles peuvent se rassembler pour servir la réconciliation.

L'élection du pape polonais Jean-Paul II en 1978 donne une impulsion nouvelle aux relations entre Est et Ouest. La KEK organise des rencontres communes avec le Conseil des Conférences épiscopales d'Europe (catholique) : à Chantilly (France) d'abord en 1978, à Logum Kloster (Danemark) en 1981, à Trente (Italie) en 1984 puis à Erfurt (RDA) en 1988. À la Pentecôte 1989, les deux institutions se retrouvent à Bâle (Suisse) pour un rassemblement œcuménique sur le thème « Paix, Justice et Sauvegarde de la Création ». La chute du rideau de fer à la fin de l'année 1989 provoque paradoxalement un éloignement entre les deux organismes. L'activisme de Jean-Paul II, ses discours valorisant la chrétienté du premier millénaire et identifiant l'Europe au christianisme, son souci de réconciliation avec l'orthodoxie, ses appels à une « nouvelle évangélisation » soulèvent le soupçon d'une volonté de re-catholicisation de l'Europe. Les Églises protestantes cherchent à se démarquer de cette conception catholique de l'Europe en développant une vision pluraliste et sécularisée ; elles préconisent ainsi une charte sociale pour manifester l'unité dans la diversité.

Mais cette diversité se révèle surtout un obstacle difficile à surmonter. Lors des débats sur le désarmement et le pacifisme à l'Assemblée de Driebergen (Pays-Bas) en 1991, aucune position ne peut être prise tant les tensions sont vives : les Églises protestantes européennes ne se positionnent pas uniformément dans l'espace public. Aucun thème socio-éthique n'est plus mis à l'ordre du jour des assemblées générales suivantes. On constate une impuissance à agir.

Le pasteur réformé français, Jean-Arnold de Clermont, est président de la KEK entre 2003 et 2009.

Plus fructueuse est la collaboration entre l'É.R.F. et les Églises d'Europe du sud, réunies au sein de la Conférence des Églises protestantes des pays latins (CEPPLE). Conçu par le pasteur Marc Boegner en 1948, le projet répond au souci de solidarité entre Églises minoritaires[36]. Alors que l'ONU vient d'adopter la Déclaration universelle des droits de l'Homme, les protestants vivent en Italie dans une situation précaire ; en Espagne et au Portugal, les Églises protestantes souffrent d'entraves à la liberté religieuse. En septembre 1950 se tient à Torre-Pellice, lieu emblématique de l'Église vaudoise d'Italie, la première conférence des Églises protestantes des pays latins autour du thème : « Grandeur et misère des Églises minoritaires ».

La CEPPLE se veut une structure légère de solidarité et de coopération entre Églises minoritaires (Belgique, Espagne, France, Italie, Portugal, auxquels se joint la Suisse romande). Des initiatives concrètes se développent : conférence de jeunesse des Églises latines (1955, aux Baléares), rencontre de responsables de la formation des laïcs (1958) ; conférence des facultés de théologie des pays latins.

Lors de la seconde Assemblée, tenue en 1958 au Chambon-sur-Lignon, les Églises-membres décident d'adopter une « Déclaration solennelle sur la liberté religieuse » accompagnée de revendications précises concernant l'exercice de cette liberté. Constatant qu'il n'y a guère eu d'amélioration de la situation en Italie, en Espagne ou au Portugal, la conférence « dénonce encore une fois les atteintes à la liberté religieuse et les obstacles de différentes natures qui entravent toujours cette liberté dans les trois pays » ; elle « proclame la liberté religieuse

36 Gérard Delteil, « Pour les 60 ans de la Conférence des Églises Protestantes des Pays latins d'Europe », 2010 (texte non publié).

comme universelle, entièrement valable pour tout homme, pour toute Église, en tout pays, dans n'importe quelle circonstance, sans que ce principe puisse être infirmé, en droit ou en fait, en raison des conditions différentes d'un pays particulier ».

La CEPPLE met par la même occasion sur pied un comité permanent, composé de deux membres par pays, en vue de démultiplier l'information entre toutes les Églises. Peu à peu se crée une forme de communication en réseau.

La CEPPLE développe parallèlement une réflexion pionnière sur des questions dont l'importance va se révéler croissante : l'évangélisation et la lutte pour la liberté religieuse ; la diaspora et la situation minoritaire du christianisme dans une société de plus en plus sécularisée ; les rapports du religieux et du politique et les modèles de laïcité ; la montée des intégrismes ; la responsabilité à l'égard des pays du Sud, d'Afrique ou d'Amérique latine. Ainsi, lors de l'assemblée de Leysin (Suisse) en 1963, André Philip, ancien ministre français, économiste adepte du christianisme social, lance-t-il un message prophétique sur l'immigration, qui viendra de l'Afrique vers l'Europe dans les vingt prochaines années. La CEPPLE décide alors d'inscrire la question des migrations dans son programme de travail pour l'avenir.

En 1975, la conférence des facultés de théologie des pays latins se réunit à Lisbonne, assistant à la « révolution des œillets ». En présence du théologien Fernando Belo qui vient de publier sa *Lecture matérialiste de l'Évangile de Marc*, la réflexion théologique s'entremêle de préoccupations politiques. L'année suivante, à Figueira da Foz (Portugal), un colloque organisé par la CEPPLE et la CÉVAA (Communauté évangélique d'action apostolique) réunit des représentants des Églises d'Europe, d'Afrique et d'Amérique latine autour des théologies de la Libération. La question des migrants est reprise dans toute une série de colloques, avec le concours de la CIMADE (à Malaga en 1993, à Sète en 1994, à Rome en 1995, à Lisbonne en 2007). Un colloque se tient à Lyon en 1997 sur « La montée des intégrismes ». À partir de 1991, une série de rencontres met en valeur la solidarité entre femmes des pays latins. Un réseau catéchèse travaille à l'élaboration d'un matériel commun, intergénérationnel, édité en quatre langues : *Avec et sans frontières*. Le développement des radios libres suscite la création d'un séminaire radio, qui se tient à une dizaine de reprises en vingt ans.

Par leur nature même d'Églises minoritaires dans des pays méditerranéens, les membres de la CEPPLE ont progressivement pris conscience de leur vocation spécifique.

Mais le rapprochement le plus abouti est celui qui a permis la signature de la « Concorde de Leuenberg », du nom de la petite localité suisse où est signée le 16 mars 1973 la pleine communion ecclésiale entre la quasi-totalité des Églises luthériennes et réformées d'Europe. Cette concorde se fait autour d'un accord sur la compréhension du salut en Christ, de la prédication et des sacrements.

Un pasteur peut désormais exercer indifféremment son ministère dans une Église luthérienne ou réformée, qui toutes pratiquent l'intercommunion. Mais la Concorde n'envisage pas pour autant de structure supranationale, d'« Église protestante européenne ». Elle admet comme légitime les différences qui peuvent subsister dans la pratique, les structures ou les formulations dogmatiques. Si les Églises de la Concorde ont exprimé, notamment lors de leur Assemblée de Vienne en 1994, une ecclésiologie commune, il revient à chacune de choisir la manière dont elle veut manifester cette réalité. La diversité des situations complexifie souvent un paysage ecclésial protestant déjà morcelé. Certaines Églises franchissent le pas de créer des Églises unies (en Grande-Bretagne dès 1972, en Belgique en 1979, aux Pays-Bas en 1997) ; en France, le projet mettra plus de quarante ans pour aboutir (en 2013). En Allemagne, l'*Evangelische Kirche in Deutschland* est une fédération rassemblant des Églises luthériennes, réformées et unies.

À côté de ces relations multilatérales, l'É.R.F. s'engage, ou est sollicitée pour s'engager, dans des relations bilatérales directes. Ces relations consistent d'abord en des échanges d'informations, des visites ou des délégations ; elles concernent également le travail de réflexion théologique, à travers l'organisation de rencontres et de colloques ; elles portent enfin sur l'échange de personnes, étudiants et pasteurs. Les relations les plus étroites sont celles nouées avec l'Église évangélique en Rhénanie (*Evangelische Kirche im Rheinland*, ou EKIR) : les chantiers communs sont nombreux, de la formation permanente des ministres aux colloques en coopération avec la CEPPLE, en passant par le partenariat entre la Faculté de théologie de Wuppertal et celle de Paris ou l'organisation de courts échanges. La chute du mur de Berlin permet le développement de liens avec l'Église évangélique de Berlin-Brandebourg. Le partenariat entre l'É.R.F. et l'Église presbytérienne en Irlande (*Presbyterian Church in Ireland*) à partir de 1986 officialise les liens sporadiques tissés par le passé et permet la présence de délégués lors des Synodes nationaux, l'accueil de deux pasteurs irlandais dans des paroisses françaises dès 1989, l'essor des échanges au niveau paroissial ou consistorial. L'Église d'Écosse, l'Église réformée de Hongrie, l'Église évangélique des Frères tchèques sont de même des partenaires privilégiés de l'É.R.F. en Europe.

Hors d'Europe, l'É.R.F. a également tissé des liens directs avec certaines Églises : aux États-Unis avec l'Église unie du Christ, l'Église presbytérienne et l'Église des Disciples du Christ ; l'Église réformée du Salvador ; l'Église presbytérienne réformée de Cuba ; l'Église presbytérienne de République de Corée.

La diversité des situations respectives oriente la solidarité dans un sens ou dans l'autre. Si l'Église coréenne compte plus de 60 000 pasteurs, l'Église unie du Christ américaine plus de 10 000 et l'EKIR plus de 2 000 pasteurs, les Églises de Pologne ou du Portugal n'en comptent par contre qu'une dizaine : l'É.R.F. est pour les uns une petite Église-sœur, pour les autres une grande Église-sœur. Le Centre européen de rencontre et foyer Le Pont, dans le 14e arrondissement de Paris, a ainsi été créé grâce au soutien de l'EKIR. Dans la banlieue de San Salvador, c'est en revanche l'É.R.F. qui a contribué à la construction d'un centre communautaire. À sa manière, l'É.R.F. participe à la mondialisation.

ENGAGÉE DANS LES DÉBATS DE SOCIÉTÉ

En 1938, l'É.R.F. se donnait pour responsabilité le souci de la « paix entre les hommes » et la « lutte contre les fléaux sociaux ». Cette tradition d'engagement ne se dément pas, et les Synodes nationaux notamment sont l'occasion pour l'É.R.F. de prendre position ou d'attirer l'attention sur certains problèmes d'actualité. Le Synode national de 1999, pour ne prendre qu'un exemple, s'exprime ainsi contre l'épuration ethnique au Kosovo (décision 26), pour une enquête sur les conséquences des essais nucléaires en Polynésie (décision 27), contre les violations des droits de l'Homme aux États-Unis (décision 28), sur la situation des personnes interdites de séjour alors qu'elles résident sur le territoire avec femme et enfants (décision 32), et en faveur de la solidarité avec les sans papiers (décision 33) !

Opposée à toute conception magistérielle, l'É.R.F. ne souhaite pas pour autant se poser en arbitre de la pensée protestante : « Ce n'est pas des instructions données par quelque magistère, et nul d'ailleurs n'est habilité à représenter le protestantisme en matière d'éthique », écrit significativement Olivier Abel, professeur à l'Institut protestant de théologie, en introduction du *Livre blanc de la commission d'éthique* publié en 1994 par la Fédération protestante de France. L'Église souhaite simplement éclairer et aider ses membres à approfondir leur réflexion, pour que chacun puisse exercer sa responsabilité individuelle. Mais il ne s'agit pas non plus d'une tentative de réguler la société : les déclarations publiques de l'É.R.F. ne prétendent nullement être normatives. Le positionnement revendiqué par les Églises dans la société contemporaine a été très clairement explicité dans un document du Comité mixte catholique-protestant : « Lorsqu'elles s'adressent à ceux qui ne partagent pas tout ou partie de leurs convictions, nos Églises doivent s'exprimer sur le mode du témoignage et de la proposition. Dans le dialogue nouveau qui s'instaure dans notre pays, nous cherchons à exprimer, comme une voix parmi d'autres, les convictions évangéliques auxquelles nous obéissons[37]. » Dans l'espace public contemporain défini par sa laïcité culturelle, l'É.R.F. entend proposer sa « contribution au débat » sur la plupart des sujets de société.

Les positions des Églises sont d'ailleurs souvent attendues sur le terrain éthique. Des théologiens et intellectuels réformés ont régulièrement été appelés à siéger en tant que tels au sein du Comité consultatif national d'éthique (CCNE) : créé en 1983 par François Mitterrand, le CCNE a pour but de contribuer à faire comprendre les enjeux des avancées scientifiques dans le domaine des sciences de la vie et de la santé, en alimentant des débats contradictoires au sein de la société sans jamais les confisquer. Au titre des « cinq personnalités appartenant aux principales familles philosophiques et spirituelles » appelées à siéger au sein du CCNE, ont été successivement nommés France Quéré, le pasteur

37 « Catholiques et protestants face à la morale dans une société laïque », dans *Choix éthiques et communion ecclésiale*, Comité mixte catholique luthéro-réformé en France, Paris, 1992, p. 95.

luthérien Jean-François Collange, Olivier Abel, Marianne Carbonnier-Burkard et Marion Muller-Colard en 2017.

Pour marquer le passage au troisième millénaire sans pour autant le transformer en jubilé ecclésial, l'É.R.F. lance une grande manifestation nationale sous le titre « Débat 2000. 2000 débats » autour de thèmes principaux : *Faut-il dialoguer avec les autres religions ? La transmission nous échappe-t-elle ? Couples et famille dans la société ? Vive la politique ! La science et l'homme : qui sert qui ? Laïcités en questions. Quelle Bonne Nouvelle aujourd'hui ? La Bible est à tout le monde. L'économie est-elle toute puissante ? Faire violence pour vivre en paix ?* Mais l'engagement de l'Église peut aussi provoquer des controverses quand il touche à des domaines où s'affrontent les opinions : l'Église est alors accusée d'intervenir sur des questions qui ne sont pas les siennes. Certaines prises de position sont fortement critiquées pour leur impréparation, voire leur improvisation, en raison de l'absence d'expertise de l'Église ou du manque de fondements bibliques et théologiques.

MARIAGE OU CONCUBINAGE ?

Les débats autour de la famille sont nombreux depuis les années 1980. L'É.R.F. s'oriente vers des positions éthiques généralement en phase avec les aspirations de la société civile et en contrepied de l'intransigeance de l'Église catholique.

En 1984, le Synode national s'intéresse à la mutation sociologique que connaît la conjugalité depuis une dizaine d'années : baisse considérable du nombre de mariages, hausse du nombre de familles monoparentales comme du nombre d'enfants nés hors mariage, développement de la « cohabitation » dans les couples. La cohabitation fait d'ailleurs parfois, de la part du couple, l'objet d'une demande de cérémonie religieuse. Cette évolution des modes de vie et ce déplacement des valeurs s'observent également parmi des conseillers presbytéraux, des étudiants en théologie, des candidats au ministère et même des pasteurs en exercice ! La Commission des ministères de l'É.R.F. récuse deux étudiants candidats au ministère pastoral qui vivent en concubinage et refusent le mariage : la commission invoque le respect de la Discipline de l'É.R.F. qui ne connaît que le mariage. Mais au même moment un Conseil presbytéral maintient à son poste un ministre cohabitant… Deux thèses s'affrontent alors au sein de l'Église : les pasteurs doivent-ils légaliser leur couple au nom de l'exemplarité, ou bien est-il contraire aux principes de la Réforme de distinguer le pasteur du laïc ?

Le Synode national de 1984 choisit donc de débattre de la signification et de l'importance de la célébration civile et religieuse du mariage. L'Église doit-elle lier l'entrée dans la vie conjugale au mariage civil et à une célébration religieuse ? Peut-elle donner une bénédiction religieuse à des cohabitants ? Peut-elle rejeter le principe de la cohabitation au risque d'apparaître comme la gardienne d'une censure morale ? Certaines voix s'expriment pour remettre en cause la succession du mariage civil et du « mariage religieux » : la loi ne devrait-elle pas être modifiée pour permettre à des couples non mariés civilement de faire un culte de bénédiction et de témoignage de leur vie sous le signe de la fidélité de Dieu ?

Le Synode n'arrive pas à trouver une position : il rappelle que l'Église ne « marie » pas et que la seule cérémonie religieuse ne peut être le lieu de reconnaissance publique du couple ; mais il demande au Conseil national d'intervenir auprès des pouvoirs publics pour faire évoluer la législation actuelle sur le mariage.

Les mêmes questionnements sont soulevés par la bénédiction nuptiale de divorcés. Au début des années 1980, l'É.R.F. reçoit environ 80 demandes par an. Pour ne pas laisser aux seuls pasteurs de paroisse la responsabilité d'une acceptation ou d'un refus, l'É.R.F. crée une *Commission du mariage* seule habilitée à autoriser un remariage. L'Église catholique refusant catégoriquement le remariage de divorcés, une quinzaine de couples catholiques, pour la seule année 1983, sont venus demander à l'É.R.F. la bénédiction de leur remariage : l'É.R.F. peut-elle accueillir ces couples sans être accusée de récupération ou de prosélytisme déloyal, dans le contexte d'œcuménisme ? L'augmentation du nombre de divorces et le développement du phénomène de concubinage remettent progressivement en cause la pertinence de la Commission du mariage et soulèvent à nouveau des questions que l'on croyait réglées : quelles peuvent être en ce domaine les exigences à l'égard des membres de l'Église à qui est confié un ministère ?

En 1999, en raison du débat sur le PACS (Pacte civil de solidarité), l'É.R.F. se retrouve à nouveau confrontée à ce délicat dossier. Les partisans de la proposition de loi y voient le moyen de conforter la stabilité des relations de concubinage ; les adversaires relèvent la difficulté de légiférer en raison du débat sur les couples homosexuels. Le Synode de 1999 prend la décision de… réfléchir sereinement et de façon dépassionnée sur la question de la bénédiction des couples homosexuels et celle des candidats au ministère pastoral revendiquant leur homosexualité, et demande que la Commission « Couple, famille, société » prépare un dossier et ouvre les débats dans les synodes régionaux. Le Synode national se prononce en revanche contre l'adoption et la procréation médicalement assistée pour les couples homosexuels, selon l'idée qu'il n'y a de famille et de possible filiation que pour deux parents de sexe différent.

De manière plus générale, la révolution médicale et génétique est un défi majeur qui bouscule les compréhensions de l'homme et de l'humain. Très tôt, dès 1965, l'É.R.F. s'est montrée favorable à la médicalisation de la sexualité ; elle a admis la légitimité d'un certain contrôle des naissances et approuvé la loi sur l'avortement. Dans un texte dressant le *Bilan et éléments de réflexion sur l'interruption volontaire de grossesse* en 1994, la Fédération protestante de France estime que la loi Veil « a eu des conséquences positives » mais affirme que « l'avortement doit être combattu » par des mesures sociales et éducatives. Face à l'épidémie du sida, l'É.R.F. approuve l'usage du préservatif et les campagnes de lutte contre l'expansion du virus.

En 2003, l'É.R.F. exprime ses « espoirs et craintes autour de la science génétique et de ses avancées technologiques » en consacrant un numéro de sa revue *Information-Évangélisation* à la « généthique ». Diagnostic prénatal, test génétique, thérapie génique, clonage, OGM… les découvertes et les perspectives ouvertes ne manquent pas. L'É.R.F. penche favorablement pour une détection des maladies génétiques graves dans un diagnostic prénatal prédictif suivi d'une éventuelle interruption de grossesse, tout en affirmant qu'il n'y a pas de droit à l'enfant en bonne santé et qu'il peut y avoir des risques de dérives eugéniques.

CONTRE LA TENTATION DE L'EXTRÊME-DROITE

Dans les années 1960, la prédication était parfois assez fortement marquée d'une dimension politique : le philosophe Paul Ricœur se souvient de ce « temps où la prédication protestante était à la recherche du ton juste entre l'imprécation contre tous les pouvoirs et le repli prudent à l'abri des murailles de la tradition[38] ». Les souvenirs de la guerre et de la

38 Paul Ricœur, préface, dans Louis Simon, *« Mon » Jésus. Méditations sur des textes d'Évangile*, Paris, 1998, p. 9.

lutte contre le nazisme étaient une mémoire encore vivante ; le contexte de la décolonisation et l'essor des mouvements de libération alimentaient l'engagement politique. La prédication était alors un « acte politique », selon le titre du livre que publie le pasteur Georges Casalis en 1970.

Mais vingt ans plus tard l'air du temps a changé. Le désenchantement à l'égard du politique, la crise économique et sociale consécutives aux chocs pétroliers, l'effondrement du monde communiste ont remis en cause l'évidence d'une prédication politique. Au contraire, la prédication politique apparaît comme une dénaturation de l'Évangile, comme une intervention de l'Église dans le champ temporel. À l'occasion des commémorations de la révocation de l'Édit de Nantes, la mémoire des persécutions et celle de l'accueil des huguenots mettent en jeu des valeurs qui transcendent les choix politiques. Les prises de position politiques semblent désormais moins des engagements de la communauté chrétienne que des libres choix individuels. Des actions peuvent se faire au niveau local, mais de quel poids pèserait une intervention seule à l'échelon national ?, se demande d'ailleurs le président du Conseil national en 1986.

Mais l'essor électoral du Front National au cours des années 1980 conduit peu à peu l'É.R.F. à revenir sur sa prudence politique. En 1988, le pasteur Jean-Pierre Monsarrat, président du Conseil national, s'inquiète d'un sondage donnant des pourcentages de vote parmi les protestants en faveur du Front National plus élevé que parmi les catholiques et que la moyenne des Français. « Tout appel à la xénophobie, au racisme, à l'antisémitisme est non seulement inconciliable mais en contradiction directe avec l'espérance évangélique », affirme-t-il. Mais l'indignation ne suffit pas ; elle ouvre la voie à une interrogation : « Avons-nous pris la mesure des raisons pour lesquelles un tel appel a pu rencontrer un tel écho jusqu'auprès d'eux ? » Certains analysent ce vote non seulement comme le signe d'un malaise, mais également comme celui d'un décalage entre la direction de l'É.R.F. et ses fidèles. Les affirmations publiques de l'Église sont-elles partagées par ses membres ? La question devient plus pressante dans les années 1990 : le Synode national de 1997 propose de lancer une vaste réflexion sur la montée de l'extrême-droite. L'année suivante, le thème synodal de l'étranger (« Étranger-étrangers ») témoigne d'une reconsidération du politique.

Au cours de la décennie, le sujet des étrangers devient en effet un thème permanent des débats synodaux. Le Synode national de 1991 marque sa solidarité avec les 80 000 à 100 000 déboutés du droit d'asile politique et demande à la Fédération protestante et à la CIMADE de « poursuivre auprès du gouvernement les démarches nécessaires » à cet égard. Soutenant le projet œcuménique « *Accueillir l'étranger* » lancé en 1992 par la CIMADE et la Commission épiscopale des migrations avec l'appui du Conseil d'Églises chrétiennes en France, l'É.R.F. dénonce la xénophobie et le « mortel repliement sur soi-même » (décision XLIX du Synode national). En 1993 le Synode national intervient dans le grand débat soulevé par la réforme Méhaignerie du code de la nationalité : il adopte deux vœux pour exprimer son « alarme » devant la remise en cause du droit du sol. En 1994, l'É.R.F. ouvre une vaste réflexion théologique sur ces situations de détresse : le processus est lancé en 1996 dans les paroisses ; il s'étend à tous les niveaux (régional et national) jusqu'en 1998 et aboutit au rapport synodal intitulé *Étranger-étrangers*, dont la rédaction est précisément confiée à un « étranger », le professeur d'éthique de la Faculté de théologie de Neuchâtel, Pierre Bühler. Destiné à être étudié dans tous les lieux d'Église, y compris dans les Facultés de théologie, le texte a pour but d'exorciser les peurs et d'éviter les dérives racistes face à la montée des intégrismes.

Mais l'É.R.F. ne se contente pas d'adopter des vœux pour dénoncer « l'arsenal répressif » mis en place contre les étrangers : concrètement, elle invite les paroisses à accueillir les étrangers et les fidèles à être par exemple présents dans les centre de rétention judiciaire (décision XII du Synode national de 1994). En 1996, l'É.R.F. s'inquiète des risques « chaque jour accrus de dérapages dans l'opinion publique autant que dans la représentation parlementaire, et même de membres fidèles de nos Églises » (décision XXIX). Répondant à cet appel d'accueil des étrangers, des paroisses ouvrent leurs locaux à l'hébergement d'immigrés menacés d'expulsion. Une délégation de 160 « sans-papiers » hébergés au Foyer de Grenelle de la Mission populaire, à Paris, est reçue lors du Synode national de 1998. Des sans-papiers sont hébergés par la paroisse de Paris-Béthanie, puis par celle de Paris-Batignolles ; il en est de même à Lyon, en 1999, pour des Kurdes venus de Turquie, d'Irak, d'Iran et de Syrie. L'É.R.F. invite sans cesse les Églises à marquer leur solidarité avec les Œuvres et Mouvements engagés dans ce domaine, notamment la CIMADE et l'Action des Chrétiens pour l'Abolition de la Torture (ACAT).

Toutefois, ces prises de position à répétition ne font pas l'unanimité. Certains fidèles en sont agacés, d'autres choqués. Des désapprobations s'expriment et la revue *Information-Évangélisation* de l'É.R.F., dans son numéro de 1996 intitulé « Église en débats », ne cherche pas à cacher ces tensions au sein même de l'Église. La contribution écrite d'une conseillère presbytérale et catéchète souligne les dangers qui guettent l'É.R.F. lorsqu'elle retombe « dans le débat politique et le parti-pris… "de gauche" qui […] caractérise souvent la ligne directrice des têtes pensantes de l'Église réformée ». Au nom du libre examen, des fidèles s'élèvent contre la prétention de l'Église à dicter leur conduite à ses membres. Si personne ne conteste les engagements partisans des individus, l'engagement collectif soulève en revanche de graves objections : l'Église peut-elle s'arroger le « droit de penser à la place de tous ceux et celles qui ne partagent pas ses positions » ? Comment l'É.R.F. peut-elle à la fois affirmer un pluralisme théologique et prendre une position politique univoque ? La tradition réformée n'a jamais été celle d'un magistère de type catholique et « chaque fois que l'Église réformée en tant que telle prend position, elle exclut certains de ses membres[39] ». Dans un entretien accordé au journal *Réforme*, le ministre de l'Intérieur Jean-Pierre Chevènement pointe l'irresponsabilité de l'É.R.F. lorsqu'elle appelle à la désobéissance civile sans tenir compte de la réalité sociale du pays ni des rapports Nord-Sud : la position de l'É.R.F. serait, dit-il, celle d'une « petite extrême gauche qui développe des stratégies de culpabilisation », à la recherche d'une « posture morale » sans lien avec « le combat pour la justice sociale ». Le théologien Pierre Bühler, rapporteur du thème au Synode national, réagit dans les mêmes colonnes en insistant sur la « loyauté critique » des protestants qui peut, « en dernier recours », nécessiter la désobéissance civile face à un État qui devient oppressif.

Mais la tension provoquée par de telles prises de position est ici anticipée et clairement assumée par l'É.R.F. Si le processus aboutissant à *Étranger-étrangers* a été long, c'est précisément pour tenir compte de la complexité des problèmes, pour prendre le temps de l'information, pour acquérir un minimum d'expertise, pour laisser s'exprimer les fidèles et les divers points de vue. C'est la condition pour que les déclarations de l'Église soient acceptées et comprises par les fidèles, souligne le pasteur

---

39 « Église en débats », *Information-Évangélisation*, 1996, p. 19-22.

Michel Bertrand : « Ce qui est [souvent] mis en cause, ce n'est pas fondamentalement le principe d'une parole publique des autorités du protestantisme, ce sont plutôt les conditions d'élaboration et d'énonciation de cette parole qui, ne prenant pas suffisamment en compte les avis du peuple des fidèles, ne peut avoir une autorité représentative largement reconnue[40]. » Les vœux adoptés à chaud par un Synode pour répondre à une actualité ne peuvent en revanche engager que l'assemblée synodale au moment où elle les vote : ces paroles prophétiques lancées dans l'urgence doivent ensuite être expliquées et argumentées pour revêtir une autorité incontestée…

En 2000, lorsqu'elle s'engage contre *La Tentation de l'extrême-droite*[41], l'É.R.F. le fait là aussi au terme d'une large consultation. La perspective est claire : résister aux extrémismes racistes et xénophobes. L'É.R.F. ne prétend pas donner des consignes de vote, ni déduire de l'Évangile des valeurs opposables à l'idéologie d'extrême-droite ; mais elle considère qu'elle ne peut se désintéresser du politique sans cesser d'être témoin dans le monde présent. À travers une diversité de textes et d'approches, à travers les exemples concrets de paroisses du Sud-Est dans des villes dirigées par un maire Front national, l'É.R.F. veut « aider à la réflexion », lutter contre « la peur » et la « tentation du rejet de l'autre » : « Les discours et attitudes racistes et xénophobes, qui diabolisent l'étranger et le rendent responsable de tous les maux et désordres, sont radicalement incompatibles avec l'ouverture et l'accueil que prône la foi chrétienne », affirme le Synode national de Nantes en 1998. La publication de ce livre contre l'extrême-droite marque cependant l'apogée d'un engagement qui ensuite marque le pas. Lors du Synode national de 2002, le vœu encourageant les Églises locales « devant la confirmation de l'implantation de l'extrême droite dans plusieurs régions de notre pays […] à soutenir un débat dans la perspective des prochaines élections législatives » est rejeté. Ce refus de vote est un phénomène nouveau pour l'É.R.F., habituée aux prises de position politiques. « Les expériences de la gauche au pouvoir et de l'alternance nous ont sans doute confortés dans une nécessaire distance vis-à-vis de l'engagement direct et de l'utopie politique », commente le pasteur Marcel Manoël. « Les réformés de France modèrent leur engagement politique », titre le journal *La Croix* le 14 mai 2002.

40 Michel Bertrand, *L'Église dans l'espace public*, Genève, 2011, p. 40.

41 Église réformée de France, *La Tentation de l'extrême-droite*, Lyon, 2000.

Les délégués synodaux semblent vouloir désormais garder une distance vis-à-vis de la politique, nécessaire à la critique, et orienter les débats vers le domaine pratique. Les engagements de l'Église sont désormais plus enracinés dans l'action concrète des Églises locales et des associations, notamment de la CIMADE. Et ceux-ci se font plus souvent dans une perspective œcuménique. En 2010 par exemple, l'É.R.F. s'associe à la campagne *« Ne laissons pas fragiliser le droit de l'étranger »* lancée à l'initiative de l'ACAT, du Comité Catholique contre la Faim et pour le Développement-Terre solidaire, de la CIMADE, de la Fédération de l'Entraide protestante et du Secours catholique. La prudence relative de l'É.R.F. contraste d'ailleurs avec des interventions plus fréquentes des instances religieuses fédératives, comme la Fédération protestante de France ou le Conseil d'Églises Chrétiennes en France (CECEF). Ces évolutions poussent l'ancien président de l'É.R.F., le pasteur Michel Bertrand, à s'interroger à la fin des années 2000 sur la *Légitimité et [l']autorité de paroles d'Églises dans l'espace public* :

> Devant l'accumulation des difficultés, précautions à prendre, des attentions à avoir, des conditions à respecter [...], il est légitime de s'interroger : une parole des Églises dans l'espace public est-elle encore possible ? Je réponds clairement oui. Elle est possible et légitime au regard de l'Église et de ses convictions théologiques, car elle participe de sa mission d'annoncer l'Évangile et d'en rendre compte jusque dans l'espace public[42].

Dans le contexte de laïcité culturelle qui caractérise la société contemporaine, l'engagement de l'Église dans le débat public est devenu plus complexe qu'il n'y paraît. Au nom d'une éthique de la fraternité, elle entend lutter contre les peurs et les conflits, encourage les actes de solidarité, défend le droit à la différence. Elle fournit aux militants associatifs des ressources spirituelles et morales dans lesquelles puiser. Refusant l'abstention politique et appelant à l'engagement civique, elle vient au secours d'un champ politique désenchanté et souvent décrédibilisé. Dans ses déclarations publiques, l'Église ne cherche nullement le pouvoir ou l'imposition de ses valeurs, mais l'ouverture et le dialogue : « Cette résolution synodale n'est pas une parole dernière, affirme par exemple le Synode national de 1998, et n'a pas la prétention d'achever

---

42 Thèse de doctorat soutenue en 2008, remaniée et publiée sous le titre *L'Église dans l'espace public : de quel droit prend-elle part à ses débats ?*, (Genève, 2011, p. 368).

quelque chose. Bien au contraire, elle se sait imparfaite, fragile, engagée dans un processus qui est loin d'être terminé, et elle ouvre ainsi à une poursuite du travail. » Mais malgré ces déclarations sans ambiguïté, l'histoire particulière de la « querelle laïque » en France rend une partie de l'opinion toujours extrêmement réfractaire à l'intervention des Églises dans le débat public.

L'AMITIÉ JUDÉO-PROTESTANTE À L'ÉPREUVE DU CONFLIT PROCHE-ORIENTAL

La Seconde Guerre mondiale a montré combien les affinités des protestants, jadis persécutés, avec les juifs avaient joué dans la résistance aux lois anti-juives du gouvernement de Vichy : nombre de pasteurs et de laïcs réformés reçoivent dans les années 1970 et 1980 la distinction de « Justes parmi les nations » pour avoir caché et sauvé des juifs au moment des rafles de l'été 1942.

Dès 1945, l'avocat Henri Cadier, résistant de la première heure qui est parvenu à faire sortir quelques familles internées du camp de Gurs, dresse un premier bilan du sauvetage des juifs dans un ouvrage intitulé *Le Calvaire d'Israël et la solidarité chrétienne.* L'auteur y donne à lire les grands textes pastoraux (la lettre du pasteur Boegner au grand rabbin Schwartz) et épiscopaux (les lettres pastorales de Monseigneur Saliège et de Monseigneur Théas) ; il y donne à voir l'action de la CIMADE, de l'Aumônerie protestante des étrangers et de tous les sauveteurs anonymes, dans l'aide aux réfugiés, l'accueil des enfants ou le passage des frontières… Dans un chapitre liminaire, Henri Cadier s'interroge sur « les origines et le développement de l'antisémitisme » et se scandalise du fait « que la chrétienté n'ait su ni voulu intervenir en temps opportun pour empêcher cette abomination » du génocide. À l'heure des premiers bilans de l'extermination, le débat sur les rapports entre christianisme et judaïsme ne peut plus être éludé. Deux polémiques de l'immédiate après-guerre révèlent la persistance de l'antijudaïsme chrétien : l'essayiste catholique Daniel-Rops publie en février 1946 un *Jésus en son temps* où, en conclusion, il reprend le mythe du peuple juif « déicide », c'est-à-dire l'accusation de la responsabilité collective du peuple juif dans la crucifixion de Jésus ; ce peuple « maudit » aurait ainsi mérité les souffrances qui lui ont été infligées, y compris les pogroms et les horreurs de la Seconde Guerre mondiale… Mais les intellectuels protestants ne sont pas exempts de cet antijudaïsme traditionnel, comme en témoigne l'article publié par le pasteur barthien Jean Bosc dans le journal *Réforme* en novembre 1946 : « Les Juifs ont refusé de reconnaître leur roi ; ils l'ont bafoué, condamné, crucifié [...]. Ils sont dispersés sur la surface de la Terre, sans territoire où s'enraciner [...] avec une religion vidée de sa substance[43]. »

L'historien israélite Jules Isaac (1877-1963) proteste avec vigueur contre ces deux publications, mais il y puise surtout la détermination d'un vaste combat : changer en profondeur l'enseignement chrétien concernant le judaïsme, mettre fin à « l'enseignement du mépris » par la révision des catéchèses et des théologies. Et cet audacieux pari trouve aussitôt un écho, aussi bien au niveau international que national. Au mois d'août 1947, la conférence de Seelisberg (Suisse) réunit une soixantaine de personnalités convoquées pour leurs compétences et leur autorité personnelles, venues de dix-neuf pays : 28 juifs, 23 protestants, 9 catholiques et 2 orthodoxes grecs ; devant les effroyables effets de l'antisémitisme, elle adopte une déclaration en dix points pour « exclure toute animosité à l'égard des Juifs que pourraient faire naître des présentations et des conceptions fausses, inexactes ou équivoques dans l'enseignement et la prédication de la doctrine chrétienne ». L'année suivante le Conseil Œcuménique des Églises, lors de son assemblée d'Amsterdam, demande aux Églises de dénoncer l'antisémitisme comme « un péché contre Dieu et l'homme » et de rompre avec la longue histoire de la haine et de la persécution des juifs, éternels boucs émissaires rendus responsables des problèmes de société.

Si aucun protestant français n'est présent à Seelisberg, ils sont tenus informés des débats par leurs coreligionnaires européens, notamment par le pasteur allemand Adolf Freudenberg, secrétaire général du Comité œcuménique pour les réfugiés, et par le pasteur genevois Pierre Visseur, secrétaire de l'*International Council of christians and jews*, tous deux présents à la conférence. En France, l'inlassable volonté de Jules Isaac de lutter par la pédagogie et la rencontre contre un enseignement erroné trouve des relais dans les milieux protestants. Dès 1947, la Fédération protestante de France crée un « Comité de témoignage auprès d'Israël ». En février 1948 voit le jour à Paris l'Amitié judéo-chrétienne de France (AJCF) autour

43 Jean Bosc, « Le Mystère d'Israël », *Réforme*, 23 novembre 1946.

d'Edmond Fleg et du rabbin Jacob Kaplan, des catholiques Henri-Irénée Marrou et Jacques Madaule, des protestants Fadiey Lovsky et Jacques Martin, même si aucun ne représente officiellement sa communauté. Les statuts affirment que l'association « exclut toute préoccupation missionnaire, toute tendance au prosélytisme. Elle ne vise aucunement à une fusion des religions et des Églises, elle ne réclame d'aucune confession aucun renoncement à ses croyances ». Le pasteur Jacques Martin, qui a noué pendant la guerre à Saint-Agrève (Ardèche) des liens d'amitié avec Jules Isaac, est vice-président du bureau et rédacteur en chef de la revue éditée par l'AJCF, *L'Amitié judéo-chrétienne* ; le pasteur Élie Lauriol, de la paroisse de l'Oratoire du Louvre, entre également dans le bureau de l'association. Fadiey Lovsky (1914-2015), d'origine russe et converti au protestantisme, s'engage pleinement dans la grande explication entre le christianisme et le judaïsme : outre les responsabilités qu'il assure pendant quarante ans au sein de la commission de la Fédération protestante pour les relations avec le judaïsme, il se fait l'historien de l'antisémitisme (*Antisémitisme et mystère d'Israël*, 1955 ; *L'Antisémitisme chrétien*, 1970 ; *La Déchirure de l'absence : Essai sur les rapports entre l'Église du Christ et le peuple d'Israël*, 1971) ; pour l'ensemble de son œuvre, il reçoit en 2000 le Prix de l'AJCF.

Le grand travail de Jules Isaac, *Jésus et Israël*, refusé par les éditions Hachette, paraît chez Albin Michel en 1948 grâce à l'intervention du pasteur Charles Westphal auprès du directeur littéraire de la maison d'édition, fils et frère de pasteur. Les journaux protestants *Réforme*, *Foi et Vie*, la *Revue du christianisme social* s'en font largement l'écho. La revue *Foi et Vie* a d'ailleurs lancé en avril 1947 des « Cahiers d'études juives », dirigés par Fadiey Lovsky.

> Le mystère d'Israël est inséparable du mystère de l'Église, il est *notre* mystère, écrit Charles Westphal dans le premier numéro des « Cahiers ». [...] Nous avons besoin de pardon. Car nous avons contribué à travers les siècles à la « séparation » des Juifs. Nous les avons considérés comme étrangers, alors qu'ils sont nos pères selon l'esprit. [...] La question juive est la question des questions. À la manière dont ils parlent des Juifs, on peut juger sûrement de la valeur spirituelle d'un homme, d'une Église, d'un peuple, d'une civilisation. L'antisémitisme est, pour l'Église, la plus grave méconnaissance du Christ, le plus secret refus de la foi, la plus insidieuse perversion de l'Évangile de l'Incarnation. Pour le monde, il est le signe de l'idolâtrie essentielle et de la barbarie fondamentale.

Dès juin 1948, le journal des Écoles du Dimanche explique aux moniteurs de catéchisme protestants, sous la plume de Fadiey Lovsky, « Quelles précautions faut-il prendre en parlant des juifs aux enfants ? » Après avoir cité les dix points de Seelisberg, Lovsky en donne une première application, commentant le récit de la Passion de telle manière que les enfants ne reportent aucune haine contre les juifs « déicides ». En 1955, imitant l'Église réformée des Pays-Bas qui a institué une journée de prière pour Israël le dimanche précédant la fête de Yom Kippour, l'É.R.F. se dote d'une « prière d'intercession pour Israël » qu'elle introduit dans sa liturgie : « Protège le peuple d'Israël contre les violences de l'antisémitisme. Garde-nous, garde l'Église de toute tentation de haine ou de mépris, en présence des Juifs et de leur destin. »

Mais le partage de la Palestine décidé par l'ONU en novembre 1947 et la naissance de l'État d'Israël en mai 1948 rendent plus complexes les relations entre chrétiens et juifs. L'existence de ce nouvel État pose question non seulement aux juifs de la diaspora (la foi juive ne peut-elle se vivre d'une façon complète qu'en Israël ?), mais également aux chrétiens. Une partie du protestantisme est favorable au sionisme, soit par philosémitisme, soit par eschatologie. Le journal *Réforme* par exemple soutient la création de l'État israélien, s'indigne du refus de la France de reconnaître immédiatement celui-ci et accuse même les grandes puissances de ne pas assez le défendre pendant la guerre israélo-arabe de 1948. Le quatrième « Cahier d'études juives » (mai 1951) présente une sélection de textes du pasteur suisse Abram-François Pétavel (1791-1870) espérant le « réveil et le rétablissement de l'ancien peuple de Dieu » et sa conversion au christianisme ; Fadiey Lovsky dresse ensuite un tableau de « l'État d'Israël au début de 1951 » et appelle tout chrétien à se réjouir de « pouvoir lire sur la carte d'un monde déchiré une manifestation de la puissance du Dieu fidèle et consolateur ». Wilhelm Vischer, professeur d'Ancien Testament à la Faculté de théologie de Montpellier, voit dans la restauration de l'État d'Israël « un signe que les juifs sont encore aujourd'hui un serviteur choisi par lequel Dieu poursuit sur terre la politique de son Royaume ». Se développe même un « sionisme chrétien », quoique très minoritaire, qui adopte les thèses du sionisme et soutient l'émigration vers Israël : le pasteur Claude Duvernoy (1929-2016), après un séjour de plusieurs mois en 1955 dans un kibboutz religieux israélien, projette de créer un « kibboutz protestant » (idée qui se concrétise en 1963 dans la fondation du village chrétien de Nes Ammin), puis émigre définitivement en 1961 en Israël, où il est naturalisé en 1965.

Pour sa part, le Synode national de l'É.R.F. de 1948 exprime sa détresse à propos de la situation en Palestine, estimant que l'installation du peuple d'Israël n'est pas « la solution du mystère de son élection » mais marque son indignation à le voir attaqué à peine constitué et dit sa révolte de voir ce conflit utilisé par les impérialismes rivaux des grandes puissances. S'il manifeste donc une solidarité indéniable envers le peuple juif, le Synode ne se prononce pas pour autant sur la signification politico-religieuse du nouvel État…

Le dialogue entre christianisme et judaïsme entamé après la Seconde Guerre mondiale porte ses fruits à la fin des années 1950. À la suite de leurs entretiens avec Jules Isaac, les papes Pie XII et Jean XXIII suppriment dans la liturgie catholique du Vendredi Saint les termes et les rites méprisants à l'égard des juifs, ouvrant la voie à la déclaration *Nostra Aetate* adoptée par le concile Vatican II en 1965. Du côté protestant, le conseil de la Fédération protestante de France adresse en mars 1961 un vœu au Conseil Œcuménique : sans se pencher sur les problèmes théologiques ni sur les incidences politiques provoquées par la création de l'État d'Israël, mais « sans oublier non plus les souffrances, anciennes et récentes, supportées par les juifs », il demande au COE de prolonger sa condamnation de l'antisémitisme « de sorte que l'enseignement chrétien sous toutes ses formes ne puisse jamais ni engendrer ni favoriser des sentiments de haine, de répulsion ou de mépris ». Lors de son assemblée de New-Delhi en novembre-décembre 1961, le COE rejette en effet explicitement l'idée que les juifs aient été responsables de la mort de Jésus.

Mais la Guerre des Six jours en 1967 renverse les perspectives et divise l'opinion publique française, comme l'opinion protestante : elle constitue un tournant[44]. Lorsque Nasser lance un appel au « djihad », le journal *Réforme* prévient : « Comme son maître spirituel, Hitler, le colonel égyptien annonce ce qu'il veut faire… Ainsi se prépare un génocide du peuple juif[45]. » Mais la victoire écrasante d'Israël modifie le regard porté par une partie de l'opinion : le petit État menacé dans son existence même

44 André Encrevé, « Le changement d'image de l'État d'Israël dans *Réforme* à la suite de la Guerre des Six jours », *B.S.H.P.F.*, 160, 2014/4, p. 899-921.

45 Victor Malka, « La "guerre sainte" contre Israël », *Réforme*, 3 juin 1967.

par ses voisins apparaît maintenant comme une puissance annexionniste et la gauche française épouse la cause palestinienne et antisioniste. Le journal *Réforme* publie, au cours de l'année 1967, 23 articles importants sur le sujet. Le professeur Jacques Ellul par exemple affirme la nécessité de « sauver Israël » (24 juin 1967). Si la tonalité pro-israélienne domine, la ligne éditoriale de *Réforme* est fortement et ouvertement contestée. La grande majorité des protestants français semble demeurer favorable à l'État d'Israël, mais certains se sentent désormais plus proches des Palestiniens et du monde arabe en raison de l'usage de la force par les Israéliens, loin de l'objectif de paix. Comme l'explique Tahar Blidi en janvier 1969 dans *Réforme* : « Les gouvernements arabes font irruption dans l'actualité. L'opinion découvre l'existence d'une conscience nationale palestinienne. » Ainsi, en mai 1970, le pasteur Roger Parmentier participe à Beyrouth à la première « Conférence mondiale des chrétiens pour la Palestine » et rencontre clandestinement Yasser Arafat ; en 1971 le sociologue Jean Baubérot exprime sa colère dans un essai intitulé *Le Tort d'exister. Des Juifs aux palestiniens*. Et le pasteur Jean-Paul Gabus n'hésite pas à parler d'une « politique de discrimination de type raciste et colonialiste [de la part d'Israël], très proche de celle pratiquée en Afrique du Sud » (*Réforme*, 31 mars 1973). En octobre 1973, le jour du jeûne de Yom Kippour, l'Égypte et la Syrie attaquent par surprise l'État d'Israël : après une réussite militaire initiale égyptienne, l'armée israélienne parvient à retourner la situation, et la « Guerre du Kippour » s'achève par un cessez-le-feu après vingt jours de combat. *Réforme*, le 24 novembre 1973, se montre nettement moins favorable à l'expansionnisme d'Israël qui occupe la Cisjordanie et la bande de Gaza peuplées de Palestiniens. L'évolution du conflit et ses rebondissements amènent progressivement à un apaisement des passions au sein du protestantisme français mais, comme dans l'opinion publique, la fracture demeure, sur des bases idéologiques, politiques ou au nom d'une théologie des droits de l'Homme. Les positions critiques à l'égard de la politique israélienne semblent d'ailleurs plutôt se répandre : en octobre 1990, lors de la remise de la Médaille des Justes par l'ambassadeur d'Israël au village du Chambon-sur-Lignon, le pasteur Alain Arnoux demande ainsi que « cette distinction soit une sorte d'engagement à ce qu'il n'y ait plus d'écoles fermées devant les jeunes Palestiniens, plus de maisons dynamitées, plus de gens expulsés de leur terre ancestrale ».

En revanche, le dialogue interreligieux, dont l'objectif n'est pas l'unité mais la reconnaissance de l'autre, s'approfondit. La réunion de la Commission « Foi et Constitution » à Bristol en 1967 ne remet pas encore en cause la traditionnelle mission chrétienne envers les juifs, mais en France, dès l'année suivante, la Fédération protestante change la dénomination de son « Comité de témoignage auprès d'Israël » en « Église et peuple d'Israël », dont elle confie la responsabilité à Fadiey Lovsky ; et en 1971, elle crée une commission « Église-Islam » dont la responsabilité incombe à Étienne Mathiot. En 1973, le Comité « Église et peuple d'Israël » salue les orientations pastorales de l'épiscopat français définies dans le document intitulé *L'Attitude des Chrétiens à l'égard du Judaïsme* et dit son accord avec ces orientations qui constituent une nouvelle étape de la réflexion théologique.

Mais les débats se déroulent surtout, jusqu'aux années 2000, au plan international. La condamnation en 1975 par l'Organisation des Nations Unies du sionisme comme « une forme de racisme et de discrimination raciale » entraîne une vive réaction du COE qui, par la voix de son secrétaire général le pasteur Philip Potter, s'inquiète de la confusion ainsi créée alors que certains votes expriment d'abord l'opposition à des mesures politiques concrètes d'Israël. Le COE adopte plusieurs textes significatifs : des *Directives pour le dialogue interreligieux* (1979), des *Considérations œcuméniques sur le dialogue judéo-chrétien* (1982) et *Les Églises et le peuple juif : vers une entente nouvelle* (1988). Le COE y souligne notamment que l'alliance de Dieu avec le peuple juif reste valable, que l'antisémitisme comme toute autre forme d'enseignement du mépris sont à rejeter, enfin que le prosélytisme en direction des juifs est incompatible avec la foi chrétienne. Il recommande aux Églises-membres d'étudier attentivement ces textes, de les adapter à chaque situation particulière et d'engager un dialogue qui prenne en compte l'identité de l'autre.

Au niveau européen, les Églises protestantes de la Communion ecclésiale de Leuenberg adoptent à l'unanimité en 2001 un texte intitulé *Église et Israël*. Ce document, qui commence par une repentance et se clôt par une demande de pardon, fait le point sur cinquante ans de dialogue et veut en tirer les conséquences pour les Églises protestantes aujourd'hui. Il s'articule autour de trois parties : le premier chapitre (« Israël et l'Église ») dresse un état de la question et des discussions ; le second chapitre (« l'Église et Israël ») aborde de manière théologique la manière dont l'Église doit concevoir son rapport avec Israël ; le dernier chapitre (« l'Église dans l'aujourd'hui d'Israël ») donne des recommandations pratiques pour développer des contacts à tous les niveaux et faire connaître la relation particulière qui unit les juifs aux chrétiens. Dix ans plus tard, la « Communion des Églises Protestantes en Europe » rappelle avec force les éléments fondamentaux sur lesquels se fonde le renouvellement des relations avec le peuple juif :

- Reconnaissance de l'élection irrévocable du peuple juif,
- Reconnaissance des racines juives de la foi chrétienne,
- Reconnaissance du lien indissoluble entre l'Église et Israël,
- Renonciation à développer une mission envers les juifs,
- Reconnaissance du rôle central de l'État d'Israël pour le Judaïsme, tout en s'efforçant en même temps d'appeler à une résolution juste et pacifique au conflit du Proche-Orient,
- Reconnaissance de la coresponsabilité et la culpabilité chrétienne dans la Shoah,
- Incompatibilité de la foi chrétienne avec l'antisémitisme et toutes formes de haine envers les juifs. (§ 3)

Aiguillonné par ce document, le Synode national de l'É.R.F. éprouve en 2002 le besoin de s'exprimer sur le conflit israélo-palestinien, ce qu'aucun Synode national n'avait fait jusque-là. Un premier vœu, présenté par le pasteur Luc Serrano, souhaite dénoncer le retour de l'anti-judaïsme violent et militant, affirmer le soutien des réformés aux institutions et communautés juives de France et appelle à une large diffusion du texte *Église et Israël* : il ne recueille que 33 voix et n'est pas adopté. Un second vœu est en revanche adopté par 71 voix : le Synode national dénonce tout à la fois les attentats contre des citoyens israéliens, les exactions de l'armée israélienne contre les populations palestiniennes, les attaques contre les synagogues en France, la haine entre juifs, chrétiens et musulmans… et demande une paix durable avec « l'arrêt de la politique de colonisation des territoires palestiniens, l'arrêt de toute forme d'attentats, la recherche d'une solution équitable pour les réfugiés palestiniens, un statut de la ville de Jérusalem ». Mais aucune allusion n'est faite au document *Église et Israël* qui, de manière générale, ne rencontre que très peu d'écho en France. Le groupe théologique de l'É.R.F. rédige en septembre 2000 une réponse très critique au document : sur le plan de la rédaction, le document est jugé « ni assez pédagogique, ni assez théologique » et souvent « indigeste » ; sur le fond, dix questions suscitent des insatisfactions ou des désaccords[46]. Aussi, lorsqu'en 2006 le pasteur Christian de Tonnac propose au Synode national d'encourager l'examen de ce texte, de fortes réserves s'expriment et le vœu ne trouve que 23 voix de soutien. Aucun synode réformé ou luthérien n'a osé aborder ouvertement la question des rapports avec le judaïsme, regrette le pasteur Alain Massini, président de la Commission « Chrétiens et Juifs » de la Fédération protestante entre 1996 et 2008. Comment expliquer ce silence ? L'historien Patrick Cabanel y voit le signe d'une « normalisation du statut des protestants dans la société française », qui regarderaient désormais l'État d'Israël « avec les yeux de leurs compatriotes d'origine catholique ou athée[47] ». Alain Massini met ce silence en relation avec les difficultés réformées à penser l'ecclésiologie, comme avec une méconnaissance des enjeux du dialogue judéo-protestant : les protestants seraient, selon lui, plus proches des « juifs de la Bible » que des « juifs réels » faute de contacts avec les communautés juives. Ainsi l'É.R.F. se poserait-elle en surplomb d'un conflit dont elle connaîtrait mal les ressorts…

Il est pourtant « urgent d'accueillir de manière plus institutionnelle et ecclésiale les questionnements théologiques développés par le document *Église et Israël* », estime la pasteure Florence Taubmann[48]. À la suite des deux colloques qu'elle organise en 2004 (« Juifs et protestants en France aujourd'hui ») et 2010 (« Foi protestante et judaïsme »), la Fédération protestante de France interpelle ses membres sur l'absence d'une parole publique d'Église récente sur cette question des relations avec la communauté juive. L'É.R.F. lance alors son propre programme de réflexion et mandate une commission d'une douzaine d'experts pour rédiger un document de travail publié en 2015, *Juifs et protestants, une fraternité exigeante.* Tout l'intérêt du livre réside dans la diversité des points de vue présentés, mais celle-ci en fait aussi la faiblesse. Certes, les divergences politiques sur le conflit israélo-palestinien grèvent en

46 Texte publié dans *Juifs et protestants. Une fraternité exigeante*, éd. Jean-Charles Tenreiro, Lyon, 2015, p. 125-134.

47 Patrick Cabanel, « Le protestantisme français face à la Shoah et à l'antisémitisme, de 1945 à nos jours », *Revue d'histoire de la Shoah*, 192, 2010/1, p. 75.

48 Florence Taubmann, « Peut-on parler d'antijudaïsme dans le protestantisme ? », *Le Genre humain*, 56-57, 2016/1, p. 317.

grande partie la possibilité de tenir un discours clair, mais l'universitaire Olivier Millet y voit surtout le reflet d'une évolution théologique des Églises[49]. Les Églises réformées et luthériennes, « parmi lesquelles règne officiellement le pluralisme théologique », seraient obligées de tenir « des discours bigarrés, pour ne pas dire contradictoires, voire confus », en raison même des approches différentes qui sont représentées en leur sein. Les réponses envoyées en septembre 2000 par le Conseil national de l'É.R.F. comme par le Conseil synodal de l'É.R.A.L. au document *Église et Israël* lui semblent à cet égard révélatrices : « assez décousu et aventureux » !

« On a en fait l'impression que nos Églises ont désormais peur de la théologie », conclut sévèrement Olivier Millet. Et si l'on ajoute à cela le fait que les réformés abordent le plus souvent les sujets à partir de « problématiques chrétiennes classiques » en ignorant a priori les points de vue des autres, comment alors s'étonner que le protestantisme ait des difficultés à rayonner et à faire entendre sa petite musique dans les débats de société ?

49 Olivier Millet, « Actualité du livre », *Foi et Vie*, décembre 2017, p. 91-96.

ÉPILOGUE

De l'Église réformée de France à l'Église protestante unie de France. Quel devenir ?

Au début des années 2000, l'É.R.F. s'engage dans un processus de rapprochement avec l'Église luthérienne. Le premier jalon en est posé par la paroisse luthérienne de Bourg-la-Reine qui adresse un appel à l'union ; sa situation particulière de paroisse de région parisienne accueillant de nombreux réformés se veut un symbole d'une union luthéro-réformée déjà vécue dans la réalité quotidienne. Le Synode national réformé de Soissons en 2001 (décision 34), puis l'Église évangélique luthérienne de France (É.É.L.F.) lors de son Synode général de 2003, reprennent à l'unisson cette proposition. Les Églises alsaciennes, qui réfléchissent à leur rapprochement depuis 1992, montrent la voie en créant en 2006 « l'Union des Églises protestantes d'Alsace et de la Lorraine » (U.É.P.A.L.). Cette Union rassemble l'É.R.A.L. réformée et l'É.C.A.A.L. luthérienne. Au niveau européen, six Unions d'Églises sont d'ailleurs déjà nées depuis les années 1970, telles l'Église protestante unie de Belgique, l'Église réformée unie au Royaume-Uni ou l'Église unie de Suède.

RAPPROCHEMENT ENTRE RÉFORMÉS ET LUTHÉRIENS DANS LA FRANCE INTÉRIEURE

Les instances nationales des deux Églises lancent officiellement les discussions, qui permettent en 2007 la tenue d'un Synode conjoint à Sochaux : les deux Synodes « se réjouissent des perspectives de création d'une Église protestante unie en vue d'un meilleur témoignage de l'Évangile » et « donnent leur accord au processus engagé visant à l'unité institutionnelle ».

Le souhait de faire naître cette nouvelle Église unie « le plus rapidement possible et au plus tard en 2013 » ne suffit pas à accélérer le mouvement. Les questions complexes d'organisation retardent un peu le processus mais n'entament pas la détermination. Les Églises locales et les synodes régionaux sont consultés ; les paroisses adaptent leurs statuts ; les textes constitutifs sont votés par les Synodes conjoints de Belfort en 2012. Et le premier Synode national de « l'Église protestante unie de France » se tient à la date limite prévue, en mai 2013. Luthériens et réformés français fêtent donc en 2017 le cinq-centième anniversaire de la naissance de leur confession unis dans une même Église : comment cette union, avortée dans les années 1960, est-elle devenue possible ?

Les « différences » entre luthériens et réformés peuvent être considérées à plusieurs niveaux. La tradition luthérienne a une conception plus « substantielle » de la Sainte Cène, quand les réformés en ont une compréhension plus symbolique. « Nous attachons plus d'importance à la solennité, à la piété, au sacré, précise par exemple le pasteur luthérien Frédéric Kaltenmark. Dans nos Églises nous avons souvent des hosties et non du pain, un autel et non une table sainte[1]. » Pour autant, une assez large diversité existe au sein de chacune des traditions. Si dans le luthéranisme parisien certains sont attachés à une liturgie avec étole, col clergyman et signe de croix, de telles pratiques sont absentes chez les luthériens de Montbéliard… La spiritualité luthérienne insiste davantage sur la piété et l'intériorité, et la tradition réformée sur la dimension nécessairement publique, voire politique, de la foi. Dans l'organisation de l'Église, les luthériens ont conservé une direction épiscopale, et les réformés adopté une organisation synodale collégiale…

> À vrai dire, le fruit est mûr depuis longtemps, en particulier chez la plupart des paroissiens de base, analyse le pasteur luthérien Michel Hoeffel (1935-2017), ancien président de l'É.C.A.A.L. Disons que cela coinçait plus particulièrement du côté des institutions et des structures juridiques. Tantôt certains membres influents du côté luthérien exprimaient leurs craintes, tantôt certaines personnalités réformées ne cachaient pas leurs appréhensions, soit que nous risquions de perdre un peu plus vite notre ancrage régional, soit que la minorité réformée se trouverait trop dissoute dans la masse luthérienne. En réalité, les arguments à caractère théologique ou ecclésiologique (fonctionnement plus hiérarchique, côté luthérien, plus synodal, côté réformé) cachaient

1 *Le Semeur Hebdo*, 28 janvier 2011, p. 36.

> et cachent encore des craintes devant des changements inévitables : plus les mêmes honneurs, plus la même représentativité, accepter que l'identité change et évolue [...][2].

Ce témoignage est révélateur des évolutions, en Alsace comme dans la France de l'intérieur. L'absence d'obstacle spirituel et la situation des Églises dans le temps présent sont les deux moteurs du changement. Le premier but affiché est « d'unir les dons qui nous sont faits en vue d'un meilleur témoignage et service de l'Évangile dans notre pays », « dans la solidarité et le partage ». Face à la réduction des ressources financières des Églises, à la baisse du nombre de paroissiens et des dons des fidèles, la mutualisation des moyens est souhaitée dans un esprit d'économies d'échelle. Cette approche pragmatique doit favoriser un témoignage plus efficace. Mais le fort développement des Églises évangéliques pousse également l'É.R.F. et l'É.É.L.F. à améliorer leur visibilité : face au morcellement du protestantisme et à la « concurrence » des nouvelles Églises évangéliques, l'union entre luthériens et réformés peut renforcer une stratégie de meilleure communication à long terme.

L'union se fait sur la base de la Concorde de Leuenberg (1973), c'est-à-dire sur une compréhension commune de l'Évangile, de la prédication, de l'administration du baptême et de la célébration de la Cène. Elle se concrétise par un changement de dénomination : les deux Églises deviennent l'« Église protestante unie de France. Communion luthérienne et réformée » (É.P.U.d.F.).

Le principe du respect de l'identité propre de chaque Église locale est unanimement partagé : il ne s'agit en aucune manière « d'uniformiser des conceptions et des pratiques ecclésiales ». La nouvelle Église unie repose sur la reconnaissance mutuelle des Confessions et Déclarations de foi de chacune des deux Églises : la Confession d'Augsbourg et les textes symboliques luthériens (*Petit catéchisme* et *Grand catéchisme* de Luther, *Apologie de la Confession d'Augsbourg*, *Articles de Smalkalde*, traité *Du pouvoir du pape*) demeurent la référence pour les communautés luthériennes, tout comme la Déclaration de foi de 1938 reste celle des paroisses et des pasteurs de la famille réformée. L'Église protestante unie entend ainsi garantir le pluralisme confessionnel en son sein.

2 Témoignage recueilli en septembre 2010 par Alain Boyer, « L'Union des Églises luthériennes et réformées », *Commentaire*, 139, 2012/3, p. 797.

L'organisation des structures régionales pose en revanche un problème plus complexe. Les régions de l'É.R.F. sont dirigées par un conseil régional, composé de ministres et de laïcs, mais celles de l'É.É.L.F. relèvent de l'autorité d'un inspecteur ecclésiastique. Différents modèles sont envisagés. Les Églises alsaciennes, en raison de leur spécificité concordataire, ont adopté une double structure : les deux Églises É.R.A.L. et É.C.A.A.L. subsistent dans leur organisation propre (avec synode et conseil synodal pour la première, avec consistoire supérieur et directoire pour la seconde) mais se retrouvent unies dans les instances supérieures de la nouvelle U.É.P.A.L. (Assemblée de l'Union et Conseil de l'Union). L'É.P.U.d.F. choisit un modèle différent : elle affiche une « déclaration d'unité de foi » (en attendant une « déclaration de foi » qui est adoptée en 2017), une seule union nationale, un seul synode national, un seul corps de ministres, mais conserve l'organisation existante aux niveaux régional et local de chacune des deux Églises, au nom du respect des deux traditions. L'approfondissement du rapprochement à l'échelle régionale est laissé à la libre appréciation des intéressés : l'inspection luthérienne de Montbéliard et la région Est de l'É.R.F. ont exprimé leur volonté de créer une « région unie » luthéro-réformée ; l'inspection ecclésiastique de Paris a proposé que les paroisses luthériennes de Lyon et de Nice soient rattachées aux régions réformées dans lesquelles elles vivent.

C'est donc un nouveau départ qui ressemble grandement à la création de l'Église réformée de France en 1938. L'euphorie de la naissance de l'É.P.U.d.F. focalise naturellement les attentions vers le futur, mais la comparaison avec le processus de 1938 est intéressante. L'union de 1938 s'est faite sur un élargissement de l'horizon ecclésial en regroupant des unions d'Églises jusque-là opposées, aux relations compliquées voire conflictuelles ; l'union de 2013 affiche la volonté de créer une dynamique commune en vue d'un meilleur témoignage, en rassemblant deux Églises aux relations apaisées et déjà en communion. À la différence de celle de 1938, l'union de 2013 n'a pas d'impact local, puisque les paroisses réformées et luthériennes n'ont, sauf exceptions, pas d'implantation géographique concurrente, et chacune est libre de conserver sa liturgie et ses habitudes propres.

En 1938, l'union se bâtit par un rapprochement des Églises locales et par l'intermédiaire des synodes régionaux ; en 2013, elle est construite par le haut, par fusion des Synodes nationaux. Les modifications (une nouvelle dénomination et un rapprochement des structures) peuvent donc sembler minimes en 2013, et pourtant tout a changé par rapport à 1938.

UNE UNION CACHE-MISÈRE ?

Derrière cette union, les Églises réformée et luthérienne ne cacheraient-elles pas les difficultés de communautés réduites à une peau de chagrin ? À l'occasion du soixante-cinquième anniversaire de l'É.R.F. en 2003, le pasteur Marcel Manoël évoque, même s'il le fait sur un ton humoristique, la « miniaturisation » de l'Église. « Un destin historique et sociologique est consommé », analyse l'historien Patrick Cabanel, pressentant que « le petit troupeau huguenot a peut-être atteint le terme de son aventure[3] ».

D'après les chiffres de l'É.P.U.d.F., entre 2013 et 2017 le nombre des familles connues a baissé de 8 %, et les ressources des Églises locales ont diminué de 4,8 % (ou de 6,7 % en tenant compte de l'inflation). Le déficit des comptes des associations cultuelles a atteint en 2017 un niveau record de 7,5 % des recettes, approchant les 2 millions d'euros. La charge financière des temples conduit l'Église réformée à partir des années 2000 à se séparer de ses lieux de culte les moins fréquentés.

Le nombre de pasteurs de l'É.P.U.d.F. (460 aujourd'hui) se rétracte régulièrement, ramenant le protestantisme luthéro-réformé à sa situation du milieu du XIXe siècle… Après la tourmente de la Révolution française, l'Église réformée avait rapidement reconstitué ses cadres, comptant 502 postes de pasteurs en 1848 ; en 1864, il y avait presque un millier de pasteurs (677 pasteurs réformés et 303 pasteurs luthériens) ! « Église cherche pasteur.e.s », titre avec humour le journal *Réforme* en juin 2017. Un cinquième des paroisses de l'É.P.U.d.F., soit environ une centaine, est aujourd'hui sans pasteur et les perspectives ne sont pas favorables, avec les départs à la retraite plus nombreux : le déficit se creuse chaque année de cinq postes supplémentaires. L'É.P.U.d.F. compte désormais moins de pasteurs que les Assemblées de Dieu pentecôtistes (qui affichent 667 pasteurs en France métropolitaine et 95 pasteurs outre-mer en 2016[4]).

---

3 Patrick Cabanel, *Histoire des protestants en France*, Paris, 2012, p. 1188.

4 Source : assemblees-de-dieu.org.

Les sociologues ont montré la rupture de la transmission depuis deux générations et la dislocation de la vie communautaire réformée. La sécularisation de la société a fait de l'appartenance religieuse un choix personnel et privé ; la légitimation des désirs individuels par rapport à la société renforce les logiques de décloisonnement, de transversalité, d'éclectisme… Le sondage CSA *Réforme* / *La Croix* de 2006 révèle que 14 % des réformés seulement vont au culte au moins une fois par mois ; et la même proportion environ affirme lire la Bible régulièrement. Les conseillers presbytéraux, membres particulièrement engagés au sein des Églises, constatent souvent que leur propre entourage exprime une vision assez négative de leur investissement. D'après l'enquête IFOP 2012, 42 % des luthéro-réformés ont plus de 65 ans, et 53 % sont des retraités. Dans les zones rurales, l'arrivée d'une nouvelle population ne s'est pas accompagnée d'un afflux au sein de l'Église. Une communauté ose même poser la question angoissante liée aux festivités de son centenaire : « Fêtons-nous le centenaire de la paroisse avant de mourir[5] ? » Prenant sa retraite après 40 ans de ministère, le pasteur Alain Arnoux dresse le constat amer de la détresse des Églises de terroir[6], où la vie paroissiale n'est soutenue que par la saison estivale, où l'on ne trouve plus de conseillers presbytéraux, où la vacance du poste pastoral est longue, où la cible financière synodale empêche tout équipement local…

La relève ne semble guère assumée par les jeunes générations, si bien qu'en 2001 l'historien Arnaud Baubérot considère que le protestantisme est « malade de sa jeunesse[7] ». Le culte du centenaire de la « Fédé » en juin 1998, retransmis à la télévision, ne rassemble qu'une cinquantaine de participants, actifs ou anciens du mouvement. Les aumôneries universitaires protestantes ont fermé, hormis à Strasbourg. Les Églises entretiennent en effet des relations compliquées ou distantes avec les mouvements de jeunesse, qui constituent leur avenir mais dont les membres ne se bousculent pas dans les cultes. Le scoutisme s'est progressivement sécularisé dans les années 1980 et 1990 au nom d'un principe d'ouverture, sans que l'Église ne manifeste de réaction : les

5 Exemples donnés par Fritz Lienhard, « Les Églises en chantier », *Études théologiques et religieuses*, 83, 2008/1, p. 27-48.

6 Alain Arnoux, « La détresse des Églises de terroir », *Le Cep*, janvier 2018, p. 4-5.

7 Arnaud Baubérot, « Le protestantisme malade de sa jeunesse », *Études théologiques et religieuses*, 76, 2001/2, p. 247 à 264.

nouveaux statuts de 1995 précisent que les Éclaireurs unionistes sont certes « d'inspiration chrétienne et d'origine protestante », mais leurs principes ne font explicitement référence qu'à l'esprit et aux méthodes du scoutisme et de la pédagogie active ; le « moment spirituel » a remplacé le culte. Le nombre de pasteurs engagés dans les cadres du mouvement s'épuise : en 1997, faute de candidature pastorale, le poste de secrétaire général des Éclaireuses et éclaireurs unionistes, statutairement occupé par un pasteur mis à disposition par l'É.R.F., est confié à un laïc. Sur la décennie 1997-2007, le mouvement scout accuse une baisse drastique de près de 40 % de ses effectifs. Le catéchisme n'est plus suivi que par une minorité des jeunes inscrits sur les fichiers : un colloque interrégional[8] a avancé le chiffre de 10 à 20 %. En Île-de-France, seules 25 à 30 paroisses sur un total de 70 ont un groupe de jeunes. Une enquête menée dans la région Centre-Alpes-Rhône a de plus constaté qu'entre le catéchisme et le groupe de jeunes se produisait une hémorragie allant de 50 à 80 %... Faut-il être évangélique, ou s'inspirer des modes d'expression évangéliques pour attirer les jeunes ?

La lente érosion démographique de l'É.R.F. constitue évidemment un affaiblissement, mais surtout une menace pour son avenir. « Ce qui est fondamentalement en cause, note le pasteur Jean-François Zorn, professeur à la Faculté de théologie de Montpellier, c'est donc sa vitalité, son témoignage spirituel, sa présence dans la cité, et sa capacité non seulement de conserver ses membres connus, mais d'en attirer à elle de nouveaux[9]. » Dès 1995, les pasteurs Gérard Delteil et Paul Keller, professeurs à la Faculté de théologie de Montpellier, attirent l'attention sur les changements impliqués par la situation d'une *Église disséminée*[10] et appellent l'É.R.F. à réinterpréter ses fonctions, à s'adapter en inventant de nouvelles formes.

Car les institutions ecclésiales sont ébranlées, notamment dans leur gouvernance. Certains s'inquiètent de la défiance croissante vis-à-vis des instances de l'Église : « Un doute collectif se diffuse sur la viabilité de notre mode de gouvernement et sur la compétence des personnalités en place, comme en témoignent la désaffection des postes à responsabilité,

8 *Cf.* Pascal Geoffroy, *La Fin de la catéchèse ?*, Lyon, 2004, p. 11.

9 Jean-François Zorn, préface à Sylvie Gambarotto, *Pour une croissance de l'Église locale*, Paris, 2001, p. 13.

10 Gérard Delteil et Paul Keller, *L'Église disséminée : itinérance et enracinement*, Paris, 1995.

les élections par défaut, l'absence de projets novateurs », relève par exemple le pasteur Joël Geiser[11]. Les paroisses sont incitées à définir des « projets de vie d'Église » mais ces derniers demeurent ensuite souvent sans applications concrètes, comme si l'Église cédait à la mode de la « culture de projets ». D'autres observateurs se demandent par ailleurs si l'espace synodal est encore le lieu du débat. Dans une Église comptant 450 paroisses et 10 000 animateurs et responsables, n'ont en effet voix délibérative au Synode national qu'une... centaine de délégués. Les conseils presbytéraux nomment leurs délégués aux synodes régionaux, qui élisent leurs délégués au synode national : la distance est donc grande entre les autorités ecclésiales et la « base ». « Les Conseils presbytéraux ont marqué assez peu d'intérêt pour le sujet synodal, comme c'est d'ailleurs le cas depuis plusieurs années », regrette en 2018 Pierre Belon, rapport régional en Cévennes-Languedoc-Roussillon, qui voit dans ce manque d'implication le risque de passer à un système « plus synodal que presbytérien[12] ». Mais comment suivre le « rythme parfois haletant des préoccupations synodales » quand la vie de l'Église absorbe déjà les vaillantes mais peu nombreuses énergies disponibles ? Le pasteur Alain Arnoux se demande s'il ne vaudrait pas mieux « assouplir et modifier notre système presbytérien-synodal, pour l'adapter à des réalités qui permettent de moins en moins aux Églises de terroir de s'adapter à lui[13] ». Le désintérêt dans les paroisses pour une vie synodale jugée trop lointaine entre en contradiction avec l'objectif recherché : intéresser les fidèles à la vie de l'Église et en faire un peuple de témoins. Et le diagnostic posé par le pasteur Marcel Manoël, président du Conseil national de l'É.R.F., dans un article réflexif sur l'autorité doctrinale va dans le même sens[14] : l'autorité synodale a perdu, selon lui, de sa consistance par rapport à la vie locale ou aux projets personnels des ministres ; aux confessions de foi et liturgies officielles de l'Église sont par exemple souvent préférés des textes de composition personnelle...

Mais si le fonctionnement synodal est critiqué, le système presbytéral est lui aussi mis en accusation. En donnant tous les pouvoirs à

11 Joël Geiser, « Vers un 21 avril réformé ? », *Le Cep*, janvier 2007.

12 Pierre Belon, « Non, Monsieur Albert Blanc. Droit de réponse à l'article paru dans le Cep d'octobre 2018 », *Le Cep*, novembre 2018, p. 34.

13 Alain Arnoux, « La détresse des Églises de terroir », *Le Cep*, janvier 2018, p. 4-5.

14 Marcel Manoël, « L'autorité doctrinale dans la tradition réformée », *Revue d'histoire et de philosophie religieuses*, 86, 2006/2, p. 247.

une douzaine ou une vingtaine de personnes, les élections presbytérales démobiliseraient tous les autres fidèles sans partager les responsabilités. L'assemblée générale de l'association cultuelle, avec son ordre du jour chargé et ses débats très courts, n'est guère un lieu propice à l'expression des paroissiens. Certains regrettent que les votes obtenus reflètent davantage des majorités qu'une vie communautaire. Le protestantisme aurait en quelque sorte reconstitué une structure « cléricale » au détriment de la communauté. Alors que la paroisse est aujourd'hui à géométrie variable, le système presbytéral aurait également du mal à faire une place aux nouvelles échelles du réseau des communautés : aux plus petits groupes ou ecclésioles, comme aux rassemblements plus larges ou aux actions des consistoires.

Le doute s'est enfin installé sur les formes de la régulation théologique au sein de l'Église réformée. En 2008, Fritz Lienhard, professeur aux Facultés de théologie de Montpellier et de Heidelberg, pointe un « discrédit de la théologie[15] » qui se traduit par une perte d'influence de la théologie dans la vie de l'Église et une incertitude au sujet de son statut. De nombreux fidèles, et surtout de nombreux conseillers presbytéraux, régionaux ou nationaux se sentent incompétents en théologie : la théologie dans l'Église est considérée comme réservée à quelques-uns. Probablement les conseillers presbytéraux se sentent-ils peu ou mal formés. Dans les « projets d'Église » par exemple, une réflexion théologique est difficilement articulée aux questions pratiques et aux mesures à prendre. « Dès lors, la question se pose de savoir si nous ne nous acheminons pas vers des Églises sans théologie », note F. Lienhard.

Plusieurs études d'ecclésiologie font le constat d'une perte d'audience des Églises. Dans son essai *Sur le seuil*[16], le pasteur Laurent Schlumberger plaide donc pour un changement de mentalité au sein du protestantisme qui se traduirait par le passage d'une Église de membres à une Église de témoins. « Notre communauté ne se distingue pas du reste de l'humanité par des commandements revendiqués comme tels, mais par des us et coutumes qui, de fait, nous constituent en tribu ou en club », écrit-il. Celui qui voudrait adhérer au protestantisme luthéro-réformé sera rebuté par les nombreux obstacles mis sur sa route : cantiques

15 Fritz Lienhard, « Les Églises en chantier », *Études théologiques et religieuses*, 83, 2008/1, p. 27-48.

16 Laurent Schlumberger, *Sur le seuil. Les protestants au défi du témoignage*, Lyon, 2004.

désuets, locaux peu soignés, froideur de l'accueil… « Notre Église ne sait pas être attirante[17] » ! Les protestants demeurent d'ailleurs le plus souvent invisibles dans la grande presse, bien que traités avec égard. En dehors de quelques journaux comme les *Dernières nouvelles d'Alsace* ou le quotidien catholique *La Croix* et de quelques rares événements comme la décision sur la bénédiction des mariages homosexuels prise par le Synode national de Sète de 2015, la voix de l'Église réformée ne réussit pas à se faire entendre. L'É.R.F. a bien du mal à donner au public une image nette d'elle-même. Quand un journaliste demande à un membre de l'É.R.F., à l'échelon national, régional ou local, de présenter son Église, les réponses données sont souvent complexes et rarement compréhensibles par le plus grand nombre. « La pluralité, la diversité voire l'atomisation du monde protestant rendent problématique la prise de positions communes et plus encore leur écho dans l'espace public[18] », note le pasteur Jean-François Collange, ancien président de l'Union des Églises protestantes en Alsace et en Moselle, dans un monde de communication peu sensible à la diversité et aux nuances.

DES SIGNES DE RENOUVEAU

Pourtant, d'autres indicateurs nuancent fortement, voire contredisent, le constat précédent.

Au point de vue financier, le montant moyen des offrandes a progressé entre 2013 et 2017 et le taux de participation des familles à la vie financière des associations cultuelles n'a pas chuté (43,7 %). Les Églises réformées attirent de plus en plus de Français issus du catholicisme qui se retrouvent dans des valeurs perçues comme « protestantes », de tolérance, d'ouverture à la modernité, de liberté d'esprit. D'autres entrent en contact avec le protestantisme à la faveur d'un « mariage mixte ». Pour faciliter la venue et l'intégration de nouveaux visages, les paroisses diversifient leurs pratiques : culte du soir ; culte musical ;

---

17 Laurent Schlumberger, entretien à *Témoignage chrétien*, 24 novembre 2010.

18 Jean-François Collange, « Convergences et divergences entre Églises dans le domaine éthique et social », *Revue d'éthique et de théologie morale*, 291, 2016, p. 130.

culte d'animation biblique ; culte liturgique ; culte-café-croissants ; bref, des « cultes autrement »... Ces cultes ressemblent moins à des cultes « classiques » même si tous les ingrédients demeurent : la lecture de la Bible, une prédication très courte, des chants et des prières. L'accent est mis selon les cas sur l'expression artistique, sur le partage de la foi et aussi des doutes, sur la convivialité... Journées portes ouvertes et Journées européennes du patrimoine sont autant de possibilités d'ouvrir les temples fermés en dehors des heures de culte.

Selon l'enquête IPSOS 2017, 20 % des protestants ne sont pas nés dans une famille de religion protestante. 13 % des protestants sont nés dans la France d'outre-mer ou dans un autre pays. Pour accueillir cette diversité, l'Église réformée s'est fortement investie dans le projet « Mosaïc » lancé dans les années 1990 par la Fédération protestante de France. La région parisienne étant marquée par une très grande diversité des Églises et un fort cloisonnement, le projet a pour objectif de créer des liens entre Églises « anciennes » et « nouvelles », issues principalement de l'immigration ou de l'évangélisation.

Les Églises luthéro-réformées ont pris conscience de la nécessité d'afficher une plus grande visibilité. Après une période de repli identitaire, les Églises s'ouvrent à nouveau depuis les années 2000. En région parisienne, elles ont créé un carrefour culturel, éthique et théologique (dénommé « l'Auditoire », puis « l'Atelier protestant » depuis 2014), en lien avec la Faculté de théologie de Paris, pour fédérer des événements, des animations ou des formations sur des questions sociétales. Dans le cadre des « Nuits blanches », événement culturel annuel organisé depuis 2003 par la ville de Paris, la paroisse réformée des Batignolles a mis en place une « Nuit de la Parole », explicitement conçue pour attirer un public large, non-protestant, autour de plusieurs pasteurs qui se relaient pour prêcher. La popularité de la musique Gospel, puisée aux sources du protestantisme afro-américain, contribue depuis les années 1990 à un rayonnement culturel du protestantisme, quoiqu'indirect, attirant des foules d'auditeurs dans des salles laïques, dans des églises catholiques comme dans des temples.

L'intérêt pour la théologie ne s'est pas effacé comme en témoigne par exemple le succès des conférences et cours publics comme des cours décentralisés organisés par l'Institut protestant de théologie. L'adoption du système LMD (Licence-Master-Doctorat) et le décloisonnement des

Facultés de théologie leur ont permis de développer de forts liens avec l'université publique ; et la vitalité des deux Facultés de Montpellier et de Paris justifie leur maintien.

De l'année Calvin en 2009 à l'année Luther en 2017, ces deux anniversaires des 500 ans ont été l'occasion d'innombrables conférences, de cycles de séminaire, de concerts, d'expositions, de publications… partout en France. À Nîmes, l'Église réformée imagine une croix huguenote vivante, réalisée dans les arènes. Le souci d'apparaître comme moderne guide l'organisation de deux événements en 2009 : le « Grand Kiff », qui réunit 1 200 jeunes protestants pendant cinq jours à Lyon au mois de juillet ; et « Protestants en fête », organisé à Strasbourg du 30 octobre au 1er novembre sous l'égide de la Fédération protestante de France. La dimension festive de ce rassemblement, qui réunit plus de 10 000 protestants, trouve son apogée dans la soirée musicale au Zénith-Europe autour de « jazz manouche, chant choral, gospel et pop-rock ». Cinq ans plus tard, la dynamique festive est reprise avec la seconde édition du « Grand Kiff » pour les jeunes, et surtout le second rassemblement « Protestants en fête » à Paris. Ces manifestations rompent avec le manque d'exposition médiatique dont se plaignent souvent les protestants. Les rassemblements de 2009 ont été bien relayés et ont bénéficié d'une couverture favorable, notamment dans la presse catholique ; « Protestants en fête » a reçu une vingtaine de couverture de grands journaux.

Le succès des Journées mondiales de la jeunesse de l'Église catholique sert de référence à la mise en place du « Grand Kiff ». La désignation de l'événement renvoie à un mot courant du langage de la jeunesse ; ouvert à tous sans qu'il soit nécessaire d'appartenir à l'É.R.F. (puis à l'É.P.U.d.F.), le rassemblement propose enseignements, activités ludiques, ouverture sur le monde associatif, concerts, expositions. Par sa dimension festive et communautaire, la rencontre vise à entretenir chez les jeunes gens la vitalité de la foi ainsi qu'une certaine « fierté protestante », comme le note Arnaud Baubérot[19]. Initialement prévu comme une manifestation unique en 2009, le « Grand Kiff » connaît les développements des entreprises à succès : une seconde édition a lieu à Grenoble en 2013 et une troisième à Saint-Malo en 2016, rassemblant à chaque fois un peu plus d'un millier de jeunes protestants.

---

19 Arnaud Baubérot, « La jeunesse protestante, entre Églises et mouvements », dans Sébastien Fath (éd.), *La Nouvelle France protestante*, Genève, 2011, p. 191.

De manière plus large, l'organisation du « Grand Kiff » trouve ses racines dans la dynamique jeunesse que l'É.R.F. tente de développer. En 1999 a été créé pour les jeunes de 14 à 18 ans des Églises réformées et luthériennes de la région parisienne un week-end annuel à Pierrefonds : d'abord typiquement réformé, le rassemblement a évolué au fil des ans vers une ambiance évangélique, avec une musique moderne, des messages très directs, une orientation vers l'évangélisation, entraînant une forte augmentation du nombre de participants. La culture évangélique semble être devenue le modèle de tous les rassemblements de jeunesse – même si cela fait l'objet de nombreuses critiques : en 2012, le « week-end Pierrefonds » a cessé sa collaboration avec l'organisation évangélique Jeunesse pour Christ pour revenir à une forme plus classique[20]. La vie de l'Église réformée a également évolué vers une implication plus grande des enfants et des parents dans le culte dominical ; la transmission de la foi dans les familles s'est peu à peu réactivée. Depuis 2002, les autorités de l'Église souhaitent mettre en place un nouveau partenariat avec les mouvements de jeunesse. Alors qu'aucun Synode national ne s'était plus exprimé sur la question de la jeunesse depuis 1966, le Synode de 2002 s'inquiète de la baisse des effectifs du scoutisme et décide de renouer des relations avec les Éclaireurs unionistes (EEUDF). Les groupes locaux des Éclaireurs sont le plus souvent implantés dans des paroisses protestantes. Un plan sur quatre ans est alors adopté, qui aboutit à une hausse des effectifs de 25 %. À partir de 2008, un programme jeunesse est mis en œuvre par la Fédération de l'Entraide protestante, afin de sensibiliser les jeunes à l'action de service et à les mobiliser au sein des associations protestantes pour mettre en action leur foi dans la société (aides à la personne, soutien scolaire, lutte contre la précarité, etc.).

Ces capacités de mobilisation sont également déployées sur le terrain social. En juillet 2016, un collectif intitulé « Exilés : l'accueil d'abord ! » est créé à l'initiative de l'É.P.U.d.F., rassemblant notamment la CIMADE, l'association Coexister, la Fédération de l'Entraide protestante, la Fédération protestante de France, les Éclaireuses et éclaireurs unionistes de France, les Diaconesses de Reuilly et l'Union bouddhiste de France. Plus de 200 paroisses de l'É.P.U.d.F. y participent, affichant

20 Yannick Fer, « Une nouvelle génération ? Réseaux missionnaires de jeunesse et programmes "jeunes" au sein du protestantisme parisien », dans Yannick Fer (éd.), *Le Protestantisme à Paris*, Genève, 2017, p. 329-330.

sur leur fronton la bannière « L'accueil d'abord ! » aux côtés de la devise républicaine « Liberté, égalité, fraternité ».

À l'intérieur même de l'Église, les autorités tentent de remobiliser les fidèles sur certains points stratégiques. En 2009 est lancée la campagne « Devenir pasteur », pour sensibiliser au ministère de pasteur et susciter des vocations dans un contexte de rupture de transmission. Le succès des cours régionaux décentralisés organisés par la Faculté de théologie de Montpellier témoigne de l'intérêt d'un certain public pour approfondir ses connaissances bibliques et théologiques, que ce soit par simple curiosité ou pour nourrir ses engagements ecclésiaux. En 2017, ayant pris conscience de l'effacement de la lecture de la Bible chez ses paroissiens, l'É.P.U.d.F. a nommé un groupe d'animation pour impulser une dynamique de redécouverte de la Bible dans la piété individuelle et collective. En se définissant comme « une Église de témoins », l'É.P.U.d.F. renoue avec une militance qui s'affirme plus ouvertement chrétienne, dans un contexte d'ultra-modernité et par l'effet de l'émulation des Églises évangéliques.

FACE AUX ÉGLISES ÉVANGÉLIQUES : UN SOUCI D'ATTRACTIVITÉ

La croissance du protestantisme évangélique contraste en effet avec la faiblesse luthéro-réformée. Depuis quarante ans, les Églises évangéliques auraient ouvert un nouveau lieu de culte tous les dix jours, alors même que depuis plusieurs années l'É.P.U.d.F. ferme définitivement un certain nombre de ses temples. D'après l'enquête IPSOS 2017, les évangéliques sont plus jeunes, plus pratiquants, lisent davantage la Bible et sont plus engagés dans des associations caritatives que le reste de la communauté protestante. Insensiblement mais sûrement, le centre de gravité confessionnel du protestantisme en France est en train de se déplacer.

Créé officiellement en 2010, le Conseil National des Évangéliques de France (C.N.E.F.) a bousculé le paysage protestant. Regroupant en 2018 plus de trente Unions d'Églises, dont certaines sont également membres de la Fédération protestante de France, il s'est affirmé comme un pôle fédératif pour les chrétiens évangéliques, auxquels il veut offrir une meilleure visibilité. L'invitation du C.N.E.F. lors de la cérémonie d'investiture du président de la République en mai 2017 est l'un des signes de la reconnaissance publique désormais acquise par les évangéliques.

L'idée d'une concurrence entre les Églises luthéro-réformées et les Églises évangéliques mérite pourtant d'être nuancée. Les paroisses « historiques » prêtent, en bien des endroits, leur temple et leurs locaux à des communautés évangéliques. Les paroisses réformées se rapprochent d'ailleurs du modèle conversionniste des évangéliques, qui marque le passage d'un christianisme par héritage à un christianisme par choix. Jean-Paul Willaime parle à ce sujet d'une « *évangélicalisation* » sociologique : la façon dite « évangélique », au sens anglo-saxon du terme (*evangelical*)[21], d'assumer et d'attester sa foi en insistant sur l'appropriation individuelle, est désormais largement partagée par les Églises luthéro-réformées. Les lignes de force qui séparaient les Églises ont largement évolué : « Les luthéro-réformés se sont rendu compte qu'il n'était pas tenable d'avoir un discours uniquement politique et social, relève le pasteur libriste Claude Baty, et les évangéliques se sont aperçu qu'on ne pouvait annoncer l'Évangile sans prendre le monde en compte[22]. »

Au sein de l'É.P.U.d.F., des paroisses utilisent depuis la fin des années 1990 la méthode d'évangélisation des « Cours Alpha », née dans une paroisse anglicane évangélique de Londres. Une soirée Alpha se déroule en dix séances, autour de trois temps principaux : un repas convivial, un exposé sur un aspect de la foi, puis un temps d'échange en groupes sur le thème proposé. À la rentrée 2007, le journal *Direct Soir* présente dans ses colonnes une publicité en pleine page en faveur des « Cours Alpha » : outre les communautés catholiques, s'y présentent notamment la paroisse réformée de Pentemont-Luxembourg, l'Église réformée de Belleville, l'Église luthérienne Saint-Marc de Noisy-le-Sec, parmi 38 autres communautés protestantes de la région parisienne d'au moins sept dénominations différentes. Des théologiens réformés ont pourtant émis de sérieuses réserves sur le contenu de cette méthode,

---

21 David W. Bebbington définit le protestantisme évangélique à travers quatre caractères majeurs : le conversionnisme, l'activisme, le biblicisme et le crucicentrisme (*Evangelicalism in Modern Britain : A History from the 1730s to the 1980s*, Londres, 1993).

22 Claude Baty, dans *La Vie*, 15 mai 2012.

s'étonnant par exemple de l'absence de thèmes importants dans la tradition protestante, de la survalorisation de la pneumatologie et de la conception fondamentaliste de l'Écriture, de la tendance au rationalisme pour « prouver » les faits du christianisme, d'un style d'enseignement autoritaire et triomphaliste... Mais le succès des « Cours Alpha » au sein même de l'É.P.U.d.F. témoigne de la tendance à un christianisme transconfessionnel, dont le message œcuménique vise à atteindre tous les croyants quelle que soit leur appartenance confessionnelle.

Certaines Églises réformées ont donc tout naturellement tenté des rapprochements avec des Églises évangéliques. La liturgie fait davantage de place à quelques expressions corporelles typiques des communautés évangéliques ; des chants plus modernes sont adoptés... D'autres Églises locales sont même entre les deux mondes, telles les paroisses du Marais et de Belleville à Paris. Sous la conduite du pasteur Gilles Boucomont, l'Église réformée du Marais est devenue une paroisse évangélique au sein de l'Église réformée de France. Ouverte à toutes les cultures, elle organise un culte plus traditionnel le dimanche matin et deux cultes tournés vers les jeunes le dimanche soir, avec des orientations liturgiques différentes. La présence au culte a été multipliée par dix en dix ans. Une vie communautaire riche et décentralisée s'est développée autour de groupes de maison qui renforcent les relations interpersonnelles et servent à l'évangélisation. Mais cette orientation peut être source de frictions avec l'institution ecclésiale au niveau régional ou national : l'Église réformée charismatique de Belleville a longtemps été en marge, et l'Église réformée du Marais a difficilement obtenu un second poste pastoral. L'opposition aux courants évangéliques est devenue une dimension structurante dans le processus de redéfinition des contours du protestantisme réformé, note la sociologue Gwendoline Malogne-Fer[23]. Aux yeux de nombre de réformés en effet, le protestantisme évangélique est d'abord associé à des pratiques d'influence nord-américaine et africaine, jugées conservatrices conformément aux représentations véhiculées par les médias. Alors que le protestantisme réformé s'est traditionnellement construit par opposition au catholicisme, il se définit également aujourd'hui par rapport au protestantisme évangélique.

---

23 Gwendoline Malogne-Fer, « Le temple du Marais : un modèle communautaire expérimental », dans Yannick Fer (éd.), *Le Protestantisme à Paris*, Genève, 2017, p. 190.

L'union de l'É.P.U.d.F. se veut officiellement ouverte à d'autres Églises. « Ce que fait l'Église protestante unie est un bon signal adressé aux autres pour encourager d'autres signes d'unité », estime le pasteur libriste Claude Baty, ancien président de la Fédération protestante de France, souhaitant que l'initiative luthéro-réformée serve d'exemple aux autres Églises de la Fédération. L'É.P.U.d.F. n'a pourtant pas convaincu au-delà des deux seules Églises réformée et luthérienne. Le rapprochement avec les Églises réformées évangéliques indépendantes (É.R.É.I., devenues elles-mêmes en 2003 « Union nationale des Églises protestantes réformées évangéliques de France ») demeure difficile. Et les prises de position de l'É.P.U.d.F. dans le domaine éthique sont même devenues des sources de tension avec le C.N.E.F. et certaines Églises de la Fédération protestante.

LES QUESTIONS SOCIÉTALES : NOUVEAU POINT DE DISCORDE ?

La décision prise le 17 mai 2015 par le Synode national de Sète a été largement commentée bien au-delà de l'enceinte des assemblées d'Église. L'É.P.U.d.F. s'est déclarée ouverte à la bénédiction de couples mariés de même sexe, laissant à ses paroisses la liberté de s'engager dans cette voie[24].

Si on le replace dans un cadre européen, le choix de l'É.P.U.d.F. n'est cependant pas avant-gardiste. Le Synode de l'Église protestante du Nord de l'Allemagne (SEK) a décidé dès 1997 de bénir des unions homosexuelles ; le Synode des Églises vaudoises et méthodistes italiennes a autorisé en 2010, sous certaines conditions, les bénédictions de couples homosexuels ; l'Église évangélique réformée du canton de Vaud (Suisse) a accepté les pasteurs homosexuels en 2008 et adopté en 2012 le principe d'un rite pour les couples du même sexe, rejoignant la position déjà adoptée par neuf autres Églises protestantes cantonales en Suisse... Les Églises luthériennes de Suède et du Danemark ont approuvé le mariage

24 « 4.2.2. Le Synode est soucieux à la fois de permettre que les couples de même sexe se sentent accueillis tels qu'ils sont et de respecter les points de vue divers qui traversent l'Église protestante unie. Il ouvre la possibilité, pour celles et ceux qui y voient une juste façon de témoigner de l'Évangile, de pratiquer une bénédiction liturgique de couples mariés de même sexe qui veulent placer leur alliance devant Dieu. »

des homosexuels respectivement en 2009 et en 2011, comme l'Église protestante des Pays-Bas, l'Église d'Écosse presbytérienne et 13 Églises régionales allemandes.

L'É.P.U.d.F. tranche en 2015 un débat dont les premiers jalons sont posés au cours des années 1990. Alors que la Fédération protestante de France adopte dès 1994 un texte sur *L'Homosexualité. Éléments de réflexion*, c'est à partir de 1999, au moment de l'adoption par le Parlement français de la loi sur le Pacte civil de solidarité (PACS), que l'Église réformée entame sa propre réflexion.

En 2002, le Conseil permanent luthéro-réformé (réunissant les quatre Églises É.R.F., É.É.L.F., É.C.A.A.L. et É.R.A.L.) réalise un « document de base » sur le sujet, après une large consultation des paroisses qui a donné lieu à 152 réponses. L'accueil des personnes homosexuelles suscite une large approbation (81 % de oui et 9 % de oui-mais) ; la bénédiction des couples homosexuels recueille un avis majoritairement négatif : 20 % des paroisses ne se sont pas prononcées, 61 % ont répondu non, 6 % oui et 13 % oui-mais. Quant à l'autorisation de pasteurs homosexuels, elle suscite beaucoup de réserves : 47 % de non, contre 12 % de oui et 21 % de oui-mais, et à nouveau 20 % des paroisses qui ne se prononcent pas. En 2004, au terme de sa réflexion développée dans le document *Églises et personnes homosexuelles*, le Comité permanent luthéro-réformé s'est forgé trois convictions : l'accueil inconditionnel des personnes homosexuelles ; l'obstacle que représente actuellement l'homosexualité d'un pasteur à son appel par une Église locale – même si la question se pose différemment à propos d'autres types de ministères ; des réserves à l'égard d'un culte public de bénédiction qui entretiendrait la confusion entre couple homosexuel et hétérosexuel.

Après quelques années de sommeil, le débat resurgit autour des querelles politiques sur le « Mariage pour tous », adopté par le Parlement français en 2013. Dès le mois de mai 2011, la Mission populaire autorise ses pasteurs à célébrer des bénédictions pour des couples de même sexe pacsés. Des pasteurs réformés favorables à cette mesure lancent en novembre 2012 un appel, intitulé « Protestants pour le mariage pour tous : 95 thèses » : certains d'entre eux disent d'ailleurs déjà célébrer des bénédictions de couples homosexuels. Les Églises luthérienne et réformée alsaciennes, qui avaient travaillé sur le sujet en 2001 et 2002 au cours de leurs synodes puis au sein du Comité permanent luthéro-réformé, se prononcent à nouveau : lors de son Assemblée de juin 2014, l'Union des Églises alsaciennes réaffirme son attachement à l'accueil inconditionnel de tout être humain et à la lutte contre toute forme de discrimination, notamment homophobe, mais décide à une forte majorité de surseoir sur la question du mariage homosexuel faute de consensus.

Dans ce contexte, la décision du Synode national de l'É.P.U.d.F. en 2015 a surpris, prenant beaucoup à contre-pied. Les Alsaciens tout d'abord, qui n'ont pas compris ce vote sans concertation alors qu'eux-mêmes se sont donnés trois ans de réflexion supplémentaire pour approfondir le débat : l'ancien président de l'U.É.P.A.L., Jean-François Collange, y voit « un souci de trop hâter une décision peut-être audacieuse, mais peut-être aussi un peu précipitée[25] ».

À l'intérieur même de l'É.P.U.d.F. ensuite, la décision ne fait pas consensus. Certes, les délégués synodaux ont voté à une quasi-unanimité (94 voix contre 3). Mais certains observateurs ont rappelé les limites d'un scrutin à main levée, qui provoque un effet d'entraînement. Un vote à bulletin secret aurait-il pour autant donné un résultat différent ? D'autres ont souligné qu'en centrant le débat sur la bénédiction et sur son sens, dans une perspective d'accueil et d'accompagnement des personnes, le Synode a laissé de côté les questions de parentalité et de filiation, de symbolique de la distinction des sexes. Ainsi orienté, le débat ne pouvait pas refuser une bénédiction à qui la demande d'un cœur sincère… En réaction, deux paroisses ont quitté l'É.P.U.d.F. Par ailleurs, 250 membres de l'É.P.U.d.F. en désaccord avec la décision synodale se sont regroupés au sein de l'association « Les Attestants », créée en janvier 2016. Les évolutions et questions relatives à l'homosexualité secouent ainsi sérieusement les Églises luthéro-réformées « qui, analyse Jean-Paul Willaime, apparaissent peu disposées à abandonner une anthropologie théologique fondée sur l'hétérosexualité, bien qu'elles soient sensibles aux évolutions sociétales contemporaines dans la façon de considérer les homosexualités[26] ».

L'année 2015 marque donc une inflexion au sein de l'É.P.U.d.F. : le débat sur l'ouverture du mariage, qui devait être tranché par la décision

---

25 Jean-François Collange, « Convergences et divergences entre Églises dans le domaine éthique et social », *Revue d'éthique et de théologie morale*, 291, 2016, p. 121-131.

26 Jean-Paul Willaime, « Diversité protestante et homosexualité en France », dans Florence Rochefort (éd.), *Normes religieuses et genre. Mutations, résistances et reconfiguration* (XIXe-XXIe *siècle)*, Paris, 2013, p. 71-86.

du Synode national, a repris de plus belle, mais il a surtout servi de prise de conscience face à un leadership théologique uniquement libéral. « Aujourd'hui, le seul courant structuré dans notre Église est le courant libéral », déplore la pasteure Caroline Bretonès dans les colonnes du journal *La Croix*, alors que 15 % seulement des pasteurs se revendiquent d'une sensibilité libérale[27]. Les Attestants souhaitent non pas faire un schisme, mais rassembler l'aile confessante du monde luthéro-réformé sous une bannière claire : « Attester pour le Christ ». « Il y a un déficit croissant de connaissances sur des thèmes centraux chez les chrétiens : le sacrifice, la justification, la sanctification... On ne sait plus ce que ces mots veulent dire, explique le pasteur Pascal Geoffroy. Pour moi, le libéralisme n'est pas fertile. Il est intellectualisant. Mais on a d'autres besoins à satisfaire que des appétits intellectuels[28]. » Les Attestants se donnent pour objectif de « promouvoir le rayonnement de l'Évangile en contribuant au renouveau de l'Église protestante unie de France, de sa vie spirituelle, de sa réflexion et de son témoignage, dans l'esprit des grands principes de la Réforme : l'Écriture seule, la Foi seule, la Grâce seule, le Christ seul ».

Mais la décision de l'É.P.U.d.F. a également pour conséquence de l'éloigner davantage des Églises évangéliques, plus intransigeantes sur les questions éthiques. La réaction la plus vive est venue du C.N.E.F. qui juge cette décision « négative », « consternante », fondée sur « des choix contestables » et « bien éloignée de l'Évangile de Jésus-Christ et de ses exigences en matière d'éthique de vie[29] ». Connaissant mal la logique synodale propre à l'É.P.U.d.F., bien des évangéliques ont interprété le vote du Synode national de Sète comme le reflet de l'opinion de l'immense majorité des membres de l'Église unie : 94 % des membres de l'É.P.U.d.F. et de ses pasteurs seraient favorables à la bénédiction des couples mariés de même sexe...

La crispation des relations s'est manifestée en 2017 à l'occasion de la commémoration des 500 ans de la Réforme : le C.N.E.F. a refusé de s'associer à l'organisation de la grande fête inter-protestants prévue à Lyon. Cet anniversaire a finalement été célébré par un rassemblement à Strasbourg en octobre 2017, à l'initiative de la seule Fédération protestante de France,

27 Selon l'enquête IFOP 2010 : *cf.* Jean-Paul Willaime, « Les pasteurs de France au miroir de l'enquête IFOP de 2010 », dans Sébastien Fath (éd.), *La Nouvelle France protestante*, Genève, 2011, p. 422.

28 *La Vie*, 19 octobre 2017, p. 42.

29 Communiqué du C.N.E.F., 18 mai 2015.

et le C.N.E.F. en a boycotté la cérémonie officielle en raison de la présence d'un stand LGBT et de la programmation d'un culte « inclusif »...

Mais l'onde de choc a été plus profonde encore car elle a traversé la Fédération protestante de France elle-même. Si l'É.R.F. a joué un rôle moteur dans l'histoire de la Fédération protestante et y demeure la principale Église, de nombreuses Églises évangéliques ont au fil du temps rejoint la Fédération ; certaines d'entre elles sont d'ailleurs membres du C.N.E.F. également. Or dès le mois de juin 2015, les Églises de la « coordination évangélique » au sein de la Fédération protestante réagissent « devant des choix qui blessent gravement la conscience des membres des Églises de la coordination » : « Nous réfutons l'argument selon lequel nous serons amenés tôt ou tard à suivre l'évolution de la société comme si celle-ci était forcément synonyme de progrès. » Au-delà de la question de la bénédiction des couples homosexuels, la décision contestée remet en cause la « communion » entre les Églises de la Fédération protestante : quels liens fédératifs restent-ils si les Églises membres ont des convictions éthiques opposées ?

Car l'É.P.U.d.F. s'est mise en porte à faux avec la Déclaration adoptée par la Fédération protestante de France en octobre 2012. Dans le débat sur le « mariage pour tous », la Fédération rappelait d'abord qu'il ne s'agissait pas de « faire de l'homosexualité et du mariage des personnes de même sexe le centre du débat théologique » ; la Fédération se prononçait ensuite en faveur de l'institution du mariage en tant que « lieu où se construisent les rapports entre les sexes et les générations », non pas d'un point de vue moral, mais de celui du symbole, de l'anthropologie chrétienne sensible aux dimensions structurantes des institutions fondamentales de la société. C'est pourquoi la décision de 2015 a été reçue avec « déception » et « tristesse » par les partenaires évangéliques de l'É.P.U.d.F. qui ont eu l'impression de ne pas avoir été entendus ni consultés. En ont résulté l'apparition, ou le renforcement, de tensions entre les diverses Unions d'Églises. Au plan local, on a vu la suspension de cultes communs, l'arrêt de rencontres pastorales, des tensions dans les Pôles fédératifs régionaux ; au plan national, certaines Unions d'Églises ont préféré ne pas participer à l'édition 2017 de « Protestants en fête », et deux Unions membres ont même décidé de quitter les institutions de la Fédération protestante de France[30].

30 Voir Valérie Duval-Poujol et Christian Krieger, *Un nouvel élan pour la Fédération protestante de France*, Lyon, 2017, p. 29-35.

Ce débat a en réalité réveillé des contentieux ou des incompréhensions anciennes. Le poids historique des luthéro-réformés au sein de la Fédération protestante de France a fortement marqué l'identité de cette dernière. Le déséquilibre entre les Églises-membres en termes de ressources financières et humaines disponibles contribue à entretenir la prépondérance de l'É.P.U.d.F., si bien que certains ont l'impression d'une confusion entre la Fédération protestante et les Églises luthéro-réformées. Ce sentiment est renforcé par le changement récent d'appellation de l'É.P.U.d.F. : la portée symbolique de l'expression englobante de « protestants unis » est vécue comme une tentative de récupération de l'identité protestante, même si aucune Église ne s'est officiellement émue de cette modification. L'écho médiatique donné à la décision du Synode national de Sète a accentué l'ambiguïté, en présentant cette « révolution » comme étant celle du « protestantisme » français. Bien des évangéliques ont donc eu le sentiment que l'esprit même de la Charte de la Fédération protestante avait été bafoué.

Dans ce contexte, l'absence de réaction de la Fédération protestante immédiatement après le vote de l'É.P.U.d.F. a été perçue par beaucoup comme une approbation de la décision de Sète. La Fédération a donc dû réagir clairement, un mois plus tard (20 juin 2015) : dans sa déclaration, elle souligne que d'autres Églises-membres se sont exprimées dans des sens différents de celui de l'É.P.U.d.F. et que cette « diversité fait notre richesse et constitue un défi ». Et pour apaiser les tensions, la Fédération protestante a aussitôt décidé d'engager une réflexion sur son identité et sur le lien qui unit ses membres, et adopté en 2017 les bases d'une « vision renouvelée » de son fonctionnement.

Les questions d'éthique sont devenues un enjeu non négligeable de l'œcuménisme chrétien, tant dans ses dimensions intra-protestantes que dans ses dimensions catholico-protestantes. « Alors que dans une phase précédente du mouvement œcuménique, la devise était : *La foi divise. L'action unit*, c'est aujourd'hui le contraire qui prévaut généralement, avec l'éthique qui divise », analyse le cardinal Kurt Koch en décembre 2016 après la décision du Synode national de Sète[31].

31 Cardinal Kurt Koch, « Les défis de l'œcuménisme aujourd'hui », *Documents Épiscopat*, 2016/12, p. 17.

FORMULER SA FOI DANS LE MONDE CONTEMPORAIN

Mais les questions de foi n'ont pas pour autant disparu. Le début du XXIe siècle marque pour l'É.P.U.d.F. de nombreux changements, pour des raisons externes et internes.

De l'extérieur viennent les avancées du mouvement œcuménique, qui s'est avant tout attaché à surmonter des conflits doctrinaux et y a largement réussi. En 1999 à Augsbourg, la Fédération luthérienne mondiale et l'Église catholique signent une « Déclaration commune sur la justification par la foi », thème central de la Réforme au XVIe siècle. Par ce texte, elles mettent fin aux condamnations doctrinales officielles prononcées au moment de la Réforme. En 2013, le document *Du conflit à la communion* publié par la Commission luthéro-catholique romaine sur l'unité ouvre la voie à une commémoration commune en 2017 des origines de la Réforme protestante. Et le 31 octobre 2016, à la cathédrale de Lund (Suède), le pape François s'est joint au président de la Fédération luthérienne mondiale pour une prière œcuménique commune. Mais ce faisant, les luthériens ne font-ils pas chemin à part ? Faut-il soupçonner une stratégie catholique consistant à jouer les luthériens contre les réformés[32] ? Il semble qu'il n'en soit rien puisqu'en juillet 2017 la Communion mondiale d'Églises réformées rejoint le mouvement et donne son plein accord doctrinal à la « Déclaration commune sur la doctrine de la justification ». En septembre 2018, à Bâle, la Communion d'Églises Protestantes en Europe signe avec le Vatican une déclaration d'intention pour un dialogue officiel.

Ce dialogue au niveau international peut toutefois se heurter aux évolutions propres à chaque Église. Le Synode national de l'É.R.F. réuni à Soissons en mai 2001 a ainsi choisi d'admettre, après deux ans de discussions, des non-baptisés à la table de la Sainte Cène. Cette position a provoqué des remous au sein même du protestantisme réformé, comme le montre par exemple l'abondant courrier reçu par l'hebdomadaire *Réforme*. Mais elle a surtout créé une difficulté non négligeable dans le dialogue avec les catholiques français. L'archevêque de Rennes, Monseigneur François

32 Roger Mehl, « Œcuménisme et stratégies confessionnelles », dans Jean-Paul Willaime (éd.), *Vers de nouveaux œcuménismes*, Paris, 1989, p. 188.

Saint-Macary, comprend que « les dispositions du Synode réformé de Soissons s'appuient sur la prise en compte pastorale de considérations psychosociologiques, qui rejoignent la réalité complexe et éclatée de la société contemporaine », mais il estime qu'il n'est pas pour autant « acceptable que des non-baptisés, même à titre d'exception, puissent être admis à l'Eucharistie, sciemment et de manière durable, même au long d'un accompagnement transitoire en vue du baptême ». Monseigneur Saint-Macary se paie même le luxe de mettre la décision de l'É.R.F. en contradiction avec le document *Baptême, Eucharistie, Ministère* adopté en 1982 à Lima par le COE, comme avec la Bible : « Nous ne trouvons aucune base à cette pratique ni dans l'Écriture, ni dans la tradition patristique la plus récente » ! Un mois plus tard, le Conseil national de l'É.R.F. doit justifier sa position par une « note de présentation de la Décision du Synode national sur les sacrements » : réfutant le soupçon de « s'adapter aux désirs et aux modes du temps », il réaffirme qu'il ne s'agit pas de renverser la démarche traditionnelle qui place le baptême avant la participation à Cène, mais d'accueillir la diversité des parcours dans un monde sécularisé et largement déchristianisé.

Les transformations internes poussent également l'Église réformée à revisiter ses formulations doctrinales. En vue de la création de l'É.P.U.d.F., luthériens et réformés adoptent en 2012 une « Déclaration d'union » :

> En confessant la foi de l'Église universelle : « Jésus-Christ est le Seigneur », l'Église protestante unie de France se reconnaît comme l'un des visages de l'unique Église du Christ et participe à la mission d'annoncer l'Évangile au monde en paroles et en actes.
>
> L'Église protestante unie de France s'inscrit dans la famille des Églises de la Réforme. Avec la Concorde de Leuenberg, elle reçoit leur témoignage commun, tel qu'il a été exprimé dans la Confession d'Augsbourg et les autres livres symboliques luthériens, comme dans la Confession de foi de La Rochelle et les autres confessions de foi de la tradition réformée :
>
> "Unanimement, les Réformateurs ont confessé que le témoignage pur et originel de l'Évangile dans l'Écriture est la norme de la vie et de la doctrine.
>
> Unanimement, ils ont témoigné de la grâce libre et inconditionnelle de Dieu, manifestée dans la vie, la mort et la résurrection de Jésus-Christ et offerte à quiconque met sa foi en cette promesse.
>
> Unanimement, ils ont confessé que seule la mission impartie à l'Église de proclamer ce témoignage dans le monde doit déterminer l'action et les structures ecclésiales, et que seule la parole du Seigneur demeure souveraine par rapport à toute organisation humaine de la communauté chrétienne.

En même temps, ils ont reçu et confessé à nouveau la foi exprimée dans les symboles de l'Église ancienne, foi au Dieu trinitaire ainsi qu'à la divinité et à l'humanité de Jésus-Christ.

L'Église protestante unie de France écoute et proclame l'Évangile de Jésus-Christ, message libérateur et générateur de confiance. L'Esprit saint la conduit dans des chemins nouveaux pour faire face aux questions d'aujourd'hui. En affirmant son unité, elle entend maintenir la pluralité vivante des formes de la prédication, de la vie cultuelle et ecclésiale, et de l'activité diaconale et sociale. Elle assume sa part de responsabilité dans le monde et appelle à la liberté, nécessaire pour penser et pour agir.

À celui qui peut, par la puissance qui agit en nous, faire infiniment au-delà de tout ce que nous demandons ou pensons, à lui soit la gloire, dans l'Église et en Jésus-Christ, de génération en génération et aux siècles des siècles !

Amen !"

Après sa mise en place, l'É.P.U.d.F. lance en 2015 le chantier d'une nouvelle « Déclaration de foi », dont l'enjeu est dire la foi de l'Église en sortant des formulations dogmatiques pour rejoindre les contemporains. Elle est adoptée au Synode national de 2017. « Cette Déclaration de foi ne remplace ni le Symbole des Apôtres, ni la Déclaration de foi de 1938, ni la Confession d'Augsbourg… ! », explique la présidente de l'É.P.U.d.F., la pasteure Emmanuelle Seyboldt. « Chaque époque a besoin de dire avec ses mots la Bonne nouvelle de Jésus-Christ, mort et ressuscité. Aujourd'hui notre jeune Église, héritière d'une longue tradition, porteuse d'un Évangile ancien et pourtant toujours neuf, entre à son tour dans la conversation que les croyants de tous temps ont mené avec les hommes et les femmes de leur époque. »

En Jésus de Nazareth, Dieu révèle son amour pour l'humanité et le monde.

L'Église protestante unie de France le proclame avec les autres Églises chrétiennes. Sur la lancée de la Réforme, elle annonce cette bonne nouvelle : Dieu accueille chaque être humain tel qu'il est, sans aucun mérite de sa part. Dans cet Évangile de grâce, au cœur de la Bible, se manifeste l'Esprit de Dieu. Il permet à l'Église d'être à l'écoute des textes bibliques et de se laisser conduire par eux au quotidien.

Dieu nous a créés, nous invitant à vivre en confiance avec lui. Nous trahissons pourtant cette confiance, et nous voilà confrontés à un monde marqué par le mal et le malheur. Mais une brèche s'est ouverte avec Jésus, reconnu comme le Christ annoncé par les prophètes : le règne de Dieu est déjà à l'œuvre parmi nous.

Nous croyons qu'en Jésus, le Christ crucifié et ressuscité, Dieu a pris sur lui le mal.

Père de bonté et de compassion, il habite notre fragilité et brise ainsi la puissance de la mort. Il fait toutes choses nouvelles !

> Par son Fils Jésus, nous devenons ses enfants. Il nous relève sans cesse : de la peur à la confiance, de la résignation à la résistance, du désespoir à l'espérance.
>
> L'Esprit saint nous rend libres et responsables par la promesse d'une vie plus forte que la mort. Il nous encourage à témoigner de l'amour de Dieu, en paroles et en actes.
>
> Dieu se soucie de toutes ses créatures. Il nous appelle, avec d'autres artisans de justice et de paix, à entendre les détresses et à combattre les fléaux de toutes sortes : inquiétudes existentielles, ruptures sociales, haine de l'autre, discriminations, persécutions, violences, surexploitation de la planète, refus de toute limite.
>
> Dans les dons qu'elle reçoit de Dieu, l'Église puise les ressources lui permettant de vivre et d'accomplir avec joie son service : proclamation de la Parole, célébration du baptême et de la cène, ainsi que prière, lecture de la Bible, vie communautaire et solidarité avec les plus fragiles. L'Église protestante unie de France se comprend comme l'un des visages de l'Église universelle. Elle atteste que la vérité dont elle vit la dépasse toujours.
>
> À celui qui est amour au-delà de tout ce que nous pouvons exprimer et imaginer, disons notre reconnaissance.
>
> « Célébrez Dieu, car il est bon et sa fidélité dure pour toujours » (Psaume 118,1).

Dans la dynamique du jubilé des 500 ans de la Réforme, ce texte est pensé comme un soutien pour le témoignage de l'É.P.U.d.F. dans le monde. L'Église protestante unie de France se comprend comme « l'un des visages de l'Église universelle », reconnaissant par là ne détenir qu'une part de vérité si difficile à cerner. L'expression répond avec force aux déclarations de la Congrégation romaine pour la doctrine de la foi, en 2000 et 2007, selon lesquelles « l'Église continue à exister en plénitude dans la seule Église catholique », réduisant ainsi les Églises protestantes à n'être qu'un simple ensemble de « communautés ecclésiales ». La Déclaration positionne donc l'É.P.U.d.F. avec et face aux autres Églises, dans leurs points communs et dans sa spécificité.

La Déclaration ne semble guère avoir de fonction doctrinale : de ce point de vue, elle doit se comprendre en lien avec la Déclaration d'union de 2012. Son style se prête par contre à un usage liturgique : le texte est fait pour être proclamé à haute voix et ensemble, et il se termine comme une prière de louange. Mais la Déclaration se présente avant tout comme un texte adressé vers l'extérieur : son langage simple et moderne en est le signe évident. Le texte apparaît comme épuré de tous les termes dogmatiques pour être accessible à chacun, dans un monde aujourd'hui largement non christianisé. Aucun « gros mot » théologique n'y est mentionné, qu'il s'agisse du Péché, de la Trinité, de la Rédemption, du

Salut, de la Sainteté, de la Vie éternelle, etc. Pour autant, les grandes affirmations de la Réforme sont là : *sola scriptura* (« au cœur de la Bible », « à l'écoute des textes bibliques »), *sola gratia* (« Dieu accueille chaque être humain tel qu'il est, sans aucun mérite de sa part », « Évangile de grâce »), *sola fide* (« la foi sans mérites »).

Le point de départ de la Déclaration est christologique : Jésus est présent dès les premiers mots. L'homme de Nazareth est « crucifié », parce que non reconnu par les hommes, et « ressuscité » par Dieu, le Père. Le Premier Testament n'est évoqué, outre la citation du psaume 118 à la toute fin du texte, qu'à travers la mention des prophètes qui ont annoncé le Christ, c'est-à-dire le Messie, l'envoyé de Dieu sur la terre. La Déclaration présente parallèlement le drame de l'être humain plongé dans un « monde marqué par le mal et le malheur ». C'est une relation confiante à Dieu qui aide l'homme à se départir de toute résignation et de tout désespoir dans des situations de fragilité, à témoigner aussi, avec l'aide de l'Esprit Saint, de l'amour de Dieu en paroles et en actes.

Au point de vue ecclésiologique, l'Église protestante unie précise quelles sont ses missions fondamentales : manifester sa reconnaissance à Dieu pour son « règne déjà à l'œuvre » ici et maintenant, vivre de façon communautaire la proclamation de l'Évangile, prier, tout en se distinguant par la célébration des deux seuls sacrements qu'elle reconnaît (Baptême et Cène). Elle a également pour objectif de manifester sa solidarité envers les plus fragiles en entendant les détresses et en luttant pour la sauvegarde de la création. Le très vaste programme éthique et diaconal esquissé dépasse largement les capacités d'une Église de dimensions somme toute modestes, mais il rappelle aux chrétiens qu'ils ne peuvent se cantonner à une action dans la sphère religieuse et qu'ils ont à agir dans le monde.

UN NOUVEAU DÉPART, MAIS DANS QUEL SENS ?

Après deux ans de débats et un premier projet abandonné en raison des trop nombreuses critiques qu'il soulevait, l'É.P.U.d.F. est parvenue à se mettre d'accord sur un texte, par-delà ses clivages internes. La réussite n'est pas mince, mais elle n'a guère trouvé de relais dans les médias. Et lorsqu'il existe, l'écho médiatique n'est pas encourageant : « L'Église protestante unie peine à trouver un consensus sur sa Déclaration de foi », titre par exemple en décembre 2016 le journal catholique *La Vie* ; « Après des tâtonnements, les protestants adoptent une nouvelle déclaration de foi », explique de son côté *La Croix*.

De manière générale, l'É.P.U.d.F. connaît un réel effacement médiatique au profit de la Fédération protestante de France dont la place est grandissante dans les médias. L'É.P.U.d.F. ne semble plus faire parler d'elle que lorsque ses décisions sont en phase avec les préoccupations du moment : la bénédiction des couples homosexuels ou l'élection d'une femme à la tête de l'institution sont largement relayées par les médias... Mais ce défi de visibilité médiatique n'est pas le seul posé à l'É.P.U.d.F.

L'attention que portent les éditeurs protestants comme la presse protestante à certains sujets permet d'esquisser quelques-uns de ces défis à relever. Celui de la transmission aux générations nouvelles par exemple, ou celui du sens de la prédication. La prédication est le cœur du culte protestant, mais il est plus facile de la définir par la négative que positivement : la prédication n'est pas une étude ou une paraphrase biblique, un cours de théologie, une leçon de morale, ni un exposé de ses opinions personnelles... Le succès du livre du professeur Frédéric Rognon, *Gérer les conflits dans l'Église* (2006, et une nouvelle édition augmentée en 2014) est révélateur du souci nouveau de ne pas laisser les crises miner la vie déjà fragile des Églises locales. Face aux Églises évangéliques dont l'une des particularités est la chaleur de leur vie communautaire, de nombreuses paroisses réformées doivent réinventer le sens de la communauté. Dans le protestantisme, l'institution ecclésiale est seconde par rapport à l'Évangile, et en général absente des réflexions. Et pourtant l'Église est d'abord une institution, avec son identité, ses règles de fonctionnement, son administration. Alors que la post-modernité relativise toutes les institutions, comment l'É.P.U.d.F. s'adapte-t-elle à ces bouleversements ? Au gré de leurs déménagements ou d'un changement de pasteur, en fonction de leur âge ou des rencontres qu'ils font, les fidèles s'inscrivent successivement ou parallèlement dans des communautés différentes : une Église peut-elle être ouverte à cette pluri-appartenance ?

Dans ce monde incertain, le dernier défi est peut-être celui de la place de « l'intelligence protestante ». « Où sont passés les intellectuels protestants ? », demande le philosophe Olivier Abel, professeur à l'Institut protestant de théologie, dans les colonnes du journal *Réforme* en novembre 2012. Non pas qu'il s'agisse de ressusciter une mythique Église réformée intellectuelle et bourgeoise. La Réforme n'a pas cherché à recruter des élites, mais avant tout à faire connaître au peuple la Parole de Dieu, à la mettre entre ses mains de telle sorte qu'elle puisse devenir la règle de sa foi et de sa conduite quotidienne. Mais en réformant le christianisme, le protestantisme a modifié les rapports de l'Église et de la société. C'est précisément parce que « les petites voix peuvent devenir la tige sur laquelle poussera demain un discours majeur pour nos Églises » qu'Olivier Abel appelle de ses vœux les intellectuels protestants à « s'engager dans des débats structurants, à soutenir des dissensus acceptables et qui fassent avancer tout le monde, à différer ensemble ». Incarnant un christianisme non clérical où le débat est valorisé, le protestantisme disposerait d'indéniables atouts pour illustrer aujourd'hui la portée féconde du message chrétien. Cinq cents ans après sa naissance, le protestantisme doit peut-être une nouvelle fois se réformer pour se réinventer…

BIBLIOGRAPHIE

OUVRAGES GÉNÉRAUX

BAUBÉROT, Jean, CARBONNIER-BURKARD, Marianne, *Histoire des protestants. Une minorité en France (XVIe-XXIe siècle)*, Paris, Ellipses, 2016.

CABANEL, Patrick, *Histoire des protestants en France : XVIe-XXIe siècle*, Paris, Fayard, 2012.

CHOLVY, Gérard, HILAIRE, Yves-Marie, *Histoire religieuse de la France contemporaine*, Toulouse, Privat, 3 vol., 1980-1988.

Dictionnaire biographique des protestants français de 1787 à nos jours, tome 1 : A-C, sous la direction de la S.H.P.F. et de Patrick CABANEL & André ENCREVÉ, Paris, Les Éditions de Paris-Max Chaleil, 2015.

Dictionnaire du monde religieux dans la France contemporaine, volume 5 : *Les Protestants*, éd. André ENCREVÉ, Paris, Beauchesne, 1993.

Encyclopédie du protestantisme, éd. Pierre GISEL, Paris, PUF / Genève, Labor et Fides, 2006.

FABRE, Rémi, *Les Protestants en France depuis 1789*, Paris, La Découverte, 1999.

Histoire du christianisme, volume XII : *Guerres mondiales et totalitarismes (1914-1958)* et volume XIII : *Crises et renouveau (de 1958 à nos jours)*, éd. Jean-Marie MAYEUR, Paris, Desclée, 1990 et 2000.

Histoire générale du christianisme du XVIe siècle à nos jours, volume II, éd. Jean-Robert ARMOGATHE et Yves-Marie HILAIRE, Paris, PUF, 2010.

WOLFF, Philippe (éd.), *Les Protestants en France 1800-2000*, Toulouse, Privat, 2001.

ÉTUDES (BIBLIOGRAPHIE SÉLECTIVE)

ADAMS, Geoffrey, *The Call of Conscience : French protestant responses to the Algerian War (1954-1962)*, Waterloo (Canada), Wilfried-Laurier University Press, 1998.

AÏT ABDELMALEK, Zohra, *Protestants en Algérie. Le protestantisme et son action missionnaire en Algérie au* XIX*e et* XX*e siècle*, Lyon, Olivétan, 2004.

ARNOLD, Matthieu, KRIEGER, Christian (éd.), *Chrétiens et Églises face au nazisme : entre adhésion et résistance*, Strasbourg, Association des publications de la Faculté de théologie protestante, 2005.

AVON, Dominique, FOURCADE, Michel (éd.), *Un nouvel âge de la théologie ? 1965-1980*, Paris, Karthala, 2009.

BATY, Claude, *Les Églises Évangéliques Libres 1849-1999*, Valence, Ligue pour la lecture de la Bible, 1999.

BAUBÉROT, Jean (éd.), *Vers l'unité pour quel témoignage ? La restauration de l'unité réformée (1933-1938)*, Paris, Les Bergers et les Mages, 1982.

BAUBÉROT, Jean, *Le Pouvoir de contester. Contestations politico-religieuses autour de « mai 1968 » et le document « Église et pouvoirs »*, Genève, Labor et Fides, 1983.

BAUBÉROT, Jean, *Le Protestantisme doit-il mourir ? La différence protestante dans une France pluriculturelle*, Paris, Seuil, 1988.

BERGÈSE, Daniel, *L'Obsession pluraliste. Controverse au sujet du pluralisme doctrinal dans l'Église réformée de France*, Mémoire de maîtrise, Faculté libre de théologie réformée d'Aix-en-Provence, 1980.

BERTRAND, Michel, *L'Église dans l'espace public. De quel droit prend-elle part à ses débats ?*, Genève, Labor et Fides / Lyon, Olivétan, 2011.

BOLLE, Pierre (éd.), *La Vie des Églises protestantes de la vallée de la Drôme de 1928 à 1938*, Paris, Les Bergers et les Mages, 1977.

BRAUNSTEIN, Philippe (éd.), *L'Oratoire du Louvre et les protestants parisiens*, Genève, Labor et Fides, 2011.

CABANEL, Patrick, *De la paix aux résistances : Les protestants en France (1930-1945)*, Paris, Fayard, 2015.

CABANEL, Patrick, *Histoire des Justes en France*, Paris, Armand Colin, 2012.

CABANEL, Patrick, *Juifs et protestants en France, les affinités électives* XVI*e*-XXI*e siècle*, Paris, Fayard, 2004.

CAMPICHE, Roland (éd.), *L'Exercice du pouvoir dans le protestantisme. Les conseillers de paroisse de France et de Suisse romande*, Genève, Labor et Fides, 1990.

CHALAMET, Christophe, *Revivalism and Social Christianity. The Prophetic Faith of Henri Nick and André Trocmé*, Eugene (Oregon), Wipf and Stock, 2013.

CHARLES, Bernard, *Les Unions chrétiennes de jeunes gens, UCJG-YMCA (1855-2005)*, Lyon, Olivétan, 2009.

CRESPIN, Raoul, *Des protestants engagés : le christianisme social 1945-1970*, Paris, Les Bergers et les Mages, 1993.

DOLLFUS, Anne, *L'Évolution des églises locales de Paris intra-muros dans l'Église réformée de France de 1970 à 2003*, Mémoire de maîtrise, Institut protestant de théologie de Paris, 2005, 2 vol.

DOLLFUS, Anne, *L'Histoire de l'Église réformée de France de 1938 à 2000 au fil des synodes nationaux*, Diplôme de l'École Pratique des Hautes Études, Paris, 2013, 2 vol.

FABRE, Rémi, « La Fédé au sortir de la Deuxième Guerre mondiale (1945-1950) », *Bulletin de la Société de l'histoire du protestantisme français*, 127, 1997/3.

FATH, Sébastien, WILLAIME, Jean-Paul (dir.), *La Nouvelle France protestante, Essor et recomposition au XXIe siècle*, Genève, Labor et Fides, 2011.

FATH, Sébastien, *Du ghetto au réseau. Le protestantisme évangélique en France (1800-2005)*, Genève, Labor et Fides, 2005.

Femmes protestantes au XIXe et XXe siècle, Études réunies par Gabrielle CADIER-REY, *Bulletin de la Société de l'histoire du protestantisme français*, 146, 2000/1.

FEYRABEND-LAUTMAN, Françoise, *L'Œcuménisme local. Catholiques et protestants en France 1976-1986 et 2002-2012*, Thèse de doctorat, Université de Strasbourg, 2014.

FOUILLOUX, Étienne, *Les Catholiques & l'unité chrétienne du XIXe au XXe siècle. Itinéraires européens d'expression française*, Paris, Le Centurion, 1982.

FREYCHET, Michel, « Le cheminement œcuménique du protestantisme français », *Autres Temps, Les cahiers du christianisme social*, n° 23, 1989.

GAMBAROTTO, Sylvie, *Pour une croissance de l'Église locale. Démarches et enjeux*, Lyon, Réveil publications / Les Bergers et les Mages, 2001.

LAUTMAN, Françoise (éd.), *Ni Ève ni Marie. Luttes et incertitudes des héritières de la Bible*, Genève, Labor et Fides, 1997.

LÉONARD, Émile-G., *Le Protestant français*, Paris, PUF, 1953.

LEPLAY, Michel, *Les Églises protestantes et les juifs face à l'antisémitisme au XXe siècle*, Lyon, Olivétan, 2006.

Les Nouveaux clercs : prêtres, pasteurs et spécialistes des relations humaines et de la santé, Genève, Labor et Fides, 1985.

Les Protestants et la guerre d'Algérie, Études réunies par André ENCREVÉ et Laurent THEIS, *Bulletin de la Société de l'histoire du protestantisme français*, 150, 2004/4.

Les Protestants et la séparation des Églises et de l'État, Études réunies par Patrick HARISMENDY, *Bulletin de la Société de l'histoire du protestantisme français*, 2005/4.

Les Protestants français pendant la Seconde Guerre mondiale, Études réunies par André ENCREVÉ et Jacques POUJOL, *Supplément au Bulletin de la Société de l'Histoire du Protestantisme français*, 1994/3.

LIENHARD, Marc, *Identité confessionnelle et quête de l'unité. Catholiques et protestants face à l'exigence œcuménique*, Lyon, Olivétan, 2007.

LONGEIRET, Maurice, *Les Déchirements de l'unité (1933-1938)*, Cléon d'Andran, Excelsis, 2004.

LONGEIRET, Maurice, *Réformés et confessants, pourquoi pas !*, Cléon d'Andran, Excelsis, 2008.

MARCHAND, Bertrand, *L'Église réformée de France et l'évangélisation : une Église en procès ?*, Mémoire de master, Institut protestant de théologie de Paris, 2010.

MEHL, Roger, *Le Protestantisme français dans la société actuelle : 1945-1980*, Genève, Labor et Fides, 1982.

MERLE D'AUBIGNÉ, Jeanne (éd.), *Les Clandestins de Dieu. CIMADE 1939-1945*, Paris, Fayard, 1968.

MORLEY, Jean-Paul, *La Mission populaire évangélique (1871-1984), les surprises d'un engagement*, Paris, Les Bergers et les Mages, 1993.

MULLER-HEITZMANN, Anne, *La Condition des femmes pasteurs en Alsace-Moselle*, Mémoire de maîtrise, Faculté de théologie protestante, Université de Strasbourg, 1988.

PARMENTIER, Élisabeth, *Les Filles prodigues. Défis des théologies féministes*, Genève, Labor et Fides, 1998.

PARREND, Yves, *Histoire de la Fédération protestante de France (1905-1991) à travers les Actes des Assemblées générales*, Thèse de doctorat, Université de Strasbourg (ED théologie et sciences religieuses), 2019.

PELLETIER, Denis, SCHLEGEL, Jean-Louis (éd.), *À la gauche du Christ. Les chrétiens de gauche en France de 1945 à nos jours*, Paris, Seuil, 2012.

POUJOL, Geneviève, *Un féminisme sous tutelle. Les protestantes françaises 1810-1960*, Paris, Les Éditions de Paris, 2003.

POUJOL, Jacques, *Protestants dans la France en guerre 1939-1945. Dictionnaire thématique et biographique*, Paris, Les Éditions de Paris-Max Chaleil, 2000.

REYMOND, Bernard, *La Femme de pasteur. Un sacerdoce obligé ?*, Genève, Labor et Fides, 1991.

REYMOND, Bernard, *Le Protestantisme et ses pasteurs, une belle histoire bientôt finie ?*, Genève, Labor et Fides, 2007.

REYMOND, Bernard, *Théologien ou prophète ? Les francophones et Karl Barth avant 1945*, Lausanne, L'Âge d'homme, 1985.

TERME, Jacques, *Mutations et crises dans l'Église réformée de France, Le journal Horizons protestants 1971-1975*, Lyon, Olivétan, 2007.

VELDHUIZEN, Evert (éd.), *Les pasteurs acteurs avec les temps. Une profession en constante évolution*, *Cahiers de l'A.P.F.*, n° 45/46, 2016-2017.

VINCENT, Gilbert, *Le Protestantisme et ses cadres laïcs : les conseillers presbytéraux des Églises protestantes de la région parisienne (résultats d'une enquête entreprise en 1982)*, Strasbourg, Centre de sociologie du protestantisme, 1985.

WILLAIME, Jean-Paul (éd.), *Vers de nouveaux œcuménismes : les paradoxes contemporains de l'œcuménisme, recherche d'unité et quêtes d'identité*, Paris, Cerf, 1989.

WILLAIME, Jean-Paul, *La Précarité protestante. Sociologie du protestantisme contemporain*, Genève, Labor et Fides, 1992.

WILLAIME, Jean-Paul, *Les Ex-pasteurs : les départs de pasteurs de 1950 à 1975*, Strasbourg, Association des publications de la Faculté de théologie protestante, 1979.

WILLAIME, Jean-Paul, *Profession : pasteur. Sociologie de la condition du clerc à la fin du XXe siècle*, Genève, Labor et Fides, 1986.

BIOGRAPHIES ET TÉMOIGNAGES

ARNOLD, Matthieu, *Oscar Cullmann, un docteur de l'Église*, Lyon, Olivétan, 2019.

AUBERT, Philippe, *Gabriel Vahanian, penseur de l'utopie chrétienne*, Lyon, Olivétan, 2016.

BAUBÉROT, Jean, *Une si vive révolte. Itinéraire hérétique d'un protestant*, Ivry-sur-Seine, Les Éditions de l'Atelier / Éditions ouvrières, 2014.

BOEGNER, Marc, *L'Exigence œcuménique : Souvenirs et perspectives*, Paris, Albin Michel, 1968.

BOIS, Roby, *Sous la grêle des démentis. Récits d'Algérie (1948-1959)*, Paris, L'Harmattan, 2009.

CABANEL, Patrick, *Résister. Voix protestantes*, Nîmes, Alcide, 2012.

Carnets du pasteur Boegner 1940-1945, présentés et annotés par Philippe BOEGNER, Paris, Fayard, 1992.

CHIRON, Yves, *Frère Roger, fondateur de Taizé*, Paris, Perrin, 2008.

GAGNEBIN, Laurent, *Wilfred Monod : Pour un évangile intégral*, Lyon, Olivétan, 2018.

GONIN, François, *L'Église réformée de France de 1938 à 1975*, Aix-en-Provence, éditions La Pensée universitaire, 1975.

GROSSI, Roger, *Images et souvenirs d'un pasteur*, Nîmes, Société d'histoire du protestantisme de Nîmes et du Gard, 2008.

JACQUES, André, *Madeleine Barot, une indomptable énergie*, Paris, Cerf, 1989.

KICHENIN-MARTIN, Violaine, *Jacques Martin, objecteur de conscience, Juste et résistant*, Maisons-Laffitte, Ampelos, 2016.

KIRSCHLEGER, Pierre-Yves (éd.), *Roland de Pury (1907-1979), un théologien protestant non conformiste en son temps*, Lyon, Olivétan, 2007.

KNEUBÜLHER, Pierre, *Henri Roser. L'enjeu d'une terre nouvelle*, Paris, Les Bergers et les Mages, 1992.

Magda et André Trocmé, figures de résistance, Textes choisis et présentés par Pierre BOISMORAND, Paris, Cerf, 2007.

MANEN, Henri, *Le Pasteur André-Numa Bertrand, témoin de l'unité évangélique 1876-1946*, Nîmes, Chastanier et Bertrand, 1960.

MANEN, Henri, *Au fond de l'abîme : journal du Camp des Milles*, Maisons-Laffitte, Ampelos, 2013.

MARTIN, Jacques, *Élie Gounelle. Apôtre et inspirateur du christianisme social*, Paris, L'Harmattan, 1999.

MEHL, Roger, *Le Pasteur Marc Boegner (1881-1970), une humble grandeur*, Paris, Plon, 1987.

MERLET, Pierre, *Le Protestantisme menacé par la Réforme. Mémoires d'une période agitée 1945-1995*, Allauch, Onésime 2000, 2007.

MISTRAL, Léon, *Et le Seigneur ajoutait à l'Église. Leçons à tirer de la Société Centrale d'Évangélisation de France*, Société des compagnons pour l'Évangile, Antony, 1980.

ROGNON, Frédéric, *Jacques Ellul, une pensée en dialogue*, Genève, Labor et Fides, 2007.

ROUVERAND, Édith, *Marieleine Hoffet ou Les combats d'une femme-pasteur en Alsace de 1905 à nos jours*, Strasbourg, Oberlin, 1990.

ROUX, Hébert, *De la désunion vers la communion. Un itinéraire pastoral et œcuménique*, Paris, Le Centurion, 1978.

SCHMIDT, Élisabeth, *En ces temps de malheur… J'étais pasteur en Algérie. 1958-1962*, Paris, Cerf, 1976.

SCHMIDT, Élisabeth, *Quand Dieu appelle des femmes. Le combat d'une femme pasteur*, Paris, Cerf, 1978.

SMYTH-FLORENTIN, Françoise, *Pierre Maury, prédicateur d'Évangile*, Paris, Labor et Fides, 2009.

STEINSCHNEIDER, Herbert (alias Pierre Séguy), *Réfugié & résistant. De l'Autriche aux Cévennes*, Maisons-Laffitte, Ampelos, 2018.

WEBER, Hans-Ruedi, *Suzanne de Diétrich 1891-1981, la passion de vivre*, Paris, Les Bergers et les Mages / Strasbourg, Oberlin, 1995.

ZASLOFF, Tela, *Histoire d'un Juste. Le pasteur Pierre-Charles Toureille dans la France de Vichy*, Montpellier, 2019.

INDEX

TABLE DES MATIÈRES

IMPRIM'VERT®

Achevé d'imprimer par Corlet Numéric,
Z.A. Charles Tellier, Condé-en-Normandie (Calvados), en février 2021
N° d'impression : 170758 - dépôt légal : février 2021
Imprimé en France